B1IA40
DIE SCHÖNHEIT
DER GROSSEN STRASSE

THE BEAUTY OF THE GRAND ROAD

jovis

B1|A40

DIE SCHÖNHEIT DER GROSSEN STRASSE

ATELIER VAN LIESHOUT
FINGER
INTERNATIONALE KURZFILMTAGE OBHSN
JEANNE VAN HEESWIJK
RITA MCBRIDE
CHRISTIAN ODZUCK
ORANGE.EDGE
MARTIN PFEIFLE
PETER PILLER
THOMAS RENTMEISTER
CHRISTOPH SCHÄFER
BORIS SIEVERTS
ANDREAS WEGNER
MICHAEL ZINGANEL | MICHAEL HIESLMAIR
LANDSCHAFTSPARK KREUZ KAISERBERG
AUTOKINO DÜCKERWEG
AUTOBAHNKIRCHE BOCHUM
ARPAD DOBRIBAN
TASOGARE WORLD
CONGRESS CONGRESS
VERDANT EFFECT

EIN PROJEKT IM STADTRAUM DER A40
VON DUISBURG BIS DORTMUND
12.06.2010–08.08.2010

MAP MARKUS AMBACH PROJEKTE

MAP | STADTBAUKULTUR NRW (HG.)

jovis

EINFÜHRUNG

NEUE LANDSCHAFTEN

GLOBALOKAL

NEUE PLÄNE

NEUE GESCHICHTE

ROADMOVIE RUHR

GRUSSWORT Das Ruhrgebiet wird durch kräftige, historisch gewachsene Achsen akzentuiert. Neben Ruhr, Emscher und Lippe sind es die ost-west-gerichteten Autobahnen, die diese Aufgabe erfüllen. Damit sind sie mehr als nur Straßen für ihre vielen Besucher innerhalb der Metropole und den Transitstrecken zwischen Ost- und Westeuropa. Die A40 übernimmt dabei eine besondere Rolle. Sie ist die historische Mittellinie und das Aushängeschild der Metropole Ruhr. Daher wird sie nun schon seit dem Jahr 2001 in vielfältigen Anstrengungen von Künstlern, Architekten und Ingenieuren intensiv betrachtet.

Die B1|A40 ist das zentrale Verkehrsband des Ruhrgebiets und somit der tägliche Transitraum für einen Großteil der Bevölkerung der Metropolregion. Hier vollzieht sich der Strukturwandel und hier präsentieren sich die Kernstädte. Im Fokus des gemeinsamen Interesses der Anrainerstädte stehen eine identitätsstiftende und explizit auf die Anrainer bezogene Entwicklung sowie die Gestaltung im Umfeld des zentralen Verkehrsbandes, um die regionale „Erfahrbarkeit" der Metropolregion Ruhr wie auch die der Anrainerstädte zu stärken und die B1|A40 als „Schaufenster" der Region begreifbar zu machen.

Durch das in diesem Katalog dargestellte Kunstprojekt „B1|A40 Die Schönheit der großen Straße" ist ein weiterer Schritt zur Erreichung dieser Ziele getan worden. Durch die temporär angelegten Inszenierungen über einen Zeitraum von zwei Monaten wurden verschiedene, oft noch unentdeckte Stadträume sichtbar gemacht und Diskussionen über dezentrale Stadtstrukturen angestoßen.

In Interaktion mit dem „Gestalthandbuch A40|B1" und dem „Regionalem Masterplan A40|B1" „bildet das Kunstprojekt" den Handlungsstrang im Gesamtprojekt „Mobilitätsband A40|B1", das den weiteren Planungsprozess befruchten und nachhaltige Impulse setzen soll.

Viele Akteure haben über einen langen Zeitraum daran gearbeitet, die „Schönheit der großen Straße" zu einer der größten und unkonventionellsten Kunstausstellungen der Kulturhauptstadt RUHR.2010 zu machen. Darüber hinaus wurden pünktlich zum Ausstellungszeitraum erste Bausteine des Gestalthandbuches umgesetzt, die verdeutlichen, welche gestalterische Qualität auch bei Bau- und Sanierungsmaßnahmen an einer Autobahn erreicht werden kann.

Ich freue mich sehr, dass die Ausstellung mit 22 Projekten an sechs verschiedenen Ausstellungsorten in Duisburg, Mülheim an der Ruhr, Essen, Bochum und Dortmund mit über 28.000 Besuchern und vielen Millionen Vorbeifahrenden so erfolgreich verlaufen ist und hoffe auf eine nachhaltige Wirkung des Projektes für die weiteren Planungsprozesse entlang der Autobahn.

Ernst Kratzsch
Baudezernent der Stadt Bochum als federführende Stadt
für die Anrainer-Komunen der A40

PREFACE The Ruhr region is defined by a number of bold axes that developed historically over a period of time. Not only the Ruhr, Emscher, and Lippe rivers, but also the east-west oriented motorways create these axes. These motorways are more than merely roads for their many visitors traveling to the metropolis and along the transit routes between Eastern and Western Europe. The A40 motorway plays a significant role in this context. It is the historical axis as well as the hallmark of the Ruhr metropolis and the reason artists, architects, and engineers have been extensively examining this phenomenon from various perspectives for the last decade.

Because the B1|A40 motorway is the Ruhr region's central traffic connection, it represents the daily transit area for a large part of the population of this metropolitan area. This is where structural changes take place and core cities present themselves. The common interest of the neighboring cities lies in establishing an identity specific to their residents and in developing the environment surrounding this central traffic connection. The aim was not only to enable a better appreciation of the metropolitan Ruhr area and the adjacent cities but also to present the B1|A40 as a "showcase" for the region.

"B1|A40 The Beauty of the Grand Road", the project presented in this catalogue, is another step towards the fulfillment of these goals. Thanks to the temporary projects, which were on display over a period of two months, several previously unknown urban environments came to light and triggered discussions about decentralized city structures.

Together with the "Gestalthandbuch A40|B1" (A40|B1 Design Handbook) and the "Regionaler Masterplan A40|B1" (A40|B1 Regional Master Plan), the art project depicted forms a kind of storyline within the general project "Mobilätsband A40|B1" (The Mobility Zone A40|B1). The objective is to instigate further planning processes and to define impulses.

Over a protracted period of time, many people worked towards turning "The Beauty of the Grand Road" into one of the most extensive and unconventional art exhibitions of all the events at the European Capital of Culture RUHR.2010. In addition, the first components of the "Gestalthandbuch A40|B1" were realized in time for the exhibition phase. These endeavors were proof that a high standard of design can be achieved when reconstructing and refurbishing motorways.

I am very pleased that the exhibition was so successful. The twenty-two artprojects at six different venues in Duisburg, Mülheim an der Ruhr, Essen, Bochum, and Dortmund were visited by as many as 28,000 people with many millions of viewers driving past. I hope that this project will have a lasting effect on future planning processes along the A40 motorway.

Ernst Kratzsch
Head of the Building Department of Bochum
By order of the neighboring cities of the A40 motorway

GRUSSWORT Wenn es ein Projekt gibt, welches das Herz des Ruhrgebiets in der Kulturhauptstadt Europas RUHR.2010 sichtbar gemacht hat, dann ist es „B1|A40 Die Schönheit der großen Straße". Denn wer die Orte besucht hat, die Markus Ambach als Kurator für die Ausstellung und die Stadtplaner Henrik Sander und Stefanie Bremer für die Realisierungen aus dem „Gestalthandbuch A40|B1" für uns an der A40 ausfindig machten, wer die Installationen der Künstler gesehen und erlebt hat, wie sie vor Ort mit den Anwohnern gearbeitet haben, der wird Besonderheiten und Eigenheiten gesehen haben, an denen wir jahrelang achtlos vorbeigefahren sind.

„B1|A40 Die Schönheit der großen Straße" hat uns die Augen geöffnet für die Potenziale dieser Orte des „zweiten Blicks". Orte, die meist ungeplant entstanden sind und aus dem klassischen Portfolio herausfallen, mit dem man für seine Region wirbt. Es sind die Augen der Künstler, die das Besondere des Ruhrgebiets herausgearbeitet und für uns sichtbar gemacht haben. Diese Impulse sind es, die für die Region und ihre Menschen so wichtig sind. Die Künstler haben an der wichtigsten Verkehrsader der Region Arbeiten entwickelt, die sich auf ihre ungewöhnliche Umgebung beziehen. Sie haben mit den Anwohnern hinter den Lärmschutzwänden gearbeitet und ihnen die Aufmerksamkeit und uns die Chance gegeben, ein Leben mit und an der Autobahn nachzuempfinden.

So wichtig, wie die Impulse dieser Künstler für den Erfolg einer Kulturhauptstadt Europas sind, so wichtig sind diese Impulse auch für unsere Initiative für Baukultur. Es sind nicht die Architektur-Leuchttürme, die unser alltägliches Leben bestimmen. Es ist die Alltagsbaukultur, die unsere Lebensqualität maßgeblich beeinflusst.

Ich bin mir sicher, nur wenn wir über unsere eigenen Disziplinen hinaus schauen, werden wir genügend Kraft sammeln, unsere Städte weiterzuentwickeln.

Die Publikation „B1|A40 Die Schönheit der großen Straße" ist weit mehr als ein Ausstellungskatalog. Sie ist eine Plattform künstlerischer Positionen und Künstler-Recherchen, ein Lesebuch der Stadtlandschaft A40 mit sehr persönlichen Zugängen und ein Plädoyer für die Öffnung der Disziplinen.

StadtBauKultur NRW versteht sich als Moderator und Weichensteller, der die Baukultur-Debatte in Nordrhein-Westfalen immer wieder mit neuen Sichtweisen öffnet.

Lassen Sie uns die spannenden Impulse von „B1|A40 Die Schönheit der großen Straße" aufnehmen und mit den Bewohnern, mit Künstlern und Theatermachern, Handel und Industrie, mit Stadtsoziologen, Architekten und Stadtplanern und vielen mehr gemeinsam die Baukultur im Ruhrgebiet voranbringen.

Ulrike Rose
Leiterin StadtBauKultur NRW

PREFACE Perhaps more than any other project, "B1IA40 The Beauty of the Grand Road" has managed to penetrate the visual surface and uncover the core of the Ruhr area in the European Capital of Culture RUHR.2010. Those who have visited the places of the exhibition discovered for us by the curator Markus Ambach, and the venues of the "Gestalthandbuch A40|B1" chosen by the urban planners Henrik Sander and Stefanie Bremer, those who have seen the installations of the artists and have witnessed their intricate interaction with the local residents will have been made aware of peculiarities and idiosyncrasies which they had been driving past, heedlessly, for years.

"B1IA40 The Beauty of the Grand Road" has opened our eyes to the potentials of these sites "at second sight" – places which have for the most part developed in an unsystematic fashion and which do not fit into the traditional portfolio ordinarily used to advertise a region. The eyes of the artists have seen, and made visible, for us that which is truly special in the Ruhr area. It is this stimulus which is of central importance for the region and its inhabitants. Along the area's major transport route, the artists have developed projects closely related to their unusual environment. In co-operation with those residing behind the noise barriers, they have generated a new attention to these sites and its inhabitants while providing us with the opportunity to see for ourselves what life with and along the motorway is like.

While the stimuli provided by the artists are of central importance for the success of a European Capital of Culture, they are at least equally important to our initiative for Baukultur. It is not the architectural landmarks but rather the ordinary constructions and structures which determine and decisively affect the quality of our everyday life.

I am convinced that we will have to look beyond our own individual disciplines if we really want to further the development of our cities. The publication "B1IA40 The Beauty of the Grand Road" is much more than a mere exhibition catalogue. It is a platform for artistic positions and research, a reader offering extremely personal approaches to the urban landscape along the A40, and a plea for the interrelation of the individual disciplines.

StadtBauKultur NRW sees itself as a moderator and initiator striving to open new perspectives for the debate about Baukultur in North Rhine-Westphalia.

Let us assimilate the fascinating stimuli provided by "B1IA40 The Beauty of the Grand Road", and promote Baukultur in the Ruhr area in a joint effort with the local residents, artists and theatre makers, with trade and industrial production, with urban sociologists, architects and urban planners, and hopefully with many other partners.

Ulrike Rose
Head of StadtBauKultur NRW

40

SCHÖN HIER?

SCHÖN HIER? | FRAUKE BURGDORFF Das Bundesfernstraßengesetz sagt, sie sei eine Einrichtung für den schnellen Verkehr. Nach Auskunft zahlreicher Nutzer ist sie ein Schleichweg mit Durchschnittsgeschwindigkeiten unter 60 Kilometer pro Stunde. Aus Sicht der Anlieger und Nachbarn ist sie wahlweise ein lästiger Lärm-Emittent, ein perfektes Werbedisplay, ein effektiver Wirtschaftsstandort oder ein Treffpunkt für Verliebte.

Die Auseinandersetzungen über dieses Stück betonierter Urbanität sind zahlreich. Vom Ruhrlandmuseum in der Ausstellung „Transit B1“ als europäische Zivilisationsstraße untersucht, von der Künstlergruppe „B1“ und von den Stadt- und Raumplanern der Region als Boulevard deklariert, von den Verkehrsingenieuren mit Flüsterasphalt versehen und den Fahrradfahrern als Sehnsuchtsort erkannt.

In allen Bearbeitungen ist deutlich geworden: Die B1|A40 ist mehr als ein von Technikern installiertes und überwachtes nützliches Stück Infrastruktur. Sie ist mehr als ein Beitrag zum Zentralitätsindex. Diese Straße hat eine eigene Dynamik und eigene Regeln, sie hat ihre eigenen Räume und Erzählungen hervorgebracht, denn sie ist – ganz entgegen anderer Autobahnen – eben auch unmittelbarer Nachbar und damit Lebensraum für Menschen.

Das hier dokumentierte Projekt stellt sich dem Anspruch, an diese Heterogenität mit den Rechercheinstrumenten, Strategien und Aushandlungsweisen der Kunst anzuknüpfen. Es hat sich mit der Autobahn und den Menschen an der Autobahn so beschäftigt, dass etwas bisher wenig Wahrgenommenes sichtbar wurde: die Räume und vor allem Nutzungen, die aus ihr selbst heraus entstanden sind und sie mal symbiotisch, mal parasitär begleiten.

Diese Sichtweise auf das „Autoproduktive“ einer Infrastruktur ist für Stadt- und Verkehrsplaner neu. Eine Autobahn als eigenes Subjekt zu deklarieren, bedeutet schließlich auch, sie als unbeherrschbare Größe zu akzeptieren und ihr eine eigene Dynamik zuzusprechen. Die deduktive Logik, die Planer gegenüber Infrastrukturen einnehmen, lässt sich auf dieser Grundlage nicht mehr durchhalten.

Auf dem Weg zur Realisierung des Projektes gab es einige Auseinandersetzungen zu führen, die – wohlwollend betrachtet – der Größe der Aufgabe entsprachen. Denn die Autobahn ist ein aufgeladener Ort. Die Investitionen in ihren Ausbau, in den Lärmschutz, in die neuen Anschlüsse und in die Unterhaltung sind immens. Das Interesse der Anrainerstädte, die wertvollen wie problematischen Flächen entlang ihrer Ränder zu gestalten, ist groß. Die Bewohner des Ruhrgebiets beobachten und debattieren Veränderungen an ihrer Autobahn intensiv und lautstark. Entscheidungen, die die Autobahn verändern, werden entweder von kapitalen Institutionen gefällt oder in langwierigen Aushandlungsprozessen vorbereitet.

Die Auseinandersetzung von Künstlern mit dem Subjekt Autobahn weckt da auf den ersten Blick die Vermutung, dekorativ zu sein. Und doch eröffnen die Kunst und die hier arbeitenden Künstler eine neue Sichtweise, die auch für die „Mächtigen der Straße“ relevant werden könnte, wenn diese ihr unvoreingenommen Gehör schenken. Sie erarbeiten einen nichtmodernen Zugang zu dieser modernsten aller Infrastrukturen, indem sie sich ihr nicht linear in „Wenn-dann-Gedankengerüsten“, sondern iterativ und dynamisch in Erzählungen, Kooperationen, Gestaltungen und Metaphern nähern. Sie recherchieren einzelne Kapillaren und Hintergründe des Raums bis in eine Tiefe, die sonst selten hergestellt wird. Damit eröffnen einige der Projekte den Gedankenraum für eine komplexe und nicht hierarchische, für eine unheroische Auseinandersetzung mit der Sache. Ob daraus unmittelbarer Gewinn oder unmittelbare Entscheidungen für weitere Investitionen abzuleiten sind, bleibt im Nachgang des Projektes ernsthaft zu diskutieren, gerade wenn Kunst Erkenntnisse generiert, die einem abwägenden Blick verwehrt bleiben.

Diese Interdisziplinarität, die in dem Projekt angelegt war, stellte eine echte Herausforderung dar. Beide Bereiche arbeiten, denken und handeln nach komplett unterschiedlichen Logiken. Architekten und Gestalter von Lärmschutzwänden müssen die Machbarkeit, die finanzielle und technische Tragfähigkeit ihrer Planungen von Anfang an argumentieren. Es steht zu viel Geld und vor allem die Sicherheit auf dem Spiel, um mit gänzlich offenen Vorstellungen in die Produktion zu gehen. Dieser sachlichen Klarheit stand zu Anfang des Projektes zum einen die radikale Offenheit und zum anderen die nicht ganz unberechtigte Sensibilität der Künste angesichts drohender Instrumentalisierung gegenüber. So lange diese beiden Pole nicht in die offene Auseinandersetzung gingen und ihre Produktions- und Denkweisen hinterfragten, entstand keine Interdisziplinarität, sondern eine gelähmte und mithin etwas lahme Debatte.

Das Projekt hat aber den Dreh gefunden, sich aus dieser Falle zu befreien, als die künstlerischen Projekte fassbar und für alle Partner vorstellbar wurden. Der Eintritt in die Phase der Projektentwicklung vor Ort, im direkten Kontext des Stadtraums war der markante Wendepunkt. Die Bilder vom Kreuz Kaiserberg und seinen besonderen Anrainern, die Entdeckung, dass Fisch und Honig A40-Produkte sein können und die teilweise prekäre und trotzdem auch produktive Lebenssituation der Menschen an der Autobahn haben dem Projekt ein konkretes Fundament gegeben. Schnell werden diese „Entdeckungen“ angesichts der immensen Kraft, die die Autobahn hat, als romantisch und sogar auch verniedlichend abgetan. Der neu gerichtete, ernsthafte Blick der Künstler auf diese jeweils spezifischen Situationen hat aber – in den einzelnen Projekten und in der Gesamtschau – Hinweise auf die teilweise abstrakten Mechanismen standardisierter Entscheidungswege gegeben.

Öffentliche Organisationen und Kunstproduktion können gerade bei Vorhaben außerhalb des Museums nur schwer ergebnisoffen zusammenarbeiten. Die Carte Blanche, die der Museumsdirektor dem Künstler im White Cube für begrenzte Zeit erteilen kann, ist entlang der Autobahn eine Unbekannte. Es bedarf ganz eigener Formen der Kooperationen und Absprachen. Die Kunst muss sich ein eigenes Arsenal an Argumenten und Fürsprechern organisieren. Die Stadt- und Verkehrsplaner brauchen Zeit und vor allem Offenheit gegenüber Kunst, die in ihren Bereich vordringt und nicht im üblichen Sinne verwertbar erscheint. Und beide gemeinsam brauchen vor allem Respekt voreinander und eine Kultur, die sich von Unterstellungen distanziert und so offene Dispute aushalten kann.

Dieses Spannungsfeld verlangt allen Partnern ein gut gefestigtes Selbstbewusstsein und wechselseitiges Vertrauen ab, das dazu befähigt, Änderungen im Projekt und sogar in den Zielsetzungen immer wieder zuzulassen.

Das Projekt konnte entstehen, weil die Ruhrgebietsgemeinde eine große Offenheit gegenüber dem Neuen bewiesen hat. Grundsätzlich erfunden wurde es am runden Tisch des Bochumer Stadtbaurates und bereits in den ersten Werkstätten zur Kulturhauptstadt mit Ideen anderer angereichert, die den Projektmachern freigiebig zur Verfügung gestellt wurden. Die Menschen an den Projektstandorten haben großenteils mit vorbehaltloser Neugier auf das Fremde und teilweise Unverständliche reagiert. Für diese unkomplizierte Art, die Sache zu befördern, ist das Ruhrgebiet bekannt und dafür gilt ihm noch einmal ein herzlicher Dank!

Vielleicht liegt in dieser Offenheit der Professionellen und der Bewohner vor Ort etwas, von dem gerade interdisziplinäre Projekte lernen können. Denn wenn jemand aus der ureigenen Geschichte heraus daran gewöhnt sein muss, sich in einer steten Anpassung an die wechselnden Umstände mit seinem Kontext zu arrangieren und darin zu agieren, dann die Bewohner und Pioniere des Stadtraums A40. Markus Ambach und die Künstler haben auf dieser Basis Projekte entwickelt, die ihren eigenen Beitrag dazu leisten, dass die B1|A40 als urbaner Bestandteil des Ruhrgebiets weiterentwickelt werden kann. Sie haben sich auf Anregung des Ruhrgebiets einen Raum jenseits von Emscher Landschaftspark und Ruhrtal weiter gedacht, der in der kommenden Entwicklungsdekade der Ruhrgebietsveränderung sicher eine zentrale Rolle spielen wird. Es bleibt der Region zu wünschen, dass sie sich bei dieser Entwicklung weiter an den Projekten und Ideen der Künste reibt.

RATHER FINE? | FRAUKE BURGDORFF

According to the German Federal Highway Act, the B1 motorway transit is simply seen as a means to facilitate fast-moving traffic. Numerous users describe it as a zone where the traffic flows at a gentler pace; where the average speed does not exceed sixty Kilometers per hour. To the local residents, it is regarded as a source of annoying noise, a perfect place for an advertising display, an excellent location for industry and commerce, or even a rendezvous for lovers.

Numerous discussions have been initiated by this piece of concrete urbanity. In the exhibition "Transit B1," hosted by the Ruhrland Museum, the transit has been portrayed as a "European route of civilization." The artists' group, known as "B1," and the local urban and re-gional planners have declared it to be a boulevard; the engineers have covered the surface with a layer of noise-absorptive asphalt. Cyclists have even discovered it as a hip venue to ride by bicycle. All these alterations and interpretations, however, seem to converge on one point: the B1|A40 is more than a mere useful bit of infrastructure constructed and maintained by engineers. It is more than a mere contribution to the list of central destinations. This road has dynamics and rules of its own; it has produced its own special spaces and narratives – because,

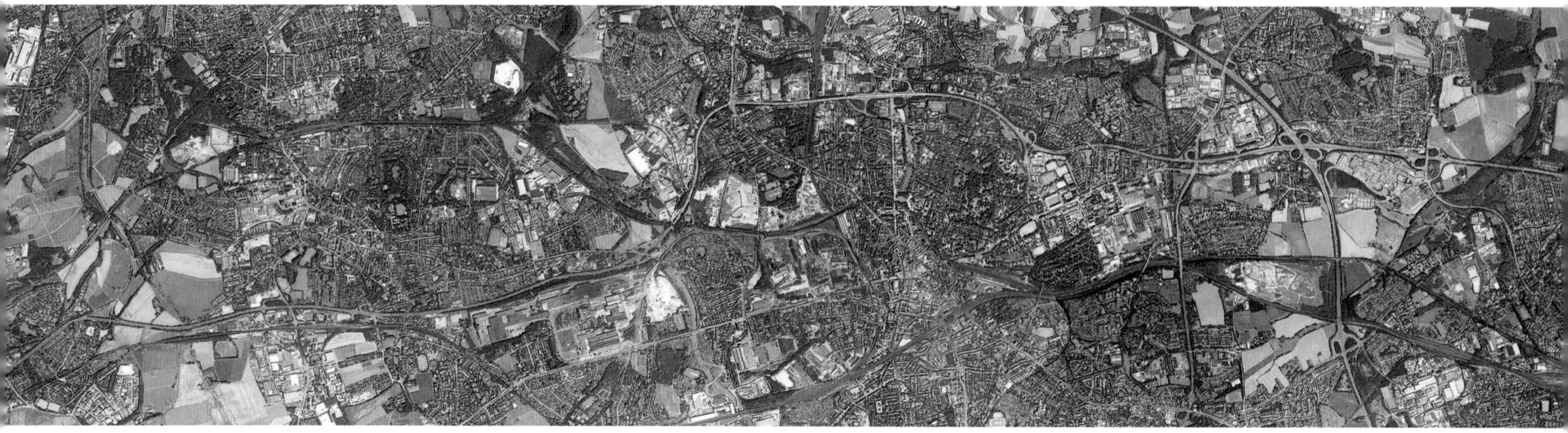

as opposed to other motorways, it is also a neighbor and a human place of contact.
The project documented here attempts to approach this heterogeneity by means of the instruments of research and strategies available to the sphere of art. As a result of the attention given to the motorway and due to the people living and working in its proximity, something hitherto hidden has been made visible: the spaces and above all their modes of utilization are its – either symbiotic or parasitic – concomitants.
This perspective on the "autoproductive" element of infrastructure is unfamiliar to urban and traffic planners. To proclaim the motorway a subject in its own right, also means to accept it as an uncontrollable variable and to accord it a dynamic of its own. In light of this, the deductive logic that characterizes the attitude of planners towards infrastructural concerns is fundamentally compromised.
In the course of the project's realization, several disputes had to be resolved whose dimensions – euphemistically expressed – corresponded to the size of the task at hand (i.e., enormous).
The motorway is a highly charged location. The investment required for extensions, noise prevention, road links, and maintenance are immense. The reshaping of the both valuable and problematic areas along its fringes is a major concern of the adjoining cities. Any modification of their motorway is closely monitored and heatedly discussed by the denizens of the Ruhr area. All decisions involving changes to the infrastructure of the motorway are either taken by major institutions or decided in protracted negotiations.
Accordingly the artists' examination and interpretation of the subject of the motorway, might, at first glance, be dismissed as mere decoration. Nevertheless, the artists working on this project bring a new perspective that could also be of relevance to those "in the driver's seat," who are more prepared to approach it with an open mind. By accessing this modern element of infrastructure repetitively and dynamically by means of narratives, collaborations, transformations, and using metaphors rather than approaching it in a linear fashion, through concepts based on the principle of cause and effect, they offer an old-fashioned approach to it.
Individual connections and backgrounds of the motorway area are researched in fine detail. This enables some of the projects to pave the way for a complex and non-hierarchical examination of the matter at hand. Whether such an examination will result in immediate material advantages, or in direct decisions for further investments, is a moot point that will have to be seriously debated in the future.

The interdisciplinary element at the heart of the project proved to be a real challenge. Both spheres have their way of working, deliberating, and acting and follow logic which is diametrically opposed to one another. Architects and designers of noise barriers must, to begin with, demonstrate the financial and technical feasibility of their proposals. Too much money is at stake, not to mention the crucial safety concerns, to approach their practical implementation naively. At the outset, this pragmatic attitude was confronted with both openness as well as some misgivings – not unfounded in the face of the dangers of the application of the artists' ideas. As long as these two stances were reluctant to confront one another directly and to question their attitudes towards collaboration and production, the meetings resulted in a stalemate and a somewhat frustrating debate rather than in a truly interdisciplinary approach.

Nevertheless, the project managed to pull free from these obstacles and the artistic projects were able to grasp an imaginative conceptualization for all partners involved. The progression to the stage where the project was developed *in situ*, in the tangible context of the local urban sphere, proved a decisive turning-point. The images of the Kaiserberg junction and its unique residents; the discovery that fish and honey are produced along the A40, and the specific circumstances – occasionally precarious but nevertheless productive – of those who live along the motorway, provided the project with a firm foundation. In the face of the immense resources invested in the motorway, such "discoveries" might be dismissed as being romantic or even patronizing. Such a reaction, however, ignores the fact that the artists' novel and serious approach towards these specific situations has – with regard to both the individual projects and the overall context – provided new impulses to the occasionally overly abstract mechanisms of the standardized decision-making processes.

It is difficult for public organizations and artists in general to collaborate without some general idea as to what the results might look like, especially with respect to projects outside museums. Along the motorway, the carte blanche that the curator of a museum may temporarily extend to an artist within the bounds of the empty space is something virtually unknown. Here, special modes of cooperation are called for. The arts ought to assemble its own arsenal of arguments and sponsors. Urban and traffic planners require time to adopt an open-mindedness towards the artists who "invade" their sphere with objects that one cannot utilize but are there simply for their own sake. Both parties should respect one another and create a culture of communication that forgoes egos and is thus able to welcome open discussions.

This field of tension demands confidence and mutual trust from both partners, which enables the different parties to tolerate changes within the project, even with regard to its overall purposes, time and again.

This project could only be realized thanks to the open-mindedness of the Ruhr community in the face of the new and unknown. The fundamentals of the project were conceived in roundtable discussions of the Bochum town council for spatial planning and traffic. The project was enhanced by the ideas, of the participants in the first workshops of the European Capital of Culture Program. The local citizens have, for the most part, reacted with unreserved curiosity to the strange and occasionally mysterious things they have been faced with at the individual project sites. This uncomplicated manner of pushing an idea forward is a trait the Ruhr area is famous for – and for which we extend our gratitude.

Perhaps it is the open-mindedness of both professionals and local residents working together, from which interdisciplinary projects, in particular, can benefit. After all, the residents and pioneers of the urban space on the A40, more than anyone else, have been forced by the local historical situation into a permanent process of adaptation to ever-changing circumstances, having to find new approaches perennially to life within their particular contexts.

On this basis, Markus Ambach, together with the artists, has created projects that contribute to the continuing development of the A40|B1 as an urban element of the Ruhr area. Inspired by the local situation, they have imagined a space beyond the Emscherlandschaftspark and the Ruhr Valley, which is bound to play a significant role in the evolution of the Ruhr area during the next decade. One hopes that the region will continue to listen to and engage in a productive tension with the artists' proposals for furthering this development.

E.-Zentrum
800 m

B1|A40
EINE STADT ENTWIRFT SICH SELBST

B1|A40 EINE STADT ENTWIRFT SICH SELBST|MARKUS AMBACH
Entlang der A40, als der zentralen Verkehrsachse des Ruhrgebiets, hat sich im Schatten der Kernstädte zwischen Duisburg und Dortmund ein eigenwilliger Stadtraum generiert. Er wird durch das prognostizierte Verschmelzen der Ruhrstädte zur Metropole unvermittelt von der Peripherie zum Zentrum werden. In dieser einmaligen Umkehrung wird die „Große Straße“ vom problematischen Verkehrsraum zum Boulevard der Ruhrmetropole.

Analog dazu erscheinen Räume und Strategien im Umgang mit urbanen Situationen im Fokus, die sich dezentral im Schatten des öffentlichen Interesses entwickelt haben und bisher kaum beschrieben wurden. Nicht nur transitorische Räume prägen dabei einen neuen Typus von Stadt zwischen Mobilität, Dezentralität und Ort. Strategien der individuellen Raumaneignung und selbstregulierte soziokulturelle Biotope in den Zwischenräumen von Stadt und Verkehrsinfrastruktur sind nur einige Phänomene, die diesen Raum umschreiben. Schrebergärten und Einkaufsmeilen, Kulturproduktion und Schattenwirtschaft, Fischzucht und Tunertreff – sie alle nutzen die große Straße als Infrastruktur, Plattform, breiten Rücken. Das Projekt „B1|A40“ befragt diese Raumgefüge auf ihre Strukturen und deren Bedingungen hin: Wie generieren sich Räume jenseits zielgerichteter Planungsinteressen und Nutzungszuordnungen? Welche Räume entstehen unter den Bedingungen weitgehender Unsichtbarkeit und relativer Selbstverantwortung ihrer Protagonisten? Wie wirkt sich das Fehlen politischer Aufmerksamkeit auf die Gestaltung von Räumen aus? Entwickeln sich andere Ökonomien unter diesen speziellen „klimatischen“ Bedingungen? Bieten selbstregulierte Räume auch übertragbare Lösungsvorschläge für die Planung und welche Vermittlungsleistungen sind hier notwendig?

B1|A40 untersucht diese Fragen im interdisziplinären Dialog mit Künstlern, Planern, Architekten, Wissenschaftlern und den Anliegern vor Ort direkt im Kontext des Stadtraums A40. Das Projekt zeigt durch künstlerische Interventionen und interdisziplinäre Projekte Perspektiven und Handlungsmöglichkeiten auf, die in einen stadtplanerischen Diskurs einmünden sollen, der progressive Entwicklungen für diesen problematischen Raum produziert. Die Ergebnisse dieser Arbeit manifestierten sich in einer Ausstellung im öffentlichen Raum der A40 von Duisburg bis Dortmund an sechs verschiedenen Orten zur Kulturhauptstadt Europas RUHR.2010 vom 12.06.2010 - 08.08.2010 mit umfangreichem Programmteil. Das nun vorliegende Buch dokumentiert nicht nur diese Arbeit und ihre nahezu fünf Jahre lange Genese vom Leitprojekt der

Kulturhauptstadtbewerbung bis zur Ausstellung, sondern setzt sie in Beziehung zu theoretischen wie faktischen Arbeiten, in deren Umfeld sich das Projekt sieht.
Um dem Großraum A40 trotz der knappen Mittel in seiner Komplexität gerecht zu werden, wurden an sechs Orten in fünf Städten solche Typologien gewählt, die exemplarisch für das gelten müssen, was B1|A40 diskutieren wollte: als „Neue Landschaften" im Duisburger Autobahnkreuz Kaiserberg, als neue Ökonomien unter dem Titel „Globalokal" im Rhein-Ruhr Zentrum Mülheim, den Umgang mit Historie unter dem Dach der „Neuen Geschichte" am Wasserturm in Essen und dem Westfalendamm in Dortmund und als kulturelle Schnittstellen im Fokus transitorischer Räume unter dem Titel „Roadmovie Ruhr" in Bochum. Die Bemühung, die Ausstellung gut sichtbar zu machen, führte zu einer Konzentration verschiedener Arbeiten an diesen Orten – gleich Ausstellungen in der Ausstellung.
Im Bereich „A40 Spezial" integrierte das Projekt Orte, Entwürfe und Bauten der Anwohner auf Augenhöhe in die Ausstellung.
RUHRSCHNELLWEG Verkehrsräume wie die der A40, die unter dem Namen „Ruhrschnellweg" berühmt-berüchtigt sind, gehen nicht aus einer langfristigen Gesamtplanung hervor, sondern entwickeln sich langsam entlang der städtischen Bedürfnisse. Wo niemand eine Autobahn direkt durch das engmaschige Herz der Städte schlagen würde, hat sich die ehemalige B1 als die Städte verbindende Landstraße und alter Handelsweg „Hellweg" langsam zur Autobahn ausgewachsen. Dies begründet ihre außergewöhnliche Form, die tief in das urbane Geflecht der Ruhrstädte einschneidet und in ihrem Umfeld mannigfaltig problematische Nachbarschaften produziert. Wo Menschen nur wenige Meter hinter der Schallschutzwand leben, wo Abfahrten im 100-Meter-Takt die große Straße von Nowgorod nach Brügge kurzfristig zur Stadtautobahn

machen, wo die Härte globalen Transits auf sympathisches Lokalkolorit trifft, entwirft sich ein urbaner Raum außergewöhnlicher Heterogenität. In der Anbauverbotszone[1] leben hier Abertausende, befinden sich Geschäfte, Kindergärten und Kneipen, Schrebergärten und Wagenburgen, die Hochhäuser der Hochfinanz wie Fischteiche und Tierfriedhöfe, Kirchen und Rotlichtmilieu, alles in trauter Eintracht.

Die Autobahn ist eine Zäsur, ein tiefer Schnitt, an deren Rändern sich die Stadtlandschaft auftut und ungewöhnliche wie schmerzhafte Einblicke erlaubt, die mit Lärmschutzwänden mühsam kaschiert werden. Noch heute vertilgt sie gerade aktuell durch den dreispurigen Ausbau ihr Umfeld.

Entlang der großen Straße manifestiert sich auf über 70 Kilometern ein elementarer Interessenskonflikt zwischen transitorisch-temporären Räumen und der Verbindlichkeit des Ortes. Der Transit erzeugt bei den Nutzern der Verkehrskorridore wenig Identifikation mit dem Ort an sich, was ihn als urbanen Raum schnell verwaisen lässt. Er wird meist nur von denjenigen besiedelt, deren Wohnsituation eines Tages unvermittelt mit dem Bau der Autobahn konfrontiert wurde und die ihn hartnäckig als Heimat behaupten. Neben diesen Menschen, die sich in einer Art Selbstverteidigung mit diesem Raum arrangiert haben, beherbergt er gerade solche Nutzungen, die im normalen Gefüge der Stadt nicht vorgesehen sind. So entsteht im Windschatten einer rein auf den Verkehr fokussierten Planung ein Feld heterogenster und teilweise schwierigster Nachbarschaften, das auch die Stadtplanung vor unlösbare Probleme stellt und das ökonomische, öffentliche und politische Interesse gegen Null sinken lässt.

Das latente Desinteresse an diesen Räumen erzeugt mitten in der Stadt ein Vakuum an staatlicher Organisation und Präsenz, Perspektive und koordiniertem Gestaltungswillen. Einen Raum also, in dem die Kontrolle teilweise so stark sinkt, dass nahezu rechtsfreie Zonen entstehen, die geduldet werden, um ihn zumindest unter minimaler Besiedlung und unter sozialer Kontrolle zu halten. Positiv gewendet, könnte man solche Räume auch als Labor für selbstverantwortliches Handeln bezeichnen. Überraschenderweise werfen diese sehr unvollständig regulierten Räume nicht die blanke Anarchie aus, sondern eine charmante, oft eher bürgerlich geprägte Selbstregulierung heterogenster Interessensgruppen.

INTERESSE Die Ausstellung interessiert sich speziell für solche Orte und Systeme, die jenseits herkömmlicher Planungen Methoden im Umgang mit problematischen Stadträumen finden. Entlang der A40, wo sich aus dem Umstand mannigfacher Diskontinuitäten und Einschnitte ein von Verwerfungen, Falten und Narben geprägter Raum ergeben hat, wird die Autobahn als aktives Subjekt sichtbar, das Stadt generiert. Als ein Subjekt, das auf seiner Rückseite im Schatten politisch-ökonomischer Interessen urbane Sequenzen höchster Heterogenität und Dichte produziert. Entgegen urbanen Objekten, die sich politisch und wirtschaftlich nutzen lassen, entzieht sich der Rückraum der Autobahn durch mannigfach undurchsichtige Vielschichtigkeiten der Objektivierung und Nutzbarmachung in der städtischen Ökonomie. Die vermeintlich zerstörte Landschaft produziert sich als Widerlager, als selbstbeauftragt-autonome Zone der Stadt, die eine neue urbane Zukunft erprobt.

Im Unterschied zum Zentrum werden solche Räume von ihren Protagonisten in direkter Interaktion mit den Situationen ausgeworfen. Die Unmittelbarkeit von Reaktion und Aktion widerspricht perspektivischen Organisationsstrategien, zeigt aber unerwartete Erfolge beim Umgang mit problematischem Stadtraum, da sie sich an der Fluktuation und Unbeständigkeit orientiert. Sie bedingt eine neue, lose Formensprache solcher Orte wie auch ihren Einfallsreichtum in der Entwicklung temporärer Lösungen. Sie konstituieren sich aus unzähligen, heterogenen und individuellen Handlungssträngen heraus, die ineinander verflochten zu einem tragfähigen Netzwerk selbstgenerierter Lebensstrategien werden. Dieses lose wie solide Netzwerk der Anlieger wurde zentraler Bestandteil und Boden der Ausstellung. Sie verknüpfte sich mit den Akteuren vor Ort, um sich in einem synergetischen Verhältnis auf Augenhöhe zu treffen, zu informieren, zu inspirieren. Die Entwürfe dieser Landschaft waren Ausgangspunkt, Spiegel und Partner der Projekte, die die Künstler zwischen sie einfügten.

ANHALTEN, AUSSTEIGEN, NACHFRAGEN Um sich diesen Räumen zu nähern, muss man anhalten und aussteigen. Diejenigen, die in froher Erwartung eines „Parkway A40“ einen kommoden Ausstellungsbesuch in der wohltemperierten Isolation der eigenen Fahrgastzelle erwarteten, wurden enttäuscht. „B1|A40 Die Schönheit der großen Straße“ forderte dazu auf, sich das schwierig-schöne Leben hinter der Schallschutzwand zu erlaufen. Die Dominanz des Fahrens wurde für zwei Monate gebrochen durch ein virulentes Ausgesetztsein im Kontext der großen Straße. Ein beunruhigend-anregendes Treffen von Mensch und städtischer Realität, die ihre Härten und magischen Momente, ihre Brüche und Genüsse *en direct* und eins-zu-eins als sinnliches Ereignis mitteilt, das nicht nachträglich zu vermitteln ist. Die vernakuläre Landschaft lebt wie keine andere aus dem Hier und Jetzt, aus der Anwesenheit und dem Ort, aus der physischen Präsenz ihrer Kontraste und dem direkten Gespräch.

NEUE LANDSCHAFTEN | AUTOBAHNKREUZ KAISERBERG Eine solche Landschaft findet sich exemplarisch im Umfeld des Autobahnkreuzes Duisburg-Kaiserberg. Hier choreografiert einer der größten Verkehrsknoten der Region einen Raum ungeahnter Komplexität. Die aufgeständerten Querverbindungen, die alle einzeln formuliert sind und dem Kreuz auch den Namen „Spaghettiknoten“ einbrachten, lassen verschiedene Teilräume entstehen, in denen sich Nutzungen angesiedelt haben, die ganz und gar nicht zum Bild der Autobahn passen: Zoo und Schrebergarten, Ponyhof und Fischfarm, Feuchtbiotop und Wagenburg, Landwirtschaft und Dorfidylle sammeln sich hier in nachbarschaftlicher Eintracht unter dem sonoren Lärm der Autobahn.

Solche Landschaften entstehen aus lokalen Einflüssen und den kulturellen Prägungen ihrer Protagonisten. Sie können weder erdacht noch prognostiziert werden, sondern ergeben sich vielmehr. John Brinckerhoff Jackson nutzt für diese Landschaften den Begriff des Vernakulären: „Es sind Landschaften, deren Bewohner keine Monumente hinterlassen, sondern nur Zeichen des Aufgebens oder Erneuerns. Mobilität und Wandel sind die Schlüssel zur vernakulären Landschaft, aber eher unfreiwillig und widerstrebend. Sie sind nicht Ausdruck von Ruhelosigkeit und Suche nach Verbesserungen, sondern vielmehr von einer nicht enden wollenden, geduldigen Anpassung an die Umstände.“[2]

Brinckerhoff Jackson zeigt, dass in unserer Vorstellung negativ konnotierte Begriffe wie „Aufgeben“, „Anpassung“, „Ignoranz“, „Abwesenheit langfristiger Ziele“ oder das „Fehlen historischen Bewusstseins“ hier im positiven Sinne gewendet und zur Strategie werden können. Sie schaffen an diesen Orten eine Landschaft „ohne sichtbare Zeichen der politischen Geschichte“, eine „Landschaft ohne Gedächtnis“[3], die sich aus sich selbst heraus aktualisiert.

EIN INFORMELLER LANDSCHAFTSPARK Die künstlerischen Arbeiten gehen hier eine enge Liaison mit den vorhandenen Entwürfen ein. Neben einem speziell für das Projekt „B1|A40“ angelegten Wanderweg, der durch den neu proklamierten „Landschaftspark Kreuz Kaiserberg“ führt, widmet sich Jeanne van Heeswijk in ihrem Projekt den Anwohnern, die sich als Siedler schon lange gegen die Autobahn stemmen und ihr vollkommen eingeschlossenes Dorf als Heimat verteidigen. Die Kirche als verbindendes Zeichen und Treffpunkt der Gemeinde zu retten, war erklärtes gemeinsames Ziel. Van Heeswijks temporäres Gemeinschaftszentrum in Form einer gigantischen runden Tafel wurde zum gemeinschaftsstiftenden Projekt zwischen Siedlern, Künstlern und der vorbeiwandernden Öffentlichkeit, zur politischen Bühne, zu Partytisch und Biergarten.

An der Pumpstation mitten im Autobahnkreuz Kaiserberg produziert die Gruppe Finger aus Frankfurt Honig. Eine halbe Million Helfer des Projekts tragen nicht nur ein hochwertiges Produkt ein, sondern geben Aufschluss über die Flora im Umfeld des Verkehrsweges. Die Honiganalyse lässt minutiöse Rückschlüsse auf den Pflanzenbestand im Umkreis von zehn Kilometern zu, der den Bienen als Tracht dient. Das Autobahnkreuz erwies sich dabei als florales Artenreservoir ungeahnter Vielfalt.

GLOBALOKAL | NEUE ÖKONOMIEN Die vielschichtige Arbeitsweise der Gruppe vermittelt Anschluss nicht nur zum nächsten Projektstandort, sondern auch zu einem weiteren Thema dieser neuen „Landschaft Autobahn“. Im Mülheimer Rhein-Ruhr Zentrum (RRZ) präsentiert sich das erste Einkaufszentrum Deutschlands „auf der grünen Wiese“ als ambivalenter Meilenstein der Stadtentwicklung. Vielleicht folgerichtig im Ruhrgebiet, in dem vormals Stadtzentren oft durch Produktionsstandorte der Industrie besetzt waren, verlagert es den Marktplatz aus dem Herz der Gesellschaft in den betriebsamen Randbereich der ökonomischen Stadt. Im permanenten Fluss der dezentralen Stadtlandschaft Ruhr vertauschen sich jedoch die Begriffe von Zentrum und Peripherie in einem steten Wechselspiel wie die Verhältnisse von global und lokal. An Rastplätzen, in Einkaufszentren und Wohngebieten trifft aufeinander, was sonst getrennt ist. Die Straße wird zum ambivalenten Vermittler und Paten globalokaler Begegnungen.

Hier entstand bei B1|A40 eine Ladenstraße der besonderen Art. Wo sich im Schatten der Autobahn gerade aus dem Aufeinandertreffen lokaler und globaler Ökonomien heterogenste Nachbarschaften ergeben, sehen sich die Global Player in einer improvisierten Shopping-Mall mit lokaler Individualproduktion konfrontiert, wie dem Honig der Gruppe Finger aus dem nahen Autobahnkreuz. Die örtlichen Entwürfe konkurrieren dabei nicht auf wirtschaftlicher, wohl aber auf ideologischer Ebene. Die Imkerei als selbstgenerierte Geschäftsidee, der Selbstversorger als subtile Zwischenökonomie und die Fischzucht im eigenen Auftrag entwerfen Lebensalternativen, die zudem wohlschmeckend daherkommen.

Eine dieser neuen Zwischenökonomien propagiert das Pferd als alternatives Verkehrsmittel und bildet eine Klammer zwischen den in loser Folge sich abzeichnenden Typologien dieses speziellen Stadtraums. Das Projekt „Esso 36“ von Andreas Wegner bietet einen Warenlieferservice

Von oben nach unten:
From top to bottom:
Wanderweg Kreuz Kaiserberg
Rita McBride, Delicate Arch
Jeanne van Heeswijk, Der Widerstand des kleinen Glücks
Andreas Wegner, Paketdienst Esso 36
Nächste Seite:
Following page:
Finger, Honig von der Pumpstation

zwischen RRZ und den Wohnorten seiner Klientel an. Die Kutsche, die entlang der großen Straße durch prekärste Wohnsituationen, Landschaftsschutzgebiete, markante Zentrumslagen und skurrile Gewerbegebiete zieht, artikuliert die manchmal wahllos erscheinende Raumfolge gleich einer filmischen Sequenz.

NEUE GESCHICHTE Am Wasserturm in Essen und in Dortmund, wo die A40 kurzfristig zur Landstraße wird, formulieren sich zwei Orte konträr zur vernakulären Landschaft als Stadtquartiere mit historischer Bedeutung. Christoph Schäfer geht in zwei Projekten der Frage nach, wie sich Geschichte konstituiert und welche Auswirkungen unser Glauben an ihre letztendlich nur vermittelte Wirklichkeit hat. Am Beispiel der Roten Ruhr Armee zeigt er, wie sie instrumentalisiert und gegen politische Gegner eingesetzt werden kann, um der Frage nachzugehen, wie sich eine Idee wie die der Roten Ruhr Armee entwickelt hätte, wenn sie nicht diskreditiert und bekämpft worden wäre. Geschichte aktualisiert sich dabei, um als aktiv operierender Körper in der Gesellschaft sichtbar zu werden und den Stadtraum auf seine Erinnerungs- und Zukunftsfähigkeit zu befragen.

ROADMOVIE RUHR Die lose, wie auch eigensinnig produktive Choreografie der Stadtlandschaft A40 wird dann zum Nukleus eines Ruhrgebiets, das sich nur aus sich selbst heraus erneuern kann, wenn sich an Orten außerhalb offizieller Aufmerksamkeit ungeahnte Potenziale von Gestaltungswillen, sozialer Kompetenz oder der subtile Mut zur Erneuerung auftun und unbemerkt durchsetzen. So könnte die Geschichte eines Ortes wie der Gewerbeagglomeration Dückerweg (mit eigener Autobahnabfahrt) im ambivalenten Aushandlungsprozess der Verteilung von Räumen auf verschiedene Weise gelesen werden. Wo die ehemalige B1 zur Autobahn wurde und sich beide Seiten durch die markante Zäsur vollkommen unterschiedlich entwickelt haben, führt diesmal ein städtischer „Wanderweg“ von der einen zur anderen Seite. Er zeigt nicht nur, wie die Autobahn immer mehr urbanen Raum vertilgt, sondern wie sie immer wieder neue Diskontinuitäten in die Stadt einschreibt.

Auf herkömmlichen Werbeflächen zeigt der Künstler Peter Piller die merkwürdige Wirkung dieser strikten Trennung, indem er beide Seiten fotografisch voneinander informiert. Seine Arbeiten zeigen auf der einen Seite der Autobahn die Aufnahmen der anderen. Wo auf der einen der größte Autotuningshop Deutschlands, D&W, mit viel nackter Haut wirbt und seine Klientel beim wöchentlichen Tunermeeting ihren gesammelten Gestaltungswillen in Lack, Polyester und Pferdestärken formuliert auffährt, findet sich auf der anderen Seite zwischen Friedhofsidylle und Straßenbegleitgrün eine malerische Schrebergartenkolonie, in der alle Kontinente der Welt vertreten sind. Während sich die Autofreunde bei Grill, Wasserpfeife und Basswummern über die neuesten Möglichkeiten austauschen, einen herkömmlichen Kadett in eine futuristische Vision zu verwandeln, verbünden sich die Gärtner in unmittelbarer Nachbarschaft zur Raststätte mit ihren Transitgenossen aus Russland und der Ukraine, die ihre Nächte nebenan im Truck verbringen. Die globalokale Nachbarschaft mündet nicht nur dann in sozialer Kompetenz, wenn des Winters bei Heizungsausfall die Trucker schon mal rüberziehen und den Bullerjahn (Holzofen) im Gartenhaus anwerfen – natürlich mit Erlaubnis der philippinischen Gärtnerin …

Das Wiener Team aus Architektur und Stadtplanung Zinganel/Hieslmair zeichnet in seinen verräumlichten Diagrammen hier nicht nur die globalen Bewegungen auf, die eine Raststätte zum Schnittpunkt zwischen internationalen Ökonomien und kulturellen Praktiken werden lässt, sondern setzt sie in Beziehung mit den lokalen Begebenheiten wie der internationalen Gärtnerschaft hinter der Schallschutzwand, die durch ihre Tätigkeit sowohl den Randbereich des prekären Verkehrsraumes unter sozialer Kontrolle halten als auch unbewusst ein internationales Kulturnetzwerk informeller Art herstellen.

Martin Pfeifle stellt den Truckern aus Osteuropa zudem eine eigene Architektur gegenüber. Wo sich an der letzten auf der Strecke verbliebenen Raststätte am Samstag ganze Dörfer aus Containern und LKWs ergeben, deren Bewohner hier das Wochenende verbringen müssen, türmt er verlorene Ladung zu einer fragmentierten temporären Architektur auf, die wie eine Ikone der losen Verbände, der Agglomerationen und mobilen Warenlager entlang der Autobahn wirkt.

Das Projekt bietet das Drehbuch zum „Roadmovie Ruhr“, wenn Künstler in diesem Kontext direkt vor Ort Arbeiten entwickeln, die solche Zusammenhänge nachvollziehbar machen. Die Stadt entwickelt sich als Choreografie filmgleicher Sequenzen, die sich zwischen Orten und Autos zur Erzählung verdichtet. Die Straße als roter Faden, Timeline und Drehbuch zum großen Kino des Realen.

Neben dem eigens für die Ausstellung einge-

Köln

richteten Autokino finden sich Formate wie das „Motel Bochum" von Atelier van Lieshout auf dem Parkplatz am Dückerweg, das zu den temporären Orten dieses Stadtraums eine exemplarische Beziehung unterhält. Am Ort des legendären Tunermeetings, das jeden Freitag das Motel umspült, leisten sie zudem einen Verständnistransfer, der die fachspezifischen Diskurse von Kunst und Planung verlässt, um einen ungezwungenen Austausch mit dem Kontext A40 zu ermöglichen. Hier kann der müde Pionier der A40 hautnah erleben, was es heißt, an der großen Straße zu wohnen.

Die Entwicklung eines umfangreichen Programmblocks war essenziell für die subtile Akklimatisierung der Projekte in ihrem Umfeld. Nahezu jeder Ort war mit einer „öffentlichen Bühne" ausgestattet, die der Beteiligung der Bevölkerung einen Ort in der Projektinfrastruktur einräumte, der symbolisch wie real genutzt werden konnte. Im faszinierend leichten Umgang zwischen Kunst und Kontext entwickelten sich viele Programmpunkte erst während der Ausstellung. Höhepunkt dabei war sicherlich die Wahl zur „Schönheit der großen Straße", dem schönsten Auto des Ruhrgebiets zusammen mit der Tunergemeinde am Dückerweg. Aber auch der nachbarschaftliche Besuch zwischen D&W und den Gärtnerinnen von der anderen Seite der großen Straße fand im Poledance von Angie Lexx an Gärtner Richards Teppichstange einen illustren Höhepunkt.

Aus dem offenen Verhältnis spricht die soziale Kompetenz der vernakulären Landschaft, die im täglich praktizierten Aushandlungsprozess individueller wie sozialer Territorien und einer aktiven Konfliktfähigkeit entsteht. Das Ruhrgebiet muss danach neu und richtig als eine Landschaft gelesen werden, die sich längst neu aufgestellt hat: in den filigranen Strukturen, die die Menschen zwischen die ökonomisch-politischen Schwergewichte gelegt haben. Ob Rhizom oder Mycel, ob Netzwerk oder Community, ist den „Ruhries" dabei gleich.

„Die Psychographie des Ruhrgebiets zählt zu seinen supermodernen Eigenschaften: Viele Zentren und ebenso viele Peripherien, unterschiedlichste Funktionen, Nutzungen und soziale Universen, die augenscheinlich wenig konfliktträchtig nebeneinander existieren (und häufig aber auch kaum über das Stadium der bloßen Koexistenz hinausgehen), formen soziale Landschaften, in denen vermeintlich Unvereinbares in hohem Maße toleriert wird. Dies ist kein Zufall und wohl auch nur zum Teil Ergebnis des Lernprozesses, den das Ruhrgebiet als Einwanderungsregion bereits durchlaufen hat; eine Region, in der ausgeklügelte Zentrenhierarchien von der regional agierenden Bevölkerung tagtäglich lässig außer Kraft gesetzt werden, hat eben andere raumstrukturelle Qualitäten und soziale Begabungen als eine konzentrische Metropolregion: Toleranz, Optionalität, Nachlässigkeit, cocooning sind Qualitäten der Städteregion Ruhr."[4]

Die von Dirk Haas treffend beschriebene Konstellation ist sicher auch Ergebnis der steten Zerschlagung der großen Entwürfe. Kaum eine Region musste so oft von vorne anfangen, improvisieren, sich neu erfinden. Die permanente Unbeständigkeit der Perspektiven, die Industrialisierung und ihr Ende, die Zerstörung im Krieg, der Verlust der Arbeiteridentität im Niedergang der Montanindustrie – all das führt zu einem Misstrauen in politische Prognosen und Heilsversprechen. Folgerichtig sind Masterpläne an der Ruhr nahezu Makulatur. Die Menschen schaffen sich unterhalb dieser in der Hartnäckigkeit der Realität ihre eigene Welt, die sich nah an Jacksons Entwurf der vernakulären Landschaft bewegt. Sie übertrifft ihn jedoch in der Frage der langfristigen Perspektiven: Das Ruhrgebiet hat die fragilen Entwürfe, die Unbeständigkeit und Improvisation, die dezentralen wie weichen Strategien, die latenten Toleranzen und sozialen Kompetenzen zu einer festen Masse, zum tragenden Element der Gesellschaft verdichtet. Es hat in der steten Wiederholung, in kurzen, repetierten Sequenzen den Umgang mit dem Ungewissen zu einer sicheren, zukunftsträchtigen Praxis gemacht, die eben Perspektiven entwickelt und Geschichte schreibt – unscheinbar, leise, sympathisch direkt. Das Unbeständige gewinnt dabei an Dauer, das Temporäre an Bestand, die weichen Praktiken an Durchschlagskraft und die losen Verbände das dauerhafte Überleben.

In dieser Landschaft zeichnen die Kunstprojekte im direkten Dialog mit den Bewohnern einen fluktuierenden Stadtraum auf, der sich durch seine starke Fragmentierung als *Objekt* einer übergeordneten Betrachtung und Planung stets entzieht, sich aber gleichzeitig als aktives *Subjekt* konstituiert, das autoproduktiv immer da Stadtraum generiert, wo schon Stadt und noch nicht Zentrum ist.

B1|A40 hat diesen Raum entlang der A40 zugänglich und lesbar gemacht, um aus seinen originären Formen und Typologien zu lernen, bevor er nahezu unweigerlich durch seine neue Rolle im Zentrum der Ruhrmetropole überschrieben wird. Seine räumlichen Formen sind den kaum vermeidlichen Veränderungen durch Ökonomie und Politik ausgesetzt, nicht aber seine Strategien. Sie werden getragen vom großen sozialen Netzwerk Ruhr, das nicht in den Dingen lebt, sondern in den Praktiken der Menschen vor Ort unabdingbar aktiv ist.

In der Perspektive ihres prognostizierten Verschwindens sollte man hier mit romantischer Melancholie also vorsichtig sein. Denn was von diesem Raum zu lernen ist, was ihn zum urbanen Labor macht, ist seine radikale Offenheit für den Wandel, für das Temporäre und das pionierhaft Forschende, das nicht nach historischen Dimensionen trachtet, sondern darauf gerichtet ist, sich ständig neu zu denken und dabei selbst zu aktualisieren.

1| Entlang der Autobahn befindet sich eine 40 Meter ins Land reichende „Anbauverbotszone", die nicht bebaut und besiedelt werden darf.

2| Jackson, John Brinckerhoff: „Landschaften. Ein Resümee". In: Franzen, Brigitte; Krebs, Stefanie (Hg.): Landschaftstheorie. Köln 2005.

3| Ebd.

4| Dirk Haas: Möglichkeitsräume. © Fakultät Raumplanung, Universität Dortmund.

7-24

B1|A40 A CITY INVENTS ITSELF | MARKUS AMBACH In the shadows of the urban centers between Duisburg and Dortmund, an unconventional urban zone has generated itself along the A40, the central traffic route in the Ruhr area. In view of the projected merging of the Ruhr cities into a single metropolis, it will progressively metamorphose from a peripheral area into a center. In this unique reversal, the "Grand Road,"which has hitherto been regarded as a problematic traffic zone, will become the boulevard of the Ruhr metropolis.

Analogous to this development, spaces and strategies for the interaction with urban situations are emerging, which have developed peripherally in the shadow of public interest and have only rarely been described so far. A new type of city is evolving in the field of tension between mobility, decentralized organization and a sense of place. It is not only marked by transitory spaces; individual strategies for spatial appropriation and self-regulated sociocultural habitats in the leftover spaces of city and traffic infrastructure are merely some of the phenomena that define this space. Allotment and shopping mall, cultural production and informal economy, fish farming and tuner meetings – all of them use the large road as infrastructure, a platform, a capacious location.

The B1|A40 project has examined the structures and conditions of this spatial complex: How do spaces generate themselves beyond specific planning interests and classifications of utilization? Which spaces emerge when their protagonists are to a large extent all but imperceptible and can act with a relatively high degree of personal responsibility? How does the absence of political attention affect the development of spaces? Do these special "climatic" conditions engender the development of alternative economies? Can self-regulated spaces offer proposals for solutions that can be transferred to the sphere of planning, and what mode of mediation is required to this end?

B1|A40 has explored these questions in situ within the context of the urban zone around the A40 in an interdisciplinary dialogue with artists, planners, architects, scientists, and local residents. By means of artistic interventions and interdisciplinary projects, it has uncovered perspectives and possible courses of action that could result in an urban planning discourse that could produce progressive developments for this problematic zone. The results of these efforts were shown in an exhibition in the urban zone along the A40 between Duisburg and Dortmund at six different sites within the framework of the European Capital of Culture RUHR.2010 from June 12, 2010 until August 8, 2010, also including an extensive program section. This catalogue not only documents the project and its gestation period of almost five years, it also links it with both theoretical and factual works related to it in one way or another.

In order to describe the Greater A40 Area in its complexity despite the limited funds available, six sites in five cities were chosen as representatives of those typologies that exemplify the subjects of discussion of the B1|A40 project: the "New Landscapes" at the Kaiserberg junction in Duisburg; the new economies subsumed under the heading "Globalocal" at the Rhein-Ruhr Zentrum in Mülheim; the perception of history, presented under the motto "New History" at the water tower in Essen and the Westfalendamm in Dortmund; and the cultural interfaces in the focus of transitory spaces, explored in Bochum under the title "Roadmovie Ruhr." The endeavor to enhance the public visibility of this exhibition led to a concentration of different works at these sites as "exhibitions within the exhibition." In the section "A40 Special" the project integrated locations, visions, and buildings of the local residents as equivalent components into the exhibition.

RUHRSCHNELLWEG (RUHR EXPRESSWAY) Traffic zones such as the A40, which has achieved a notorious fame of sorts under the name "Ruhrschnellweg," did not evolve as a result of a comprehensive long-term planning concept; they have developed rather slowly in accordance with the various urban needs and modes of utilization. In a place where nobody would dare to carve a path for an autobahn through the close-meshed cores of the cities, the former B1, as a secondary road linking the various cities along the course of the old "Hellweg" trade route, has slowly evolved into an autobahn. This fact explains its extraordinary structure, which cuts deep into the urban fabric of the Ruhr cities and produces a large variety of problematic neighborhoods in its surroundings. Where people live only some few meters away from the noise barriers, where innumerable closely-spaced exits turn this section of the large route from Nowgorod to Bruges into an urban highway, where the strictures of global transit are juxtaposed with likeable local color, an urban space characterized by an extraordinary heterogeneity emerges. In blatant disregard of the "Anbauverbotszone[1]", thousands upon thousands have made the surroundings of the autobahn their home; here, shops, kindergartens and pubs, allotments and trailer parks, the high-rise buildings of high finance, fish ponds and animal cemeteries, churches and red-light districts coexist in perfect harmony.

The autobahn is a watershed, a deep cut whose edges reveal an urban landscape, which allows both unusual and painful insights, scantily concealed by the noise barriers. It continues to gobble up its environment in its expansion into a three-lane carriageway.

On an area of some one hundred kilometers along the large road, a fundamental conflict of interests between transitory-temporary spaces and the determinateness of specific locations becomes manifest. The transit of the road users undercuts any attempt at identification with the location, which is accordingly rapidly deteriorating as an urban zone. It is for the most part inhabited by those who already lived here before the autobahn arrived and who, confronted with the intruder, stubbornly persist in making themselves at home here. Apart from these residents, who have adjusted to this zone in a kind of self-defense, it also harbors modes of utilization that have found no place in the ordinary fabric of the city. Accordingly, a zone of extremely heterogeneous – and occasionally exceedingly difficult – neighborhoods is emerging in the shadow of planning policies that exclusively focus on traffic-related problems. It confronts not least the sphere of urban planning with insoluble problems and is as a consequence largely neglected by economic, public, and political interests.

Right in the middle of the city, the latent indifference towards these spaces creates a vacuum of official organization and presence, of perspectives and coordinated efforts at reconfiguration – a zone where, in the absence of supervision, all but unregulated areas emerge that are tolerated in order to maintain at least a minimal level of population, thus safeguarding a modicum of social control. Seen in a positive light, such spaces could also be described as laboratories for self-regulated action. Surprisingly, however, the insufficient regulation of such spaces does not result in sheer anarchy, but in a charming, frequently rather conventional self-regulation of the extremely heterogeneous interest groups.

FOCUS OF INTEREST The exhibition was particularly interested in places and systems that evolve their own specific methods of interaction with problematic urban areas, beyond all conventional planning strategies. Along the A40, where the multiple discontinuities and interventions have spawned a zone marked by disruptions, creases, and scars, the autobahn reveals itself as an active subject that generates urbanity in an autonomous and idiosyncratic manner, a subject that produces urban sequences of an exceedingly complex heterogeneity and density in the shadow of political and economic interests. In contrast to urban typologies, which can be instrumentalized by the spheres of politics and economy, the "backyard" of the autobahn eludes the city's economic grasp by means of the creation of multifaceted, opaque complexities. The ostensibly ruined landscape produces itself as a counterpart, a self-created autonomous urban zone exploring a new urban future.

As opposed to the centers of cities, such spaces are generated by their protagonists in direct interaction with the specific situation. The rapid oscillation between reaction and action runs counter to perspective-related organizational strategies yet proves unexpectedly successful in the interaction with problematic urban zones since it is oriented towards fluctuation and impermanence. This necessitates a fresh, loosely-structured vocabulary of forms displayed by such places, as well as a capacity for resourcefulness and imagination for the development of temporary solutions. These develop out of innumerable heterogeneous and idiosyncratic scenarios, which interweave into a stable network of self-generated life strategies. This both loose and solid network created by the local residents turned out to be an integral part of the exhibition, providing it with a strong foundation. In an unprecedented manner, the project managed to link up with the local protagonists to achieve a synergetic relationship of equal partners mutually informing and inspiring each other. The concepts of this landscape were at once a point of departure, a reflection and a partner of the projects embedded among them by the artists.

STOP, GET OUT AND ASK One has to stop and leave one's car in order to approach these spaces. Those who expected a comfortable visit to an exhibition in a pleasant journey along an "A40 parkway" in the air-conditioned isolation of their own mobile space module were destined to be disappointed. "B1|A40 The Beauty of the Grand Road" encouraged visitors to explore the difficult yet easygoing life behind the noise barrier on foot. The dominance of the motor vehicle was suspended for a period of two months in a virulent exposure to the context of the large road – an unsettling yet exciting encounter with an urban reality which communicates its hardships and magical moments, its fissures and pleasures, unmediated and true to life, in a sensual and compelling event whose unique atmosphere cannot be described with any degree of accuracy ex post facto. The vernacular landscape depends like no other on the immediate present and the specific site, on personal attendance, the physical presence of its contrasts, and direct communication.

NEW LANDSCAPES | THE KAISERBERG AUTOBAHN JUNCTION IN DUISBURG A new landscape is exemplified in the surroundings of the Kaiserberg junction, the first site chosen by B1|A40. Here, one of the largest traffic junctions in the region choreographs a space marked by unexpected complexity. The intricate interweaving of elevated transverse links, which has earned the junction the nickname "Spaghetti Junction," has created a variety of enclosed spaces where functions not usually encountered along the autobahn have established themselves: zoological gardens and allotments, a pony ranch, a fish farm, and a trailer park, wetlands, agricultural tracts, and an idyllic village are found side by side in neighborly harmony, surrounded by the sonorous noise of the road.

The development of such landscapes is dependent on local influences and the cultural imprints of their protagonists. They can neither be imagined nor prognosticated, but rather gradually evolve without outside interference. John Brinckerhoff Jackson has used the term "vernacular" to describe them: "[These are landscapes whose inhabitants leave] no monuments, only abandonment or signs of renewal. Mobility and change are the key to the vernacular landscape, but of an involuntary, reluctant sort; not the expression of restlessness and search for improvement but an unending patient adjustment to circumstances."[2]

Brinckerhoff Jackson shows that terms which generally have negative connotations, such as "abandonment," "adjustment," "ignorance," "absence of long-term goals" or the "lack of historical consciousness" can also be given a positive meaning and a strategic function. At such sites they create a landscape "without visible signs of political history," a "landscape without memory,"[3] which continuously updates itself.

AN INFORMAL LANDSCAPED PARK At this site, the art works were closely interlinked with the projects already located there. In addition to a hiking trail specifically designed for B1|A40 which leads through the newly-proclaimed "Landschaftspark Kreuz Kaiserberg," Jeanne van Heeswijk created a project focusing on the

local residents who have for a long time held out against the autobahn in defense of their home village, which is completely enclosed by the junction. Their common aim was to preserve the church as the communal landmark and meeting-point of the community. Van Heeswijk's temporary community center in the form of a giant round table – at once a beer garden, party table and political stage – fostered good relations between settlers, artists and passers-by.

At the pump station in the very center of the Kaiserberg junction, the artists' group Finger from Frankfurt busied itself with the production of honey. Half a million assistants not only gathered a high-quality product but also provided crucial information on the flora found in the surroundings of the traffic zone: an analysis of the honey permitted a minute scrutiny of the species of plants found within the ten-kilometer radius covered by the bees. The autobahn junction proved a veritable reservoir with an enormous variety of floral species.

GLOBALOCAL: NEW ECONOMIES The group's multidimensional approach provides a suitable transition not only to the next project site but also to another subject of this new "autobahn landscape." The Rhein-Ruhr Zentrum in Mülheim, the first German shopping mall to be built in the open countryside, is an ambivalent landmark of urban development. It was perhaps no coincidence that it was built in the Ruhr area where city centers had often been occupied by industrial facilities, so that the idea to remove the marketplace from the core of society to the busy fringes of the economic city could easily take root.

In the permanent fluctuation of the decentralized urban Ruhr landscape, however, the concepts of center and periphery continually interchange in permanent oscillation, as does the relation between the global and the local. At service areas, in shopping malls, and residential areas, things that otherwise remain separate become abruptly juxtaposed. The road turns into an ambivalent mediator and sponsor of globalocal encounters. During the B1|A40 project, this mall was graced by a shopping arcade of a different order. While, in the shadow of the autobahn, the clash of local and global economies perennially produces utterly heterogeneous juxtapositions, the global players here were confronted, in an improvised shopping mall, with local specialist products such as the honey from the nearby autobahn junction produced by Finger. While the economical competitive impact of these local projects might be negligible, it certainly cannot be ignored on a conceptual level. The apiary as an autonomously generated business idea, the self-supporter as a subtle intermediate economy, and the fish farm in its own particular fashion display alternative ways of life, which additionally make for exquisite culinary experiences. One of these new intermediate economies propagated the horse as an alternative means of transport and formed a link between the loosely-grouped typologies of this unique urban zone. Andreas Wegner's "Esso 36" project provided a delivery service that ran between the RRZ and the residences of his customers. The horse-drawn carriage, which commuted along a large road between precarious housing developments, landscape conservation areas, distinctive central districts, and bizarre commercial areas, articulated the occasionally ostensibly haphazard spatial sequence akin to the montage of a film.

NEW HISTORY At the Essen water tower and in Dortmund where the A40 becomes a secondary road for a few kilometers, two sites assumed a contrary position to the vernacular landscape in their configuration as urban districts of some historical significance. In two projects, Christoph Schäfer explored the ways in which history is constituted and the results of our belief in its – ultimately invariably mediated – actual reality. Taking the Red Ruhr Army as an example, he demonstrated how history can be instrumentalized and leveled against political opponents, in order to examine the ways in which an idea such as that of the Red Ruhr Army could have developed if it had not been discredited and suppressed. Here history updated itself in order to become visible as an active agent of societal development and to examine the urban sphere from the point of view of its capacities to remember the past and shape the future.

ROADMOVIE RUHR The loose yet idiosyncratically productive choreography of the urban landscape along the A40 can only be transformed into the nucleus of a Ruhr area – which must renew itself auto-productively if unimagined potentials for self-realization and social skills and the

subtle courage for such renewal should emerge – and unnoticeably take hold at places beyond official attention. Thus the history of a place like the commercial agglomeration at Dückerweg (which has a motorway exit of its own) could be interpreted in various ways in its ambivalent negotiation of spatial distribution. Where the former B1 turned into an autobahn – an event that separates the areas to the left and right of the road from one another and resulting in utterly divergent developments – an urban "hiking trail" now links the two neighboring yet separated areas. Walking along it, visitors can see for themselves, not only how the autobahn is gobbling up more and more urban space but also how it unceasingly inscribes new discontinuities into the urban arena.

On conventional advertising boards, the artist Peter Piller demonstrates the strange effects of this strict separation. While on one side D&W, Germany's largest car-tuning shop, uses acres of bare skin to advertise its products and its customers display their cumulative creative talents in the shape of custom paint jobs, oddly-shaped polyester, and high-performance engines at their weekly tuners' meeting, on the other side an idyllic allotment area distinguished by its multiethnic community is located between the cemetery and the roadside greenery. While car enthusiasts exchange opinions on how to transform an ordinary Opel Kadett into a futuristic mobile, among barbecues, waterpipes, and subwoofers, globalocal gardeners in the immediate vicinity of the service area – where

they can go for a quick shopping tour via a door in the noise barrier – join forces with their transit comrades from Russia and Ukraine who spend the night in their trucks over at the parking lot. The globalocal neighborhood enhances the social skills of all its members, not only when those truckers whose car heating is defective move into the allotments in winter and light a fire in the garden shed oven – of course with kind permission of the Philippine gardener …

In their spatial diagrams, Zinganel/Hieslmair, a team from Vienna that focuses on architecture and urban planning, not only depict the global movements that converge at the service area in an intersection of international economies and cultural practices, they also relate them to the local conditions such as presented by the international gardeners' community behind the noise barrier. Through their activities, they not only submit the fringe of this precarious traffic zone to a modicum of social control, they also unintentionally create an informal international cultural network. The project can offer a scenario for the Roadmovie Ruhr if the artists, in this context, develop site-specific works that lend transparency to these interrelations. The city develops as a choreography of film-like sequences condensing into a narrative among the sites and cars; the road as a leitmotif, timeline, and script for the great cinema of the real.

Apart from the drive-in cinema, which was specifically installed for the exhibition, formats such as Atelier van Lieshout's "Motel Bochum" were set up on the Dückerweg parking lot – a project that has formed an exemplary relationship with the temporary locations of this urban zone. At the site of the legendary tuners' meeting, which was held all around the motel every Friday, they also enabled a mutual transfer of information and understanding, abandoning the specialist discourses of art and planning to permit unconstrained exchange with the A40 context. Here the weary pioneers of the A40 could see for themselves what it means to live close to the grand road.

The development of an extensive program section was essential for the subtle acclimatization of the projects to their surroundings. Almost every site was equipped with a public stage, providing a place in the project infrastructure for the participation of the populace, which could be used both symbolically and in reality. In a fascinatingly easygoing interaction between art and context, many items on the program were only developed during the exhibition. One highlight was the "Beauty of the Grand Road" contest, which searched for the most beautiful car in the Ruhr area in cooperation with the tuner community at Dückerweg. There were also mutual neighborly visits between D&W and the gardeners' ladies' group from the other side of the large road, which culminated in Angie Lexx' illustrious pole dance, performed on the carpet beating frame of Richard the gardener.

This open-minded relationship attests to the social skills of the vernacular landscape, which develop in the daily negotiation of individual and social territories and out of an active capability for the resolution of conflicts. After all this, the Ruhr area must finally be perceived as a landscape that has long refashioned itself: outside of the sphere of politics, which is still clinging clumsily to power and coal, it is happening in the delicate structures established between the economic and political heavyweights. Whether one prefers to call it rhizome or mycelium, network or community – it is all one to the people in the Ruhr area.

"The psychography of the Ruhr area is one of its ultra-modern characteristics: many centers and as many peripheries, utterly diverse functions, utilizations and social universes which co-exist side by side, apparently without any conflicts to speak of (although they frequently do not venture beyond this status of mere co-existence), form social landscapes in which even the ostensibly irreconcilable is largely tolerated. This is no coincidence, and probably only in part the result of the learning process which the Ruhr area as a migrational region has already gone through; after all, a region where sophisticated center-oriented hierarchies are casually suspended by the local population day by day displays qualities of spatial structuralization and social skills which differ from those of a concentric metropolitan region: tolerance, optionality, casualness, cocooning – those are some of the key qualities of the urban Ruhr region."[4]

The constellation appositely described by Dirk Haas is certainly also the result of a continual demolition of the area's major structures. Hardly any other region has been forced to start anew, to improvise, to reinvent itself so often. The permanent impermanence of perspectives, industrialization and its demise, the ravages of war, the loss of the workers' identity due to a decline of the mining and steel-producing industries, structural change – all of this has led to a general distrust of political projections and promises of salvation. As a consequence, all master plans in the Ruhr area are, from their very inception, never quite worth the paper they are printed on. The local residents, unconcerned with grand designs, create their own world in a persistent renegotiation of reality, a world closely related to Brinckerhoff Jackson's concept of the vernacular landscape.

However, with regard to long-term perspectives, it goes beyond this concept: the Ruhr area has condensed fragile projects, volatility and improvisation, decentralized and soft strategies, latent tolerances and social skills into a solid mass, a major supporting element of society. In constant repetition, in its short reduplicated sequences, it has transformed the negotiation of uncertainty into a stable and promising practice which can develop perspectives and make history – in an inconspicuous, soft, likeable, and direct manner. The impermanent gains in stability, the temporary gains time, the soft practices increase their impact, and the loose conjunctions achieve some sort of permanence.

In this landscape, the projects demarcate, in direct dialogue with local residents, a fluctuating urban space which, as an *object*, perennially eludes any superordinate consideration and planning due to its multiple fragmentation, yet simultaneously constitutes itself as an active *subject* that autoproductively generates urban space wherever the city has not yet coagulated into a center.

B1|A40 has made this zone along the A40 accessible and intelligible, to learn from its original formats and typologies in time before it is almost certainly again remodelled – at least in part – by its new prospective role at the center of the Ruhr metropolis. Its spatial forms are continually exposed to vehement interventions by the economic and political sphere, but its strategies are not. They are supported by the huge social Ruhr network which, perennially active, is to be found, not in things, but in the practices of the local inhabitants.

When considered from this perspective, this is hardly the time for romanticist melancholia. What can be learned from this space and its strategies, what makes it an urban laboratory, is its radical openness to change, to that which is temporary and to pioneering efforts at exploration, which does not measure itself in historic dimensions, but is continually striving to recast and update itself.

1| The strips of land along both sides of the autobahn have been designated an "Anbauverbotszone" – i.e., nobody is allowed to build or settle within a radius of forty meters from the road.

2| John Brinckerhoff Jackson: "Concluding with Landscapes." In: John Brinckerhoff Jackson: Discovering the Vernacular Landscape. New Haven/London 1948, pp. 145–154.

3| ibid.

4| Dirk Haas: Möglichkeitsräume © Fakultät Raumplanung, Universität Dortmund.

Arnheim
Venlo
Duisburg
40
3
300 m
Köln
Düsseldorf
Arnheim
DU-Kaiserberg

LANDSCHAFTEN

LANDSCHAFTEN | JOHN BRINCKERHOFF JACKSON (...) Ich habe mehr als einmal erwähnt, wie unbefriedigend Wörterbuchdefinitionen von Landschaft sind: „Eine Ansicht oder Aussicht auf eine ländliche Szenerie, oder die bildliche Darstellung einer solchen Szenerie in der Malerei." Dieser Wortlaut hatte seinen Ursprung vor 300 Jahren. Seither haben wir jedoch gelernt, in der Landschaft mehr als nur eine schöne Szenerie zu sehen. Wir haben gelernt, dass sie von Grund auf neu entworfen und gestaltet werden kann, dass sie wächst und verfällt. Wir denken nicht mehr, Landschaft sei weit von unserem täglichen Leben entfernt. Im Gegenteil, wir glauben, ein Teil der Landschaft zu sein. Unsere davon abgeleitete Identität ist in einem fast pathetischen Sinne die Voraussetzung für unser In-der-Welt-Sein. Diese stark ausgeweitete Bedeutung von Landschaft macht ihre Neudefinition umso notwendiger.

Mit der Zeit werden wir zweifellos einen neuen Begriff formulieren. Was wir bis jetzt haben, ist allerdings – mangels der Unterstützung durch das Wörterbuch – unvollständig und lediglich ein Notbehelf. Wenn wir auf eine streng ästhetische oder phänomenologische Herangehensweise verzichten und Landschaft nicht mehr als ein isoliertes, von seinen Ursprüngen und Funktionen befreites Phänomen ohne Bezug zur menschlichen Existenz betrachten, können wir in nüchternen und sachlichen Begriffen über sie sprechen. Es ist nicht ungewöhnlich, wenn von Landschaft als räumlichem Ausdruck einer gegebenen sozialen Ordnung die Rede ist, als einer Art zweidimensionalen Sprache mit eigener Grammatik und Logik. Der Vergleich mag ob seiner mangelnden Präzision hinken, und dennoch finden ihn manche, die ihn verwenden, sehr anregend. Wie eine Sprache hat Landschaft verborgene und nicht entzifferbare Ursprünge, wie Sprache ist sie das sich allmählich entwickelnde, schöpferische Produkt aller gesellschaftlichen Kräfte. Landschaft entwickelt sich nach eigenen Gesetzen, lehnt je nach Bedarf Neologismen ab oder akzeptiert diese, klammert sich an veraltete Formen oder erfindet neue. Wie Sprache, so ist auch Landschaft ein Feld, auf dem ständig neue Konflikte ausgetragen und Kompromisse gefunden werden zwischen dem, was fest etabliert und autorisiert ist und dem, was sich durch alltäglichen, vernakulären Gebrauch als vorteilhaft erweist. Wie der Grammatiker oder der Lexikograf muss auch der Planer und Reformer Position beziehen. Üblicherweise tut er das auf der Seite des akademisch Etablierten, dessen, was als richtig und rational angesehen wird. Und so soll es wohl auch sein. Wir sind zur Genüge vertraut mit der Tyrannei, die von einer überstrukturierten Sprache oder einer bis ins letzte Detail geplanten Landschaft ausgehen kann, aber es gibt trotzdem etwas, das für Regeln spricht, wie willkürlich sie auch sein mögen. So wie eine Sprache ohne festgelegte Standards für Klarheit und Eleganz, ohne Respekt für Traditionen selbst die besten Köpfe verwirrt, so mag auch eine Landschaft ohne langfristige Ziele, ohne Struktur und Gesetz zwar paradiesisch anmuten, aber letzten Endes frustriert sie jede Suche nach einer sozialen oder moralischen Ordnung.

Man kann einen Vergleich auch zu weit treiben, aber ich meine, sowohl für Sprache als auch für Landschaft gilt, dass ihre Entwicklung, ihr Schutz und ihre Schönheit mit Geschichte und unserem Umgang mit ihr zu tun haben. Egal auf welche Definition von Landschaft wir uns schließlich einigen: Um brauchbar zu sein, muss sie das unaufhörliche Zusammenspiel zwischen dem Kurzlebigen, Mobilen und Vernakulären auf der einen Seite und der Autorität gesetzlich festgelegter, langfristig geplanter und beständiger Formen auf der anderen Seite berücksichtigen.

Und damit scheine ich jenem so schwer fassbaren Landschaftskonzept auf die Spur zu kommen: Die ideale Landschaft ist keine statische Utopie, die ökologischen, sozialen oder religiösen Prinzipien verpflichtet ist, sondern vielmehr ein Lebensraum, in dem Beständigkeit und Wandel im Gleichgewicht sind. Es gibt nur wenige Landschaften, auf die das zutrifft, und noch seltener kommt es vor, dass dieser Zustand über einen mehr oder weniger langen Zeitraum erhalten bleibt. Aber alle scheinen dieses Gleichgewicht gesucht zu haben; alle haben auf die eine oder andere Weise die Existenz dieser Idee von Landschaft anerkannt. So wie die Welt beschaffen ist, gibt es viel mehr Landschaften, die sich im Ungleichgewicht befinden. Die zwei Beispiele, die ich nennen werde – das eine zeigt die Gefahren der Mobilität, das andere die Gefahren des übermäßigen Respekts vor der Verortung in der Landschaft – lohnen eine genauere Betrachtung, nicht nur wegen ihres warnenden Charakters, sondern auch, weil beide indirekt mit unserer eigenen amerikanischen Landschaft und ihrer Zukunft in Beziehung stehen.

An anderer Stelle habe ich die ursprüngliche Bedeutung des Wortes Landschaft ausführlich erörtert[1]. Deshalb genügt hier der Hinweis darauf, dass damit eine Ansammlung, ein „Bündel" von zueinander in Beziehung stehenden Ländereien gemeint war, das zugleich Teil eines größeren Systems war. Unter Ländereien verstand man genau definierte Parzellen, und wir können davon ausgehen, dass damit in der mittelalterlichen Welt Acker oder anderweitig kultiviertes und daher wertvolles Land bezeichnet wurde. Landschaft muss deshalb ein Begriff gewesen sein, der von Dorfbewohnern, Bauern und Landarbeitern häufig benutzt wurde. Er beschrieb ihre eigene kleine Welt. Doch wie oft fand er in anderen Teilen der Gesellschaft Verwendung? In den Rechtsdokumenten jener Zeit taucht der Begriff nur sehr selten auf. Das *Domesday Book*, ein von Wilhelm dem Eroberer im 11. Jahrhundert in Auftrag gegebenes Grundbuch zur Erfassung aller Ländereien Englands, wurde zwar in Latein verfasst, jedoch wird in keiner der Übersetzungen das Wort *Landschaft (landscape)* erwähnt, und tatsächlich scheint es damals außer Gebrauch gekommen zu sein. Zwei Jahrhunderte nach der normannischen Eroberung Englands trat ein aus Frankreich importierter Begriff lateinischen Ursprungs an seine Stelle. *Land (country)* bzw. *ländliches Gebiet (countryside)* bezeichneten nun ein ausgedehnteres, wenngleich weniger genau definiertes Areal. Es war das Territorium, in dem Menschen lebten, die alle denselben Dialekt sprachen, die gleiche Art Landwirtschaft betrieben, Untertanen des gleichen Lehnsherren waren, gleiche Sitten und Gebräuche ihr eigen nannten und bestimmte traditionell verbürgte Rechte und Privilegien besaßen. Erst in der modernen Zeit sollte das Wort *Land (country)* die Bedeutung von *Nation (nation)* annehmen.

Im Gebrauch der beiden Wörter *Landschaft (landscape)* und *Land (country)* wird der Unterschied zwischen vernakulären und aristokratischen bzw. politischen Raumkonzepten sichtbar. Aus der Sicht großer Landbesitzer, der Adligen und des Klerus war *Landschaft* lediglich ein bäuerlicher Alltagsbegriff, der eine Menge kleinerer, temporärer und grob vermessener Räume bezeichnete, die nicht nur häufig den Besitzer wechselten, sondern auch Form und Größe. Die Landschaft war Teil eines weitläufigeren feudalen Grundbesitzes. Und obwohl ihren Bewohnern bestimmte Rechte zugebilligt wurden, war sie letzten Endes das Eigentum des Lehnsherren oder der Krone. Als Begriff war Landschaft nur in kleinen Dörfern verbreitet. Das aristokratische Raumkonzept war dagegen ein völlig anderes. Das Besitztum eines Adligen oder Bischofs, die Ländereien eines Ritters, der Wald des Königs, ganz zu schweigen von seinem Königreich – all diese Räume hatten einen eindeutigen, beinah heiligen Ursprung, und ihre Grenzen waren durch Verträge und Urkunden verbürgt. Die Besitzer hatten die Macht über Recht und Gesetz und konnten ihr Eigentum den Nachkommen als Erbe hinterlassen. Der aristokratische Raum in der mittelalterlichen Welt war deshalb beständig und relativ autonom. Er war die Schöpfung politischer bzw. juristischer Entscheidungen.

Obwohl sich beide Raumarten überlagerten, gab es große Unterschiede im Hinblick auf deren Ansichten über die Welt und die Organisation des Raumes. Da wir hier den frühen Gebrauch des Wortes *Landschaft* untersuchen, können wir uns auf die *vernakuläre Landschaft* konzentrieren. Die gegenwärtige Tendenz, mit dem Wort *vernakulär* lokale Formen der Sprache und lokale Formen der Kunst und des Kunsthandwerks zu verbinden, gibt uns das Recht, es auch zur Beschreibung anderer Aspekte der lokalen Kultur zu benutzen. Seinen Ursprung hat es im Lateinischen *verna*, der Bezeichnung für Sklavinnen und Sklaven, die im Hause ihrer Herren geboren wurden. Im erweiterten Sinne wurde es später zur Bezeichnung für Einheimische, für die Menschen, deren Existenz auf das Dorf oder das Landgut begrenzt war und die einer routinemäßigen Arbeit nachgingen. Vernakuläre Kultur wäre also eine durch Traditionen und Gebräuche geprägte Lebensweise, abseits von der großen Welt der Politik und der Gesetze; eine Lebensweise also, bei der Identität nicht im Landbesitz wurzelt, sondern in der Zugehörigkeit zu einer Gruppe oder Großfamilie. Daraus folgt nun meines Erachtens, dass man auch von einer vernakulären Landschaft sprechen kann, dort wo Hinweise auf die politische Organisation des Raumes größtenteils oder sogar völlig fehlen. Ich habe bereits einige Merkmale der politischen Landschaft erwähnt: die Sichtbarkeit und Unverletzlichkeit der Grenzen, die Bedeutung von Monumenten und radialen Hauptverkehrsstraßen sowie eine enge Beziehung zwischen der Rechtsstellung der Personen und den Grenzen des Raumes. Mit *politisch* bezeichne ich jene Räume und Strukturen, die entwickelt wurden, um dem Land Einheit und Ordnung aufzuerlegen, diese zu bewahren oder sie gemäß großmaßstäblicher und langfristiger Planungen zu erhalten. Unter dieser Voraussetzung sollten wir moderne Phänomene wie Bundesautobahnen, Staudämme, Flughäfen und elektrische Überlandleitungen erfassen, ob sie uns interessieren oder nicht.

In einer vernakulären Landschaft offenbart sich eine ganz bestimmte Art der Definition und des Umgangs mit Zeit und Raum. In den Pueblo-Kulturen des US-amerikanischen Südwestens gibt es eine Reihe besonders unverfälschter vernakulärer Landschaften. Wann immer wir sie sehen, finden wir sie eher verwirrend, und es ist nahezu unmöglich, sie mit unseren konventionellen europäisch-amerikanischen Begriffen zu interpretieren. Die mittelalterliche Landschaft ist kaum einfacher zu verstehen, obwohl sie im Verlaufe der Jahrhunderte durch immer mehr politische Komponenten geprägt wurde: Schlösser, Herrenhäuser, königliche Straßen und bürgerlich verfasste Städte. In ihnen wird die Entwicklungsgeschichte der Landschaft sichtbar. Aber verborgen unter den Symbolen dauerhafter politischer Macht liegt eine vernakuläre Landschaft, oder genauer gesagt, tausende kleiner und verarmter vernakulärer Landschaften. Die dort traditionell lebenden Gemeinschaften organisieren und nutzen den Raum gemäß ihrer Sitten und Gebräuche; persönliche Beziehungen halten die Menschen zusammen. Wir können etwas darüber erfahren, indem wir die topografischen, technologischen und sozialen Faktoren untersuchen, die das Alltags- und Wirtschaftsleben bestimmen. Ich vermute aber, dass wir auf lange Sicht weder vernakuläre noch andere Landschaften verstehen, wenn wir sie nicht als eine Form der Organisation des Raumes wahrnehmen, d.h. wenn wir uns nicht fragen, wer sich im Besitz bestimmter Räume befindet und sie nutzt, wie sie entstanden sind und wie sie sich verändern. Oftmals sind es die juristischen Aspekte einer Landschaft, die uns den besten Zugang zu ihrem Verständnis ermöglichen, besonders zum Verständnis der Beziehung zwischen dem Bauern oder dem Dorfbewohner und dem Stück Land, das er bearbeitet. „Während der gesamten Feudalzeit geschieht es ganz selten", so schreibt Marc Bloch, „daß man vom Eigentümer spricht, weder von dem eines Landes noch von dem eines mit Machtausübung verbundenen Amtes. [... so] ist das auf Liegenschaften angewandte Wort Eigentum beinahe sinnentleert worden [...]." In der Tat lastete zu jener Zeit auf beinahe jedem Stück Land und auf vielen Leuten eine Unzahl von Rechten, die nach ihrem Wesen verschieden waren, aber von denen ein jedes in seinem Bereich gleich ansehnlich erschien. Keines stellte diese strenge Ausschließlichkeit dar, die für das römische Besitzrecht charakteristisch ist. Der hintersässige Bauer, der – im Allgemeinen vom Vater auf den Sohn übergehend – pflügt und erntet; sein direkter Grundherr, dem er Zinsen zahlt und der in bestimmten Fällen die Hand wieder auf die Scholle zu legen wusste; dann der Herr dieses Herrn – und so ging es weiter auf der ganzen langen Leiter der Abhängigkeit von Herr zu Herr. Wie viele Leute waren es, von denen der eine mit ebensoviel Recht wie der andere sagen konnte: „Das ist mein Feld!"[2]

In dieser vernakulären Landschaft wird Raum zum Indiz für persönliche Beziehungen, und diese sind ihrerseits ein nicht weniger komplexer Hinweis auf die verwickelten und oft konfliktreichen Traditionen einer Gemeinschaft. Wer kontrolliert den beträchtlichen Anteil am sogenannten Ödland, das so ausgedehnt sein kann wie ein Moor- oder Sumpfgebiet, in anderen Fällen jedoch nicht mehr ist als ein Straßenrand oder ein Feldweg? Ist die Straße selbst Ödland? Wenn der Raum einer anderen Nutzung zugeführt wird, wechselt er seinen Namen: Mit Gras bewachsen, wird aus dem „Land“ eine „Flur“. Von der Krone durch Vorkaufsrecht erworbenes Ödland wird zum königlichen Forst mit eigenen Gesetzen. Im Bemühen, die Landschaft des mittelalterlichen Cambridge aus juristischer Sicht verständlich zu machen, erinnert uns der Rechtshistoriker Maitland an deren schier hoffnungslose Komplexität: „Denken Sie an den Konzessionsherren [König Johann] und seine königlichen Rechte, an seine Konzessionäre und ihre komplexen Interessen, an die Ackerstreifen und verstreuten Wiesenstücke, die Allmende, den von Häusern umgrenzten Marktplatz [...], den Flickenteppich von Lehnsgütern, das Netzwerk von gepachteten Ländereien“[3] – aus diesem Wirrwarr soll nun irgendwie ein kohärentes räumliches Muster hergeleitet werden.

Beim gegenwärtigen Stand der Forschung über vernakuläre Landschaften als Typus lässt sich lediglich sagen, dass ihre Räume in der Regel von kleiner, unregelmäßiger Form sind und dass sie sich hinsichtlich ihrer Nutzung, ihrer Eigentumsverhältnisse und ihrer Ausdehnung schnell verändern. Häuser, selbst Dörfer werden größer oder kleiner und wechseln ihre Gestalt und Lage. Immer noch gibt es einen großen Anteil an „gemeinschaftlichem Land“ – Ödland, Weideland, Wälder und Gebiete, deren natürliche Ressourcen je nach Bedarf genutzt werden. Straßen sind oft nicht mehr als Pfade und Feldwege, die nicht gepflegt werden und selten dauerhaft existieren. Zusammenfassend kann man feststellen, dass die vernakuläre Landschaft ein bunt zusammengewürfeltes Areal von kleinen Dörfern und dazugehörigen Feldern ist, vergleichbar mit Inseln in einem Meer von Ödland und Wildnis, die sich von Generation zu Generation verändern. Es sind Landschaften, deren Bewohner keine Monumente hinterlassen, sondern nur Zeichen des Aufgebens oder Erneuerns.

Mobilität und Wandel sind die Schlüssel zur vernakulären Landschaft, aber eher unfreiwillig und widerstrebend. Sie sind nicht Ausdruck von Ruhelosigkeit und Suche nach Verbesserung, sondern vielmehr von einer nicht enden wollenden, geduldigen Anpassung an die Umstände. Viel zu oft geht diese Anpassung auf willkürliche Entscheidungen der Mächtigen zurück. Aber ebenso spielen natürliche Bedingungen, Ignoranz, das blinde Vertrauen in lokale Konventionen und die Abwesenheit langfristiger Ziele eine Rolle: das Fehlen dessen also, was wir zukünftiges historisches Bewusstsein nennen würden. Eine vernakuläre Landschaft, wie wir sie im amerikanischen Südwesten oder im mittelalterlichen Europa vorfinden, veranschaulicht auf beeindruckende Weise die Hingabe an gemeinschaftliche Sitten und Gebräuche und einen unerschöpflichen Einfallsreichtum für kurzfristige Lösungen. Gleichzeitig können wir nicht übersehen, was für uns die kulturelle Armut einer solchen Landschaft ausmacht, das Fehlen einer zielgerichteten Kontinuität. Diese Landschaft denkt nicht in Kategorien von Geschichte, sondern von Mythen und Legenden. Bis weit in die Renaissance hinein und selbst später glaubten die Bewohner europäischer vernakulärer Landschaften in gewisser Weise immer noch an heidnische Gottheiten, schmückten ihre Häuser mit heidnischen Symbolen und beachteten heidnische Riten und Festtage. Selbst historische Figuren wie Karl der Große und Kaiser Barbarossa, historische Ereignisse wie die Kreuzzüge oder die Gründung und Besiedlung einer Stadt wurden zu Märchen verarbeitet. Die Menschen lebten in einer Landschaft alter Dörfer und verfallener Burgen. Anstelle alter Tempel wurden Kirchen errichtet, aber die einzigen Monumente, denen Respekt entgegen gebracht wurde, waren wundersame Quellen, magische Felsen und Bäume, und das einzige Ereignis, dem man Bedeutung beimaß, waren die Laute Odins, wenn er des Nachts mit seiner Hundemeute durch den Wald ritt. Eine Landschaft ohne sichtbare Zeichen der politischen Geschichte ist eine Landschaft ohne Gedächtnis oder Weitsichtigkeit. In Amerika tendieren wir zu der Annahme, dass der Wert von Denkmälern schlicht und einfach darin besteht, uns an unsere Ursprünge zu gemahnen. Sie sind aber noch wertvoller als Erinnerungshilfen für langfristige, gemeinschaftliche Absichten, Ziele und Prinzipien. So gesehen verleihen selbst die unansehnlichsten Monumente einer Landschaft Schönheit und Würde und halten das kollektive Gedächtnis wach. (...)

Informeller Garten in Bochum, Folkloretanzgruppe beim „Stillleben A40“ auf der Autobahn
Informal allotment in Bochum, Folk dance group at “Stillleben A40” on the motorway

1| Vgl. Jackson, John Brinckerhoff (1984): The World Itself. In: Ders. (1984): Discovering the Vernacular Landscape, New Haven, London, Yale University Press, S. 1–8. Eine Untersuchung des Wortes Landschaft im deutschen Sprachraum leistet: Hard, Gerhard (1970): Die „Landschaft“ der Sprache und die „Landschaft“ der Geographen. Semantische und Forschungslogische Studien. Colloquium Geographicum, hg. v. Geographischen Institut der Universität Bonn, Band 11.
2| Bloch, Marc (1982): Die Feudalgesellschaft. Frankfurt am Main, Berlin, Wien, Propyläen, S. 147/148
3| Maitland, Frederic William (1898): Township and Borough, Cambridge, Cambridge University Press, S. 81

CONCLUDING WITH LANDSCAPES | J.B. JACKSON I have mentioned more than once how unsatisfactory we all find the current dictionary definition of the word: "A view or vista of scenery on the land, or a painting depicting such a scene." The formula dates back more than three hundred years. But since then we have learned to see a landscape as something more than beautiful scenery. We have learned that it can be designed and created from scratch, that it can grow old and fall into decay. We have ceased to think of it as remote from our daily lives, and indeed we now believe that to be part of a landscape, to derive our identity from it is an essential precondition of our being-in-the-world, in the most solemn meaning of the phrase. It is this greatly expanded significance of landscape that makes a new definition so necessary now.

In time we will doubtless formulate one. What we have recently come up with, in default of help from the dictionary, is something admittedly makeshift and incomplete. By rejecting the strictly esthetic or phenomenological approach – landscape as an isolated phenomenon stripped of origins and functions, unrelated to existence – we are able to discuss it in mundane terms, and it is not uncommon to hear a landscape referred to as the expression in terms of space of a given social order, a kind of two-dimensional language with its own grammar and its own logic. The simile may lack precision; just the same, those who use it find it full of useful suggestions. Like a language, a landscape will have obscure and undecipherable origins, like a language it is the slow creation of all elements in society. It grows according to its own laws, rejecting or accepting neologisms as it sees fit, clinging to obsolescent forms, inventing new ones. A landscape, like a language, is the field of perpetual conflict and compromise between what is established by authority and what the vernacular insists upon preferring. Like the grammarian or the lexicographer, the planner, the reformer has to take a stand, and it is usually on the side of what is rational and correct, on the side of the intellectual establishment. That is as it should be. We are familiar enough with the tyranny a too highly structured language or a landscape too carefully planned can exert, but there is something to be said for rules, however arbitrary. Just as a language without established standards of elegance and clarity and respect for tradition can thwart the best of minds, a landscape left to itself without long-range goals, without structure, without law, though it may call itself a paradise, ends by frustrating any search for social or moral order.

The comparison can be carried just so far, but in the case of both language and landscape, growth and preservation and beauty is finally, I think, a matter of history and how we deal with it. Whatever definition of landscape we finally reach, to be serviceable it will have to take into account the ceaseless interaction between the ephemeral, the mobile, the vernacular on the one hand, and the authority of legally established, premeditated permanent forms on the other.

It may be that I am here on the track of that elusive landscape concept: the ideal landscape defined not as a static utopia dedicated to ecological or social or religious principles, but as an environment where permanence and change have struck a balance. Few landscapes have achieved this and fewer still have managed to maintain it for any length of time. But all of them, it seems to me, have sought it; all of them in one manner or another, that is to say, have acknowledged the existence of landscape as idea. The world being what it is, it is far easier to find examples of imbalance than of landscape balance. The two examples of the former I offer are worth studying not merely for their cautionary value – for one shows the perils of mobility, the other the perils which come with too great a regard for *position* in the landscape – but also because they are both related, though indirectly, to our own American landscape and its future.

I have elsewhere explained the original meaning of the word *landscape*[1], so it is enough to say that it meant a collection, a "sheaf" of lands, presumably interrelated and part of a system. A land was a defined piece of ground, and we can assume that in the medieval world it was most often used to indicate a patch of plowed or cultivated ground, that being the most valuable kind. Landscape therefore must have been a word much used by villagers and peasants and farmhands; it described their own small world. But how much was it used by other elements in society? It rarely occurs in legal documents of the period. The *Domesday Book*, a remarkable inventory of land holdings compiled by order of William the Conqueror in the eleventh century, was, to be sure, written in Latin, but no translation ever mentioned landscape, and indeed the word itself seems to have fallen into disuse. Two centuries after the conquest a new term, imported from France, though of Latin origin, took its place. *Country* or *countryside* came to indicate a much more extensive, though less precisely defined area: the territory of a community of people all speaking the same dialect, all engaged in the same kind of farming, all subjects of the same local lord, all conscious of having customs and traditions of their own, and of possessing certain ancient rights and privileges. It was not until modern times that the word *country* came to indicate *nation*.

It is here, in the usage of the two words *landscape* and *country,* that we are confronted with the distinction between the vernacular and the aristocratic or political concepts of space. In the view of the noblemen and clergy, of the larger landowners, *landscape* was merely a vernacular or peasant term describing a cluster of small, temporary, crudely measured spaces that frequently changed hands and even changed in shape and size. It was, in fact, a fragment of a larger feudal estate, a right or series of rights granted to its occupants but ultimately the property of the lord or of the crown. It was a term current only in small villages. The aristocratic concept of space was entirely different. The estate of a nobleman or of a bishop, the barony or domain of the knight, the forest of the king, not to mention his kingdom, all had a definite, almost sacred origin, their boundaries vouched for by treaty or charter. Those who held them not only had the right to administer justice, but to bequeath them to their descendants. Aristocratic space, in the medieval world, was thus permanent and relatively autonomous. It was the creation of political or legal decisions.

Although the two kinds of space were intermingled, the difference between the two ways of seeing the world and of organizing space was profound, and insofar as we are exploring the early usage of the word *landscape* it is the *vernacular* landscape that concerns us. The current tendency to associate the word *vernacular* with a local form of speech and a local form of art and decoration entitles us to use the word to describe other aspects of local culture. The word derives from the Latin *verna,* meaning a slave born in the house of his or her master, and by extension in Classical times it meant a native, one whose existence was confined to a village or estate and who was devoted to routine work. A vernacular culture would imply a way of life ruled by tradition and custom, entirely remote from the larger world of politics and law; a way of life where identity derived not from permanent possession of land but from membership in a group or super-family.

It follows, I think, that there can be such a thing as a vernacular landscape, one where evidences of a political organization of space are largely or entirely absent. I have already mentioned several features of the political landscape: the visibility and sanctity of boundaries, the importance of monuments and of centrifugal highways, the close relationship between status and enclosed space. By *political,* I mean those spaces and structures designed to impose or preserve a unity and order on the land, or in keeping with a long-range, large-scale plan. Under that heading we should include such modern features as the interstate highway, the hydroelectric dam, the airport and power transmission lines, whether we happen to care for them or not.

A vernacular landscape reveals a distinct way of defining and handling time and space. In the United States there is a series of vernacular landscapes of a particularly pure type in the Pueblo Indian communities of the Southwest, and whenever we see one we are likely to find it confusing and all but impossible to interpret in our conventional European-American terms. The medieval landscape is scarcely easier to understand, even though in the course of centuries it gradually acquired several political components: castles, manors, king's highways, and chartered cities. These are what enable us to see its evolution. Yet underneath those symbols of permanent political power there lay a vernacular landscape – or rather thousands of small and impoverished vernacular landscapes, organizing and using spaces in their traditional way and living in communities governed by custom, held together by personal relationships. We learn something about them by investigating the topographical and technological and social factors that determined their economy and their way of life, but in the long run I suspect no landscape, vernacular or

otherwise, can be comprehended unless we perceive it as an organization of space; unless we ask ourselves who owns or uses the spaces, how they were created and how they change. Often it is the legal aspects of the landscape that give us the clearest insight, especially into the relationship between the peasant or villager and the piece of land he works.

"It is very rare, during the whole of the feudal era," Marc Bloch remarks, for anyone to speak of ownership, either of an estate or an office ... The word ownership as applied to landed property would have been almost meaningless ... for nearly all land and a great many human beings were burdened at this time with a multiplicity of obligations differing in their nature, but all apparently of equal merit. None implied the fixed proprietary exclusiveness which belonged to the concept of ownership in Roman law. The tenant who – from father to son, as a rule – ploughs the land and gathers in the crop; his immediate lord to whom he pays dues and who, in certain circumstances, can resume possession of the land; the lord of the lord, and so on, right up the feudal ladder – how many persons there are who can say, each with as much justification as the other "that is my field!"[2]

Spaces in this vernacular landscape thus indicate personal relationships, and they indicate in no less complicated manner the involved and often conflicting traditions of the community: who controls the vast number of "waste spaces" – some as extensive as a whole moor or marsh, others no larger than the margin of a road or a lane. Is the road itself a waste? Given a new use, a space changes its name: a "land" grown to grass becomes a "ley"; waste, preempted by the crown, becomes a royal forest with its own set of laws. Maitland, the legal historian, endeavoring to make legal sense of the landscape of medieval Cambridge, reminds us of its hopeless complexity and bids us "think of the grantor [King John] and his royal rights, of the grantees and their complex interests, of the strips in the fields and the odds and ends of sward, of the green commons of the town, of the house covered nucleus ... of the patchwork of fiefs, the network of rents"[3] – and from this confusion we are somehow to deduce a coherent spatial pattern.

At the present state of our studies of the vernacular landscape as a type, all that we can say is that its spaces are usually small, irregular in shape, subject to rapid change in use, in ownership, in dimensions; that the houses, even the villages themselves, grow, shrink, change morphology, change location; that there is always a vast amount of "common land" – waste, pasturage, forest, areas where natural resources are exploited in a piecemeal manner; that its roads are little more than paths and lanes, never maintained and rarely permanent; finally that the vernacular landscape is a scattering of hamlets and clusters of fields, islands in a sea of waste or wilderness changing from generation to generation, leaving no monuments, only abandonment or signs of renewal.

Mobility and change are the key to the vernacular landscape, but of an involuntary, reluctant sort; not the expression of restlessness and search for improvement but an unending patient adjustment to circumstances. Far too often these are the arbitrary decisions of those in power, but natural conditions play their part and so do ignorance and a blind loyalty to local ways, and so does the absence of long-range objectives: the absence of what we would call a sense of future history. A vernacular landscape, both in the Southwest and in medieval Europe, is an impressive display of devotion to common customs and of an inexhaustible ingenuity in finding short-term solutions.

At the same time, we cannot overlook what to us is the cultural poverty of such a landscape, its lack of any purposeful continuity. It thinks not of history but of legends and myths. Well into the Renaissance and even later, the inhabitants of vernacular landscapes in Europe still half-believed in heathen divinities, adorned their houses with heathen symbols, and observed heathen rites and holidays. Even historical figures, like Charlemagne or Barbarossa, historical events like the Crusades or the actual settlement of a town or city, were transformed into fairy tales. They lived in a landscape of ancient villages, ruined castles, churches built on the site of temples, yet the only monuments they recognized were miraculous springs, magic rocks, and trees, the only event they understood was the sound of Odin with his pack of hounds rushing through the forest by night. A landscape without visible signs of political history is a landscape without memory or forethought. We are inclined in America to think that the value of monuments is simply to remind us of origins. They are much more valuable as reminders of long-range, collective purpose, of goals and objectives and principles. As such, even the least sightly of monuments gives a landscape beauty and dignity and keeps the collective memory alive.

1| cf. Jackson, John Brinckerhoff (1984): The World Itself. In: Ders. (1984): *Discovering the Vernacular Landscape*, New Haven, London, Yale University Press, pp. 1–8. An analysis of the word landscape in the German-speaking part is given in: Hard, Gerhard (1970): *Die „Landschaft" der Sprache und die „Landschaft" der Geographen. Semantische und Forschungslogische Studien*. Colloquium Geographicum, published by Geographischen Institut der Universität Bonn, Band 11.

2| Bloch, Marc (1982): *Die Feudalgesellschaft*, Frankfurt am Main, Berlin, Wien, Propyläen, pp.147/148.

3| Maitland, Frederic William (1898): *Township and Borough*, Cambridge, Cambridge University Press, p.81.

AUTOBAHNKREUZ KAISERBERG

DER SPAGHETTIKNOTEN | SANDRA KUHLMANN Das Autobahnkreuz Kaiserberg in Duisburg-Duissern an der Stadtgrenze zu Mülheim, auch bekannt als Spaghetti-Knoten, existiert seit über 40 Jahren und ist eine einmalige Konstruktion. Die Maßanfertigung wurde von Norbert Tschinke und Alfred Hötzel geplant und 1969 fertiggestellt, bis 1977 erfolgte der östliche Anschluss des Ruhrschnellwegs. Auf den ersten Blick ist die Verbindung der A40 und A3 ein unübersichtliches Gewirr von-Auf- und Abfahrten über fast 20 Brücken und durch zahlreiche Unterführungen. Bei der Planung des Kreuz Kaiserberg musste auf den Kanal im Nordosten, die Eisenbahnlinie von Südwest nach Ost, den Zoo im südlichen Bereich, auf die Wohnbebauung und auch auf den Hochbunker, der nun direkt an der Autobahn steht, Rücksicht genommen werden. Noch immer wird das Autobahnkreuz dem Verkehrsaufkommen gerecht und ist wesentlich weniger stauanfällig als die engen kleeblattförmigen Autobahnkreuze. Dennoch hat die Spaghettilösung auch zusätzliche Abtrennungen erwirkt oder vorhandene verstärkt. Schon zu Zeiten der Industrialisierung mit Bau der Bahnlinien fing die Zerschneidung der Region an. So ist zum Beispiel keine direkte Anbindung von Werthacker und Schwiesenkamp an den Dörnerhof mehr vorhanden, die Straßenzüge werden gemeinsam durch den Ruhrdeich und den Ruhrschnellweg eingeschlossen und zusätzlich durch die Bahnlinie voneinander getrennt. Durch die Präsenz der A3 fehlt auch die Verbindung zum Schnabelhuck und der Sedanwiese in dem Wäldchen am Duisburger Zoo.

Unter dem Kreuz Kaiserberg verbirgt sich aber mehr als die Verknotung zweier Autobahnen. Neben diesen und unterhalb der Brücken wird seit Jahrhunderten Landwirtschaft betrieben:

„‚Am Duissernschen Berg' hieß der Kaiserberg, bis ihm 1881 im Geist der damaligen Zeit zu Ehren des deutschen Kaisers der heutige Name gegeben wurde. Gemäß zeitgenössischen Versschreibern war es seinerzeit ein idyllisches Plätzchen. Schon 1457 wurde der Dörnerhof am Fuß des Kaiserbergs urkundlich erwähnt und Mitte des 19. Jahrhunderts war dieser Ort in den Ruhrauen so schön, dass die Duisburger Industriellenfamilie Böninger den Dörnerhof als Sommerresidenz wählte. Eine Obstbaum-Chaussee führte geradewegs vom Hoftor zum Kaiserberg. Ende des 19. Jahrhunderts wurde die Idylle neu definiert. Die Industrialisierung brachte den Bau von Eisenbahnlinien mit sich, durch den Bau wurde ein Stück Kaiserberg abgetrennt, den die Duisburger fortan ‚Sauerbraten' nannten, das Gegenüber ‚Schnabelhuck'; für das jahrhundertealte Wegerecht auf der Obstbaumallee wurde der Bau einer Eisenbahnunterführung zugestanden. In den 1920er Jahren wurde der Mülheimer Hafen durch den ‚Großschifffahrtskanal' erschlossen, der eine versandete Ruhrschleife abkürzte. Parallel dazu entstand für den aufkommenden Autoverkehr der ‚Ruhrschnellweg', hier viel später als B60 bezeichnet. 1936 kam die Autobahn Köln–Berlin, die Rheinische Eisenbahn wurde näher an den Kaiserberg verlegt, um Platz für die Autobahn zu schaffen, am Dörnerhof entstand ein großer Verteilerkreis, der die Verbindung zwischen Stadt (über Carl-Benz- und Gottfried-Kinkel-Straße) und Ruhrschnellweg (über Gottlieb-Daimler-Straße) schaffte. So ging es über die Kriegszeit und die 50er Jahre, bis der Verkehr überhandnahm und der Ruhrschnellweg zur Autobahn ausgebaut werden musste, in unserem Bereich durch eine neue Trassenführung ‚querfeldein'. Unter dem rollenden Rad entstand der Spaghettiknoten ‚auf' dem Verteilerkreis, der dafür langsam verschwand. 100.000 Fahrzeuge passieren nun täglich den Dörnerhof, las ich neulich."[1]

Auch die Siedlung *Werthacker* liegt eingeschlossen im Autobahnkreuz und ist idyllisch angelegt: eine typische Wohnsiedlung mit niedrigen Doppel- und Reihenhäusern. Markerpunkt für die Siedlung ist der Hochbunker unmittelbar an der Autobahn, deren Nähe sich durch ein beständiges Hintergrundrauschen bemerkbar macht. Die Siedlung besteht im Wesentlichen aus den Straßen Werthacker, Auf dem Werth und Schwiesenkamp. Es lohnt, an dieser Stelle zunächst einen Blick auf die Definition von „siedeln", „Siedler" oder „Siedlung" zu werfen. Die Bezeichnung *Siedlung* beinhaltet eine Gruppe von Wohnstätten, aber auch bewohnte Einzelhöfe, die in räumlichem Zusammenhang stehen und eine gewisse räumliche Geschlossenheit aufweisen. Die Größe der besiedelten Fläche spielt keine Rolle. Ein *Siedler* ist jemand, der in einer unbewohnten Gegend den Boden bebaut und bewohnbar macht. Jemand *siedelt* also, wenn er sich an einem Ort niederlässt, um sich dort ein Zuhause zu schaffen. Dies lässt sich im Werthacker in allen Punkten exemplarisch nachvollziehen.

Die Siedlung Werthacker wurde von den Eltern ihrer heutigen Bewohner in Eigenarbeit gebaut, sie gründeten 1947 eigens für diesen Zweck die Siedlergemeinschaft Duisburg e.V. Mit Idealismus, Gemeinschaftsgefühl und Nachbarschaftshilfe schufen sie sich eine neue Heimat und haben es geschafft, die Gemeinschaft bis heute aufrecht zu erhalten. In der Zwischenzeit ist das Kreuz Kaiserberg entstanden, für das leider auch zwei Gebäude der Werthackersiedlung weichen mussten. Neben dem Erhalt der Lebensqualität der Siedlung verlagerte sich das Vereinsleben auf die Stärkung des sozialen Zusammenhaltes durch gemeinschaftliche Feste, Sport-, Spiel-, Gesangs- und Nähtreffs sowie eine Siedlungszeitung. Auch ein gemeinsamer Anlaufpunkt wurde geschaffen: das Vereinslokal Siedlerklause.

Bereits vor einigen Jahren wurde die Kapelle profanisiert und der Kindergarten stillgelegt. Nun haben die Siedler das Grundstück und die Gebäude mit zahlreichen Auflagen zurückerworben, um die Kirche zu erhalten.

THE SPAGHETTI JUNCTION | SANDRA KUHLMANN The Kaiserberg junction in Duisburg-Duissern, also known as "Spaghetti Junction," is located close to the municipal boundary of Mülheim. This unique construction was built more than forty years ago: designed by Norbert Tschinke and Alfred Hötzel, it was completed in 1969. In 1977, the eastern junction to the Ruhrschnellweg (Ruhr Expressway) followed. At first sight the connection between the A40 and the A3 seems like a confusing muddle of access roads and exits leading across almost twenty bridges and through countless underpasses. The canal in the northeast, the railway line from southwest to east, the zoo in the south, the housing development and the Hochbunker (high-rise bunker), which is now situated in the immediate vicinity of the autobahn, all had to be taken into account during the planning stages of the Kaiserberg Junction. It can still cope with the current traffic volume and is a lot less prone to congestions than the conventional narrow cloverleaf junctions. Nevertheless, the "Spaghetti Solution" not only brought about additional divisions but also enhanced those that already existed prior to the construction of the junction; after all the region's segmentation had already started during industrialization when the railway lines were being built. Werthacker and Schwiesenkamp, for instance, are now no longer directly connected to the Dörnerhof.[1] The roads were enclosed by the Ruhr Dyke and the Ruhr Expressway and were also separated by the railway line. Thanks to the A3, there is also no connection to the Schnabelhuck[2] and the Sedanwiese[3] in the little forest at Duisburg Zoo.

However, the Kaiserberg has more to offer than just linking two autobahns. For centuries, the expanses next to these motorways and underneath the bridges have been used as farmland: "Before 1881, when it was renamed in honor of the German Emperor, this area was still called Duissernscher Berg (Duissern Mountain). According to contemporary poets, it used to be an idyllic place. The Dörnerhof at the foot of the Kaiserberg was first mentioned in a document dating from 1457; by the mid-nineteenth century this place in the Ruhr meadows was considered a beauty spot, and the Dörnerhof was duly chosen by the Böninger family, an industrialist dynasty from Duisburg, as its summer residence. An avenue lined by fruit trees used to lead from the Kaiserberg right up to its gate. In the late nineteenth century this idyll was somewhat modified. Industrialization brought about the construction of railway lines that cut away a piece of the Kaiserberg – henceforth called "Sauerbraten" by the citizens of Duisburg to distinguish it from the "Schnabelhuck" vis-a-vis – in exchange for the preservation of the ancient right of way on the fruit-tree-lined avenue, the right to build a railway underpass was granted. In the nineteen-twenties the port of Mülheim was linked with the Großschifffahrtskanal (waterway for big vessels), which created an shortcut bypassing a silted-up bend of the Ruhr river. At the same time the Ruhrschnellweg, which was much later called the B60, was constructed to cope with the increasing road traffic. In 1936, the autobahn between Cologne and Berlin was built; the railway track of the Rheinische Eisenbahn was moved closer to the Kaiserberg in order to make way for the autobahn. At the Dörnerhof, a large roundabout was built which connected the city (via Carl Benz Strasse and Gottfried-Kinkel-Strasse) with the Ruhrschnellweg (via Gottlieb Daimler Strasse).

Then the war came. After the nineteen-fifties, until the traffic volume increased to such an extent that the Ruhrschnellweg had to be expanded into an autobahn – at the Kaiserberg, this meant that a new track cutting across the country had to be constructed. The roundabout was gradually replaced by the spaghetti junction. I recently read that at present the Dörnerhof is traversed by 100,000 cars every day."[4]

The Werthacker Settlement, likewise enclosed by the autobahn junction, is beautifully laid out. It is a typical housing estate with low semi-detached and terraced houses. This settlement's distinguishing feature is a high-rise bunker directly next to the autobahn. The motorway's proximity is noticeable as a result of constant background noise. Essentially, the estate consists of the streets Werthacker, Auf dem Werth and Schwiesenkamp. In this context it is worth taking a closer look at the definition of the words "settling," "settler," and "settlement." The term *settlement* can refer to a group of dwellings, but also to individual farmsteads, which are spatially connected and are defined by a certain amount of unity. The size of the inhabited area is insignificant. A *settler* is somebody who cultivates an uninhabited area, thus making it inhabitable. That is to say, somebody *settles* by establishing themselves in a place with the aim of creating a home there. The Werthacker exemplifies all these points. The Werthacker Settlement was built by the parents of today's residents. In 1947, they founded the Siedlergemeinschaft Duisburg e.V. (The Duisburg Settlers' Association) especially for this purpose. With idealism, community spirit, and neighborliness, they created a new home and have been able maintain a feeling of solidarity to this day. In the meantime, the Kaiserberg Junction was constructed. Sadly enough, two buildings in the Werthacker Settlement had to make way for this new development. Apart from maintaining the quality of life in the settlement, the association worked towards reinforcing solidarity by having communal fêtes, organizing meetings for sports, games, singing, and sewing, and by publishing its own newspaper. Furthermore, a communal meeting point was created: the clubhouse Siedlerklause.

A few years ago, the chapel was turned into a secular building and the kindergarten was shut down. Recently, the settlers were able to buy back their properties and those buildings after having had to fulfill many requirements; they will now be able to keep their church.

1| Information von Klaus-Dieter Gogoll, Anwohner und Großgrundbesitzer am Kreuz Kaiserberg. Vgl. Herbert Haase und Hans Driesen: Duisburg Deine Stadtteile – Ein Wanderführer durch das Duisburg von Heute. Duisburg 1980. S. 50–53.

1| Translator's note: The Dörner Hof was the main farmstead of Barmen. It served as a local administrative center for regional sovereigns until it was torn down in 1902. (Compare with www.landwehren.de)
2| Translator's note: Schnabelhuck is the name of the Kaiserberg's northern peak.
3| Translator's note: The Sedan Wiese is a meadow planted in memory of the Battle of Sedan which took place on September 1, 1870 during the German-French War.
4| This information was provided by Klaus-Dieter Gogoll, resident and landowner at the Kaiserberg Junction. Compare with Herbert Haase and Hans Driesen: Duisburg Deine Stadtteile – Ein Wanderführer durch das Duisburg von heute (The Districts of Duisburg – A Walking Tour through the Duisburg of Today). Duisburg 1980, pp. 50–53.]

NEUE LANDSCHAFTEN

NEUE LANDSCHAFTEN | MARKUS AMBACH Durch die beschriebenen Zäsuren und Narben, die die B1 auf ihrem Weg zur A40 im Körper der Ruhrstädte hinterlassen hat, haben sich in der gesamten Region unzählige Flächen entwickelt, die man gerne als Brachland oder Restflächen ausweist. Beide bezeichnen ökonomisch nur schlecht verwertbare Areale, die man auch als Kollateralschäden beim Bau großer Infrastrukturen begreifen könnte. Im Sinne der ursprünglichen Bedeutung trifft der Begriff „Brache" allerdings zu. Denn die nur unkontrolliert bewirtschafteten und schlecht überplanbaren Flächen entwickeln sich unter den neuen Bedingungen, die die Autobahn ihnen diktiert, autoproduktiv entlang der Nutzungen, die sich dort unweigerlich etablieren (siehe „B1|A40 Eine Stadt entwirft sich selbst").

Man kann sie also im ursprünglichen Sinne der Brache als „Regenerationsraum" begreifen. Denn hier entstehen neue Landschaften aus sich selbst heraus, die ungeahnten Komplexitäten und Vielfältigkeiten, Kontrasten und Widersprüchlichkeiten am selben Ort Raum geben. Der Begriff der Heterotopien ist hier durchaus angebracht. Auf diesen Flächen, die bei der enormen Größe eines Autobahnkreuzes nicht als Rest-, sondern als Landschaftsraum bezeichnet werden müssen, regeneriert sich die florale wie soziale, ökonomische wie politische Artenvielfalt der Gesellschaft. Wo in den ökonomischen Zentren die Monokulturen der Marktwirtschaft relativ homogene Quartiere hinterlassen, regeneriert sich hier eine Landschaft luxuriöser Vielfalt, Selbstverantwortung und potenzieller Autonomie.

Der Umstand, dass die Autobahn diese mancherorts bis ins Herz der Städte trägt und die Zentren so mit einer alltäglichen Subversion der kleinen Differenzen infiltriert, mag romantisch klingen. Aber die verwischten Spuren dieser Landschaft kommentieren durch den hohen Kontrastwert im Herz der Stadt, im Zentrum der Gesellschaft subtil ihr Umfeld. Wenn in einer Region wie dem Ruhrgebiet „ausgeklügelte Zentrumshierarchien von der regional agierenden Bevölkerung tagtäglich lässig außer Kraft gesetzt werden"[1], so ist dies das Zeichen für die Aktivität dieser Räume und ihrer Protagonisten.

LANDSCHAFTSPARK KREUZ KAISERBERG Im Autobahnkreuz Kaiserberg findet sich exemplarisch eine vernakuläre Landschaft, wie Brinckerhoff Jackson sie beschreibt. Hier wird deutlich, wie die Autobahn durch ihre Struktur als aktives Subjekt eine Landschaft entstehen lässt, die wie ein Gegenentwurf zu ihr selbst erscheinen muss. Im stark fragmentierten Raum zwischen Fly-overs und Autobahninfrastruktur, zwischen verwaisten Fahrspuren und den ICE-Trassen nach Berlin, auf denen ein internationales Publikum tagtäglich durch diesen vergessenen Ort rauscht, haben sich besagte Nutzungen angesiedelt, die ganz und gar nicht zum Bild der Autobahn passen: Zoo und Schrebergarten, Ponyhof und Fischfarm, Feuchtbiotop und Wagenburg, Landwirtschaft und Dorfidylle ertragen hier in nachbarschaftlicher Gelassenheit und stoischer Ruhe den steten Lärm der Autobahn.

EIN WANDERWEG Im Projekt B1|A40 entstand hier der „Landschaftspark Kreuz Kaiserberg" durch die simple Verknüpfung und Ausweisung sichtbarer wie verborgener Typologien, Räume und Eingriffe, die den Ort als eine Landschaft erkennbar machen, die sich entlang der lokalen Einflüsse und der kulturellen Prägungen ihrer Protagonisten entwickelt hat. In Form eines eigentümlichen Wanderwegs entlang dieser örtlichen Typologien führt eine Tour vom anliegenden Duisburger Zoo, dessen Brücke über die A3 als Tor zu diesem Raum gilt, auf den Kaiserberg, der sich als städtische Parklandschaft und klassisches Naherholungsgebiet gestaltet. Am Fuß des Berges trifft man auf die Bahntrasse des ICE, die durch klassische Schienenrandnutzungen wie Schrebergärten und Taubenzucht begleitet mitten ins Kreuz führt.

Die im üblichen Stil gehaltenen Karten und Infotafeln informieren allerdings nicht im herkömmlichen Sinne. Sie zeigen den Schrebergarten in seiner Geschichte als Form der Landkontrolle und sozialen Befriedung. Das aus Hecken geschnittene Zoosignet über der Autobahn erweist sich als Schildbürgerstreich, der zeigt, wie man in der Region geschickt die Gesetze umgeht, hier aktuell das Werbeverbot an der Autobahn durch einen Baum in Buchstabenform, der laut Gärtner „nun mal so wächst". Dass Graffiti zur Sprache der Straße gehört, ist jedem bewusst, allerdings nicht, wie sich die Szene konzipiert, verhält und verständigt. Auch dass der Zoo als Repräsentation von Natur in der Stadt eine wichtige soziopolitische Rolle spielt, wird hier erläutert.

So zeigen die Tafeln eine neue Landschaft, die sich subtil gegen Konventionen auflehnt, andere Strategien im Umgang mit Land und Sozialität sucht und vorhandene Formen widerständig überschreibt: im Zentrum des Knotens, der überraschend gut durch Fußwege erschlossen ist, befindet sich die Pumpstation, die die von den Fahrbahnen abfließenden Wässer sammelt. In nahezu idyllischer Umgebung hat sich in den Flutungsbecken ein Biotop aus Wasserlilien und Rohrkolben gebildet. Nur der sonore Lärm verweist darauf, dass dieses Biotop durch die Autobahninfrastruktur ermöglicht wurde. Die heftig kontrastierten Wechsel zwischen Feuchtbiotop und Autobahnterror schlagen einem auf dem Weg mehrfach entgegen und machen die Wanderung von zwei Stunden Länge zum ambivalent sublimen Ereignis zwischen Naherholung, Schock und Verwunderung.

Überquert man die imposanteste Kreuzung des Knotens, wo sich ICE-Trasse, A3 und A40 überlagern und die als erstaunliche Verdichtung transitorischer Räume im Projekt den Namen „Kaiserberger Hölle" bekam, findet man unmittelbar hinter der Schallschutzwand eine bürgerliches Wohnidyll mit klassischem Dorfcharakter: Einfamilienhauszeilen, Kirche und Proberäume für Schwermetaller im Bunker führen hinter der Schallschutzwand im Ortsteil Werthacker ein nahezu einträchtiges Miteinander. Etwas weiter haben sich landwirtschaftliche Betriebe, Ponyhof und Fischzucht die Nachbarschaft der Autobahn auf eigene Weise zunutze gemacht: Der Bauer nutzt die mächtigen Brücken als Trockenplatz und Unterstand für Hornvieh, die Tiere des Ponyhofs grasen zwischen den Fahrbahnen und bei Delikatfisch Braun entdeckt man im Schatten der großen Straße eine Forellenzuchtanlage, die wie ein Wasserschloss im Ruhrgebietsstil formuliert ist.

Dass eine Anliegerin der Autobahn in ihrem kleinen Paradies ein informelles Asyl für Tiere beherbergt, dass direkt nebenan eine legendäre Miederwarenfirma ihren Sitz hat und zu dieser Landschaft schon Gedichte verfasst wurden, die angesichts des hinter der Tafel zu sehenden Autobahnkreuzes nachdenklich stimmen, lässt den Wanderer die Geschichte dieses Ortes erahnen, der oft verändert, mehrmals zerschlagen, und trotzdem von seinen Bewohnern erhalten, entwickelt und immer wieder neu erfunden wurde. In einer mühevoll stetigen Arbeit in Reaktion auf die äußeren Zumutungen haben ihm die Menschen eine hartnäckige Beständigkeit verliehen, die nun wiederum bedroht ist. Der Besitzer des Dörnerhofs, der schon beim Bau des Autobahnkreuzes teilenteignet wurde und gegen die widrigen Umstände den elterlichen Hof wieder aufgebaut hat, kämpft aktuell schon wieder: gegen einen Autohof mit Hotel und Spielkasino, der das filigrane biologische wie soziologische Gleichgewicht im Kreuz ins Wanken bringen würde.

Nochmals die so passende wie eindrucksvoll dichte Beschreibung Brinckerhoff Jacksons: „Dies sind Landschaften, deren Bewohner keine Monumente hinterlassen, sondern nur Zei-

Textauszug Wanderkarte:
PUBLIC VIEWING Der Duisburger Zoo hat hier einen besonderen „Appetizer“ eingebaut. Der Passant kann sich eine kostenlosen Preview in das Zoogelände erlauben und den Giraffen bei Spiel, Sport und sonstigen Aktivitäten zuschauen. Sicherlich ist auch für die Exoten der Blick nach draußen in den öffentlichen Stadtraum eine Abwechslung im behüteten Areal des Reservats Zoo.
ZOO Die universale Typologie der Repräsentation von Natur im städtischen Kontext könnte der zoologische Garten sein. Vielleicht ist er das ultimative Beispiel einer Ausschließung durch Einschließung, und gleichzeitig eine der komplexesten Heterotopien. Neben seinem Anspruch, alle Typen von Flora und Fauna der ganzen Welt an einem Ort zu versammeln – ein romantischer Traum ebenso wie ein kolonialer Anspruch –, changiert er ständig zwischen den enigmatischen Paradigmen des Käfigs, des Reservats und der Arche. Während am Anfang die Käfige nicht gewaltig genug erscheinen konnten, um sowohl die Kraft des Tieres wie auch die seines Bezwingers theatralisch zu artikulieren, verschwinden sie heute nahezu vollständig im sogenannten Immersionsgehege, das in hyperrealistischer Form ein Naturszenario nachstellt. Während die Tiere im klassischen Käfig oder „Zwinger“ offensichtlich bezwungen und ausgestellt waren, wirken sie in ihren heutigen Gehegen, als wollten sie gar nicht mehr entkommen: Das bedrohliche Wilde findet sich transkribiert in das schutzbedürftig Natürliche, der Käfig wandelt sich unversehens vom Gefängnis zur Arche.

Excerpt Hiking Map:
PUBLIC VIEWING The Duisburg Zoo here features a special "appetizer": passers-by can obtain a preview of the zoo grounds free of charge and observe the giraffes going about their various businesses. It is highly probable that the reversed perspective, offering the exotic animals a vista of the public urban space outside their compound, also makes a welcome change in the sheltered arena of the zoo reserve.
ZOO The zoological gardens could be termed the universal typology of the representation of nature in urban contexts. Perhaps the ultimate instance of an exclusion by enclosure, the zoo is simultaneously one of the most complex heterotopias imaginable. Apart from its purpose to assemble all floral and animal species from all over the world in one place – both a romantic vision and a colonial project – it perennially oscillates between the enigmatic paradigms of the cage, the nature reserve and the ark. While in the beginning the cages were built in a particularly monumental manner so as to theatrically articulate the brute force of both the caged animal and its tamer, today they are almost completely obscured in the so-called immersion enclosure which reenacts a natural scenario in a hyper-realist manner. Whereas the animals were ostensibly subdued and exhibited in the conventional cage or "Zwinger", today they are made to look wholly at ease in their respective compounds: the threatening wild element finds itself transcribed into the natural in need of protection; the cage is transmuted from a prison to an ark.

WANDERWEG

LANDSCHAFTSPARK KREUZ KAISERBERG

chen des Aufgebens oder Erneuerns. Mobilität und Wandel sind die Schlüssel zur vernakulären Landschaft, aber eher unfreiwillig und widerstrebend. Sie sind nicht Ausdruck von Ruhelosigkeit und Suche nach Verbesserungen, sondern vielmehr von einer nicht enden wollenden, geduldigen Anpassung an die Umstände. Viel zu oft geht diese Anpassung auf die willkürliche Entscheidung der Mächtigen zurück. Aber ebenso spielen natürliche Bedingungen, Ignoranz, das blinde Vertrauen in lokale Konventionen und das Fehlen langfristiger Ziele eine Rolle: das Fehlen dessen also, was wir zukünftiges historisches Bewusstsein nennen würden."[2]

Der Wanderweg im „Landschaftspark Kreuz Kaiserberg" versucht, ein dauerhaftes Bewusstsein für den Wert einer solchen Landschaft und ihrer Funktion für die Gesellschaft zu schaffen. Gegenüber Brinckerhoff Jacksons Einschätzung verleihen die Anwohner im Kreuz Kaiserberg der Landschaft, die unter ökonomischen Gesichtspunkten als vakante Restfläche zur Disposition steht, einen dauerhaften Moment an Würde und Perspektive, wenn sie nicht um die Kirche als Monument, sondern um ihre Funktion als Gemeinschaftszentrum kämpfen. Wenn die Bewohner und Anlieger des Dörnerhofs nicht um ihr Gut, sondern schlicht um das soziale Klima ihres Lebensraumes kämpfen. Sie verleihen diesem Raum, der einer permanenten Neugestaltung ausgesetzt ist, in der stetig ausgeübten Praxis der Widerständigkeit und Selbstverantwortung Dauer und Bestand, wo seine Zeichen und Monumente stets von der Autobahn bedroht sind. Gegenüber dem Denkmal, dem Brinckerhoff Jackson 1984 am Ende seines wunderbaren Textes doch wieder verfällt und das das kollektive Gedächtnis seiner Einschätzung nach lediglich wach hält, zirkuliert die Erinnerung in der Praxis der Menschen aktiv und aktualisiert sich dabei eigenständig. Sie wird nicht in Monumenten ausgelagert, sondern ist aktiver Teil des kollektiven Denkens, das mit der aktuellen Wirklichkeit kommuniziert. Die Gesellschaft muss heute anerkennen, dass nicht nur die sichtbaren Zeichen, Werke und Bauten einer Kultur historisch bedeutend sind, sondern auch und gerade ihre Praktiken, die sich nur in der kontinuierlichen Ausübung vergegenwärtigen, erhalten und erneuern. Denn nur die Gesellschaft kann der Praxis an sich und ihren Landschaften als Form in der Anerkennung ihrer Bedeutung das verleihen, was Brinckerhoff Jackson zukünftiges historisches Bewusstsein nennt.

1| Dirk Haas: Möglichkeitsräume. © Fakultät Raumplanung, Universität Dortmund.
2| John Brinckerhoff Jackson: „Landschaften. Ein Resümee". 1984. In: Brigitte Franzen, Stefanie Krebs (Hg.): Landschaftstheorie. Köln 2005.

NEW LANDSCAPES | MARKUS AMBACH

Because of the various furrows and scars the B1 has left on the body of the Ruhr cities during its transformation into the A40, innumerable areas have sprung up throughout the region which are generally labelled as "Brachland"[1] or residual areas. Both terms denote tracts of land that are difficult to utilize for business purposes; such areas could also be described as the collateral damage resulting from the construction of large infrastructural facilities. However, the use of the term "Brache" in its literal sense here also connotes an unintentional and rebellious dimension, as the areas, which are used in a haphazard fashion are developing autoproductively according to the various modes of utilization invariably establishing themselves under the new conditions (viz. "B1|A40 A City Invents Itself").

As a result they can obviously also be regarded, in the literal sense of the term "Brache," as "regeneration zones." Here, new landscapes are evolving all by themselves which leave ample room for complexities and multiplicities, contrasts, and inconsistencies juxtaposed in the same place. In describing them, the use of the term heterotopia certainly makes sense. On these tracts of land which, in view of the enormous size of an autobahn junction, must be regarded as a landscape of its own rather than as residual areas, the diversity of species – whether floral or social, economical or political – and of society at large can regenerate. While the monocultures of the free market economy create homogeneous districts in the centers, here a landscape of a luxuriant diversity, self-determination and potential autonomy is regenerated.

The idea that the autobahn can, in some places, transport this landscape into the heart of the cities, infiltrating their centers with the inconspicuous subversion of micro-obstacles, may seem a romantic notion. But because of their enormous contrastive value within the heart of the city and the center of society, even the blurred traces of this landscape will provide subtle commentaries upon their environment. If, in a region such as the Ruhr area, "day by day elaborate center-based hierarchies are casually suspended by the local populace,"[2] this is a symptom of the seismic activity of these spaces and their protagonists.

KAISERBERG JUNCTION LANDSCAPE PARK

At the Kaiserberg junction, a prime example of the vernacular landscape as described by Brinckerhoff Jackson is found. It demonstrates how the structure of the autobahn as an active subject occasions the creation of a landscape which must appear as a pertinacious counter-proposal to its own configuration. In the highly fragmented space between the flyovers and the autobahn infrastructure, the deserted lanes and the tracks of the high-speed trains to Berlin on which an international public rushes across this forgotten place day by day, alternative modes of utilization have established themselves which do not at all fit in with the conventional notions of the autobahn: side by side, in neighborly equanimity and stoical serenity, a zoo, and an allotment area, a pony ranch, a fish farm and a trailer park, wetlands, farmlands, and an idyllic village are coping with the unceasing noise of the autobahn.

A HIKING TRAIL Within the framework of the B1|A40 project, the Kaiserberg Junction Landscaped Park was created by means of a simple interrelation and demarcation of both visible and hidden typologies, spaces and interventions which permit the recognition of the place as a landscape on that the local influences and cultural imprints of its protagonists have left their mark. In the guise of a peculiar hiking trail along these local typologies, a tour leads from the adjacent Duisburg Zoo, whose bridge across the A3 can be considered the gateway to this area, to the Kaiserberg, which has been designed as an urban park landscape and a prototypical local recreation area. At the foot of the hill, one encounters the tracks of the ICE trains, which lead right to the heart of the junction along traditional forms of utilization of the adjacent plots such as allotments and pigeon breeding grounds.

Although the maps and information panels replicate the style of conventional hiking trails, the information they provide is all but conventional. The allotment is put into a historical context, accentuating the role it has played as a model for land control and social pacification. The zoo lettering cut from a box hedge right above the autobahn is revealed as an ingenuous effort embodying a clever way to bypass the local legislation. Everybody knows that graffiti are part of the vocabulary of the road; but few are aware of how the scene evolves, acts and communicates, or that the zoo, as a representative of nature in the urban sphere, is allocated an important sociopolitical role.

Thus, the information boards sketch out a new landscape, which is subtly rebelling against conventions, looking for alternative strategies in the interaction with the countryside and society, and superimposing its own forms on those already available. At the center of the knot, which has been made accessible by several footpaths, the pump station is found that collects the water draining from the lanes of the road. In an almost idyllic setting, a biotope of water lilies and bulrushes has formed in the catchment basin. Only the sonorous noise from above points to the fact that this biotope is dependent on the autobahn infrastructure. The abrupt contrast between the wetlands and the terrorizing noise of the autobahn is repeatedly experienced on the way across the area, transforming the two-hour hike into an sublimely ambivalent experience, a blend of recreation, shock, and surprise.

After crossing the most imposing junction of the knot, the point where the railway tracks, the A3, and A40 intersect and which, in view of its astonishing condensation of transitory spaces, has been given the nickname "Kaiserberg hell" by the participants of the project, an idyllic residential zone akin to a traditional village is found right behind the noise barrier: rows of single-family houses, a church, and the rehearsal rooms of heavy metal bands in the bunker are leading a mostly harmonious existence side by side behind the noise barrier in the Werthacker district. A bit further on, agricultural businesses, a pony ranch, and a fish farm

LANDSCHAFTSPARK KREUZ KAISERBERG
B1|A40
DIE SCHÖNHEIT

13
Der Rauchabzug am oberen Ende des Treppenhauses ist dauerhaft geöffnet.
WHO CARES?!

Textauszug Wanderkarte zum Schrebergarten:
LANDKONTROLLE Schrebergarten, Taubenschlag und Kleintierzucht haben sich hier an der Bahnlinie angesiedelt. Um der Entfremdung in der aufkommenden Industriegesellschaft entgegenzuwirken, wurde den Arbeitern bereits um 1800 solches Land offeriert, das für Gutsherren und Verwaltung ohnehin ein Problem darstellte: Landstriche entlang der Bahnlinien, Verkehrswege oder städtische Restflächen wurden ihnen kostenfrei als Gartengrundstücke überlassen. Das Prinzip dessen, was als Arbeiter-, Armen- oder Schrebergarten bekannt wurde, hatte nicht nur den Zweck, eben dieses Land unter kostengünstige soziale Kontrolle zu bringen und unerwünschte Nutzungen auszuschließen, sondern auch die offen zutage tretenden Aggressionen der Arbeiter gegen die unmenschlichen Arbeitsbedingungen in der Industrialisierung zu dämpfen, indem es ihnen eine symbolische Teilhabe an der Stadt und einen privaten Rückzugspunkt anbot.

Excerpt Hiking Map|Allotment:
LAND CONTROL Allotments, a dovecote, and breeding grounds for small domestic animals are found along the railway tracks. In order to counteract their alienation in the emerging industrial society, workers were, as early as 1800 or thereabouts, offered plots which were all but useless anyway to landlords and the authorities: terrain along the railway tracks and roads and other urban leftover spaces were ceded to them for gardening purposes free of charge. The principle of what became known as the workers'or paupers' garden or allotment was not only centered in the subjugation of such tracts of land to an inexpensive form of social control and the exclusion of undesirable modes of utilization, but also in the attempt to contain the openly visible aggressions of the workers against the inhuman working conditions created by industrialization by offering them a symbolic participation in the city and a private place of refuge.

S. 42 und 53 rechts:
Flutungsbecken der Pumpstation
S. 51 „Kaiserberger Hölle“
Begehbarer Schnittpunkt von A3, A40 und ICE-Trasse
p. 42 and 53 right:
Pump station in the motorway junction
p. 51 "Kaiserberg Hell"
Junction between A3, A40 and the ICE tracks

www.
VERDANT
EFFECT

have made use of their location in the vicinity of the autobahn in their own specific ways: the farmer uses the enormous bridges as drying areas and shelters for his cattle; the animals of the pony ranch graze between the lanes; and at Delikatfisch Braun, a trout farm eliciting associations with a Ruhr-style water castle is found in the shadow of the grand road. The facts that Mrs Höffler houses an informal home for animals in her small paradise, that a legendary corsetry firm has its headquarters in her immediate vicinity, and that the local landscape has actually been praised in various poems (which, in view of the autobahn junction visible behind the information panel, give the wanderer pause for thought), give to the passers-by an idea of the history of the place, which has frequently been altered and repeatedly demolished but nevertheless preserved, developed, and perennially reinvented by its inhabitants. In a painful, steady effort, the local residents, reacting to the external impositions, have given it an intractable stability, if this is also in turn threatened by impending events: the owner of the Dörnerhof estate, who has already had a section of his land expropriated during the construction of the autobahn junction, is currently fighting against a rest area with a hotel and casino scheduled to be built there, which would once again destabilize the fragile biological and sociological balance of the area.
Once again we should remind ourselves of Brinckerhoff Jackson's verdict: "... the vernacular landscape is ... changing from generation to generation, leaving no monuments, only abandonment or signs of renewal. Mobility and change are the key to the vernacular landscape, but of an involuntary, reluctant sort; not the expression of restlessness and search for improvement but an unending patient adjustment to circumstances. Far too often these are the arbitrary decisions of those in power, but natural conditions play their part and so do ignorance and a blind loyalty to local ways, and so does the absence of long-range objectives: the absence of what we would call a sense of future history ..."[3]
The hiking trail in the "Landschaftspark Kreuz Kaiserberg" attempts to create a lasting consciousness of the value of such a landscape and of its functions for society. Contrary to Brinckerhoff Jackson's assessment, the residents of the Kaiserberg junction invest the landscape, which in the eyes of those in power is but an uncultured, vacant wasteland, with a durable element of dignity and sustainability as they are fighting for the preservation of their church not as an architectural monument but in its role as a community center, as do the residents and neighbors of the Dörnerhof, fighting not for their possessions but quite simply for the social climate of their environment. In their continually practiced intransigence and self-reliance, they give some permanence and stability to this area which is exposed to an unceasing remodelling. As opposed to the monument – to whose allure Brinckerhoff Jackson sucumbs in 1984 at the conclusion of his wonderful essay, maintaining that it keeps alive the collective memory of historical events – memory is actively circulating in the daily practices of the people, thus continually updating itself without outside incentives. It cannot be relegated to monuments but continues to be an active part of collective thought communicating with contemporary reality. Today, society must acknowledge that it is not only the visible signs, works, and buildings of a culture that must be perceived as historically significant but also – and to a somewhat larger extent – its practices, which can only be envisioned, preserved, and renewed in continual activity. After all, it is only society that can invest the practices as such and the landscapes they engender, in an unqualified appreciation of their significance, with what Brinckerhoff Jackson calls a sense of future history.

1| Translator's note: The German term is used both for waste land of any description and for agricultural fallow land; the following passages obviously refer to the second – original – meaning.
2| Dirk Haas, "Möglichkeitsräume" © Fakultät Raumplanung, Universität Dortmund.
3| John Brinckerhoff Jackson, "Concluding with Landscapes." In: John Brinckerhoff Jackson, "Discovering the vernacular Landscape," New Haven/London, Yale University Press. 1948. S.145-154.

LEUCHTTURM Die Ausstellungsleitung hat sich erlaubt, dem Dorf Werthacker, das unsichtbar hinter der Schallschutzwand um seine Existenz kämpft, mit einem Leuchtturm temporär eine Sichtbarkeit zu verleihen. Im Obergeschoss des Bunkers, das einst als extravagante Wohnlage geplant war, wurde eine sich langsam durch den Raum drehende Lichtanlage installiert, die das Stockwerk strahlend hell aufscheinen ließ.
DEATH METAL Der Bunker an der A40 steht mit einem Fuß auf der Autobahn, mit dem anderen in der Dorfidylle. Hier in Werthacker haben sich Proberäume einen Platz gesucht, um den Schalldruck einer besonders lärmintensiven Rockgattung abzuschirmen: Im Studio gibt es neben einem Tonstudio vorwiegend Bands aus dem Heavy-/Death- und Alternative-Metal-Sektor. Dass das beim Ein- und Austritt aus dem Gebäude im dörflichen Werthacker zu illustren Kontrasten führt, hat schon manche Konflikte mit sich gebracht, die bisher immer beigelegt werden konnten.

LIGHTHOUSE The exhibition team has decided to install a temporary lighthouse at the village of Werthacker to draw attention to its invisible struggle for existence beyond the noise barrier. In the top story of the bunker, once scheduled to be turned into an extravagant apartment complex, a slowly revolving lighting system was installed, filling the rooms with a blaze of light at regular intervals.
DEATH METAL The bunker at the A40 is straddling the gap between the autobahn and the idyllic village of Werthacker. Here musicians have found a site that can contain the acoustic pressure of a particularly noisy rock genre: the place, which also sports a recording studio, is predominantly used as a rehearsal room by bands into heavy, death or alternative metal. This circumstance, which accounts for occasionally bizarre contrasts between the bunker's protagonists and its village-like surroundings, has already spawned several conflicts; so far, however, all of them have been successfully resolved.

Delikatessen

DELIKATFISCH BRAUN

DELIKATFISCH BRAUN Mitten im Autobahnkreuz Kaiserberg versteckt sich die Anlage von Herrn Braun. Nur wer den handwerklich versiert aus Aluminium geschnittenen Schildern folgt, die im Umfeld der großen Straße ganz ungewöhnlich für „Aale und Forellen" werben, findet den ansonsten vollkommen hinter Hecken und Bäumen verborgenen Ort. Hinter dem unscheinbaren Tor öffnet sich unvermittelt eine wasserschlossartige Teichanlage mit Landschaftsqualität. Auf 30.000 Quadratmetern hat sich Herr Braun in Jahrzehnten mühsamer Arbeit eine eigene Welt gebaut, die ihresgleichen sucht.

Bei meinem ersten Besuch entließ mich Herr Braun mit kalt geräuchertem Lachsforellenfilet extraordinärer Qualität, seiner unvergleichlichen Räucherforelle und dem Hinweis, dass sein Fisch süchtig macht. Es war keine leere Versprechung. Das, was er nach eigenem Räucherpatent herstellt, sucht seinesgleichen. Herr Braun, der seinen Vornamen nicht mag, führte mich über die kommende Zeit Schritt für Schritt immer tiefer in diese von ihm durch und durch gestaltete Welt. Nachdem ich auch ohne Angelschein das dem Verkaufstresen nachgeschaltete Pförtnerhaus passieren durfte und viel über die aus Tonnen von Ton- und Erdreich auf einer ehemaligen Flakstellung aufgeschütteten Teiche lernen konnte, die als voll biologische Anlage über dem Grundwasserspiegel liegen und allein aus der eigenen Quelle gespeist werden, stand ein Besuch im hinter den Teichen gelegenen Privatpark der Brauns an. Auch Haus und Hof sind wie all die subtil durchgestalteten Gartenanlagen von einer Hand geschaffen. Wenn Herr Braun von den allerorts verbauten Hohlblocksteinen im Blumenmuster erzählt, die er aus einer mallorquinischen Vorlage im Maßstab 4:1 skalierte und per Hand in Beton goss, um sie als tragende Bauelemente verwenden zu können, oder auf die handgefertigten Schriftzüge hinweist, die allesamt typografisch mit der Schrift „Salto" gestaltet wurden, die er als ehemals thüringische Schrift aus Amerika reimportierte, bemerkt man die alles erfassende universale Interessiertheit und Detailverliebtheit dieses Lebensentwurfs – eine Welt in der Welt, ein autonomes Reich, eigenwillig und ökonomisch-pragmatisch zugleich.

Die Teiche, Becken und Angelanlagen, die hauseigenen Räucheröfen nach geheimem Patent, die Sonnenterrassen und Parkanlagen, in denen die Hecken nicht Buchsbaum, sondern Cotoneaster (Zwergmispeln) sind, die Herr Braun zu einem fließenden Teppich von Grün organisiert hat – alles ist so arrangiert, dass das gesamte Gelände von einem Mann bewirtschaftet werden kann. Der Umstand hat ökonomische Gründe, weist Herrn Braun aber auch als Wagnerianer aus. Als Steuermann des selbst beauftragten Lebensentwurfs mit unikaten Gesetzen und komplexen Vorstellungswelten hat er in sich selbst einen eloquenten Darsteller gefunden, der seine Weisheiten gerne in Reimform verpackt, während er von Schlagermusik begleitet seine kulinarischen Schätze darbietet und die Forelle dem sanft-sicheren Ende im illuminierten Tötungsbecken zuführt. So ist er Geschäfts- und Verkaufsleiter, Planer und Architekt, Erfinder, Koch und Produzent und als Gärtner auratisch-humorvolles Faktotum dieses einzigartigen Ortes im ambivalenten Stadtraum entlang der A40.

Fisch Delikatessen

Durchgang
nur mit
Angelschein

Fische
Delikatfisch
Braun
Fische
Delikatfisch-Braun
Fische

Die märchenhaft anmutende Kulisse verbirgt bis heute Frau Braun und die legendären Töchter des Gärtners. Am Telefon und in weiter Ferne konnte ich mich schon von ihrer realen Existenz überzeugen. Bei der Frage nach ihnen im benachbarten Dorf geht ein Raunen durch die Menge. *So* schön sollen sie sein – aber alle verheiratet! Und Frau Braun schwebt im Mercedes SL Cabrio durch die Erzählungen aus den 70er Jahren und den Ort Werthacker wie die Prinzessin vom Schloss auf dem Berg. Wir sind im Kreuz Kaiserberg, Sommer 2010, einem Ort, der es versteht, zu leben, zu träumen, zu lachen – auch über sich selbst.

Herr Braun war für das Projekt nicht nur deshalb bedeutend, weil er mir mit seinen kulinarischen wie verbalen Feinsinnigkeiten zwischen Forelle, Lachs, Karpfen und Aal über zwei Jahre immer wieder den Spaß am Projekt zurückgab. Sein Weltentwurf steht ambivalent-exemplarisch für die reale Existenz der Gegenentwürfe, der Widerlager und gebauten Utopien, die die Überregulierung und Monochromie der Zentren subtil kommentieren. Gerade als bürgerliches Beispiel solcher Entwürfe zeigt sein Reich in der direkten Nachbarschaft mit künstlerischen Projekten das soziale, kulturelle wie intellektuelle Sparten übergreifende Bedürfnis nach selbstbeauftragtem Handeln, Selbstverantwortung, Autonomie und den Bedarf von offenem Gestaltungsraum. Mit seinem Entwurf, der für ihn selbst Paradies und Gefängnis zugleich ist, das ihn wie den Gärtner mit endloser Arbeit an sich bindet, wurde er zum Teil des Projekts.

In der Abteilung „A40 Spezial" sammelten sich die Entwürfe lokaler Protagonisten auf Augenhöhe mit der Kunst, um in einem nachbarschaftlichen Miteinander ihre Thesen zu formulieren und Analogien zwischen beiden aufzuzeigen. Wenn Atelier van Lieshout einst im Projekt „AVL-Ville" einen autonomen Staat im Staat im Hafen von Rotterdam ausriefen, der mit eigener Währung und Bewaffnung eine aggressive Autonomie behauptete, lassen sich subtile Analogien zum Braun'schen Lebensentwurf erkennen. Wenn in seinem Reich der Arm des Gesetzes auch am schmiedeeisernen Tor endet, wo AVL mit künstlerisch ambitionierten Panzermobilen aufwartet, sind trotzdem ähnliche Motivationen sichtbar und zeigen die direkte Nähe von Kunst und Kontext. Die anarchische Selbstbestimmtheit, die beiden Entwürfen zugrunde liegt, zeigt exemplarisch sympathetische Nähen zwischen den Welten und bietet eine gemeinsame Sprache an, die keiner Vermittlung bedarf. Wenn Jeanne van Heeswijk dem Begehren der Bürger nach dem Erhalt ihrer Kirche folgt, entsteht ein synergetisches Miteinander jenseits von Instrumentalisierung, bei dem sich beide übereinander informieren. Die Begegnung von Kunst und Kontext auf Augenhöhe hat die erfreuliche Wirkung, dass keiner dem anderen untergeordnet wird und sich beide auch selbst behaupten. Im Nebeneinander der Formen entwickeln sich die Verhältnisse autoproduktiv aus sich selbst heraus – leicht, unbemüht, genussvoll und mit überraschend großer Durchschlagskraft. M.A.

DELIKATFISCH BRAUN Mr. Braun's business is ensconced in the center of the Kaiserberg junction. The site is completely hidden behind hedges and trees and can be found only if one carefully follows the meticulously-carved aluminium signs in the area around the main road, advertising "eels and trouts." Upon passing through an inconspicuous gate, the visitor discovers a huge complex of ponds reminiscent of a castle moat within beautifully landscaped grounds. On the 30,000-squaremeter site Braun has created a unique world over decades of dedicated work, peculiarly his own.

At the conclusion of my first visit, Braun offered me samples of his extraordinary cold-smoked salmon trout fillet and his peerless smoked trout, while warning me of their addictive qualities. His warning should have been heeded: the unique taste he is able to create according to his own patented, secret method of curing is indeed habit-forming!

During my next visits, Mr Braun, who dislikes his first name, revealed his world to me step by step; a world that he has created to his individual taste down to the very last detail. I was allowed to pass the lodge to the back of the sales desk (despite the fact that I do not even hold a fishing license) to learn about the ponds, which were created by banking up tons of loam and earth on the site of a former anti-aircraft emplacement, and which, in accordance with biological precepts, have been raised above groundwater level and are filled exclusively by their own spring. I was invited to visit the private park of the Braun family situated behind the ponds. Both the intricately designed gardens as well as the buildings have been constructed by Mr. Braun himself. When one listens to his stories about the pervasive cavity block tiles with their floral ornament, which he modeled on a Majorcan original on a scale of 4:1, casting them in concrete by hand so as to be able to use them as load-bearing elements, or about the lettering made by hand, he used the *Salto* typeface throughout – a typeface developed in Thuringia which he "re-imported" from the United States – one observes Braun's attention to detail and his all encompassing focus in creating his world within the world, his autonomous realm; at once fairytale-like, while also being tempered by a pragmatic economic outlook.

The ponds, basins, and fishing grounds, the self-made smokehouses (built according to a patented method which is a closely-kept secret), the sun terraces and parks with their hedges for which Mr. Braun has chosen cotoneaster rather than the conventional boxwood, and which he has fashioned into a kind of flowing green carpet – all this is arranged in such a way that makes it possible for one man to singlehandedly tend to the management of the entire grounds. The economic reasons behind this are quite obvious; the fact also demonstrates the Wagnerian affinities of Mr. Braun. As the navigator of his autonomous way of life with its own set of rules and complex mindscapes, Mr. Braun is both an eloquent and a humorous protagonist of his unique lifestyle. Braun likes to divulge any morsels of wisdom in rhyme while proffering his culinary treasures, accompanied by soft music, or taking care that the trout meet their fate as painlessly as possible in the illuminated killing basin. He is a kind of contemporary Renaissance man: both the executive director and sales manager, planner and architect, inventor, cook, and producer, not to mention his role as the auratic-humorous gardening factotum of this unique place in the ambivalent urban space along the A40.

The fairy-tale-like scenery screens Braun's wife and her legendary daughters from my view, even though I have managed to ascertain their existence on the telephone or by brief glimpses from afar. If one asks the residents of the neighboring village about them, tales abound. Braun's daughters are said to be exquisitely beautiful (however unfortunately married: every one of them), Mrs. Braun in her smart cabriolet, floats through the collective memories of the nineteen-seventies and the village of Werthacker like a princess en route to her castle in the mountains. Here we are, in the summer of 2010, at the Kaiserberg junction, an admirable place where people know how to live, to dream, and to laugh – even at themselves.

The significance of Braun to the success of the project was not restricted to the fact that, time and again over a period of two years, he succeeded in resuscitating my enthusiasm for the project by means of his culinary and verbal delicacies offered to me among the trout, salmon, carp, and

eels. More importantly, his way of life provides an ambivalent yet exemplary proof of the tangible existence of alternative concepts of life and architectural utopias that provide a subtle commentary on the overdetermined cities and urban spatial sequences.
Particularly, in the traditional interpretation of such concepts, Braun's empire in the immediate vicinity of the art projects emphasizes the pervasive desire for autonomous action, self-reliance and independence beyond social, cultural, or intellectual boundaries as well as the need for spaces open for sovereign interventions. His idiosyncratic model, which to him is at once a paradise and a prison, since it demands his constant attention as its gardener and manager, stands apart as a special part of the project. The section "A40 Spezial" has assembled the projects of the local protagonists as equivalent neighbors of the art projects, interlinking both spheres to enable them to formulate their respective theses and to mutually discover analogies between the two worlds. Thus, Braun's project might, for example, evoke subtle associations with *Atelier van Lieshout's* "AVL-Ville" project in the port of Rotterdam, which declared itself an autonomous state within a state, with its own currency and arms arsenal. Braun has agreed to install a wrought-iron gate at the boundaries of his "empire," whereas AVL chose to deploy artistically redesigned tank vehicles at the borders of its self-proclaimed state. The motivations behind the two projects are by no means dissimilar; what is demonstrated in both cases is a direct connection between "art" and "context." The anarchic desire for independence common to both projects displays, in an exemplary manner, the sympathetic closeness of the two spheres and offers a common language, which can do without external mediation. And as Jeanne van Heeswijk observes the local citizens' struggle for the preservation of their church, a synergetic encounter emerges, beyond all attempts at instrumentalization, where both sides are able to familiarize themselves with one another. The encounter between "art" and "context" as equivalent partners results in a cooperation in which no single partner takes precedence, yet both are able to stand independent of one another. In the juxtaposition of forms, conditions evolve autoproductively – in an easy, unstrained and enjoyable, yet also surprisingly effective, manner. M.A.

ZOO

DELICATE ARCH

DELICATE ARCH | RITA MCBRIDE In ihrem Ursprung war die Autobahn nicht zwingend die kürzeste Verbindung zwischen zwei Orten. Der „Parkway" führte Anfang des 20. Jahrhunderts als Ausflugsstraße durch die amerikanischen Weiten, um sie als Landschaft zu generieren und diese dem Fahrer in einem Quantensprung als überdimensionalen Park zu verkaufen. Die Straße, auf der man sich ungestört durch Lastwagen, Fußgänger oder Fahrräder ganz dem motorisierten Schauen widmen konnte, ist Ausdruck einer omnipotenten Naturaneignung. Wo in der Stadt Natur durch ihre Einschließung in der Metropole in Gärten, Parks und Zoos ausgestellt wird, verkehrt der Parkway die gesamte Natur in einen Landschaftspark megalomanischer Größenordnung. Mehr als alles andere ist er damit der dreiste wie clevere Versuch, das Natürliche im großen Stil der domestizierenden Hand des Menschen unterzuordnen. Die unbeherrschbare Fläche der Länder und Kontinente wird mit dem Parkway im Handstreich genommen und zum menschlichen Unterhaltungsprogramm skaliert. Indem die Autobahn auch in Europa das Fahren weiter erleichtert, öffnet sie den Weg zur Wahrnehmung der Landschaft als ein choreografiertes Ereignis, durch das sich der Mensch auf sanft geschwungenen Wegen gleich dem Flaneur im Park bewegt. Sie mäandert entlang einer subtilen Choreografie von Sehenswürdigkeiten durch das zu erschließende Terrain.

Das Auto wird dabei zum großen Glas, zur fahrenden Vitrine, das die gesamte Umgebung musealisiert. Die symptomatische Isolierung des Fahrers von seinem Kontext in der mobilen, künstlich klimatisierten sowie individuell beschallten Kapsel gilt als kongeniales Pendant zur Vitrine, zum Museum, zum Diorama, das die Atmosphären und Klimata trennt und den Um- bzw. Innenraum als Bild, als visuell flaches Ereignis und Modell seiner selbst konstituiert. Wo das Modell im Museum die getrennten Welten skaliert, besorgt das Automobil die Maßstabsverschiebung mit der Geschwindigkeit. In ihrem Rausch kondensiert die Landschaft im Verlust der Details zu kulissenhaften Zeichen bildhafter Zweidimensionalität an der Horizontlinie des Highways. Sie verschmilzt zu einem durch die Handlungen des Fahrers fragmentierten Bildraum, zu einem Film, dessen Plot Natur und Landschaft als domestiziertes Ereignis konsumierbarer Schönheit generiert.

In diesem Sinne ist Rita McBrides Arbeit „Delicate Arch" in ihrer einfachen Form ein profunder wie schweigsamer Kommunikator der komplexen Wechselwirkung zwischen Display, Straße, Fahrer und Landschaft. Ihr monumentales „Billboard" zeigt die Umrisse einer aus den USA importierten Gesteinsformation, die sich gleich einem großen Schatten gegen den Himmel abzeichnet. Im Export der Form verklärt sich der in den USA allseits bekannte Schattenriss zum abstrakten Monument, zur Ankündigung einer natürlichen Gesteinsformation in einer monumentalen Kulturlandschaft Ruhr, die keine Naturlandschaft mehr kennt.[1]

McBride reproduziert die Synthetisierung von Natur zum flachen Bild der Landschaft als Werbeträger für sich selbst durch die Sprache des Parkways. Im Billboard wird „Delicate Arch" zur Landschaft, zum Werbeträger und Denkmal einer Abwesenheit, die sich selbst monumental ankündigt. Umkreist von den Fahrspuren der Autobahn inszeniert sie ihr eigenes Verschwinden im Reigen der Trucks und der Pkws, die sich endlos um sie drehen. Als dunkler Schatten verfolgt sie die Fahrer in den verwundenen Fly-overs, Brücken und Richtungswechseln des Autobahnkreuzes Kaiserberg, um stetig kurz und unvermittelt in ihrem Film aufzutauchen, im Beifahrerfenster, knapp links über dem Außenspiegel, dann rechts vor der Windschutzscheibe oder überraschend im Rückspiegel als eine sich langsam entfernende Erinnerung einer Natur, die es weit vor der Landschaft gab. M.A.

1| Wie übrigens nahezu der gesamte europäische Raum nur aus Kulturlandschaften besteht: Was wir gemeinhin noch als natürlich wahrnehmen, ist nahezu immer das Produkt spezifischer (also kultivierender) Eingriffe oder zumindest Ausschließungen. Das Reservat oder das Landschaftsschutzgebiet renaturiert sich nur deshalb, weil es als Ausnahmezustand definiert wird, in dem der Eingriff des Menschen untersagt ist – eine Sonderbedingung, die ebenfalls zu den kultivierenden Strategien des Menschen gehört.

delacher+co

MEISEN
STORO pack

DU -Kaiserberg
Arnheim
Hannover
3
STOROpack

DELICATE ARCH | RITA MCBRIDE Initially the motorway was not necessarily the shortest route from one place to another. In the early twentieth century, the American parkways, designed for day-trips, extended over wide open spaces in order to generate a landscape which could, in a quantum leap, be presented to the driver as an oversized park. The road on which the travelers can entirely devote themselves to sight seeing by car – unimpeded by lorries, pedestrians or bicycles – is the embodiment of the absolute appropriation of nature. While in the city nature is displayed by its enclosure in gardens, parks, and zoos, the nature reserve transforms nature as a whole into a landscaped park of enormous dimensions.

Above all, it is both a brazen and intelligent attempt to subjugate the natural order; typical of mankind's attempt to tame Mother Nature on a grand scale. The nature reserve takes ungovernable expanses of countries and continents and tries to reduce them to a mere entertainment venue for travelers and sightseers. By facilitating road journeys by car in Europe as well, the highway permits the perception of a landscape as a choreographed event one can traverse on undulating routes in the manner of a "flaneur" strolling through an inscenated park. It meanders along a subtle mélange of sights through the terrain which is made to be accessible. The car thus "metamorphosizes" into a "Large Glass"; a moving show case that seems to turn the entire scenery surrounding it into a kind of museum. The driver's symptomatic isolation from his context in his mobile capsule, artificially air conditioned and filled with audio entertainment, is considered a congenial counterpart to the show case, the museum and the diorama, which separates the atmospheres and climates and constitutes the environment or interior as visually flat and a self-referential replica. In the museum, it is the model that gives a sense of scale to the separate worlds; the automobile changes scale by its speed. The thrill of speed, blurring all details, condenses the landscape into a stage setting- like signs of pictorial two-dimensionality rushing past on the highway's horizon. It amalgamates into an image fragmented by the driver's activities, into a film whose plot generates nature and landscape as an everyday, consumer-friendly event.

In this sense Rita McBride's work "Delicate Arch," in its simple guise, acts as a profound and taciturn mediator of the complex interaction between design, road, driver, and landscape. Her monumental billboard depicts the shape of a geological formation, silhouetted against the sky like a

large shadow. The image was imported from the US via the use of the silhouette familiar to almost every US citizen. The billboard is transfigured into an abstract monument that advertises a natural geological formation to be found in the Ruhr Area, (a region where any natural landscapes have long been displaced by a monumental cultural landscape).[1] McBride reproduces the synthetic refashioning of nature, affected bythe vocabulary of the nature reserve, into the two-dimensional image of a landscape which acts as an advertisement for itself. On the bill-board, "Delicate Arch" merges into the landscape, an advertisement and a memorial of an absence announced in a monumental manner. Circulated by the highway lanes, the billboard stages its own disappearance in the "merry-go-round" of trucks and cars endlessly revolving around it. A dark shadow, its ominous presence haunts the drivers negotiating the convoluted flyovers, bridges, and changeovers of the Kaiserberg interchange. Its image reapears again, abruptly and briefly, in their personal mini-movie, in the offside window, just to the left of the exterior mirror, then to the right of the windshield or, in a surprising jump, in the rear view mirror, as a slowly receding reminder of a landscape that existed long before the motorway. M.A.

1| Just as the bulk of Europe consists almost exclusively of cultural landscapes: that which we customarily regard as natural is almost invariably the result of specific (i.e., designed) interventions or at least exclusions. The nature reserve or landscape conservation area only restores itself to its natural state because it has been defined as an exceptional case where human interference is prohibited – a special privilege that belongs to the conservation awareness of humankind.

59

NUR EIN KLEINES DORF

NUR EIN KLEINES DORF | WOLFGANG STAHL „Was geht hier vor?“, fragten sich die Siedler der Werthackersiedlung in Duisburg angesichts der Aktivitäten vor ihrer kleinen St. Martinus-Kapelle, die den Mittelpunkt dieser schmucken Siedlung bildet.

Schon am frühen Morgen stand im Juni 2010 ein holländischer 40-Tonnen-Lkw auf der Festwiese vor der Kapelle und es wurden mehrere Kubikmeter Holz entladen. Unter der Leitung der Künstlerin Jeanne van Heeswijk und ihres Ehemannes Marcel van der Meijs entstand innerhalb einer Woche vor Ort eine Skulptur mit Tischen und Bänken aus splitterfestem Pappelholz.

„Der Widerstand des kleinen Glücks“, so nannte die Künstlerin nach der Fertigstellung dieses einem „gallischen Tisch“ ähnliche Werk und lud die Siedler spontan zu einer Einweihungsfeier ein. Die Siedler, deren Kampf gegen den Abriss ihrer kleinen Kapelle Jeanne van Heeswijk so beeindruckt hatte, dass sie gemeinsam mit ihnen und ihrem Kunstwerk dazu beitragen wollte, durch Interviews, Recherchen und einem Dorffest Öffentlichkeit zu mobilisieren, um die bedrohte Kirche zu retten.

Bereits 1947, im Gründungsjahr der Siedlergemeinschaft Duisburg e.V., übernahmen die Siedler mit Idealismus und eiserner Entschlossenheit trotz aller Schwierigkeiten die Initiative zur Erstellung von geplanten 93 familiengerechten Eigenheimen. Am Werthacker, einer vor dem Krieg als sogenannte „Asozialen-Siedlung“ berüchtigten Stätte, in der alle Wohnblocks durch Bomben vollständig zerstört waren, hatte die Gemeinschaft erst nach zähen Verhandlungen mit der Stadt Duisburg die Zustimmung zur Errichtung der Siedlung erhalten. Als sich später zeigte, wie schwierig es war, die zahlreichen „wilden Siedler“ vom Werthacker zu entfernen, die sich dort in zum Teil erbärmlichen Behausungen für Jahre dort eingerichtet hatten, war die Gemeinschaft gezwungen, dem Wohnungsamt entgegenzukommen und Nichtsiedler in die Einliegerwohnungen aufzunehmen. Dafür waren die Grundstückskosten jedoch sehr günstig. Die für damalige Zeiten modernen Häuser besaßen jeweils zwei Wohnungen von je 48 Quadratmeter Wohnfläche. Es wurde besonders darauf hingewiesen, dass sämtliche Räume elektrisches Licht und die Küchen Gas- und Wasseranschlüsse erhielten. Der Spülbottich in der Waschküche war so eingerichtet, dass er als Badewanne dienen konnte.

Zehn Jahre nach Gründung der Siedlung wurden die letzten Häuser der ersten Bauphase fertiggestellt und ein sozialer Brennpunkt der Stadt war verschwunden. Aus einer Wüstenei wurde ein Schmuckstück vor den Toren der Stadt Duisburg. Jeder Siedler hatte für sein Haus zwischen 4000 bis 6000 Stunden nach Feierabend hart arbeiten müssen, um es in Selbsthilfe zu erstellen.

Im Januar 1953, während intensivster Bautätigkeit an den Siedlungshäusern, kam zum ersten Mal die Idee auf, in der Siedlung auch einen Kindergarten und eine Kirche zu errichten. Um diese Idee in die Tat umzusetzen, wurde das St. Martinus-Hilfswerk gegründet. Mitglieder waren der Pfarrer der katholischen Pfarrgemeinde St. Elisabeth in Duisburg und aktive Siedler des Werthackers. 1955 wurde mit der Grundsteinlegung des Kindergartens das Werk in Angriff genommen. Auch hierbei stand wieder die Selbsthilfe der Siedler im Vordergrund. 1958 wurde der Kindergarten eingeweiht und 1962 die Kapelle. Eine Versammlungsstätte für die Siedler folgte 1974 mit der Eröffnung der Siedlerklause, die im Keller unter der Kirche von den Siedlern in 15.000 Arbeitsstunden errichtet wurde.

Im Jahr 2006 wurde durch das Bistum Essen entschieden, für zahlreiche Kirchen keine Finanzmittel mehr zur Verfügung zu stellen. Auch die St. Martinus-Kapelle gehörte danach zu den Kirchengebäuden, von denen sich das Bistum trennen wollte und die damit zum Verkauf und nachfolgendem möglichen Abriss freigegeben wurden.

Vorschläge der Siedler, gemeinsam mit den Kirchenverantwortlichen nach Lösungen zu suchen, die einen Erhalt des Gebäudes ermöglichten, ohne dass eine finanzielle Überforderung der Siedler eintrat, wurden leider nicht erhört. Schließlich wurde 2010 mit Darlehen der Siedler die Liegenschaft vom Bistum Essen käuflich erworben. Die Siedler sind jetzt gezwungen, mittels Parzellierung des Geländes in mehrere Baugrundstücke und einen anschließenden Verkauf dieser Grundstücke dafür zu sorgen, den Kaufpreis der Liegenschaft zu decken und so die Darlehen zurückzahlen zu können. Dafür ist jedoch ein Bauernopfer zu leisten. Der Kindergarten und ein Teil des Kirchenschiffes müssen abgerissen werden, um den anderen Teil der Kapelle mit dem Glockenturm als Landmarke und Mittelpunkt der Siedlung zu bewahren. Durch Sanier-ung und Umbau sind die Siedler bemüht, ihre Kapelle mit der darunter befindlichen Siedlerklause zu erhalten. Was jetzt am meisten fehlt, ist Geld. Aber auch in der Vergangenheit hat es immer wieder Herausforderungen gegeben, denen sich die Siedler gestellt haben. Deshalb werden wir es auch diesmal schaffen.

Wir danken an dieser Stelle dem Kurator des Projektes „B1|A40 Die Schönheit der großen Straße“, Herrn Markus Ambach, und der Künstlerin Jeanne van Heeswijk mit all ihren Mitarbeitern für die große Unterstützung bei der Realisierung unseres Projektes. Die Zusammenarbeit mit ihnen hat die Gemeinschaft in unserem „gallischen Dorf“ erheblich gestärkt und unser Zusammenleben gefördert und befruchtet.

JUST A SMALL VILLAGE | WOLFGANG STAHL While watching the activities in front of the little St. Martinus Chapel, the heart of the settlement, the inhabitants of the Werthacker Settlement in Duisburg asked themselves “What's going on here?” Early one morning in June 2010, a fourty-ton, Dutch truck parked on the festival grounds in front of the chapel and unloaded several cubic meters of wood. Under the guidance of the artist, Jeanne van Heeswijk, and her husband Marcel van der Meijs, a sculpture consisting of tables and benches made of poplar wood was set up within a week.

On completion, van Heeswijk named her work, which resembles a Gallic table, *Der Widerstand des kleinen Glücks* (The Resistance of Small Hapieness). She invited the local residents, the settlers of Werthacker, to a spontaneous inauguration party.

Jeanne van Heeswijk was so impressed by the settlers' resistance against the demolition of their little chapel that she decided to support their cause

with her artwork. She hoped to whip up enough publicity in order to save the church by means of interviews, research, as well as a village fête. Throughout the process from as early as 1947, (the founding year of the Duisburg Settlers' Association), the settlers approached obstacles with idealism and optimism while building the ninety-three family homes.

Before the war, the Werthacker had been notorious as a so-called antisocial settlement. During the war all the blocks of flats were completely destroyed by bombs. The community eventually obtained permission to build their settlement after lengthy negotiations with the City of Duisburg planning authority. Subsequently, it became clear how difficult it would be to remove the countless "wild settlers" in the area. Many of these settlers had set themselves up in pitiful shacks, which remained their homes for years. The community was forced to comply with the housing office by accommodating non-settlers in self-contained flats in privately owned homes. On the other hand, property prices were low. The houses were modern for that time, each containing two flats with forty-eight square meters of living space. An important requirement was that all rooms should have electricity and that the kitchens should have both gas and water connections. The washtub in the laundry was installed in such a way that it could double as a bathtub.

Ten years after the founding of the settlement, the final houses of the first building phase were completed; the city of Duisburg had one fewer deprived area. The former wasteland had been transformed into a high quality place to live just outside the confines of the city. The residents each invested between 4,000 and 6,000 labor-intensive hours of their spare time in the completion of their homes.

In January 1953, during a time of intense work on the settlement houses, the idea came about to construct a kindergarten and a church as well. The St. Martinus-Hilfswerk (St. Martinus Relief Organization) was founded in order to help realize this idea. The members consisted of the priest of the catholic St. Elisabeth Parish in Duisburg together with active Werthacker residents. This project started with the laying of the foundation stone for the kindergarten in 1955. Once again, the residents' own initiative played an important role. The kindergarten was inaugurated in 1958 and the consecration of the chapel followed in 1962. In 1974, the Siedlerklause (literally: Settler's hermitage) or meeting place opened. The settlers had spent 15,000 hours building this communal meeting place in the subterranean space below the church.

In 2006, a decision was made by the Bishop of Essen to discontinue providing financial support for a large number of churches. The St. Martinus Chapel was one of the churches that the Bishop had earmarked to be sold and demolished if necessary. Unfortunately, attempts by the settlers to work together with those in charge of church matters to find a way of salvaging the building without too much financial burden to the residents were unsuccessful. In 2010, the property was purchased from the bishop with loans from the residents. The land was subdivided into several plots and the residents were obliged to make sure that the proceeds from the subsequent sale of these plots would cover the buying price of the property so that loans could be paid back promptly. Unfortunately, a further sacrifice was necessary: the kindergarten and a part of the nave of the chapel had to be torn down in order to preserve the rest of the chapel with its bell tower, which acted as the landmark and central point of the settlement. The residents of the settlement are still trying to save their chapel and the *Siedlerklause* beneath it by means of renovations and modifications. What is needed most of all is funding. In the past there were also challenges that the residents surmounted – so they are sure to succeed once again.

In conclusion, we wish to thank, Markus Ambach, the curator of the project "B1|A40 The Beauty of the Grand Road," and the artist Jeanne van Heeswijk, as well as all of her assistants for their wonderful support during the implementation of our project. Working together significantly reinforced the feeling of solidarity in our "Gallic Village" and boosted our community spirit!

DER WIDERSTAND DES KLEINEN GLÜCKS

DER WIDERSTAND DES KLEINEN GLÜCKS | JEANNE VAN HEESWIJK UND MARCEL VAN DER MEIJS Inmitten der Überführungen, der Viadukte und den auf unterschiedlicher Höhe befindlichen Kreuzungen der A40 und der A3, welche zusammen das Kreuz Kaiserberg bilden, liegt das Enklave-Dörfchen Werthacker. In dieser vom Lärm geprägten Landschaft, erschaffen sich die Bewohner des Dorfes als offenkundige Reaktion mithilfe der Sortimente von Baumärkten und Gartencentern Miniparadiese und versuchen tapfer, ihre Identität als Gemeinschaft aufrechtzuerhalten. Dies geschieht in einem Gebiet, das sowohl durch die Identitätslosigkeit der Infrastruktur ringsum als auch durch die fremdbestimmte Identität gekennzeichnet ist, die sich zeigt, wenn man den ganzen Schnickschnack in den Gärten kritisch betrachtet – in einem Gebiet, in dem die Überalterung lauert und neue Einwohner nicht immer einen gemeinsamen Hintergrund haben. Die Wahrzeichen des Dorfes sind ein Bunker, der als Übungsraum für Hardrock-Bands dient, welche bei den Bewohnern nicht wirklich willkommen sind, sowie eine ehemalige Kirche. Als im Jahr 1947 die Siedlergemeinschaft Duisburg (Werthacker) gegründet wurde, war dies ein Zeichen der Hoffnung. Ein Zeichen der Hoffnung für die Familien, die sich in der schweren Nachkriegszeit zusammenfanden, wo an allen Ecken und Enden Not und Mangel herrschte, zusammen ans Werk zu gehen und sich in gemeinsamer Arbeit, in Gruppenselbsthilfe, ein eigenes Heim zu schaffen.

Eine Frau läuft über die Spielwiese der Kirche und trägt einen selbstgemachten Obstkuchen. Sie erzählt: „Ich wurde hier in der Kriegszeit geboren. Damals war es alles ganz anders. Früher war hier im Kreuz Kaiserberg ein Zigeunerlager und hier wohnte viel ‚Kroppzeuch'. Es war eine verrufene Gegend. Die Leute meinten: ‚Wer hier wohnt, zahlt keine Miete und hat keine Arbeit.' Im Krieg wurden wir ausgebombt und wir sind lange rum gewandert, aber letztlich bin ich wieder zurück nach Werthacker gezogen. Heute leben hier nur Ehrenmenschen."

Sie stellt den Kuchen auf einen großen, aus grobem Holz gezimmerten, hufeisenförmigen Tisch vor der Kirche, der in diesem Sommer als Konferenztisch und als Podium, aber auch als Biergarten diente. Seit Anfang 2006 steht der Erhalt der St. Martinus-Kapelle im Werthacker zur Debatte. Die kleine Kirche ist seit mehr als 50 Jahren ein zentrales Symbol im Siedlungsgebiet. Nun ist die Bausubstanz marode und der Eigentümer, das Bistum Essen, entschlossen, sich aus Kostengründen vom Objekt zu trennen: derzeit laufen die Verkaufsverhandlungen. Eine Veräußerung der Kapelle würde höchstwahrscheinlich zum anschließenden Abriss führen, da externe Neueigentümer wohl Wohngebäude auf dem bisherigen Kirchengelände errichten möchten.

Die Kirche zu Werthacker ist nicht nur optischer Mittelpunkt des Ortes, sondern auch Gemeindezentrum. Nachdem sie vom Bistum aufgegeben und säkularisiert wurde, unterlag sie verschiedenen Nutzungen. Für den Ort, der daran gewöhnt ist, mit heterogenen Nachbarschaften zu leben, ist wohl die bedeutendste die Siedlerklause: Gemeindetreffpunkt, inoffizielles Rathaus und Kneipenersatz in einem. Im Keller unter der Kirche gelegen, treffen sich hier alle, um Politik zu machen, gemeinsame Beschlüsse zu fassen oder einfach, um ein Bier zu trinken.

Seitdem das Bistum den ehemaligen Standort abreißen will, ist dieses Gemeindezentrum bedroht und damit der sinnstiftende Ort der Gemeinschaft. Die Siedlergemeinschaft bemüht sich nun um den Erhalt des Gebäudes und finanziert den Kauf durch eine findige Idee: Die Hälfte des Grundstücks wird zur Neubebauung veräußert und damit der Kauf der Kirche finanziert. Dass dabei die Hälfte des Gebäudes abgerissen werden muss, gleicht einem Bauernopfer, behält doch dadurch die Gemeinde den Kirchturm und – ganz im Besonderen – die Siedlerklause. Weiterhin versuchen sie, mittels Dorffesten und anderen Initiativen genügend Geld zusammenzubringen, um den Umbau der Kirche zu einem Gemeinschaftsraum finanzieren zu können. Die Frau hat den Kuchen gebacken, um einen Beitrag für diesen Kampf zu leisten: LASST DIE KIRCHE IM DORF.

Der Kampf ist den Dorfbewohnern nicht fremd, wie sie berrichtet: „Der Widerstand beginnt bei unseren Vätern, die haben es geschafft, die A40 um die Siedlung herum zu führen, was zu dem besonderen Spaghettiknoten des Kreuz Kaiserberg führte. Sie behaupteten sich auch gegen die DVG (Duisburger Verkehrsgesellschaft). Und heute schaffen sie das zum Beispiel durch den Ausschank der Getränke ohne Schankgenehmigung."

Es ist ein Kommen und Gehen auf dem Platz. Jeder trägt sein Scherflein bei. An dem Tisch beraten die „Anführer" lebhaft über die Preise der angebotenen Getränke und Speisen. Andere Männer sind am Schleppen (das heißt sie tragen und übernehmen die schweren Sachen) oder zapfen Bier, und einige Frauen kochen das Abendessen in großen Töpfen. Weitere Frauen kommen und bringen selbstgemachte Kuchen, aber sie gehen auch schnell wieder weg. Es fällt auf, wie unterschiedlich sich die einzelnen Individuen zum Kollektiv verhalten. Einige sind besonders stark in die Gruppe involviert und man sieht auch, dass sich die Gruppe nicht immer einig ist.

Sie lacht und sagt: „Jeder hat so seine Rolle in der Gruppe, sonst, wenn jeder macht, was er will, gibt es nur Chaos. Ich glaube, dass es wichtig ist, dass keiner etwas ohne das Kollektiv macht. Der eine hat zum Beispiel viele Ideen, die nicht immer realisierbar sind, und versucht die Leitung zu übernehmen, aber dann holt der andere ihn immer wieder auf den Boden. Die Gruppenmitglieder diskutieren meist so lange, bis sie dann ein Ergebnis haben. Die Arbeit bei den Frauen ist eher gleichberechtigt verteilt. Es gibt Listen, in die wir uns eintragen, sodass jede das macht, was sie machen möchte und auch nur so viel macht, wie sie kann. Ich arbeite etwa zwei Stunden am Tag für die Gruppe, mal mehr, mal weniger. Mittlerweile haben wir uns aber schon etwas zurückgenommen, wir sind ja nicht mehr die Jüngsten."

Wenn man sie so bei ihren Arbeiten beobachtet, kann man feststellen, dass der Gemeinschaftsgeist der Gründerzeit in der Werthackersiedlung bis heute lebendig geblieben ist. Die Gruppe trifft sich schon jahrelang jede Woche. Man glaubt, dass durch die Treffen alles viel schöner wird und wenn man sich lange nicht gesehen hat, fehlt etwas. Jeder kann kommen, muss aber nicht. Es gibt keinen Zwang. Die Treffen sind jedenfalls sehr wichtig für den Erfahrungsaustausch und die Gruppe wird dadurch gestärkt. Die Arbeit der Siedlergemeinschaft ist sowohl bei der Hilfe für den Einzelnen als auch im Einsatz für die Werthacker-Siedlung und bei den geselligen Aktivitäten ein gutes Beispiel und ein Zeugnis für eine lebendige Gemeinschaft.

Das ist alles schön und gut, sagt sie: „Aber warum machen so wenige Jüngere mit? Der Feind der Gemeinschaft ist Desinteresse. Hier ist alles ganz bequem, alles ist da und keiner braucht lange Wege auf sich nehmen, um Teil der Gemeinschaft zu sein. Es gibt ein, zwei Jüngere, die mitmachen. Wie geht es mit der Gemeinschaft weiter? Es ist schwer, die Leute zu motivieren. Ich habe ein paar junge Männer gesehen, die sich engagieren, aber wenige junge Frauen. Meine Tochter ist erstaunlich oft da, früher fand sie das eher peinlich. Ich bin zwar skeptisch, aber wir hoffen, wenn alles neu ist, dass wir auch die Jungen erreichen. Sonst hilft da nur ein Lasso, mit dem man alle einfangen kann."

Die Siedler definieren sich nicht nur im Kampf um das Gemeindezentrum, sondern eben auch durch die zahlreichen Lebensentwürfe, mit denen sich die Menschen im Kreuz Kaiserberg gegen die Schwierigkeiten des Ortes behaupten, um sich ein Stück eigenwilliger Heimat zu erobern. Die Siedler mobilisieren den „Widerstand des kleinen Glücks". Das Projekt trägt nicht nur durch seine Form, sondern besonders auch durch den in Gang gesetzten Prozess, zur Stärkung des Charakters des Dorfes bei.

THE RESISTANCE OF SMALL HAPPINESS | JEANNE VAN HEESWIJK AND MARCEL VAN DER MEIJS The small, enclave-like village of Werthacker is located directly in the center of the flyovers, viaducts, and multilevel intersections of the A40 and A3 motorways, which together form the Kaiserberg junction. Here the local residents, in an obvious reaction to their noisy environment make ample use of goods offered by DIY superstores and garden centers to create miniature oases, in a brave attempt to maintain the social identity of the village in an area characterized both by the anonymity of the surrounding infrastructure and the heterogeneous identity that is revealed if one observes the accumulated bric-a-brac in the gardens; an area, moreover, where the ageing population is an ever-present issue and where newcomers do not always share the same background. The village's main landmarks are a bunker, which is used as a rehearsal room by hard rock bands, who are not overly welcomed by the residents, and an abandoned church.

The establishment of the residents' association Siedlergemeinschaft Duisburg (Werthacker) in 1947 was a sign of hope for the families who, facing the hard times of the immediate post-war era when hardships and shortages were the order of the day, pooled their resources in order to build their own homes in a joint effort as an autonomous group. As we stroll through the village, we encounter a woman walking across the playground in front of the church, a homemade fruitcake held in her hand. She tells us: "I was born here during the war. Then everything used to be very different around here. Gypsies had their camp at the Kaiserberg junction, and many people living here were considered scum. The neighborhood had a bad reputation. People thought that those who lived here did not pay their rent and were averse to work. In the war, we were bombed out and were forced to migrate from place to place for a long time. But in the end I returned to Werthacker. Nowadays, only honest people live here."

She places the cake on a large, horseshoe-shaped table, fashioned from coarse wood, standing in front of the church, which this summer served not only as a conference table and podium, but also as a beer garden. Since early 2006, the preservation of the St. Martinus Chapel in Werthacker has been a major topic of public debate. For more than half a century, the small church has been a crucial feature of the settlement. Now, the fabric of the structure has deteriorated and the owner of the chapel, the Essen diocese, is set to put the building up for sale rather than shoulder the costs of a restoration. Thus, sales negotiations are underway. The sale of the chapel would probably result in its demolition, since any new owner would intend to build apartment blocks on the church's grounds.

The church at Werthacker is not only the central architectural feature of the village, but simultaneously serves as the local community center. After it was abandoned and secularized by the diocese, the building underwent various modes of utilization. For the villagers, who are used to live in heterogeneous neighborhoods, the fact that it accommodates the Siedlerklause is probably the most important aspect of its present use. Situated in the basement of the chapel, Siedlerklause is a meeting-point for the community; it is also the unofficial village hall and even serves as the local pub. The whole village meets here to discuss politics, to vote on community issues or simply to have a beer together.

Since the diocese decided to demolish their former place of worship, this community center is doomed – also as a place which provides a sense of identity. The residents' association is now trying its utmost to preserve the building. It intends to finance the purchase with a clever idea: half of the plot will be subdivided and resold as a building site, which will in turn finance the purchase of the church. That means that half of the building will have to be demolished regardless; yet this is seen as a negligible sacrifice, as the community will keep the church steeple and – even more importantly perhaps – the Siedlerklause. Moreover, the association is attempting to generate additional proceeds from the organization of a village fair and other events that will finance the renovation of the church into a community space. Local women have baked cake to support the endeavor: "LASST DIE KIRCHE IM DORF."[1]

Putting up a struggle is, as the woman tells us, something the residents are used to: "The resistance started with our fathers, who managed to keep the A40 motorway away from the village – thus creating the peculiar Spaghetti Junction of the Kaiserberg junction. They also stood up to the DVG (Duisburg Public Transport). Today, for example, we demonstrate our opposition by serving beverages here outside without a license."

People come and go on the green. Everyone makes their own small contribution. The village "leaders", sitting at the table, enter into a lively discussion about the prices for the beverages and dishes on offer. Other men are doing the "schlepping" (i.e., they carry loads and take care of the heavy stuff) or are draughting beers, and several women prepare dinner in large pots. Another group of women bring homemade cream-cakes, but they leave again quickly. One notices the different behavior of the various individuals towards the group. Some of the people show an intense involvement; though one can also notice that the group is not always in agreement.

She laughs and says: "Everyone has a specific role within the group; otherwise everyone would do as they like and there would be chaos. I think it is important that nobody does something of his own accord without

Kirchenretter
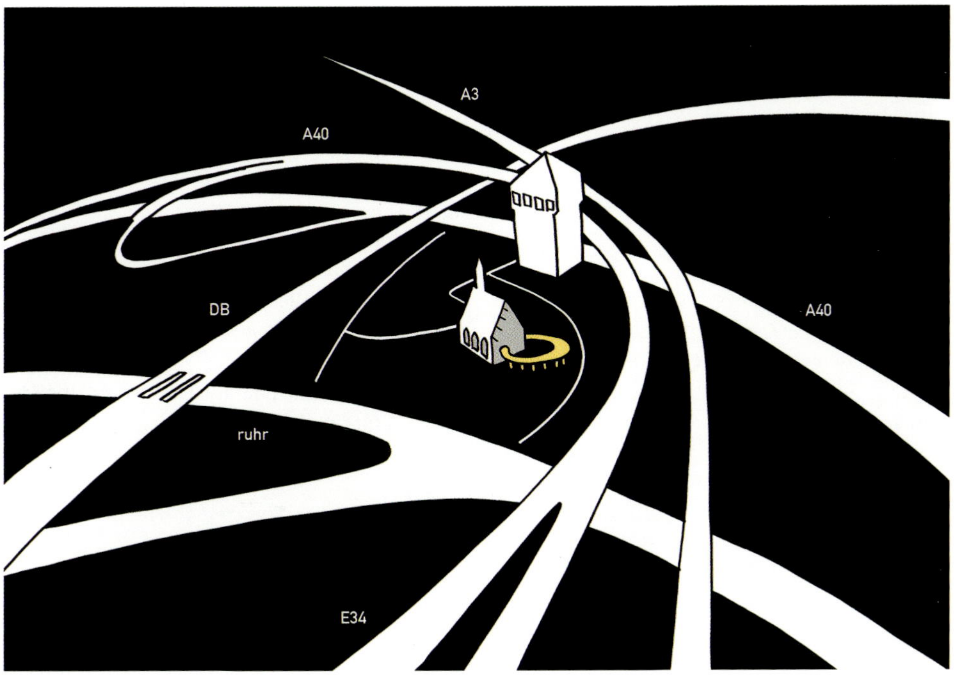
A3
A40
DB
A40
ruhr
E34

RWE

RUHR.2010
H

the consent of the collective. Someone might, for instance, have many ideas, not all of which to be realized, and might forever try to assume the leadership, but the others will invariably bring him down to earth again. The group members usually discuss the matter at hand until they arrive at a solution. Regarding the women, the jobs tend to be distributed in a more equitable fashion. There are lists where we can enter our names, so that everyone can choose do what she prefers to do without over doing it. For my part, I do work for the group for about two hours a day, sometimes more, sometimes less. By now, however, we have managed to reduce our workload; after all, we are not getting any younger!"

Anyone observing the local residents at work will see that the communal spirit of the founding fathers of Werthacker is still alive and well. For years the group has had a weekly meeting. People believe that the meetings make it all more worthwhile; something is missing if one has not seen the others for some time. Everyone is free to come, but does not have to attend if he or she does not want to; there is no compulsion. At any rate, the meetings are vitally important for the exchange of experiences and opinions, and reinforce the group spirit. The work of the residents' association sets a good example both with respect to the assistance rendered to individual members and to the social activities organized for Werthacker as a whole, and bears witness to the vitality of the community. This is all very well, she says, "but why is it that there are hardly any younger people participating in our activities? Indifference is the enemy of community. Here everything is quite comfortable, everything is at hand, and nobody needs to cover long distances so as to be a member of the community. There are one or two younger participants. What will become of the community? Nevertheless, it is difficult to motivate people to take part. I have seen a few young men who have become involved, but only a handful of young women. My daughter is here surprisingly often; she used to think it all rather embarrassing. I must admit to some skepticism; but we are hoping that we will also be able to reach the younger generation when everything has been renewed. Otherwise the only thing that will help will be to rope them all in with a lasso!"

The people living in the vicinity of the Kaiserberg junction define themselves not only by their efforts to preserve the community center but also in the adoption of their own particular way of life, holding their ground against the challenges of their environment so as to carve out for themselves a place where they can feel at home. They are mobilizing "The Resistance of Small Happiness". And not only through its structure, but in particular through the process it has set in motion, the project contributes to the strengthening of the village's character.

1| Translator's note: German colloquialism meaning literally "Keep the church in the village." It implies that somewhere along the way a basic sense of priority has been lost. A corresponding English saying might be "That is taking it too far" or "Let's not get carried away."

RKB
RKB
99
RKB

HONIG
VON DER PUMPSTATION

HONIG VON DER PUMPSTATION | FINGER Wo im Kreuz Kaiserberg täglich 140.000 Fahrzeuge vorbeirauschen, hat sich in den Flutungsbecken der Pumpstation unbemerkt ein Biotop aus Wasserlilien, Röhricht und Rohrkolben gebildet. Die Vergessenheit des Ortes, der als Autobahninfrastruktur die von ihr abfließenden, verschmutzten Regenwässer sammelt, um sie ins Abwassernetz der Stadt zurückzupumpen, bietet Schutz für diese ungewollte wie erstaunlich ästhetische Entwicklung.

Die Pumpstation ist damit in gewisser Weise ein Nukleus des Stadtraums entlang der großen Straße, der zeigt, wie sich autoproduktiv allein aus den widersprüchlichen Strukturen und scharf kontrastierten, oft ungewollten Nachbarschaften der Orte erstaunliche Landschaften ergeben. Sie sind in Form und Vielfalt von einer erschreckenden Schönheit, die sich zwischen den zerstörerischen Begleiterscheinungen menschlichen Handelns und dem unendlichen Einfallsreichtum der Natur konzipiert. Dass die Künstlergruppe Finger aus Frankfurt diesen sublimen Ort für die Produktion eines sublimen Produkts auswählte, liegt nahe. Der im Sozialmagen der Bienen entstehende Honig verwandelt sich bekanntlich durch nur wenige Eingriffe des Imkers in ein golden fließendes Genussmittel höchster Reinheit. Die merkwürdige Divergenz von Verdauung und Reinheit hat die Menschen seit jeher fasziniert und dem Honig in der Nahrungsmittelkette stets eine Sonderstellung eingeräumt.

Dass Finger ausgerechnet den Autobahnknoten als Standort für ihr städtisches Bienenlabor wählt, hat noch weitere Gründe. Die Gruppe, die sich seit längerem mit sozio-ökonomischen Strukturen im städtischen Kontext beschäftigt und dabei oft alternative Lebens- und Überlebensformen fokussiert, sah sich eines Tages erneut mit den Fragen des eigenen wirtschaftlichen Überlebens konfrontiert. Da die Distribution von Kunst im knallharten Vergleich mit anderen Wegen des Broterwerbs nicht mithalten konnte, transformierten Andreas Wolf und Florian Haas, die beide ein ausgeprägtes Interesse am Imkern hatten, ihren künstlerischen Projektraum vor einigen Jahren flugs in die „Stadtimkerei". Seitdem produzieren sie städtischen Honig, der gegenüber vergleichbaren Landprodukten geschmacklich äußerst komplex daher kommt, da die städtische Balkonlandschaft inzwischen eine skurrile Form des Artenreservoirs mit einer wesentlich komplexeren Flora aufweist als die Monokulturen der Landwirte. Das städtische Bioprodukt ernährt seitdem auch die beiden Imker mit Bienenstandorten an städtischen Verkehrsadern oder dem Museum für Moderne Kunst in Frankfurt.

Natürlich bleibt bei dieser Tätigkeit das künstlerische Interesse nicht auf der Strecke. Der „Honig von der Pumpstation“ mitten im Autobahnkreuz Kaiserberg dient gleichzeitig als Forschungsmaterial der Künstler. Denn aus der Honiganalyse, die die beiden vornehmen ließen, lässt sich ein minutiös genaues Bild der Flora im Flugumkreis der hier 500.000 fleißigen Helfer von Finger erstellen. Die Tracht, die den Bienen in ihrem weiten Bewegungsradius von bis zu fünf Kilometern zur Verfügung steht, zeichnet sich durch eine unglaubliche Artenvielfalt aus. Von Majoran bis Honigtau erweist sich das Autobahnkreuz als Sortenreservoir der besonderen Art. Dies soll kein Plädoyer für den Bau neuer Großtangenten sein, wohl aber ein Statement für eine Entwicklungsfähigkeit dieser einzigartigen Kulturlandschaft im Schatten der Autobahn als biokultureller Spezialraum, den es nicht zu reproduzieren, wohl aber zu schützen gilt. Das hier in Kooperation mit der Imkerei Franz Schwanbeck eingetragene Produkt referiert auch auf die ungewöhnlich stark der natürlichen Umwelt zugewandte Produktion im Kreuz Kaiserberg und reiht sich so subtil in die Phalanx lokaler Produktionen von Delikatfisch Braun, Bauer Everts oder der sich selbst versorgenden Farm von Frau Höffler ein. Die Künstler verhelfen damit der hartnäckigen Widerständigkeit der Bewohner, die in einer Art Selbstverteidigung gerade an diesem Ort ihre Naturnähe behaupten, zu einer neuen Sichtbarkeit. Die Arbeit wird zum Kommunikator zwischen den Welten, wenn sie mit einem überdimensionalen beleuchteten Bienenkorb als weithin sichtbarem Zeichen dem unwissenden Autofahrer anzeigt, dass es hier unter den Fly-overs der Autobahn ein Leben jenseits der Schallschutzwand gibt, das ungeahnte Überraschungen birgt. M.A.

HONEY FROM THE PUMPSTATION | FINGER At the Kaiserberg junction – a junction passed by 140.000 vehicles daily – a biotope with water lilies and bulrushes has formed, unnoticed, in the retention basin of the pump station. The fact that this basin – which is part of the motorway infrastructure and which collects dirty rainwater in order to pump it back into the city's sewage system – has disappeared from the public eye, ironically protects this unplanned and surprisingly aesthetic development.
The pump station is, in a way, a "nucleus" of urban space along the large road, and demonstrates how interesting landscapes can emerge autoproductive; simply rising out of contradictory structures and a frequently involuntary proximity of incongruous places. Both with regard to form and complexity, they have a kind of disturbing beauty of their own, which unfolds between the destructive side effects of human activity, on the one hand, and the boundless creativity of nature on the other.
It is no accident that Finger, an artists' group from Frankfurt, has chosen this sublime site for the creation of a sublime product. Honey produced in the honey bees' stomachs can be transformed into an exquisite golden substance of the highest purity simply by a few interventions by the beekeeper. The strange juxtaposition of "digestion" and "purity" has continually fascinated humankind, awarding honey a special position in the food chain.
There are, however, other reasons why Finger has chosen the motorway junction as the site for its urban bee laboratory. At some point the group – which has concerned itself with socioeconomic structures in the urban context for some time, often focusing on alternative ways of life – was confronted anew with the problem of its own financial survival. As the distribution of art proved incapable of rivaling other ways of earning a living, Andreas Wolf and Florian Haas, who both shared a keen interest in beekeeping, transformed their arts project some years ago into the "Stadtimkerei" (city apiary). Since then, they have been producing urban honey, the flavor of which is quite complex in comparisons to similar country products. The urban balcony landscape by now constitutes a particular habitat of its own, displaying flora far more diverse than that which is found on monoculture tracts of farmland. Henceforth, urban organic produce has provided the beekeepers with sufficient means of survival, with bee sites along major urban roads or even one at the Frankfurt Museum of Modern Art.
Their beekeeping has not in any way quashed their artistic interests. The "honey from the station" in the heart of the Kaiserberg junction simultaneously serves as the artists' research material. From the analysis of their honey, adetailed picture can be drawn of the flora available within the flight radius of Finger's 500,000 busy "assistants." The supply of flora accessible to the bees within their five-kilometer radius is characterized by an incredible biodiversity. The motorway junction has proven to be a veritable treasure trove of species ranging from marjoram to honeydew. This should not be seen as a plea for the construction of further tangential roads, but rather as a confirmation of the capacity for development of this unique cultural landscape alongside the mo-

MSV

torway. Its role as a special "biocultural" zone does not necessarily need to be reproduced but certainly protected.

The product developed at the site in cooperation with Sven Schwanbeck's apiary also emphasizes the fact that its production at the Kaiserberg junction is, to an unusually high degree, dependent on the natural environment. Thus, subtly finding its place in the phalanx of local products offered by Delikatfisch Braun, farmer Everts, or the self-supporting farm of Höffler. In this way, the artists have drawn the public's attention to the determined obstinacy of the local residents, who strive to maintain their close relationship to nature as a form of self-defense. The work is transformed into a means of communication between the different worlds. The oversized beehive, visible from afar, signals to the uninformed motorist that life beyond the noise barrier, directly beneath the motorway flyovers, holds unexpected surprises in store.

Here, the site and art interplay in order to constitute something along the hiking trail, that collaborates side by side and on an equal basis. The local protagonists act as hosts and provide a creative atmosphere and a solid foundation for the exhibition. The cooperation of equal partners developed has produced surprising synergies at the junction. M.A.

DU -Kaiserberg
Arnheim
Hannover
3

GLOBALOKAL

GLOBALOKAL | MARKUS AMBACH Folgt man der A40 vom Kreuz Kaiserberg nach Mülheim, passiert man kurz vor der Stadtgrenze zu Essen das Rhein-Ruhr Zentrum (RRZ). Das Gebäude aus den 70er Jahren verbirgt sich nahezu komplett unter einem gigantischen Parkdeck, von dem aus der Besucher durch verschiedene Eingänge direkt in das Einkaufszentrum gelangt.

Das Parkdeck ist wie das Center legendär. In den 70er Jahren von Walter Brune erbaut, ist es das erste Einkaufscenter „auf der grünen Wiese" und stellt damit den Pionier einer spezifischen Form in der Stadtentwicklung dar. Im Vergleich mit den Eigenschaften dieser städtischen Typologie bildet es allerdings eine positive Ausnahme.

Die grundsätzliche Typologie des Einkaufszentrums und die Verlegung des ökonomischen Zentrums vor die Stadt wurde lange Zeit kritisch betrachtet. Die erhoffte Aufwertung der Peripherie blieb aus; und die Center lagen isoliert und fremd auf den unbesiedelten Flächen vor der Stadt und zogen einen die Peripherie weiter belastenden Schweif an Verkehrsinfrastruktur hinter sich her. Das urbane Leben, das sich im Stadtkern aus der Heterogenität verschiedenster Nutzergruppen zusammenstellte, wurde in der Mall zum homogenen Kaufparadies, in dem nichtkommerzielle Nutzungen fehlten, die sich sonst zwischen die Ladenlokale schieben. Der kommunikative Aspekt städtischer Sequenzen wurde durch die Bewegung im Auto minimiert, da man den größten Weg isoliert in der Fahrgastzelle des eigenen Pkw zurücklegte, anstatt über das Trottoir zu flanieren.

Das RRZ stellt dazu eine Ausnahme dar, da seine Lage im Ruhrgebiet einzigartig ist. Hier, wo Stadt an Stadt grenzt, kann von Peripherie keine Rede sein. Zwischen Essen und Mülheim bezieht das Center seine Klientel aus der ganzen Region, die durch die anliegende A40 problemlos über die eigene Abfahrt das RRZ erreicht. Ladenlokal-Leerstand ist hier ein Fremdwort, wo samstags um die 40.000 Kunden durch die gleich einem Dorf angelegten Passagen mit Brunnen und Plätzen, Kunst und Parkbänken flanieren. Das Gebäude, das zudem als Sanierungsmaßnahme auf einem ehemaligen Zechengelände entstand, gibt sich nach außen zurückhaltend und wird zur A40 hin lediglich durch seine grazilen Beleuchtungspylone auffällig. Das Verwaltungshochhaus, das man oft mit dem Center verwechselt, gehörte zur VEBA AG/Stinnes AG (Vereinigte Elektrizitäts- und Bergwerks AG) und wurde erst 1973 errichtet. So wird das Parkdeck zur Autobahn hin zum unsichtbaren Zeichen der Mobilitätsfokussierung, das die temporären Marktplätze auf Park-, Fest- und Stadtplätzen zitiert, wo fahrende Händler temporär ihre Waren anbieten. Zur städtischen Seite hin spiegelt das Haus die dörfliche Struktur in einer fein gegliederten Giebelfassade und verschmilzt damit den ruppigen Übergang zwischen der Autobahn als globalem Verkehrsnetz und der lokalen Bebauung, die ringsherum die ländliche Umgebung reflektiert.

An dieser Schnittstelle formuliert B1|A40 das abrupte Aufeinandertreffen globaler und lokaler Strukturen, die man an der Autobahn häufig antrifft. Die Verkehrsachsen als Repräsentanten globaler Warentransfers, die hier in Form des Hellwegs als große Transitstrecke zwischen Nowgorod und Brügge, speziell zwischen Duisburg und Paderborn, schon früh die Landschaft prägten, unterhalten per se ein aggressives Verhältnis zur lokalen Landschaft, die sie umgibt. Die Interessensunterschiede zwischen Transit und Heimat, zwischen Verantwortung für den Ort und dem marginalen Interesse des Reisenden an seinem vorbeiziehenden Umfeld sind natürlich prekär.

Das Projekt inszeniert im RRZ das Aufeinandertreffen der ungleichen Partner entlang der dem Center eigenen Warenökonomie. Wo die Global Player ihre universale Produktpalette aus aller Welt anbieten, schiebt sich auf einer Aktionsfläche unauffällig eine neue Mall zwischen die Ladenlokale. In einer Linie stringent aufgereiht, finden sich künstlerische Verkaufs-, Geschäfts- und Präsentationseinheiten, die vorhandene Formate wie ein Brillengeschäft oder die Brunnenplastik aus der Gründungszeit nahtlos integrieren. Im steten Wechsel zwischen Shop, Kunst und Infrastruktur infiltrieren die Projekte subtil das globale Warennetzwerk, um für manchen Kunden fast ununterscheidbar ihre Inhalte zu platzieren. So muss sich der Universalgeschmack globaler Märkte, die ihre Produktion

gerne mit einem gehörigen Schuss Lokalkolorit verkaufen, für zwei Monate mit den lokalen Produkten der Region messen lassen. Exemplarisch wird dies beim Stand der Gruppe Finger, die hier den selbstgemachten Honig aus dem Kreuz Kaiserberg vertreibt. Bei der Vergleichsverköstigung muss auch ein globaler „Cuvée" von Centerhonigen zeigen, ob er dem lokalen Produkt das Wasser reichen kann.
Wenn Andreas Wegner in seinem Projekt „Le Grand Magasin" in einem herkömmlich anmutenden Ladenlokal auf der Shopping-Mall Waren aus genossenschaftlicher Produktion anbietet, vergleicht er nicht nur die Qualität von Produkten lokaler und globaler Herkunft, sondern auch deren Genese. Die Genossenschaft als Produktionsmethode, bei der dem Arbeiter die Fabrik gehört, wird in Zeiten des kriselnden Kapitalismus erneut als Möglichkeit befragt. Dass sein „Paketdienst Esso 36" auf dem Parkdeck wie ein Fremdkörper auftaucht, um den Kunden die Waren per Pferdekutsche nach Hause zu liefern, spielt nicht nur auf den besagt schroffen globalokalen Wechsel zwischen Autobahn, Center und Agrarland an, sondern schlägt zusammen mit der Interessensgemeinschaft Zugpferde e.V. wiederum das Pferd als entschleunigendes Verkehrsmittel vor.
Auf seiner Reise durch die Umgebung des RRZ inszenieren das Gespann und sein Fahrer den globalokalen Kontrast in feinsinnig-humoristischer Weise. Die Verhältnisse inszenieren sich in ihrer nachbarschaftlichen Nähe als Kommentar zueinander, der sich aus dem Kontext der großen Straße autoproduktiv entwickelt.
Parallel zu den Arbeiten in der Mall offeriert die Bühne von Christian Odzuck ein offenes Portal für das lokale Publikum. Neben dem Kursangebot „Imkern für Anfänger" von Finger bot sie Platz für Zeichenkurse, Musik und Performances lokaler Protagonisten. Auch Arpad Dobriban nutzte die Bühne zur informierenden Einführung in sein Projekt „Anweisungen aus der Vergangenheit", das in einem fulminanten Galadiner auf dem Parkplatz das in die lokalen Praktiken importierte globale Kulturgut des Kochens durch Migration und Zuzug kulinarisch dokumentierte.

RHEIN-RUHR ZENTRUM

GLOBALOCAL | MARKUS AMBACH Shortly before arriving in Essen, travelers driving on the A40 motorway from the Kaiserberg junction towards Mülheim will pass the Rhein-Ruhr Zentrum (RRZ). The building, erected in the nineteen-seventies, is almost completely concealed beneath an enormous parking deck, from where the visitors can descend directly to the shopping mall by various routes.

Both the parking deck and the center are something of a legend. Designed in the nineteen-seventies by the architect Walter Brune, this was one of the first shopping malls to be built in the open countryside and thus a pioneering example for a specific concept in urban planning. Compared with others of its kind it is yet an outstanding exception.

The relocation of the commercial center to beyond the city limits, and the concentration of various retail businesses in one place, was judged critically for some time. The malls failed to achieve the desired enhancement of the periphery of the city. Isolated and separated from the city, the centers were erected on vacant tracts of land outside the city limits, necessitating the construction of a corresponding traffic infrastructure, which created further problems for the fringe areas. In the malls, urban life, which in the city centers had been stimulated by the heterogeneity of diverse groups of users, was transmogrified into an artificial shoppers' paradise where the non-commercial modes of use formerly scattered among the shops, had altogether disappeared. The opportunity for social interaction within urban spatial sequences was minimized by the use of the car, as visitors could cover most of the distance in the isolation of their own motor vehicle instead of walking along the sidewalks.

Even though the RRZ was one of the first of its kind, its location in the Ruhr area is unique. Here, where the cities border one another, it would be misleading to speak of a "periphery." The catchment area of the mall is not restricted to Essen and Mülheim, but extends across the entire region; it can be easily reached via the A40 motorway, where it has been allocated an exit of its own. Vacancies are hardly known here: on Saturdays, as many as 40,000 customers populate the village-like passages with their fountains and squares, artworks and park benches. The exterior façade of the building, which owes its existence to a redevelopment measure for a former coal-mining area, is unobtrusive. On the side facing the A40, its tall lighting masts provide the only visual markers. The administration tower, which was built in 1973 and which is frequently mistaken for the mall, is owned by the VEBA. Thus the parking deck visible from the motorway becomes a sign of the focus on mobility, quoting the temporary markets on parking lots, fairgrounds and urban squares where travelling merchants offer their wares for a limited period of time. The elevation facing the city reflects the village-like structure via a finely structured gabled façade, thus softening the rough transition between the motorway as an element of a global traffic network and the local architecture which reflects the rural surroundings.

At this interface, the project B1|A40 exemplifies the abrupt collision between global and local structures frequently encountered along the motorway. Major transport routes as representatives of global goods transfers, which have left their mark on their environment, are characterized by an insensitive stance towards the landscape surrounding them. In this instance, the mark is the Hellweg, which is the major transit route between Nowgorod and Bruges, and which has, particularly affected the area between Duisburg and Paderborn. The divergent interests in the analysis of the tension between "transit" and "identity," the "sense of place/genus loci" and "responsibility" for a particular location on the one hand and the vague interest of the traveler in his ephemeral surroundings on the other, are of course precarious.

At the RRZ, the project reenacts the collision of the various partners who make up the commercial economy peculiar to the mall. Here, where global players push their universal range of products manufactured all around the world, and thus continue the time-honored tradition of the old-fashioned general store; a new kind of mall is quietly establishing itself between the various shops. Sales and display units created by artists are lined up in a neat row, seamlessly integrating site-specific functions such as an optician's shop or the fountain sculpture, which was installed in the mall's early days. Constantly oscillating between "shop," "art," and "infrastructure," the projects subtly infiltrate the global goods network, to the point where a clear-cut distinction to establish their contents becomes all but impossible. In this way, the universal taste of the global market, which likes to promote its mass-produced goods with a hefty dose of local color, is confronted for a period of two months with the local products produced in the region. This juxtaposition is exemplified by

the sales stall of the artist group Finger, which markets the homemade honey from the Kaiserberg junction. Here visitors can taste the various products and decide for themselves whether the flavor of a global "cuvee," mixed from the varieties of honey normally sold in the mall, is a match for the local product.
In his project "Le grand Magasin," the artist Andreas Wegner offers goods produced by a cooperative in an ostensibly conventional shop in the mall. However, he compares not only the quality of the global products and those produced locally, but also their production or manufacture. The cooperative as a method of production, where the factory is owned by the workers is, in the era of a crisis-ridden capitalism, again discussed as a potential alternative. Wegner's "Paketdienst Esso 36" (parcel service), appears like an alien intruder on the parking deck; it takes the guise of a horse-drawn carriage, which offers to deliver goods bought by the customers to their homes. This not only alludes to the controversial "global-local" oscillation between the motorway, the mall and the rural landscape but, in cooperation with the Interessengemeinschaft Zugpferde e.V. (Draught Horse Interest Group), once again focuses on the horse as a decelerating means of transport.
On their journey through the surrounding area of the RRZ, the carriage and its driver reenact the "globalocal" contrast in a subtle and a humorous manner. The opposing conditions present themselves, in their close proximity, as a mutual commentary autoproductively developing out of the context of the large road. Alongside the works in the mall, the stage from Christian Odzuck offered a platform open to the local public. Apart from the workshop "Imkern für Anfänger" (Beekeeping for Beginners) organized by the group Finger, it provided the opportunity for art classes, music, and performances by local protagonists. The artist, Arpad Dobriban, also used this platform for his introduction to his project "Anweisungen aus der Vergangenheit" (Instructions from the Past) which, at an extraordinary gala dinner held on the parking lot, provided a culinary illustration of the ways in which global cuisine has been imported and integrated into local practices by means of immigration.

ARSTADT
SALE

HEGÉMON FRAGIL

MAGISTRALE RRZ HEGÉMON FRAGIL | CHRISTIAN ODZUCK

Hegémon fragil liegt am Ende der Achse Nord-Mall des Rhein-Ruhr Zentrums in Mülheim. Dieses ist eine Welt für sich; eine Welt des Konsums. Strahl-end reihen sich die Geschäfte und Gastronomiebetriebe aus poliertem Stein, Metall und Glas aneinander. Ein Shoppingcenter nach amerikanischem Vorbild. Das Publikum kommt zum Einkaufen oder einfach zum Flanieren, selbst am Sonntag, an dem die Geschäfte geschlossen sind. In hellen Atrien, einige mit gläsernen Pyramiden gekrönt, öffnen sich die Gänge. Konsumarchitektur stellt den Raum für die Kunst zur Verfügung.

An einem solchen Atrium befindet sich das schwarze Objekt. Aufgebaut aus drei schwarzen Parallelogrammen, die wie Scheiben versetzt aufeinander liegen. Die spitz zulaufenden Ecken kragen frei schwebend aus und wirken am Ende fragil. Die schwarze Silikonhülle schluckt jegliches Licht und lässt das Objekt matt erscheinen. Es ist nicht ganz klar, was es da soll. Es ist erst mal da. Kann es betreten werden? Was passiert da? Die meiste Zeit eigentlich nichts. Vereinzelt setzen sich Menschen und verweilen für einen Moment. Der erhöhte Standpunkt gibt den Blick über die Besucher in die Passagen frei. Dann wird es doch als öffentliche Bühne genutzt und schafft die Möglichkeit, betreten und bespielt zu werden. Der Hegémon wird so zur Plattform, und für die Dauer der Aufführung entsteht ein neuer Bezugsrahmen, in dem die umgebenden Tätigkeiten reflektiert werden können. Im Rahmen der Ausstellung bildet es eine Klammer für verschiedenste Veranstaltungen, die an zwei Tagen der Woche stattfinden.

Die Funktionsanforderung ist klar, muss aber in seiner reinen Form selten erfüllt werden. Doch was für eine Funktion erfüllt Kunst in so einem Kontext? Wichtig ist hier der Aspekt des halb-öffentlichen Raums. Ein privates Einkaufszentrum ist nur scheinbar ein öffentlicher Raum. So gibt es sicht- und unsichtbare Strukturen, die auf die Arbeit einwirken und auf die reagiert wird. Der Ort wird durch das Bespielen selbst thematisiert.

So wichtig die Schaffung einer temporären Plattform für andere Aktivitäten ist, so entscheidend ist auch der skulpturale Aspekt. Als ein *site-specific object* nimmt es Bezug auf den Raum. Wer möchte, kann sich der Arbeit auch ganz klassisch annähern. Das schwarze Objekt zeigt horizontale Präsenz und die Schönheit der Nichtfunktion.

Es zwingt sich der Eindruck auf: Gestrandet aus den Fluten der Besucher steht der gastfreundliche Hegémon und lädt ein mit seinem großen Fassungsvermögen. MERCEDES BEN-GONZALEZ

MAGISTRALE RRZ HEGÉMON FRAGIL | CHRISTIAN ODZUCK

Hegémon fragil is located at one end of the Nord-Mall axis at the Rhein-Ruhr Zentrum in Mülheim; this is a world apart – a cosmos of consumption. Gleaming shops and restaurants finished in polished stone, metal and glass are arranged alongside one another: a shopping mall modeled on American prototypes. People come here to do their shopping, or in some instances only for a stroll, even on Sundays when the shops are closed. The corridors open upon well-lit interior courtyards, some of which are covered by glass pyramids. The consumer-oriented architecture, however, also provides space for artistic endeavors.

In one of the courtyards there is an object, constructed from three black parallelograms stacked on top of one another, staggered like discs. The tapered, fragile-looking corners protrude into space; the black silicon shell absorbs light, accounting for the object's matt-finish look. It is not

entirely clear what its purpose is. For the time being, it simply "is". One asks oneself: can it be climbed, what is happening here? Not much at all, most of the time. Occasionally passers-by sit down for a while. The slightly raised position affords an elevated view over the visitors and down into the passages. At some point, someone climbs on top of the sculpture and gives a performance using the object as a public stage. Then the *Hegémon* turns into a platform, and for the duration of the performance a new frame of reference emerges in which the activities going on around it can be reflected. Within the framework of the exhibition, it serves as a kind of link for the diverse events taking place two days a week.

The functional specification is obvious, even if it does not necessarily have to be precisely followed. But what is the function of art in a context like this? Here, the notion of semi-public space is of central importance. A privately-owned shopping mall merely tries to mimic a public space. Thus, there are both visible and invisible structures, which affect the work and to which it reacts. Through the performance, the location itself is focused on as a central theme.

While the creation of a temporary platform for various activities is an important point, the sculptural aspect is another decisive factor. As a site-specific object, the work relates to its surroundings. Those who prefer to can also approach the work in a more traditional way. The black object has a presence of its own, embodying the beauty of the non-functional, purely artisic.

The overall impression the observer might be left with: "Amidst the floods of visitors, the welcoming *Hegémon* is waiting, beckoning with its great capacity." MERCEDES BEN-GONZALEZ

monari
Prosecco

HONIG
VON DER PUMPSTATION

HONIG VON DER PUMPSTATION | FINGER Das für alle deutlich lesbare Zeichen des Bienenkorbs am Autobahnkreuz Kaiserberg, das seine Sprache aus der Terminologie der Straße bezieht (siehe temporäre Verkaufsstände in Erdbeerform, Bratwürste als Imbissbuden etc.), verweist auf ein Folgeprojekt hier im RRZ. Denn das in dem Korb angelegte Versprechen von der Pumpstation wird hier eingelöst: Finger hat in der künstlerischen Shopping-Mall auf einer Aktionsfläche zwischen den Ladenlokalen einen Verkaufsstand eingerichtet, der die süßen Träume aus dem Biotop am Autobahnkreuz Kaiserberg verkauft, vermittelt und erweitert. Die „Beebox Pumpstation“ zeigt zum einen auf herkömmlichen Bienebeuten die grafische Umsetzung der Honiganalyse und deren faktische Ergebnisse. Andererseits setzt sie das lokale Produkt in einen globalen Vergleich: Beim mehrmals abgehaltenen Honigfrühstück hat der shoppende Passant die Möglichkeit einer Vergleichsverköstigung des neuen A40-Honigs, des Honigs lokaler Imker aus derselben Gegend und eines globalen „Cuvée“ aus internationalen, im RRZ erworbenen Honigen, die natürlich alles enthalten vom Naturprodukt bis zu genmanipulierten Rapspollen.

IM EIGENEN AUFTRAG: IMKERN FÜR ANFÄNGER Alle Produkte können im Shop erworben werden. Dass die Künstler nebenbei noch den Kurs „Imkern für Anfänger“ im RRZ anboten, verweist auf ihr fortführendes Engagement für alternative Lebensformen. In Zeiten wirtschaftlicher Krisen bietet die Imkerei ungeahnte Möglichkeiten selbstbeauftragten Handelns, ist aber gleichzeitig Einstiegspunkt in ein Programm zur Selbstermächtigung versus soziale Depression. Vor dem Hintergrund des Projekts „Evolutionäre Zellen“, in dem Finger die Bevölkerung aufforderte, ihre alternativen Lebensentwürfe einzureichen, um einen Almanach der Möglichkeiten selbstbeauftragten Handelns zu erstellen, wird auch das soziopolitische Engagement der Gruppe sichtbar. Dass dieses gerade im Ruhrgebiet, wo die Lage am Arbeitsmarkt besonders angespannt ist, aber auch die Liebe zum eigenen Wirtschaften und Erdenken ungewöhnlicher Lösungen im Umgang mit schwierigen Lebenssituationen heimisch ist, auf fruchtbaren Boden fallen würde, war prognostiziert. Die Zusammenkünfte der Region und der Künstler wurde auch hier zu einer Win-win-Situation, nicht nur in Anbetracht der Tatsache, dass selbst eine halbe Million Bienen dem Bedürfnis nach dem neuen Produkt kaum nachkommen konnten.

Das Projekt hat damit die soziopolitische Komponente autoproduktiver Strategien im Stadtraum nachhaltig unterstrichen. Wo sonst die Trockenheit der politischen Komponenten des künstlerischen Dialogs mit dem Stadtraum die ästhetischen Bedürfnisse der Menschen auf eine harte Probe stellt, findet Finger Wege, den Diskurs mit ungemein genussreichen kulinarischen wie auch ästhetischen Momenten zu versüßen. Zwischen Theorie und Praxis schlagen Bienen und Honig eine ästhetische Brücke zur Landschaft, in der die Projekte eine wunderbare Dichte komplexer Ereignisse anbieten, die sowohl ansprechen als auch zeigen, wie sich Diskurs und Leben genussreich verbinden lassen. M. A.

HONEY FROM THE PUMPSTATION | FINGER The clearly intelligible sign of the beehive, which has borrowed its symbolism from the terminology of the road (e.g., temporary food stalls that look like giant strawberries, sausage-shaped takeaways, etc.), refers to a follow-up project. The promise that one can purchase honey produced at the pump station – alluded to in the beehive sign at the pump station – is fulfilled at the nearby Rhein-Ruhr Zentrum. Here, the group Finger has established – in the artists' shopping mall on a spot between the various shops – a food stall where the "sweet dreams" from the biotope at the Kaiserberg junction are sold, brokered, and amplified. The "Beebox Pumpstation" displays the graphic representation of the honey analysis and the factual results of the production on traditional honeycomb frames. Furthermore, the display pits the local product against its global competitors: at the honey "breakfasts," held several times dur-ing the exhibition, passers-by are given the opportunity to compare the flavors of a new batch of "A40 honey," the honey produced by other local apia-ries, and the global "cuvee" fashioned from honey from all over the world, acquired in the RZZ. These range from organic produce to produce based on genetically modified rapeseed pollen.

VON DER PUMPSTATI
HONIG VON DER PUMP
EINE MISCHUNG VON HONIGEN LOKALER I
FLUGKREIS UM DAS AUTOBAHNKREUZ KA

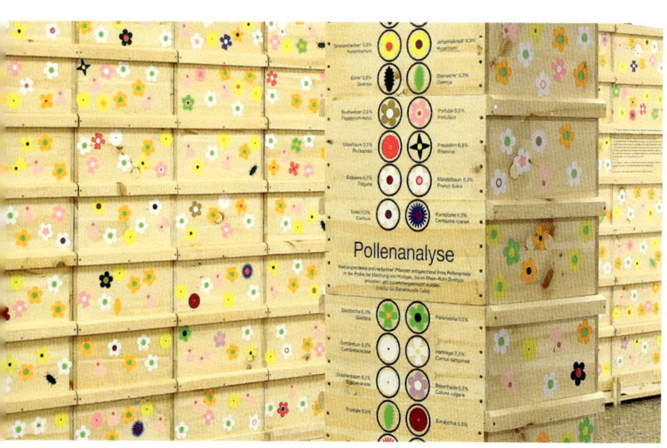

ON YOUR OWN ACCOUNT: BEEKEEPING FOR BEGINNERS All of the products can be purchased at the shop. The fact that the artists have also organized a workshop "Beekeeping for Beginners" at the RZZ, points to their continued commitment to alternative lifestyles. In times of economic crises, beekeeping offers the opportunity for self-initiative. Beekeeping can serve as a point of departure for a discussion on "self-empowerment versus social depression." With a view to the project "Evolutionäre Zellen" (Evolutionary Cells), where Finger asked local residents to present their alternative life plans in order to assemble a catalogue of the possibilities for self-authorized action, the sociopolitical commitment of the group became evident. That this effort might prosper in the Ruhr region in particular, where the job market is severely affected and yet where there is also a deep-rooted belief in being self-sufficient, the development of unusual solutions for difficult situations was imperative. Here the encounter between the artists and the local inhabitants created a "win-win" situation; even half a million bees were unable to cope with demand for the new product.

The project strongly emphasized the sociopolitical component of autoproductive strategies in urban space. Despite the enormous challenge the artists faced working in an "arid" urban context together with the varied tastes of the local residents, Finger, found ways to sweeten their discourse with enormously enjoyable culinary and aesthetic moments. Somewhere between theory and practice, the bees and the honey build a kind of aesthetic bridge to the landscape. The projects offer a host of exciting and complex events that demonstrate ways in which *discourse* and *daily life* can be enjoyably conjoined. M. A.

KARSTADT Arkaden
beebox
Pumpstation

KARSTADT Arkaden

bis zu
30%
40%
50%
70%
reduziert
%%

DIE SANFTE EUPHORIE EINER KOMMENDEN GEBURT IM REICH DER SCHÖNEN WARENWELT

OHNE TITEL | THOMAS RENTMEISTER Wo sich die Arbeiten von Finger und Andreas Wegner den Verkaufsständen der Shopping-Mall nahezu angleichen, fallen drei große Vitrinen ins Auge, die ästhetisch Präzises wie formenhaft merkwürdig Unvollendetes zeigen. Gleich prototypisch angelegten Formen strahlen sie die sanfte Euphorie einer kommenden Geburt im Reich der schönen Warenwelt aus. Gleich pränatalen Objekten prognostizierter Begierden versprechen sie vorerst nur einfache Dinge wie Farbe und immer noch fließende Form. Ein tiefbraunes Halbrund, das sich unter seinem Gewicht etwas staucht, fast eine Matratze, der labile Hauch eines Fahrzeugs – eine Ahnung von etwas im Hochglanzdesign. Thomas Rentmeisters Liebe zu legendären Produkten wie Tempo, Penaten und Nutoka verbindet ihn mit der Gründerzeit des Zentrums. Die blassen Farben, die Beiges, die Brauns und Cremes verleihen seinen Boliden die hochgeschliffene Patina einer Zeit, als sich die Region im Aufbruch befand – die Erinnerung an einen flüchtigen Moment des Neuen, der Perspektive und der Hoffnung. Sein Interesse am unfertigen Zustand, am erstarrten Moment eines möglichen Entwurfsprozesses verknüpft sich subtil mit dem Ort. Die Ahnung eines Fahrzeugs neigt sich leicht zur Seite, der sanfte Drift spiegelt makellos das ökonomische Umfeld der Operation. Die Skulpturen schieben sich fremd und passend zwischen die Produktionen der herkömmlichen Warenökonomie. Gleich vorweggenommenen Formen ihrer zu erwartenden Erscheinungsbilder bleiben sie im Stadium des Unfertigen gebannt und werden in diesem naiv-leichten Zustand zu Ikonen heute schon verbrauchter Träume der Warenwelt. M.A.

UNTITLED | THOMAS RENTMEISTER Three large glass-cases displaying objects are situated close to the works by the group Finger and the works by Andreas Wegner, which assimilate themselves perfectly to the market stalls of the shopping mall. While being aesthetically exacting, the art works have a strangely unfinished look that makes them stand out. They display shapes almost prototypical in character. They emanate the gentle euphoria of an impending birth in the sphere of the beautiful consumerist world. Like prenatal objects of prognosticated desires, the only promises the artworks extend lie in simple things such as "color" and "free-flowing shapes". The curvilinear form with a deep brown tone, slightly compressed by its own weight, almost mattress-like, a faint trace of something vehicular – a vague imprint of something designed with a high-gloss finish. The artist, Thomas Rentmeister's enthusiasm for legendary products such as "Tempo," "Penaten," or "Nutoka" invites associations to the heyday of the shopping mall. The pale colors: beiges, browns, and creams, imbue his bolide sculptures with the polished patina of an era when the region was on the upswing, reminiscent of a fleeting glimpse of the unexpected; a fresh perspective, a promise. Rentmeister's interest in the "unfinished"; the frozen link in the chain of a hypothetical creative process, links up with the location in a subtle manner. The would-be vehicle is slightly inclined to one side; the gentle drift provides an immaculate reflection of the economic environment of the area. Elements both alien and apposite; the sculptures glide between the products of the conventional, everyday merchandise economy. Like models predicting an ultimate shape, they are forever frozen in their incomplete condition. In this naïve, yet weightless state, they turn into icons of the disillusioned dreams of the consumerist world. M.A.

KARSTADT Arkaden

Abrahams
Besuchen Sie
unseren Onlineshop
www.a-teehaus.de

GANZ GROSS IN MODE!
RHEIN-RUHR
ZENTRUM
GANZ GROSS IN MODE!

sale
20%
Kasse

die Sonnenbrille
die Sonnenbrille
Trollbeads
GUCCI

PAKETDIENST ESSO 36

PAKETDIENST ESSO 36 | LE GRAND MAGASIN | ANDREAS WEGNER

Der „Paketdienst Esso 36“ nimmt Bezug auf die Schnittstellen Verkehr, Transport, Einkaufszentrum und ländliche Umgebung. In einer Zeit, als Einkaufszentren noch Passagen hießen und in hoch verdichteten städtischen Räumen die neuesten technischen Entwicklungen glanzvoll zu inszenieren wussten, wurden die Waren mit Pferdekutschen transportiert. Die Kaufhäuser standen in den Zentren der Städte. Dort stehen sie immer noch, aber eben auch vermehrt in ländlichen Gebieten. Das Rhein-Ruhr Zentrum (RRZ) ist abhängig von seinen guten Anbindungen. Neben Autobahnen, Bundes- und Landstraßen, Autobahnbrücken und Gleisanlagen liegen in den Räumen dazwischen Pferdekoppeln, Reiterhöfe, Bauernhöfe und Wagenburgen verstreut; je dichter an den Verkehrsachsen gelegen, desto verwegener. Was liegt näher, als nun die Pferde ihre Arbeit machen zu lassen, für die sie seit Generationen so geschätzt werden. Vom Parkdeck des RRZ fuhr täglich ein Wagen mit Pferdegespann Pakete und Waren in die nahe gelegene Umgebung. Der Versand von Paketen wurde von den Kunden des RRZ im Innern des Centers an der Paketstation „Esso 36“ in Auftrag gegeben. Der Paketstation angeschlossen war eine Filiale des Le Grand Magasin. Hier wurden Waren aus europäischen Genossenschaften, unterschiedliche Produkte wie Elektroartikel, Spielzeug und Haushaltswaren verkauft. In einer Werbebroschüre des Le Grand Magasin steht: „Einer Ware sieht man nicht an, wie sie produziert wurde. Dem Produzenten werden meist nur Informationen gegeben, die das Produkt betreffen. Im Allgemeinen entscheidet man sich nicht für ein Produkt, weil die Produzenten gute Arbeitsbedingungen haben. In Produktivgenossenschaften sind Angestellte und Arbeiter zugleich Beschäftigte und Eigentümer ihres Betriebes.“

Das erste, 1973 fertiggestellte Einkaufscenter Deutschlands, geplant von Walter Brune, dem Kö Erfinder, ist immer noch groß und angesichts der älteren eingesetzten „wertigen“ Stilelemente und Materialien fast sympathisch, verglichen mit dem „Themenpark“ des CentrO Oberhausen. Neben der Heimaterde auf der A40 liegt das RRZ mit seinen vielen tausend Parkplätzen. Die Autos sausen hintereinander weg von der A40 auf die das RRZ umkreisenden Straße. Runter von der A40, rum ums Center, rauf auf den großzügigen Dachparkplatz, Wagen in der Nähe der Aufzüge abstellen und gleich mehrere Aufzüge in unmittelbarer Nähe der Glaspyramide, die darunter liegende Center-Etagen lichtecht aufhellt, was genutzt wird, um den leckeren Gelatine-Erdbeerkuchen zu servieren oder wahlweise Spaghettieis aus dem italienischen Eiscafé gegenüber; dazwischen Rentner und Rentiers und ein vor sich hin plätscherndes 20 Quadratmeter großes Wasserbecken als Rechteck, zehn Zentimeter hoch befüllt. Und jetzt Kulturhauptstadt mitten im Center und auf dem Parkdeck.

Auf den Namen „Heimaterde“ ist wohl Max Halbach gekommen, schließlich heißt es, er habe die Siedlung Heimaterde in den 1920er Jahren in Mülheim gegründet, nachdem die Idee der Gartenstadt, die von dem Briten Ebenezer Howard 1893 zum ersten Mal vorgestellt wurde, auch in Deutschland angekommen war, als Reaktion auf die schlechten Wohn- und Lebensverhältnisse sowie die horrend steigenden Bodenpreise in den stark gewachsenen Großstädten.

Max Halbach, der Prokurist bei Krupp, plante die Siedlung für die neu angeworbenen Kruppschen Arbeiter in Mülheim Heimaterde – ein schöner Name. Häuser mit Garten und einem Stall für zwei Schweine, eins davon zum Verkauf, um die Futtermittel für das andere wieder reinzubekommen.

Heute liegt die Haltestelle Heimaterde der U18, die eine schnelle Verbindung zum RRZ vom Essener Hauptbahnhof oder von Mülheim aus garantiert, mitten auf dem Ruhrschnellweg A40. Von dieser Haltestelle aus sollte man lieber nicht versuchen zu telefonieren und Wartezeiten von über zehn Minuten, die zu bestimmten Zeiten nicht ungewöhnlich sind, sollte man nicht wie vorgesehen zwischen den Fahrstreifen der Autobahn verbringen – es sei denn man kategorisiert und zählt gerne vorbeifahrende Autos –, sondern in diesem Fall lieber zurückgehen, die Treppe hinunter und sich im Eingangsbereich der Haltestelle hinstellen. Bänke gibt es allerdings nur oben. Asphalterde.

Der Frühling war verregnet, ungefähr bis zum 6. Juni. Ab dem 8. Juni jedenfalls herrschte schönes Wetter, beim Aufbau des Pferdeunterstandes für die Pferde Goldrand und Eico. Immer wieder entstiegen den klimatisierten, in Tempo zehn auf dem Parkdeck heranrauschenden schwarzen sechszylindrigen 4-Wheels-Limousinen mitleidige Fahrer und beschwerten sich beim Fuhrmann über den wenigen Schatten für die vor dem Planwagen ruhenden Zugpferde. Schließlich sorgte sich auch das Veterinäramt und ein Sonnensegel wurde gespannt, um den Tieren bei ihren ca. halbstündigen Verschnaufpausen Schatten zu spenden und die vermeintlichen Tierschützer zu trösten. Der Fuhrmann, Herr Bartsch aus Dortmund, hat die Pferde jeden Morgen auf dem Grundstück des

LE GRAND MAGASIN

PAKETDIENST ESSO 36
LE GRAND MAGASIN

nahe gelegenen Fahrstalls und Reiterhofs FRV Essen, der uns netterweise einen Teil des Parkplatzes als Standfläche für den Planwagen zur Verfügung gestellt hatte, transportiert und eingespannt. Den Planwagen bekamen wir von Herrn Boschuk gestellt. Herr Boschuk lebt in Oberhausen und ist Mitglied im IGZ, der Interessengemeinschaft Zugpferde e.V. Die IGZ ist bundesweit organisiert und engagiert sich für den Einsatz von Tieren in Landwirtschaft und Kommunen. Beispielhaft hierfür sind die amerikanischen Amish-Gemeinden, die sehr erfolgreich auch große landwirtschaftliche Flächen, vergleichbar mit Flächen europäischer Großbauern, ausschließlich durch den Einsatz von Pferden bewirtschaften. In diesen Gemeinden ist auch ein regelrechter Markt für zeitgemäße land- und forstwirtschaftliche Maschinen entstanden, die insbesondere den Einsatz von Zugpferden rentabel machen. Bei allen Beteiligten möchte ich mich für die gute Zusammenarbeit bedanken. Ohne die Unterstützung der Interessengemeinschaft Zugpferde e.V. und Herrn Boschuk hätte die Arbeit nicht realisiert werden können. Axel Brandt danke ich für seinen Einsatz und dem Kurator Markus Ambach für das entgegengebrachte Vertrauen.

ESSO 36 PARCEL SERVICE | LE GRAND MAGASIN | ANDREAS WEGNER The project "Esso 36 Parcel Service" refers to the interfaces between traffic, transport, shopping centers, and rural environments. Back in the days when shopping centers were called "arcades" and were glamorous settings for the latest technical developments, goods were still transported by horse-drawn carriages. Department stores were situated in the city centers. Although department stores are still there, an increasing number can also be found in outlying areas. The Rhein-Ruhr Zentrum (RRZ) is dependent on its good transport connections. Paddocks, stables, farms, and corrals are scattered across the areas between the motorways, highways, motorway bridges, and railway tracks. The closer these rural manifestations are to traffic axes, the more dangerous they seem to be. What could be more natural than letting horses do the work for which they have been valued for many generations?
Every day a horse-drawn carriage delivered parcels and goods from the parking lot of the RRZ to destinations nearby. Customers organized parcel delivery at the parcel counter "Esso 36" inside the shopping center. A "Le Grand Magasin" shop was connected to this terminal. The shop sold commodities from European cooperatives as well as a variety of products such as electronic devices, toys, and household goods. A "Le Grand Magasin" advertising brochure read: "You cannot tell how a product was made just by looking at it. In most cases, the producer only receives information regarding the product itself. Usually a product is not selected according to the producers' working conditions. In producer cooperatives, employees and workers are both jobholders and owners of their companies."
Germany's first shopping center, was designed by Walter Brune, the inventor of the Kö,[3] and was completed in 1973. The center can still be regarded as extensive. Thanks to its older, "refined" architectural elements and materials, it can almost be compared with the theme park, CentrO Oberhausen.[4] The RRZ shopping center with its thousands of parking bays is situated alongside the Heimaterde tram stop on the A40. Cars whizz off the motorway one after the other and then drive onto the road that encircles the RRZ. One drives off the A40, around the center and up onto the parking deck on the rooftop. There are several lifts near the glass pyramid, which allows natural light into the center ground floor and first floor

UNI
POLSTER
Innovation & Design.

Spedition Steffens
HERMANN STEFFENS
KO AU 161

Mulheim
Essen

beneath it. Tasty strawberry tart is served here; spaghetti ice cream is eaten at the Italian *gelati* parlour opposite. Between these two venues people amble past a rectangular, twenty-square-meter pool with rippling water. Within this scene, the European Capital of Culture presented itself.
Probably it was Max Halbach[1] who thought up the name "Heimaterde." Indeed, he is said to have founded the Heimaterde Settlement in Mülheim in the nineteen-twenties. This was at a time when the garden city concept, which was first introduced in 1893 by the Englishman Ebenezer Howard, also became popular in Germany due to poor housing and living conditions and the extortionately high property prices in rapidly expanding large cities.

Max Halbach, Krupp's authorized signatory, planned the settlement for newly hired workers in Mülheim Heimaterde.[2] His layout included houses; each with a garden and a stable for two pigs. The idea was that one pig could be sold in order to buy food for the other one.

Today the tram stop Heimaterde, of the U18 tram line, is situated halfway along the Ruhr A40 motorway. The line provides a high-speed connection from the RRZ shopping center to Essen railway station or to Mülheim, Telephoning at this stop is not advisable. Although delays of more than ten minutes are not unusual during certain times of day, it is also not advisable to spend time between the motorway's lanes as was originally intended. Rather, it is better to go downstairs and to wait in the station's entrance. However, benches can only be found at ground level for those who like identifying and counting cars. Asphalt earth.

The spring of 2010 was rainy until around June 6. At any rate, the weather had improved by June 8 when the shelters for the horses, Goldrand and Eico, were being set up.

Every now and then, air-conditioned six-cylinder, four-wheel-drive station wagons would slowly sweep onto the parking deck. Sympathetic drivers complained to the coachman about the lack of shade for the horses resting in front of the covered cart. Finally, even the veterinary inspection office became concerned. An awning was then erected in order to provide the animals with shade during their half hour breaks and also to placate the animal protectors.

Every morning Mr. Bartsch, the coachman, would take the horses to a nearby tract of land where he harnessed them onto the carriage. This property belongs to the riding stable and horse riding farm, FRV Essen. The owner was kind enough to allow us access to a part of their parking place for the covered wagon. Mr. Boschuk, who supplied us with the cart, lives in Oberhausen and is a member of the IGZ, the Interessengemeinschaft Zugpferde e.V. (The Carthorse Interest Group).

The IGZ is organized on a nationwide basis and is committed to the use of animals in agriculture and in local communities. The American Amish communities serve as a good example. They successfully use only horse power to farm extensive stretches of land, which can be compared with the fields on large European farms. Furthermore, a proper market for modern agricultural and forestry machines has developed in these communities.

I would like to thank all those involved in this project for their successful teamwork. Without the support of the Interessengemeinschaft Zugpferde e.V. as well as Mr. Boschuk, this work could not have been accomplished.

1| Max Halbach has been a authorized signatory at Krupp at the beginning of the twentieth century.
2| Translator's note: The literal translation of "Heimaterde" is "home ground."
3| Translator's note: "Königsallee" or "Kö" is the name of a boulevard in the city center of Düsseldorf.
4| Translator's note: "CentrO Oberhausen" is a large shopping complex in Oberhausen's new city center developed in the nineteen-nineties.

138 He
095

ANWEISUNGEN AUS DER VERGANGENHEIT

ANWEISUNGEN AUS DER VERGANGENHEIT | ARPAD DOBRIBAN

ESSEN AN DER RUHR – DER GESCHMACK DER REGION Das Rechercheprojekt des Düsseldorfer Künstlers Arpad Dobriban im Rahmen des Kulturhauptstadtjahres RUHR.2010 in Zusammenarbeit mit der Universität Witten/Herdecke

Im Geschmack bündeln sich Spuren von Handlungen. Wie wir uns die Welt einverleiben, zeigt unser Blick auf die Welt. Kochen als älteste, überlebenswichtige Kulturtechnik des Menschen ist eine Metapher für unseren Umgang mit den Dingen. Der Herd und die Küche sind das eigene Universum, in dem wir, wenn wir es wollen, selbstbestimmt agieren können. Das sind einige der Kernsätze von Arpad Dobriban, mit denen er Fragen zu seiner Arbeit beantwortet.

Seit den 1950er Jahren eilt die Lebensmittelindustrie zu Hilfe, wo die Arbeit zu viel, zu mühsam oder zu teuer wird. Schnell und ohne Aufwand lassen sich so essbare Dinge zubereiten, die meist nur über ihren Namen oder eine Abbildung Vertrautes, Wohlbekanntes suggerieren, nicht aber über den Geschmack und schon gar nicht über die Substanz, aus denen diese Küchenhelfer und Zeitsparer bestehen. Die guten Geister, die wir riefen, haben uns in Distanz zu den uns umgebenden Dingen gebracht. Unverarbeitete Produkte wie Gemüse, Fleisch, Milch, Eier, Mehl blicken uns erwartungsvoll an, was wir wohl mit ihnen anstellen werden. Vielen von uns fehlen bereits elementare Kenntnisse und vor allem auch das Zutrauen, mit Lebensmitteln (sic!) gut umgehen zu können.

Arpad Dobriban bezieht sich in der Arbeit an seinen Projekten auf die Zeit vor diesem einschneidenden Eingriff in den Bereich des eigenen Universums. Er sucht nach Anweisungen aus der Vergangenheit, um sie direkt in Handlungen umzusetzen. Ein aufgeschriebenes Rezept ist für ihn nichts ohne die jeweiligen Rezeptgeber. Dabei muss man die Speise gar nicht unbedingt selbst gekocht, aber auf jeden Fall selbst gegessen haben. Über die Geschmackserinnerungen können die erforderlichen Handlungen, die zu diesem einen, unverwechselbaren Geschmack führen, rekonstruiert werden. Man kann auch sagen, Arpad Dobriban arbeitet daran, die persönlichen Überlieferungsketten zu erhalten.

Geschmack und Geruch sind die bedeutenden Auslöser für emotional besetzte Erinnerungen, deshalb sind die Speisen in vielen Geschichten, meist aus der Kindheit, verborgen. Diese kann man nicht einfach abfragen, an denen muss man rühren. Persönliche Gespräche und gemeinsames Kochen haben schon so manchen Schatz gehoben. Nach einem ersten Interview lädt Dobriban in seine mobile Küche ein und lässt sich die Zubereitung von Speisen beibringen, die vielleicht in der täglichen Küchenpraxis der jeweiligen Familie noch eine Rolle spielen und die ihm interessant erscheinen. Nicht selten kommt dabei die Sprache auf Gerichte, die es immer bei der Großmutter gegeben hat, die aber in Vergessenheit geraten sind. Dass dieser Erinnerungsspur sofort nachgegangen wird und Dobriban mit seinen Kochpartnern gemeinsam an der Wiedererschaffung des Geschmackserlebnisses arbeitet, macht die Stärke seines Projektes aus. Diese sorgfältige Hinwendung zu den Personen und den Dingen fördert individuelles, hochspezialisiertes Wissen und Erfahrung zutage. So findet eine Leibspeise wieder zurück in die Welt und wird bei einem der nächsten öffentlichen Essen eine lebendige Geschmackserinnerung für viele.

An diesem Punkt lässt sich auch mit dem häufigen Missverständnis aufräumen, dass Dobriban auf der Suche nach typischen Gerichten der Region sei. Die Typisierung haben andere längst vorgenommen, sie ist ein Oberflächenreiz für die Betrachtung aus der Ferne. Typisierungen gehören in den Bereich der Vermarktung, des Tourismus, der Gastronomie und sind ihrerseits nur Bilder von scheinbar Vertrautem. Dobriban arbeitet an der Nahaufnahme. Was ist tatsächlich vorhanden, was wird jetzt in der Region gelebt.

Natürlich lassen sich bei ausreichendem Umfang dieser Feldforschung auch Entwicklungen in der Alltagskultur oder Migrationsbewegungen ablesen und beschreiben. In diesem Zusammenhang ist zu erwähnen, dass der in Ungarn aufgewachsene Künstler im Rahmen von „Twins 2010“ in Pécs, ebenfalls Kulturhauptstadt 2010, ein Teilprojekt seiner Geschmacksrecherche realisiert.

Je nachdem aus welcher Generation seine Gesprächspartner stammen, kann er manchmal bis in die Mitte des 19. Jahrhunderts zurückschauen. Deshalb wird es oft auch notwendig, auf Produzenten zuzugehen, um Produkte, die heute nicht mehr so nachgefragt werden, zu finden oder anbauen zu lassen und selbst übers Jahr Obst und Gemüse zu trocknen, einzukochen oder anderweitig zu konservieren. Damit sind Dobribans Projekte auch physisch dauerhafter Bestandteil seines eigenen Lebens.

Für die Präsentation seiner Arbeit hat Arpad Dobriban über die Jahre ein Format entwickelt, das sich aus den Museen und Galerien heraus, zumindest im Sommer auch in den öffentlichen Raum, auf Plätze, Straßen oder kleine Brachflächen übertragen lässt und sich auch für die Vermittlung seiner Rechercheprojekte gut eignet: die kommentierte Speisefolge. Er fasst dabei verschiedene Gerichte zu mehrgängigen Menüs zusammen und begleitet die einzelnen Gänge mit kurzen Vorträgen. Mit seiner mobilen Küche sucht er dafür möglichst der Gastronomie ferne Orte aus und stellt eine lange Tafel in die Landschaft, an der es eher zugeht wie am Familientisch als im Restaurant. Die Speisen kommen in Schüsseln auf den Tisch und wenn es das Gericht erfordert, wird ein Tier im Ganzen serviert.

Jenseits von Dekoration, Tischschmuck, Tellerservice und ähnlichem sind Dobribans Gastmahle für 40 bis 150 Gäste wohldurchdachte und inszenierte Situationen, die die gemeinsame Geschmackserfahrung zum Ziel haben. Dass er dabei auch gleichzeitig seiner Sicht auf die Welt Ausdruck verleiht, kommentiert der Künstler so: „Mit keiner meiner sonstigen Arbeiten bin ich so nah am Rezipienten, meine Gäste verleiben sich meine Arbeit ein."

Innerhalb von RUHR.2010 vollzieht sich die Arbeit eher leise und unspektakulär. Dabei dürfte es sich um eines der Projekte mit größter Langzeitwirkung handeln. Die Kooperation mit der Universität Witten-Herdecke ermöglicht Studenten, fundamental und aktiv mitzuarbeiten. Viele, vor allem ältere Ruhrgebietsbewohner, kommen in einen intensiven Kontakt und Austausch über ihren Alltag und erfahren eine Wertschätzung ihres Wissens und ihrer Kultur, deren Verbreitung sich durch die öffentlichen Essen vollzieht.

Für seine Veranstaltungen sucht sich Arpad Dobriban jeweils Partner, auch innerhalb anderer RUHR.2010 Projekte oder er wird zur Teilnahme eingeladen, wie in diesem Falle zu „B1|A40 Die Schönheit der großen Straße", dem Projekt des Künstlerkollegen Markus Ambach.

Wenn man bis zu vier Stunden, so lange können die Speisefolgen dauern, bei Arpad Dobriban zu Tisch gesessen hat, hat man etwas Außergewöhnliches erlebt, etwas Unvergessliches geschmeckt und trotzdem keinem Event beigewohnt. Man war aktiver Teil einer Gemeinschaft, die auf genussvolle Weise ihre ganze Aufmerksamkeit der sie umgebenden Welt gewidmet hat.

Der studierte Bildhauer, Film- und Fotokünstler muss sich immer wieder die Frage gefallen lassen, was denn daran „Kunst" sei. „Das liegt daran, dass alles, was ich tue, so nahe am alltäglichen Leben liegt und die Grenzen oft gar nicht sichtbar sind", antwortet er dann ganz in Ruhe. „Künstler haben die Aufgabe, sich mit all dem zu befassen, was niemand sonst in die Hand nimmt", fügt er bestechend einfach und überzeugend hinzu.

STEPHANIE JUNGE

INSTRUCTIONS FROM THE PAST | ARPAD DOBRIBAN EATING THE RUHR The research project of the Düsseldorf artist Arpad Dobriban within the framework of European Capital of Culture RUHR.2010 in collaboration with Witten/Herdecke University

In flavors, manifold traces of past activities are preserved and concentrated. Our view of the world is revealed by the way in which we ingest it. Cooking as humanity's oldest cultural heritage, indispensable for its survival, is a metaphor for our attitude towards the world at large. The hearth and the kitchen are our own individual universe; within its bounds, we can act autonomously if we want to. Those are some of Arpad Dobriban's key ideas about his work.

Since the nineteen-fifties, the food industry has been eagerly offering its assistance whenever work became too strenuous or preparing meals became too expensive. It is thus possible to prepare meals that are edible, quickly and without much effort – even if that which is familiar about them is indicated by their name or the illustration on the box rather than by their taste or by the ingredients used for these time-saving "kitchen helpers." The ready-made meals we have conjured up have estranged us from the things surrounding us. Unprocessed foods such as vegetables, meat, milk, eggs, or flour "look" at us askance, wondering what use we will make of them. Many of us no longer have the basic expertise – let alone the confidence – required for handling foodstuffs adequately or skillfully.

In his work, Arpad Dobriban refers to the period that preceded this incisive intervention in the personal sphere. He looks for recipes from the past in order to put them directly into practice. For him, a written recipe is useless without the person who provided it. This person does not necessarily have to know how to prepare the dish in question; the important thing is to remember the taste of it. The steps required to reproduce this specific singular taste can be reconstructed via the memories of past flavors. One could also say that Arpad Dobriban strives to preserve the transmission of individual traditional knowledge.

Flavors and odors are *the* primordial triggers for the release of emotionally charged memories; accordingly, food is an elementary component of many personal recollections, in particular of those rooted in childhood. It is impossible to tap such recollections by way of direct questions; they must be conjured up bit by bit. Personal conversations and joint efforts in the preparation of a dish have already unearthed many a hidden treasure. After an initial interview, Dobriban invites people to his "mobile kitchen" and asks them to teach him about the preparation of dishes, which might still be part of the respective family's everyday menu and which to him seem to hold some promise. Quite often, the discussion then touches upon dishes which, though often served by the grandmother, have been thoroughly forgotten until now. The point of Dobriban's project is to immediately follow up this mnemonic trace and, in a joint effort with the person interviewed, to work upon the recreation of the recollected flavor. This meticulous attention to people and foodstuffs serves to elicit individual, highly specialized knowledge and experiences. In this way, a favorite dish finds its way back to the table, to be enjoyed and remembered by those attending one of the ensuing public banquets.

At this point, it is also possible to correct the persistent misconception that Dobriban's project confines itself to the search for dishes typical of the respective region. This kind of classification has, after all, long been made by others; it is a superficial stimulus for those looking in from the outside. Categorization belongs to the spheres of marketing, tourism, or gastronomy; it presents mere facsimiles of that which is ostensibly familiar. Dobriban, on the other hand, focuses on the detail: what is actually at hand, what is part of the local cultural life right now?

Field studies such as these, provided they are sufficiently extensive in scope, also permit the determination and description of developments with regard to popular culture or migration movements. Here it should be mentioned that the artist, who grew up in Hungary, is realizing another installment of his flavor research project within the framework of "twins 2010" in Pécs in Hungary, another European capital of culture in 2010. Depending on the age of his subjects, it is occasionally possible for the artist to look back as far as the mid-nineteenth century.

He is thus frequently obliged to approach producers in order to find, or instigate the cultivation of ingredients that have come to be neglected or forgotten and to tend to the drying of fruit and vegetables, the making of pickles and preserves, or other forms of conservation, all year round. In this way, Dobriban's projects invariably play a physical part of his everyday life.

Over the years, Arpad Dobriban has developed a format for the presentation of his works, which can also be transferred, at least in summer, from the museums and galleries to the public sphere – to squares, streets, or small plots of waste land. The presentation is eminently suitable as a medium for his research projects: i.e., the annotated menu.

Dobriban integrates various dishes into meals consisting of several courses; the individual courses are accompanied by brief explanations. For those meals, the artist chooses places preferably unconnected to gastronomic traditions, where he installs his mobile kitchen and puts up a large table that suggests the atmosphere of a family dining room rather than that of a restaurant. The dishes are served in bowls; if necessary meat is prepared and served as a whole animal.

Beyond concerns such as table decorations, the choice of plates and cutlery etc., Dobriban's banquets for 40 to 150 guests are elaborate and meticulously staged events whose central aim is to enable a collective appreciation of the various flavors. The fact that these occasions are

also expressive of his world view is commented on by the artist as follows: "None of my other works manages to get as close to the recipient – here, my guests are bodily ingesting my work." Within the framework of RUHR.2010, the work takes on a rather unassuming and unspectacular aspect. Nevertheless, it might prove one of the projects whose long-term effects are the most notable. The cooperation with Witten-Herdecke University permits the active collaboration of students participating in the "Studium fundamentale" program. Many denizens of the Ruhr area, in particular senior citizens, are able to come into close contact and enter into a comprehensive exchange of ideas about their everyday lives, experiencing an appreciation of their knowledge and cultural skills whose dissemination is enabled by means of the public banquets.

For his artistic activities, Arpad Dobriban is either looking for suitable partners, (also within the framework of other RUHR.2010 projects), or will accept invitations, as for example with "B1|A40 The Beauty Of The Grand Road" the project initiated by his fellow artist, Markus Ambach. Those who have been fortunate enough to be guests of Arpad Dobriban, sometimes for up to four hours – his meals are often extensive – have been afforded an extraordinary experience, replete with unforgettable flavors. It would nonetheless be misleading to term the meals as mere events: they have been an active part of a community that has, in a thoroughly enjoyable manner, focused its undivided attention on the world around it.

Frequently, the academically trained sculptor, who also works in the fields of film and photography, is confronted with the question of why his works should be perceived as "Art." "This is because everything I do is so closely related to everyday life that the boundaries are often difficult to make out," he replied unperturbed and added: "The artist's task is to examine all things neglected by everybody else." A convincing and plausible response.

STEPHANIE JUNGE

voelkel

BRENNTAG

BUTTERFAHRT

BUTTERFAHRT | MARKUS AMBACH ZUM VERHÄLTNIS VON KUNST, VERMITTLUNG UND STÄDTISCHER ÖFFENTLICHKEIT Die kompromisslose Zusammenlegung von Kunst und öffentlichem Raum an den Orten der Ausstellung zeigt, dass die prognostizierten Verständigungsprobleme zwischen Kunst und Alltagskultur mehr ein Märchen sind. Im direkten Körperkontakt von Stadt und Kunst stellt sich kaum die Notwendigkeit von Vermittlung ein. Vorausgesetzt werden muss eine konzentriert-engagierte Vorbereitung, für die oft jene Zeit fehlt, die man sich nehmen *muss*. Sie ist zwingend notwendig, um den Respekt vor dem Kontext zu wahren, in dem man oft als ungebetener Gast auftaucht. Da, wo das direkte Gespräch zwischen Künstlern, die eine von Respekt geprägte Leidenschaft für das Arbeiten im städtischen Kontext mitbringen, und den Protagonisten vor Ort die Basis einer nicht erzwungenen gemeinsamen Arbeit stellen, wird der Vermittlungsanspruch leicht zum trennenden Selbstzweck. Die Zwischenschaltung von Institution und Kunstvermittlung erschwert im Stadtraum den Verständniszugang durch die im Grunde gut gemeinte Aufwertung der Kunst zu einem erhabenen Kulturgut. Der konstatierte Abstand von Kunst und Leben, der unter anderem auch der Verlängerung der Wertschöpfungskette dient und den Einfluss der musealen Kulturverwaltungen auf das Verhältnis von Kunst und Stadt sichert, wird vor dem Hintergrund von B1|A40 neu zu diskutieren sein. Denn das Projekt zeigt, wie sich im direkten Handeln der Akteure vor Ort ein der städtischen Realität entsprechendes Szenario entwickelt, in dem Kunst und Gesellschaft unvermittelt ihre Beziehungen bestimmen – ob in Konfrontation, ungeahnter Sympathie oder ungezwungener Nachbarschaft auf Augenhöhe.

UNVERMITTELT Kunst im öffentlichen Raum kämpft darüber hinaus weniger mit Vermittlungsproblemen an die Anlieger der jeweils genutzten Stadträume, sondern eher mit denen des ortsfremden Kunst- und Kulturpublikums. Das Erkennen solcher Arbeiten, die sich subtil mit ihrem Kontext verbünden, um die Grenze zwischen Kunst und Stadt fließend zu machen, fällt dem lokalen Publikum leichter als der Fachklientel. Denn die Anwohner sind perfide Kenner ihres Umfelds und identifizieren mühelos jede Veränderung in ihm. Dass die sonst nie vermietete Werbefläche vor dem eigenen Haus plötzlich mit einer Fotografie bespielt wird, die zudem nur für sich selbst wirbt, dürfte dem Anwohner sofort ins Auge fallen, während der Kunstfreund leicht hilflos durch den Stadtraum irrt.

Kunst im Kontext hat vor diesem Hintergrund zunächst ein klares Zielpublikum in den Menschen vor Ort. Der Passant im Rhein-Ruhr Zentrum, die Bürger von Werthacker, der Tuner vom Dückerweg, die Gärtner gegenüber, die Pendler auf der A40 – sie alle finden, ohne zu suchen. In der Veränderung des eigenen Umfelds, in der unklaren Zuordnung, in der latenten Ununterscheidbarkeit, in der unvermittelten Nachbarschaft oder Konfrontation entsteht ein nahezu natürliches Verhältnis des Gesprächs mit offenem Ausgang. Wenn Kunst die Musealisierung des öffentlichen Raums bewusst umgeht, ist ihr Wirkungsgrad immens – das Ziel einer Kunst im Kontext, die ihr Publikum nicht sucht, sondern immer nur findet.

DA WEISS MAN, WAS MAN HAT Wo dem Kunstfreund die Ausweisung der Werke Erleichterung verschafft, wirkt sie auf manche Arbeiten kontraproduktiv. Viele Projekte arbeiten eben gerade an der subtilen Schnittstelle der Ununterscheidbarkeit, die es zu schützen gilt. Die klare Zuordnung zum Feld der Kunst verleiht Besuchern und Anliegern zudem ein Gefühl der Sicherheit, das die aktive Auseinandersetzung mit dem Fremden unterbricht. Da weiß man, was man hat. Das Fehlen von Information erzeugt dagegen eine produktive Unruhe. Es aktiviert die Aufmerksamkeit für Kunst und Stadt. Fragen nach den Ökonomien der Wahrnehmung tauchen im Subtext der Arbeiten auf. Wie befrieden Zuordnungen die Situation? Enden sie in einer entschärften Narrenfreiheit der Kunst? Welche Rolle spielt Information und wie steuert sie unsere Wahrnehmung?

Der differenzierte Umgang mit Information wird dabei zum Thema. Seit geraumer Zeit setzt sich Kunstvermittlung durch Begleittexte und Erläuterungen massiv in Szene. Ohne nachzudenken, begibt sich der Museumsgast unter den Kopfhörer. Im isolierten Klangraum der „Guided Tour" folgt er den Anweisungen des virtuellen Führers, um sich kommod mit den Aussagen des Werks vertraut zu machen. Die eigene Einschätzung bleibt meist auf der Strecke. Wo früher ein Namensschild hing, prangt heute ein mehrseitiger Text. Die Ambivalenz der Werke verschwindet im Fluss gezielter Vermittlung, die Meinung schon macht, bevor sie entstehen kann. Dass eine Arbeit wie „Auslaufendes Rot" von Christoph Schäfer unvermittelt im Stadtraum auftaucht, erhöht nicht nur ihre Durchschlagskraft. Das Unbezeichnete setzte die Diskussion im Quartier in Gang. Dekoration? Citymarketing? Fußball? Oder Kommentar zu der Geschichte, die hier die meisten kennen? Es wurde viel diskutiert, bevor einer auf die Kulturhauptstadt kam. Über Rot-Weiß, über das Denkmal, die eigene Geschichte, über das Quartier, über die Schönheit der Farben, die Politik der Fahnen und Zeichen und über die nervöse Frage „Bleibt das für immer?" Bis einer in der Zeitung schrieb „Warum die roten Fahnen wehen". Das große „Ach so" war für viele beruhigend, für andere aufschlussreich anregend und half fast, zur Tagesordnung überzugehen. Doch eben nur fast, denn die politische Aussage der Arbeit, die im selben Artikel angerissen wurde, löste die zweite Welle der Diskussion aus, die heute noch rollt. B1|A40 war sparsam mit den großen Tafeln, um diese Momente zu nutzen. Wo die Infos und Logos den Mehrwert für die individuellen Ökonomien von Künstlern und Kuratoren, Städten und Instituten befördern, öffnet ihr Fehlen die Diskussion und politische Wirkung der Kunst auf die Stadt. Die Menschen vor Ort begegnen ihr einfach: unvermittelt und neu im eigenen Umfeld, gut getarnt und kaum unterscheidbar im Rückspiegel oder nahegebracht durch ihre Macher im Gespräch, im Motel, im Kino. Sie werden sich um deren Einordnung bemühen müssen wie die Künstler um die Stadt. Ein Prozess, der die eigene Vorstellungskraft auf die Probe und die Realität der eigenen Welt unter Fragen stellt – ein Diskurs ohne Worte, die Sprache der Bilder, der Situationen und Nachbarschaften.

DIE BUTTERFAHRT ALS CHANCE Doch wo bleibt das Fachpublikum? Auf einer ewigen Schnitzeljagd durchforstet es weiter den Stadtraum – eine undankbare Aufgabe für ein dankbares Publikum. Wo die Ausweisung der Werke zugunsten ihres Wirkungsgrades fehlt, bleibt es auf der Strecke. Und nicht überall macht ein Wanderweg als Infrastruktur Sinn wie im Kreuz Kaiserberg. Was tun?
Neben Kartenmaterial und Kurzführer, das den Pionier des Kunstgeschäfts auf einen unsicher-spannenden Landschaftsparcours schickt, auf dem er in unfreiwilliger „Derive" oft noch Interessanteres entdeckt als die Werke, hilft vielleicht die Butterfahrt. Wo der Weg schwer und die Zeit knapp ist, bietet sich die Führung als ein Mittel an, bei dem man sich selbst zu Hause lässt und kurz mal dem Anderen folgt. Die viel zitierte Spur des Fremden in Form einer Bustour zu verkaufen, bei der man neben den Orten, deren Entdeckung den Projektautor selbst Jahre gekostet hat, auch die kulinarischen Köstlichkeiten der Region nebst Nachbarschaft serviert bekommt, scheint gewagt. Aber im Konflikt zwischen der subtil-symbiotischen Einschreibung der Kunst in den städtischen Kontext und ihrer musealen Ausweisung in einer totplakatierten Belanglosigkeit wird die Fahrt zur Möglichkeit für den, der harte Fakten in kurzer Zeit sucht. Im Gegensatz zum kopfhörenden Museumsautisten erweitert das Gespräch mit den Tournachbarn und die Diskussion bei Fisch oder Kuchen mit Künstlern und Anliegern die Perspektive der vorgetragenen Meinung. Und der Kunst bleibt die nachträgliche Musealisierung erspart. Das sichert ihre Existenz im Stadtraum als ambivalent-offene Herausforderung, die diesen wie uns eindringlich befragt.

BOOZE CRUISE | MARKUS AMBACH ON THE RELATION BETWEEN ART, MEDIATION AND THE URBAN PUBLIC SPHERE The uncompromising amalgamation of art and public space at the exhibition sites demonstrates that the oft-cited problems inherent in the mediation between art and everyday culture are purely phantasmagorical. Given the unhampered physical contact between city and art there is virtually no need for mediation, provided this encounter has been prepared in a focused and committed manner. Although there is often simply not enough time for such meticulous preparation, it is mandatory for the artists in order to preserve the sense of respect necessary for any approach to a context in which they frequently arrive as unbidden guests. Where the direct communication between local protagonists and those artists who bring an enthusiasm, tempered by respect, for working within an urban context to their projects forms the basis for unconstrained cooperation, the call for mediation from administrative powers becomes an end in itself, which separates rather than moderates. In the urban sphere, the interpolation of institutions and mediators who exalt art into a superior cultural treasure in order to justify their own interventions will only hamper any unblinkered approach and attempt at understanding on the part of the public.
The artificially created gap between art and everyday life, which only serves to elongate the surplus value chain and to safeguard the influence of both museal and administrative cultural institutions on the relationship between art and city, is a matter that will have to be discussed anew in the wake of the B1|A40 project; it has demonstrated unmistakably how direct action, developed in situ by the partners involved, can determine the configuration of a realistic urban scenario in which art and society can autonomously renegotiate their relationship – whether in a confrontational manner, in unexpected empathy, or in the casual neighborliness of equal partners.
UNMEDIATED Moreover, the problems of mediation faced by art in the public sphere are less concerned with the local inhabitants of the individual urban sites chosen for a project than with the public at large which,

while interested in culture and the arts, is not familiar with the area. In comparison with such an expert public, the recognition and appreciation of those works, which subtly embed themselves into their context in order to render the boundaries between art and city more opaque, is much easier for local residents who have a detailed knowledge of their environment and will thus effortlessly identify any alteration. The fact that an advertising space that has never been rented by any agency suddenly sports a photograph – a photograph, moreover, solely advertising itself – will immediately catch the eye of local inhabitants, whereas it will probably be passed unnoticed by the arts enthusiast drifting, confused and disoriented, through the urban arena.

Accordingly, art within a specific context is first and foremost aimed at local residents as its principal target audience. The customers strolling through the Rhein-Ruhr Zentrum, the citizens of Werthacker, the tuners at Dückerweg, the gardeners across the road, the commuters on the A40 – they will all find it without looking for it. Such modifications of a specific environment marked by ambivalent attributions, latent indeterminacy, close proximities, or abrupt confrontations will engender an almost natural relationship and an open-minded discussion. Wherever art intentionally avoids the musealization of public space, its potential impact is immense – which is the purpose of art positioned within a specific context; it will invariably find its public without expressly seeking it out.

WHAT YOU SEE IS WHAT YOU GET Whereas to some arts enthusiasts the self-proclamation of the works as art will be of material help, it proves counterproductive for a specific variety of art. Many projects are intrinsically concerned with the subtle indeterminacy that marks the point of intersection between the spheres and, which has to be protected. Moreover, an unmistakable attribution to the sphere of art provides visitors and local residents alike with a sense of security that undercuts any active approach to the unfamiliar – after all, you know what you have. Conversely, the lack of information creates productive unrest, which enhances the observer's attention towards both art and city. In the subtext of the works, questions about economies of perception are raised. In what way do classifications contribute to the pacification of specific situations? Do they result in an uncontroversial jester's license for the arts? Which role does information play, and how does it determine our perception?

Here, a balanced approach to information is put on the agenda. For quite some time the mediation of art, in the guise of accompanying texts and explanations, has experienced a veritable boom. Without he sitation, visitors to a museum will put on their headphones; in the isolated soundscape of the guided tour they will follow the instructions, of the virtual guide, which offers a convenient way to familiarize themselves with the "messages" that the works hold in store for them. Usually, their own personal impressions will fall by the wayside. In the place formerly occupied by a nametag, a text of several pages is now found. The ambivalence of the works is vanishing in the flood of systematic mediation, which manipulates not only opinions but also their very formation.

The fact that a work like "Auslaufendes Rot" by Christoph Schäfer surfaces in urban space without any mediation not only heightens its impact. The absence of unmistakable labels has also spawned a lively discussion in the district. Decoration? City Marketing? Football? Or a commentary on a part of local history known to most of the residents? It took some time before somebody hit on the Capital City of Culture as the most probable solution, after a prolonged discussion touching upon "Rot-Weiß" (the local football club), the monument, the local history, the district, the beauty of the colors, the politics of flags and signs, and the nervous question whether all this would remain installed in permanence. Until somebody finally explained in a newspaper article "why the red flags are waving" – a resolution of the mystery which was reassuring to some and, interestingly, stimulating to many others. This could have put an end to the discussion for good – yet interestingly enough, the political implications of the work pointed out in the article spawned a second round of discussions which is still far from finished.

B1|A40 made only sparing use of large information panels in order to accentuate such moments. Whereas information and logos generate a surplus value for the individual economies of artists and curators, cities and institutions, their absence leaves room for discussion and enhances the political impact of the arts projects on the city. The local residents simply come face to face with them in their everyday lives: something unexpected that suddenly surfaces in their own sphere of life, that appears – camouflaged and hardly discernible – in their rearview mirror, or is communicated by its creators in discussions, in the motel, in the cinema. They will have to work at its classification and interpretation the same way that the artists are endeavoring to relate to the city – a process that puts their own imagination to the test and debates the reality of their own world in a discourse without words utilizing a vocabulary of images, situations, and neighborhoods.

BOOZE CRUISES AS AN OPPORTUNITY But where does this leave the expert public? On an endless paper chase, it continues to explore the urban arena – a thankless task for an appreciative audience. But it will fall by the wayside if the conspicuous identification of the works is sacrificed to their effectiveness. And a hiking trail as a helpful infrastructural facility – such as for instance the one at the Kaiserberg junction – is not a solution that can be applied to all sites. What, then, is to be done? Along with maps and short guides that send the pioneer from the art world on a precarious yet exciting landscape parcours where he will, by way of unintentional "derive," discover things that might in some instances prove even more interesting than the works themselves, the traditional booze cruise might provide a way out. Where the path is stony and time is short, a guided tour is a suitable means of mediation in which people can leave their own intentions at home, content to follow the directions of others for a change. It might seem audacious to sell the oft-cited tracing of the unfamiliar to the public by way of a bus tour whose participants are presented not only with the places whose exploration may have cost the author of the project several years of his life but also with the culinary specialties of the region, to be explored and enjoyed in the company of others. But in the conflict between the subtly symbiotic inscription of art into the urban context and its museal predetermination in an excess of advertised vacuity, the tour becomes a viable alternative for those who are looking for hard facts but are short of time. As opposed to the headphones-brandishing autists at museums, the communication with one's neighbor on a tour and the discussions with artists and local residents over some fish or cake will invariably expand one's ownperspective on the opinions uttered. And the arts will be saved from their subsequent musealization, protecting their existence in urban space as an ambivalent and open challenge not only to the city itself but to us all.

WIR FAHR'N AUF DER AUTOBAHN

WIR FAHR'N, FAHR'N, FAHR'N AUF DER AUTOBAHN | YVONNE P. DODERER

Wir fahr'n, fahr'n, fahr'n auf der Autobahn?

„Wir fahr'n, fahr'n, fahr'n auf der Autobahn,
wir fahr'n, fahr'n, fahr'n auf der Autobahn,
...
Vor uns liegt ein weites Tal,
die Sonne scheint mit Glitzerstrahl
...
Wir fahr'n, fahr'n, fahr'n auf der Autobahn,
wir fahr'n, fahr'n, fahr'n auf der Autobahn,
...
Die Fahrbahn ist ein graues Band,
weiße Streifen, grüner Rand.
Wir fahr'n, fahr'n, fahr'n auf der Autobahn,
wir fahr'n, fahr'n, fahr'n auf der Autobahn,
...
Jetzt schalten wir das Radio an,
aus dem Lautsprecher klingt es dann:
wir fahr'n, fahr'n, fahr'n auf der Autobahn ..." [1]

sang die deutsche Elektro-Popband Kraftwerk 1974 in Endlosschleife. Mit dem „Wirtschaftswunder" war in den 1970er Jahren der Grad der Motorisierung[2] in Westdeutschland wie in vielen anderen westeuropäischen Ländern bereits sprunghaft angestiegen. Dennoch bestand das Fahren auf der Autobahn im Vergleich zu heute noch fast aus einem Vergnügen. Nicht zufälligerweise zeigt das von Emil Schult im Reklamestil der Nachkriegszeit entworfene Front-Cover des Kraftwerk-Albums mit dem gleichnamigen Titel eine leicht geschwungene Autobahn in einer grün-braunen Landschaft. Der Horizont wird durch zwei Hügel, zwischen denen die Autobahn hindurchführt, und durch eine aufgehende Sonne markiert, deren Strahlen die scheinbare Endlosigkeit und Unbegrenztheit der Autobahn unterstreichen. Etwas oberhalb der Bildmitte wird das Band der Autobahn durch eine Brücke kontrastiert, die den besonderen Charakter dieser Form von Straße betont: die Autobahn als eine kreuzungsfreie Straße mit mindestens zwei Fahrspuren in jeder Fahrtrichtung, die zudem von einem Mittelstreifen getrennt sind. Die auf dem Cover dargestellte Autobahn verheißt dem Betrachter freie Fahrt in beide Richtungen, denn in jeder Fahrtrichtung ist nur ein Automobil zu sehen: ein VW-Käfer, der auf den Horizont zufährt und ein Mercedes Benz, der linker Hand aus dem Bild gleichsam herausfährt – zwei Ikonen der deutschen Automobillandschaft. Diese bewusst naiv gehaltene Darstellung vereint und persifliert zugleich jene ideologisch aufgeladenen Diskurse, die sich seit der Erfindung der Autobahn zwischen Raumplanung und Geopolitik, Verkehr und (Stadt-)Landschaft entwickelten. (Alle, die mit Auto und Autobahn verbundenen Stränge, Verflechtungen, Widersprüche und Brüche darzustellen zu versuchen, würde den Rahmen dieses Textes sprengen, weshalb ich im Folgenden nur einige wenige Aspekte dieser Beziehungsgeflechte ansprechen werde.)

Deutschland, Auto und Autobahn sind ja fast schon eine Synonymie. Dabei waren es nicht deutsche Ingenieure, die die Autobahn erfunden hatten, sondern der italienische Ingenieur Piero Puricelli, der 1924 als Erster in der Nähe von Turin eine 36,5 Kilometer lange Autobahn („Autostrade") bauen ließ. Möglicherweise waren die US-amerikanischen Parkways, wie sie im 19. Jahrhundert von den Landschaftsarchitekten Calvert Vaux und Frederick Law Olmsted eingeführt wurden, Vorbild, da sie bereits eine Trennung unterschiedlicher Verkehrsteilnehmer vorsahen. Das Autofahren auf den Parkways diente damals der Erholung und der „seelsorgerischen Freude" an der Landschaft. Später hatte dann niemand anderes als der Leiter verschiedener New Yorker Planungsbehörden, Robert Moses, die immense Bedeutung des Zusammenhangs von Landschaftserschließung, Straßenbau und Stadtentwicklung erkannt. Seine von den 1920er bis in die 1960er Jahre andauernde Machtposition, vor der selbst US-amerikanische Präsidenten in die Knie gingen, beruhte vor allem auf dem Bau von zahlreichen High- und Freeways, Brücken und Stadtautobahnen, die das Gepräge des Staates und der Stadt New York bis heute maßgeblich bestimmen. Auch dies war kein Zufall, da die USA lange Zeit in Straßenbau und Motorisierung führend war. 1935 kamen auf 1000 Einwohner in den USA 204,4 Fahrzeuge (ohne Krafträder). Für Deutschland betrug dieser Wert 16,1 Fahrzeuge, für Frankreich 49,0, für das Vereinigte Königreich 45,2, für Dänemark 41,6 und für die Schweiz 21,7 Fahrzeuge.[3] Angesichts dieses Defizits war es also nicht verwunderlich, dass Adolf Hitler bereits im Jahr 1933 anlässlich einer Internationalen Automobil- und Motorrad-Ausstellung zu einer Motorisierungsoffensive des „Deutschen Reichs" aufrief. In der Folge gelang es dem „Generalinspektor für das Deutsche Straßenwesen", Fritz Todt, die historische Lüge über die deutsche Vorreiterrolle im Autobahnbau im kollektiven Gedächtnis der deutschen Bevölkerung zu verankern. Auch die Erzählung über den Reichsautobahnbau als erfolgreiche Arbeitsbeschaffungsmaßnahme erwies sich als reine Propaganda, da die Reichsautobahnen überwiegend von Zwangsarbeitern – Kriegsgefangenen und polnischen Juden – gebaut worden waren. Nur die Finanzierung der Reichsautobahnen stammte in der Tat zu zwei Dritteln aus den Kassen der Reichsanstalt für Arbeitsvermittlung und Arbeitslosenversicherung.[4]

Den diskursiven Hintergrund des Reichsautobahnbaus bildete ein Kampf um die Deutungshoheit über das Verhältnis von „Deutscher Technik" und Ingenieursbaukunst kontra völkischem Landschafts- und Naturschutz. Die Auseinandersetzungen zwischen Straßenbauingenieuren und Landschaftsarchitekten begannen beim Streit um die landschaftliche Linienführung der Autobahnen und endeten bei der Frage, ob und in welcher Weise Mittelstreifen und Autobahnränder naturgemäß deutsch und „bodenständig" zu bepflanzen seien. Entscheidend für Linienführung wie Bepflanzung war die visuelle Aneignung der Landschaft durch den Autofahrer. Eine „panoramatische" und erlebnisreiche Inszenierung der Landschaft stand bei allen Vorhaben im Vordergrund. Hierfür wurden auch Steigungen in Kauf genommen oder die Verkehrssicherheit vernachlässigt.[5] Bis zur Jahreswende 1941/42 wurden insgesamt 3625 Kilometer Reichsautobahn fertiggestellt[6] – die von der Nazi-Propaganda gefeierte Motorisierung der Massen war jedoch gescheitert.

Nach dem Ende des Zweiten Weltkriegs wurden die Reichsautobahnen von der neu gegründeten Bundesrepublik Deutschland (und kurz darauf von der DDR) übernommen.[7] In Westdeutschland wurden die planerischen und landschaftsarchitektonischen Ideologien, die dem Bau der Reichsautobahnen zugrunde lagen – ähnlich wie in der Stadtplanung, wo die „Volksgemeinschaft in Siedlungszellen" zur „gegliederten und aufgelockerten Stadt"[8] mutierte – umgedeutet. Auch jetzt wird dem Verkehr eine übergeordnete und bedeutsame Rolle zugesprochen, „denn er ist das bindende Element aller Teile, Glieder und Organe der Stadtlandschaft", und „erst wenn wir ihn bedingungslos zu unserem Diener machen, erhebt er uns zu Herren über Raum und Zeit"[9] schwadroniert der bekannte Architekt und Stadtplaner Hans Bernhard Reichow in seiner 1948 erschienenen Publikation *Organische Stadtbaukunst*. Unter der Prämisse der „autogerechten Stadt"[10] schließlich sollte das mit dem „Wirtschaftswunder" entstandene Verkehrschaos entlang von Nutzungsentmischung und funktionsgerechter Flächenzuweisung entzerrt und geordnet werden – von Planern, die, wie nicht nur im Fall von Reichow, nahezu nahtlos und unbeschadet ihre Karriere im Nachkriegsdeutschland fortsetzen konnten.[11] In den 1960er Jahren wurde dann deutlich, dass diese Leitbilder kaum funktionieren, propagiert wurde nun eine „Gesellschaft durch Dichte". Und mit den 1970er Jahren wurde dann eine „andere Stadt" gefordert, denn längst war das Automobil „in unsere Städte eingebrochen und hat sich zum Herren über sie aufgeschwungen".[12]

Insgesamt betrachtet konzentrierte sich die Verkehrspolitik der Bundesrepublik Deutschland bis Anfang der 1980er Jahre auf funktionale, gemeinwohlorientierte und verkehrstechnische Begründungszusammenhänge, wobei es aufgrund des Föderalismus zu keiner vereinheitlichten Landschaftsgestaltung wie noch während des Nationalsozialismus mehr kam. Die „Massenmotorisierung" erforderte zudem einen vermeintlich entideologisierten, nämlich rationalen, systematischen und wissenschaftlichen Umgang mit Fragen des Autobahnbaus und dessen landschaftlicher Einbindung, denn schließlich ging es nun darum, möglichst sicher und vor allem schnell voranzukommen. Dieses Ziel bestimmte auch nicht nur den seit den 1980er Jahren unter dem Vorzeichen einer Deregulierung erfolgenden weiteren Ausbau des Straßen- und Autobahnnetzes, sondern auch den des Eisenbahnverkehrs.[13] Hinzu kam die Wiedervereinigung, die dem Autobahnbau neuen Aufschwung gab. Die Halbzeitbilanz des „Bundesverkehrswegeplans 2001–2015" weist bis zum Juni 2008 unter anderem folgende Investitionen aus: „in den vergangenen Jahren etwa 3,6 Milliarden Euro pro Jahr in die Schienenwege, von 2001 bis 2007 insgesamt 19,8 Milliarden Euro für vorrangige Autobahn- und Bundesstraßen-Projekte, seit 2001 neun Milliarden Euro für rund 900 Kilometer neue Autobahnen und seit 2001 6,1 Milliarden Euro in den Ausbau der Bundesstraßen, davon 210

neue Ortsumgehungen"[14]. Gemäß der derzeitigen Bundesregierung ist das Ziel heute eine „integrierte Verkehrspolitik" und „eine übergreifende Politik zur Optimierung des Gesamtsystems, bei der neben der Ausgestaltung der Finanzierung von Verkehrsinfrastruktur auch alle weiteren verkehrspolitischen Bereiche, so zum Beispiel Ordnungs- und Innovationspolitik, mit Blick auf alle Verkehrsträger als elementare Bestandteile in das Gesamtsystem eingebunden werden"[15].

Der Wille zur Mobilität ist damit trotz Finanzkrisen, Klima- und wirtschaftlichem Strukturwandel ungebrochen. Steigender motorisierter Individualverkehr und damit einhergehende, explodierende Produktions- und Verkaufszahlen in Ländern nachholender Modernisierung wie China und Indien bestätigen die insbesondere in Deutschland kollektiv inkorporierte und hegemoniale Erzählung, dass der Besitz und das Fahren eines Autos den Gipfel menschlicher Freiheit und ein unveränderliches Grundbedürfnis darstellt. Autofahren als „universelles Menschenrecht", Auto als „lebensnotwendiges Wirtschaftsgut"? Bei genauerer Betrachtung der Nutzung der einzelnen Verkehrsmittel zeigt sich laut einer vom Bundesministerium für Verkehr, Bau und Stadtentwicklung beauftragten Studie „Verkehrsprognose 2015"[16], dass in Deutschland der motorisierte Individualverkehr den allerhöchsten Anteil am Personenverkehr innehat[17]. Dies ist wenig überraschend. Erstaunlicher ist jedoch, dass in Bezug auf die Struktur des Personenverkehrs im Jahr 1997 der „bedeutendste Fahrzweck des gesamten Personenverkehrs der Privatverkehr mit 40 Prozent des Aufkommens und 44 Prozent der Leistung" und eben nicht der „Berufsverkehr mit 19 Prozent des Aufkommens bzw. 18 Prozent der Leistung" ist.[18] An diesem Verhältnis dürfte sich auch 2010 nicht viel geändert haben.

Global wie national gesehen ist das „demokratisierte" und scheinbar unverzichtbare Automobil nach wie vor ein ausgesprochenes Luxusgut und zudem eine wahre Geldvernichtungsmaschine. Es ist ein soziales Statussymbol mit Distinktionsgewinn und ein Fetisch, der durch Vorstellungen von Macht, Potenz und Männlichkeit aufgeladen ist (auch wenn der Anteil der Pkw-Besitzerinnen steigt). (Verstädterte) Landschaften und Städte ersticken im stehenden oder fließenden Autoverkehr und in parkenden Automassen. Stadt- und Landschaftsräume verlieren an Lebensqualität. Andere Verkehrsformen und Verkehrshandlungen werden der Vorherrschaft des Kraftfahrzeugs unterworfen. Auch die vermeintlich wichtige Rolle des Kraftfahrzeugbaus für die Beschäftigung nicht nur in Deutschland steht inzwischen zur Disposition.[19]

Um wenigstens der Begrenztheit der Ressource Erdöl („Peak Oil" bzw. globales Ölfördermaximum) etwas entgegenzusetzen, soll nun die Elektrifizierung des Automobils oder der Antrieb mit Biokraftstoffen eine zudem fragwürdige Lösung bringen. Eine grundlegende Wende in der Verkehrspolitik weg vom Automobil hingegen scheint undenkbar. Wie bereits im 20. Jahrhundert wird allenfalls ein, wenn auch unausgewogener Mix zwischen Straße, Schiene und Flugzeug propagiert, wobei diese Verkehrs- und Transportmittel nicht nur miteinander konkurrieren, sondern sich in Hinblick auf ihre Geschwindigkeit, ihren Komfort und ihre Kosten möglichst angleichen und weiter beschleunigen sollen. Die Folgen einer solchen Verkehrspolitik sind in Deutschland bereits jetzt erkennbar: weiterer Straßen- und Autobahnbau[20], Ausbau von HochgeschwindigkeitsBahnverbindungen zu Lasten des Regional- und Güterbahnverkehrs sowie diversifizierter Nutzergruppen, überflüssige Milliardenprojekte wie Stuttgart 21, Privatisierung und Verteuerung des Bahn- und öffentlichen Nahverkehrs, Verlagerung des Schienentransports auf die Straße sowie Erweiterung des Flugverkehrs und der Flughäfen. Dass mit einer solchen Verkehrspolitik der Be- statt Entschleunigung bereits bestehende Differenzen und Ungleichheiten zum Beispiel in Bezug auf Mobilitätschancen und Erreichbarkeit von Daseinsvorsorge nicht entschärft, sondern weiter vertieft werden, darauf hat schon seit längerem die feministische Verkehrswissenschaft hingewiesen.[21]

Alternative Mobilitätsformen wie nicht kommerzialisiertes Car Sharing, Car Pooling, Zweirad, Gemeinschaftstaxi, Gemeindebus usw. werden nur zögerlich und längst nicht in dem notwendigen Umfang gefördert – von einem verbilligten Bahn- oder gar kostenlosen Nahverkehr ganz zu schweigen.

Automobilisierung und die dafür notwendige Schaffung von Infrastrukturen wie die Implementierung kreuzungsfreier Autobahnen in Landschaften und Städte sind immer noch Ausdruck von Modernität und Modernisierungsgrad, von Wirtschaftskraft und Wohlstand eines Landes. Eine Welt ohne bzw. mit wesentlich weniger Kraftfahrzeugen scheint unvorstellbar, auch wenn die negativen Seiten der Automobilisierung wie Unfälle, Umwelt- und Luftverschmutzung, Erderwärmung, Lärmemission, Zersiedelung, Flächen- und Ressourcenverbrauch sowie ungleiche Mobilitätschancen längst überwiegen.[22] Angesichts dieser Folgen, aber auch vor dem Hintergrund einer zunehmenden Verstädterung in asiatischen, afrikanischen und lateinamerikanischen Ländern sowie einer weiteren Spaltung zwischen urbanen Zonen des Wachstums und Zonen des Schrumpfens in Europa und in den USA, wird der individualisierte Automobilverkehr in der heutigen Form längerfristig nicht aufrechtzuerhalten sein. Um die mit einer einseitigen Ausrichtung auf das Automobil verbundenen Probleme konstruktiv anzugehen, müssen ganz andere Mobilitätskonzepte entwickelt werden als bislang. Möglicherweise ist es kein Zufall, dass Konzerne wie Porsche und Daimler in den letzten Jahren architektonisch spektakuläre Automobil-Museen gebaut haben und damit, bewusst oder unbewusst, auf eine sich bereits abzeichnende Historisierung des Automobils verweisen. Auch in Deutschland werden wir vom Aufstieg und Fall der Automobilindustrie in den USA, vom Niedergang Detroits, von „Katastrophen" wie im Golf von Mexiko zu lernen und unsere, bei genauerem Licht betrachtet, irrationale Identifikation mit dem Auto zu verabschieden haben.[23] Selbst wenn es noch nicht so deutlich zu erkennen ist: Mit dem 21. Jahrhundert ist das Ende der Zukunft des Automobils bereits eingeläutet. Auch die Autobahn wird dann über kurz oder lang zu einem Auslaufmodell.

ENDNOTEN

1| Zit. nach: Virilio, Paul: *Fahren, fahren, fahren ....* Berlin 1978

2| „1957 betrug die Zahl neu zugelassener Personenkraftwagen 564.639, 1970 lag diese Zahl bereits bei 2.107.123. 2009 waren es 3.807.175." Quelle: Verband der Automobilindustrie, http://www.vda.de/de/zahlen/jahreszahlen/neuzulassungen (4. Mai 2010) „Insgesamt 40 Millionen Personenkraftwagen (Pkw) gab es Anfang 2008 nach den aktuellen Ergebnissen der Einkommens- und Verbrauchsstichprobe in den privaten Haushalten in Deutschland. (...) Insgesamt verfügten 77 Prozent der Privathaushalte zu Beginn des Jahres 2008 über mindestens ein Auto. 55 Prozent aller Haushalte besaßen einen, 22 Prozent mehr als einen Pkw." Quelle: Statistisches Bundesamt Deutschland, Pressemitteilung Nr. 123 vom 26.03.2009

3| Zeller, Thomas: *Straße, Bahn, Panorama. Verkehrswege und Landschaftsveränderung in Deutschland von 1930 bis 1990.* Frankfurt/New York 2002, S. 51

4| ebd., S. 65

5| So leiden Autofahrer heute noch zum Beispiel am steilen und kurvenreichen Aufstieg zur Schwäbischen Alb bei Stuttgart.

6| Zeller, Thomas, a.a.O., 2002, S. 61

7| Für die BRD wurde dies unter Artikel 90 im Grundgesetz geregelt. Siehe: Grundgesetz für die Bundesrepublik Deutschland vom 23. Mai 1949 (BGBl. S. 1), zuletzt geändert durch Artikel 1 des Gesetzes vom 29. Juli 2009 (BGBl. I S. 2248)

8| Göderitz, Johannes; Rainer, Roland; Hoffmann, Hubert: *Die gegliederte und aufgelockerte Stadt.* Tübingen 1957

9| Reichow, Hans Bernhard: *Organische Stadtbaukunst.* Braunschweig 1948, S. 115

10| Reichow, Hans Bernhard: *Die autogerechte Stadt – Ein Weg aus dem Verkehrs-Chaos.* Ravensburg 1959

11| vgl. dazu: Durth, Werner; Gutschow, Niels: *Träume in Trümmern. Stadtplanung 1940–1950.* München 1993

12| Zitat Wolf Schneider, in: „Die Neue Sammlung", Staatliches Museum für angewandte Kunst (Hg.): *Profitopolis oder Der Mensch braucht eine andere Stadt.* Ausstellungskatalog, München 1972, S. 8

13| Beide Verkehrsarten und die damit verbundenen Baumaßnahmen sind mit teilweise erheblichen landschaftlichen Umgestaltungen durch Tunnelbauten, Trassenführungen, Abraumhalden, Böschungsbauten usw. verbunden.

14| Quelle: http://www.bmvbs.de/Verkehr/Programme-,1495/Bundesverkehrswege-plan.htm (4. Mai 2010)

15| Quelle: http://www.bmvbs.de/Verkehr/-,1407/Mobilitaet-und-Technologie.htm (4. Mai 2010)

16| Verkehrsprognose 2015 für die Verkehrswegeplanung, im Auftrag des Bundesministeriums für Verkehr, Bau und Stadtentwicklung, Schlussbericht, München/Freiburg/Essen April 2001, Quelle: http://www.bmvbs.de/Verkehr/Mobilitaet-und-Technologie-,1411/Verkehrsprognose-2015.htm (4. Mai 2010)

17| ebd., Kapitel 3, dort heißt es auch: „mit 50.108 Millionen von insgesamt 94.676 Millionen Personen und 749,7 Milliarden von insgesamt 989,8 Milliarden Pkw"

18| ebd. Privatverkehr wird hier folgendermaßen definiert: „Freizeit-/Ausflugsfahrten, bei denen Hin- und Rückfahrt innerhalb von 24 Stunden erfolgen, ohne Verwandten-/Bekanntenbesuche; Erholungs- und Freizeitreisen mit einer Dauer von zwei bis vier Tagen, ebenfalls ohne Verwandten-/Bekanntenbesuche sowie ohne Wochenendpendlerfahrten; Fahrten, bei denen der Besuch von Verwandten oder Bekannten im Mittelpunkt steht, unabhängig von der Ausbleibedauer sowie Fahrten zwischen Wohnort und Arbeits-, Ausbildungs- oder Stationierungsplatz (Militär), wenn zwischen Hin- und Rückfahrt mehr als 24 Stunden liegen, also im wesentlichen Wochenendpendlerfahrten." Zusammenfassung der Studie auch unter: http://www.diw.de/sixcms/detail.php/285836 (4. Mai 2010)

19| Sicherlich sind in Deutschland noch im Jahr 2008 792.618 Personen mit der Herstellung von Kraftwagen und Kraftwagenteilen beschäftigt – gleich nach Maschinenbau die höchste Zahl der Beschäftigten im Verarbeitenden Gewerbe und Bergbau (vgl. Genesis-Online Datenbank Statistisches Bundesamt). Allein ein Blick in die Verteilung der Erwerbstätigen im Inland nach Wirtschaftssektoren zeigt jedoch, dass das „Produzierende Gewerbe" 2008 nur einen Anteil von 25,4 Prozent aufweist, „Übrige Wirtschaftsbereiche, Dienstleistungen (tertiärer Sektor)" jedoch einen Anteil von 72,5 Prozent einnehmen. Vgl. „Erwerbstätige im Inland nach Wirtschaftssektoren Deutschland" Quelle: http://www.destatis.de (4. Mai 2010)

20| „Am 1. Januar 2008 gab es insgesamt rund 12.600 Kilometer Autobahn und 40.400 Kilometer Bundesstraßen (...) Die Länge aller Binnenwasserstraßen habe 7300 Kilometer betragen. Obwohl die Einwohnerzahl Deutschlands bis 2025 um ein Prozent schrumpfen werde, soll die Zahl der Autos auf 51,1 Millionen steigen." Quelle: http://www.bundestag.de/dasparlament/2009/15-16/WirtschaftFinanzen/24076023.html (4. Mai 2010). Vergleiche dazu auch: Deutscher Bundestag Drucksache 16/11850, 16. Wahlperiode 03.02.2009, Unterrichtung durch die Bundesregierung, Verkehrsinvestitionsbericht 2008

21| vgl. dazu u.a. Bauhardt, Christine: *Stadtentwicklung und Verkehrspolitik. Eine Analyse aus feministischer Sicht.* Basel/Boston/Berlin 1995; Flade, Antje; Limbourg, Maria (Hg.): *Frauen und Männer in der mobilen Gesellschaft.* Opladen 1999; FOPA (Hg.): FreiRäume Bd. 7: Entschleunigung – Die Abkehr von einem Lei(d)tbild, Bielefeld 2007; Spitzner, Meike: „Zwischen Nachhaltigkeit und Beschleunigung – Technikentwicklung und Geschlechterverhältnisse im Bereich Verkehr". In: *Technikfolgenabschätzung. Theorie und Praxis.* Heft 2, S. 56–69 Eggenstein-Leopoldshafen 2002

22| „In einer Studie über die Folgen der globalen Motorisierung prognostiziert das UPI-Institut einen Anstieg des weltweiten Pkw-Bestandes von heute 500 Millionen um das 4,5-fache auf rund 2,3 Milliarden Pkw im Jahr 2030. In dem der Studie zugrunde liegenden Forschungsprojekt wurde die Entwicklung des privaten Autoverkehrs in 122 Ländern der Erde untersucht. Der Autoverkehr wird danach im Zeitraum von 1995 bis 2030 rund 60 Milliarden Tonnen Erdöl oder fast die Hälfte der heute registrierten Welterdölreserven verbrauchen. (...) Der Beitrag des Autoverkehrs zum globalen Treibhauseffekt liegt heute bei 4,4 Milliarden Tonnen CO_2-Äquivalent und wird bis zum Jahr 2030 auf über zehn Milliarden Tonnen CO_2-Äquivalent pro Jahr ansteigen. Tritt diese Entwicklung ein, wird es nach Ansicht der UPI-Forscher nicht mehr möglich sein, eine weltweite Klimakatastrophe zu verhindern." Quelle: Umwelt- und Prognose Institut (Hg.): „Folgen einer globalen Massenmotorisierung" Prognose von Pkw-Bestand, Treibstoffbedarf, CO_2- und Schadstoffemissionen, Verkehrstoten und Verletzten u.a. für 115 Länder bis 2030, Bericht Nr. 35, März 1995, http://www.upi-institut.de (4. Mai 2010)

23| siehe auch: http://www.worldcarfree.net

WE ARE DRIVING ON AND ON AND ON THE AUTOBAHN | YVONNE P. DODERER

"Wir fahr'n, fahr'n, fahr'n auf der Autobahn,
wir fahr'n, fahr'n, fahr'n auf der Autobahn,
...
Vor uns liegt ein weites Tal,
die Sonne scheint mit Glitzerstrahl.
...
Wir fahr'n, fahr'n, fahr'n auf der Autobahn,
wir fahr'n, fahr'n, fahr'n auf der Autobahn,
...
Die Fahrbahn ist ein graues Band,
weiße Streifen, grüner Rand.
Wir fahr'n, fahr'n, fahr'n auf der Autobahn,
wir fahr'n, fahr'n, fahr'n auf der Autobahn,
...
Jetzt schalten wir das Radio an,
aus dem Lautsprecher klingt es dann:
wir fahr'n, fahr'n, fahr'n auf der Autobahn ..."[1]

These are the repetitive lyrics of the nineteen-seventies German electro-pop band Kraftwerk.

In the wake of the "economic miracle," the level of motorization[2] both in West Germany and in many other countries in Western Europe had taken a sharp rise by the nineteen-seventies. In contrast to the present day, driving along the autobahn seems to have been an almost pleasurable experience. Significantly, the front cover of the Kraftwerk album entitled *Kraftwerk,* designed by Emil Schult in post-war advertising style, displays a winding road meandering in an undulating brownish-green landscape. The horizon is marked by two hills bisected by the road and a rising sun. In the upper half of the picture, the ribbon road is cut off by a bridge that accentuates the special character of this kind of road: the motorway dual carriageway devoid of intersections. The road depicted on the cover holds the promise of an unobstructed journey in both directions; there is only one car traveling in either direction: a VW Beetle approaching the horizon and a Mercedes Benz to the far left of the picture. Both vehicles are emblematic symbols of German motoring history. This deliberately naive depiction both unites and satirizes the ideologically fraught discourses – between spatial planning policies and geopolitics, traffic and landscape (or cityscape) – which has developed since the invention of the motorway. (Any attempt to explore all the strands, interconnections, contradictions and rifts related to motor traffic and the motorway would go beyond the scope of this text; I will accordingly address only a few aspects of this multifaceted theme.)

Today "Germany," "cars" and "the Autobahn" might seem to be synonymous. However, the autobahn is not a German invention at all – rather it was an Italian engineer, Piero Puricelli, who designed the first 36.5 kilometers-long motorway ("Autostrade"), built near Torino in 1924. It might be that the parkways introduced in the USA by the landscape architects, Calvert Vaux and Frederick Law Olmsted, in the nineteenth century served as an inspiration for this new type of road, since they had already featured the spatial separation of the various road users. In those days, taking a ride on the parkways promoted relaxation and a "pastoral pleasure" in the surrounding landscape. At a later stage, Robert Moses, the head of various New York planning authorities, recognized the extreme importance of the interdependence between spatial development, road building, and urban design. His crucial position of power, held from the nineteen-twenties through to the nineteen-sixties, survived the term of office of various presidents of the United States. Moses initiated the construction of numerous highways, bridges, and urban freeways, which have left their mark on the appearance of both the city and the state of New York to the present day. This was no coincidence, as for a long time the USA assumed a leading role with regard to road building and car ownership. "In 1935, there were 204.4 motor vehicles (not including motorcycles) for every 1,000 citizens in the USA. The corresponding rate for Germany was 16.1 motor vehicles (France: 49.0; United Kingdom: 45.2; Denmark: 41.6; Switzerland: 21.7)."[3] In the face of this deficit, it came as no surprise that, as early as 1933, Adolf Hitler urged a drive to encourage car ownership in the German Reich at an International Automobile and Motorcycle Exhibition. Fritz Todt, Generalinspektor für das Deutsche Straßenwesen (the "Inspector General for German Roadworks") then managed to fabricate the historical lie of German preeminence in the construction of highways in the collective mind of the German populace. The story portraying the construction of the Reichsautobahnen as a successful work-creation program was likewise revealed as wholesale propaganda. The motorways had been built predominantly by forced labor (prisoners of war and Polish Jews). In fact, the only part of the story that proved true was that two-thirds of the money spent on the Reichsautobahnen was provided by the Reichsanstalt für Arbeitsvermittlung und Arbeitslosenversicherung (German Employment Bureau and Unemployment Insurance Authority).[4]

The "discursive" backdrop to the construction of the Reichsautobahnen was provided by a struggle to dominate its interpretation with regard to the relation between "German technology" and engineering skills on the one hand, and on the other, the concern to protect the landscape and to conserve nature. The arguments between road engineers and landscape architects ranged from the problem of how best to reconcile the proposed routes of the motorways with the surrounding landscape, to the question whether, and if so, how the median strip and road shoulders should be planted in an "intrinsically German" and autonomous manner. A decisive factor for the choice of both routes and roadside planting was the "visual appropriation" of the landscape by the motorist. A "panoramic" and varied design of the surrounding landscape was invariably a key aspect of any road side project. To this end, even gradients were deemed acceptable, or road safety neglected.[5] By the end of 1941, a total of 3,625 kilometers of Reichsautobahn had been built[6] – despite the fact that the motorization of the masses celebrated by Nazi propaganda had thoroughly failed.

After the Second World War, the administration of the Reichsautobahnen devolved to the newly-founded Federal Republic of Germany (and shortly thereafter to the GDR as well).[7] In West Germany, the ideological premises with regard to planning and landscape architecture, which provided the foundation of the construction of the Reichsautobahnen, were reinterpreted – analogous to the area of urban development where the Volksgemeinschaft in Siedlungszellen (national community in settlement units) mutated into the "structured and dispersed city."[8] Again, traffic was awarded an elevated and important role, "as it is that element which interconnects all parts, limbs and organs of the cityscape," and "once we unconditionally agree to accept it as our servant, it will make us the masters of space and time"[9] – thus the pompous proclamation of the renowned architect and urban planner, Hans Bernhard Reichow, in his Organische Stadtbaukunst (The Art of Organic Urban Construction), published in 1948. The catchphrase of the "car-friendly city"[10] was used to defuse and order the traffic chaos resulting from the "economic miracle" by means of the segregation of zones of utilization and a function-based spatial redistribution – supervised by planners who, as instanced by Reichow, were allowed to continue their careers in post-war Germany almost unhampered.[11] In the nineteen-sixties, it became obvious, however, that these concepts were fundamentally flawed – they were replaced by the call for a "society through density." By the time the nineteen-seventies approached, a "different city" was called for as the car had long "invaded our cities, making itself their master."[12] Until the early nineteen-eighties, the transport policy of the Federal Republic of Germany was largely based on precepts related to functional, technical, and public-welfare-oriented factors and arguments. Due to the federal structure of government, there was never a consensus on a uniform conception of landscape planning as witnessed during the National Socialist era. Additionally, the inordinate rise of private automobile ownership required a far more pragmatic rather than ideological – i.e., a rational, systematic, and scientific – approach to the question of autobahn construction and its integration into the surrounding landscape. After all, the sole aim was to travel as safely – and as fast – as possible. This precept also determined the extension of the road and autobahn network as well as the extension of the rail network, begun during the nineteen-eighties under the premise of deregulation.[13] Another contributing factor was the reunification of Germany, which gave new impetus to autobahn construction work. The mid-term assessment of the Bundesverkehrswegeplan 2001-2015 (Federal Transport Network Plan 2001-2015) lists, for example, the following investments made until June 2008: "in the past years approx. 3.6 billion euro per year for the rail network; between 2001 and 2007, a total of 19.8 billion euro for preferential motorway and Bundesstraße (federal road) projects; since 2001, 9 billion euro for more than 900 kilometers of new motorways; and since 200,1 6.1 billion euro for the extension of Bundesstraßen, including 210 new bypasses."[14] According to the present federal government, the aim today is an "integrated transport policy" and a "comprehensive policy for the improvement of the overall system, which incorporates, as elementary components and with regard to all modes of transport, not only the organization of the financing of traffic infrastructure but also all further areas of transport policy such as, for example, regulatory policy and the question of innovation."[15]

The trend towards mobility is thus continuing, notwithstanding financial crises and climate and economic change. The increase in the rate of private motorized transport, and the resulting explosion in production numbers and sales rates in countries such as China and India, which are currently striving to catch up with Western levels of "modernity," confirms the collective, hegemonic narrative, particularly prevalent in Germany, which claims that the ownership of a car constitutes the pinnacle of human (or perhaps rather, of male?) freedom, rendering it an immutable necessity. Driving is seen as a "universal human right" and the car as an "indispensable economic commodity."

A closer look at the use of the individual means of transport reveals, according to the study Verkehrsprognose 2015 (Traffic Prognosis 2015)[16] commissioned by the Bundesministerium für Verkehr, Bau und Stadtentwicklung (German Federal Ministry of Transport, Building and UrbanDevelopment), that in Germany private motorized transport accounts for by far the largest share of passenger transportation.[17] This is by no means surprising; a more astonishing fact, however, is that in relation to the structure of passenger transportation in 1997, "the use of transportation for private purposes predominates (within the framework of overall passenger transportation), accounting for 40% of the overall traffic volume and for 44% of the total mileage covered" whereas "commuting only accounts for 19% of the traffic volume and 18% of the total mileage covered,"[18] – a ratio which is unlikely to have changed much by 2010. On both a global and a national scale the "democratized" and indispensable "right" to the ownership of a motor vehicle should still be regarded as a luxury commodity. The car could even be described as an engine constructed for the burning of money. It is a status symbol, conferring distinction; it is also a fetish charged with concepts of power, potency, and masculine virility. Urban landscapes and cities are suffocated by traffic jams and clogged by countless parked vehicles. As a result, both in the towns and in the country the quality of life is diminishing. Other modes of transport and traffic activities are subjugated to the predominance of the motor vehicle. There is also a growing dispute about the allegedly vital role of car manufacturer as employer, a proposition upheld not only in Germany.[19]

At present the electrification of the motor vehicle and the research on engines driven by biological fuels is propounded as a rather questionable solution to the problem of the finite capacities of natural oil resources (viz., "peak oil" and the global maximum of oil production). A fundamental change in transport policy and the search for viable alternatives to motorized transport, on the other hand, seems unimaginable. As in the twentieth century, the only measure proposed currently is a mix, however unbalanced, of road, rail, and air transport. These means of transport are encouraged not only to compete with one another, but also to strive to match one another with regard to speed, comfort, and cost, while increasing their overall velocity if possible. In Germany, the results of this kind of transport policy are already evident: a continuation of the construction of roads and autobahn[20]; the extension of high-speed rail links at the expense of regional rail transport and rail freight traffic, the disregard of the needs of diversified groups of users; the discontinuation of superfluous, multimillion euro megaprojects such as "Stuttgart 21"; the privatization and increased charges of both rail and local public transport; the shifting of freight haulage from rail to road; and the extension of air traffic and airports. For quite some time already, feminist scientists concerning themselves with traffic research, have been suggesting that this mode of transport policy, with its preference for speed over economy, is bound to further accentuate rather than defuse the already existing differences and disparities between the various parties, for example with regard to the focus on mobility and access to public services.[21] Alternative concepts of mobility, such as non-commercial car sharing, car pooling, transport by bike, shared taxis, local council buses, etc., are sponsored only cautiously and on a small scale, while subsidized rail transport – or even cost free local transport – is not even on the agenda. Motorized mobilization, and the creation of an infrastructure required for it, such as the construction of intersection-free motorways in the country and the cities, is still considered an indicator of modernity and the rate of modernization, an indicator of economic strength and national prosperity. A world without, or with a greatly diminished number of, motor vehicles might seem unimaginable, even though the detrimental effects of motorized mobilization, such as accidents, environmental and air pollution, global warming, noise pollution, the urban sprawl, the waste of land and resources, and the unequal attainment of mobility have been acknowledged for a long time.[22] In view of these effects, but also in view of the growing urbanization in Asia, Africa, and Latin America, as well as the widening gap between urban areas of growth and stagnating regions both in Europe and the USA, motorized private transport as it stands today, is bound to run into trouble sooner or later. In order to find a constructive approach to the problems connected with the one-sided preference for the motor vehicle, it will be necessary to develop concepts of mobility radically different from those propounded in the past. Maybe it is no coincidence that firms such as Porsche and Daimler have, in the past years, erected spectacularly-designed car museums, thus referring – intentionally or unknowingly – to the "historization" of the motor vehicle already looming on the horizon. The German population will also have to take into consideration events such as the rise and fall of the automobile industry in the USA, the demise of Detroit, and catastrophes such as the oil spill in the Gulf of Mexico. Society will be forced to start thinking and taking a closer look at the irrational obsession with the motor vehicle.[23] Even though signs of change are still few and far between, one thing seems certain: the twenty-first century has ushered in the slow demise of the automobile. The motorway, too, will sooner or later be an obsolescent model.

ENDNOTES

1| Paul Virilio: *Fahren, fahren, fahren* ..., (Berlin, 1978). Translation: Driving On and On on the Autobahn we are driving on and on on the Autobahn / ... / a large valley up front, all a-glitter with the sun / ... / We are driving on and on on the Autobahn / we are driving on and on on the Autobahn / ... / the road unwinds, a long grey stretch / white stripes, green edge / We are driving on and on on the Autobahn / we are driving on and on on the Autobahn / ... / Now we turn the radio on / from the speakers there comes this song: / We are driving on and on on the Autobahn ...

2| "In 1957, a total number of 564,639 cars were newly registered; by 1970, this number had risen to 2,107,123. In 2009, a total of 3,807,173 new cars were registered." Source: German Association of the Automotive Industry, http://www.vda.de/de/zahlen/jahreszahlen/neuzulassungen (4th May 2010) "In early 2008, according to the latest results of a spot sample of German private homes with regard to income and consumption, a total of forty million cars were registered in Germany. ... In all, 77% of all private households, at that date, owned at least one car; 55% of all households owned one, 22% more than one car." German Federal Statistical Office, (Press release no. 123/26 March 2009) p. ?.

3| Thomas Zeller: *Straße, Bahn, Panorama. Verkehrswege und Landschaftsveränderung in Deutschland von 1930 bis 1990*, (Frankfurt, New York, 2002), p. 51.

4| Ibid., p. 65.

5| Thus, car drivers still have to laboriously climb, for example, the steep and winding incline leading up to the Swabian Mountains near Stuttgart.

6| Thomas Zeller (2002), l.c., p. 61.

7| In the Federal Republic of Germany, provided for in article 90 of the German Basic Constitutional Law. Vide: Grundgesetz für die Bundesrepublik Deutschland of 23 May 1949 (BGBl. p. 1), last altered by Article 1 of the Law of 29 July 2009 (BGBl. I p. 2248).

8| Johannes Göderitz: *Die gegliederte und aufgelockerte Stadt*, Tübingen, (Rainer, Roland, Hoffmann, Hubert, 1957).

9| Hans Bernhard Reichow: *Organische Stadtbaukunst*, (Braunschweig, 1948), p. 115.

10| Hans Bernhard Reichow: *Die autogerechte Stadt – Ein Weg aus dem Verkehrs-Chaos*, (Ravensburg, 1959).

11| cf.: Werner Durth, and Niels Gutschow: *Träume in Trümmern. Stadtplanung 1940–1950*, (Munich, 1993).

12| Wolf Schneider: Die Neue Sammlung, Staatliches Museum für angewandte Kunst (ed.) *Profitopolis oder Der Mensch braucht eine andere Stadt*, exh. cat. (Munich, 1972), p. 8.

13| Both modes of transport and the construction measures involved necessitate an – in some cases considerable – reshaping of the landscape by means of tunnels, routing, spoil dumps, the building of escarpments, etc.

14| http://www.bmvbs.de/Verkehr/Programme-,1495/Bundesverkehrswege-plan.htm (4 May 2010).

15| http://www.bmvbs.de/Verkehr/-,1407/Mobilitaet-und-Technologie.htm (4 May 2010).

16| Verkehrsprognose 2015 für die Verkehrswegeplanung, im Auftrag des Bundesministerium für Verkehr, Bau und Stadtentwicklung, Schlussbericht, (Munich, Freiburg, Essen, April 2001), http://www.bmvbs.de/Verkehr/Mobilitaet-und-Technologie-,1411/Verkehrsprognose-2015.htm (4 May 2010).

17| Ibid., chapter 3; another number quoted there: "with 50,108 million out of a total of 94,676 million persons and 749.7 billion out of a total of 989.8 billion Motor cars."

18| Ibid. There private transport is defined as follows: "Journeys for purposes of leisure activities/excursions where the outward journey and the journey back are undertaken within a period of 24 hours, not counting visits to relatives or acquaintances; journeys for purposes of relaxation and leisure activities with a duration of two to four days, also not including visits to relatives or acquaintances as well as weekend commuting; journeys undertaken with the central purpose of visiting relatives or acquaintances, irrespective of their duration, and commuting between the place of residence and the place of work, training or military service, provided the period between the outward journey and the return journey exceeds 24 hours, i.e., predominantly weekend commuting." A summary of the study is also available at: http://www.diw.de/sixcms/detail.php/285836 (4 May 2010).

19| Admittedly, in 2008 a total of 792,618 persons in Germany were employed in the production of motor vehicles and motor vehicle parts – a number second only to mechanical engineering in the area of manufacturing industry and mining (cp. Genesis online database of the German Federal Statistical Office). However, a closer look at the distribution of employees in Germany according to economic sectors reveals that in 2008, the industrial sector accounts for a mere 25.4% while "other economic sectors, services (tertiary sector)" account for a percentage of 72.5%. Cf. "Erwerbstätige im Inland nach Wirtschaftssektoren Deutschland." This author accessed the online version: http://www.destatis.de (accessed May 4, 2010).

20| "On 1 January 2008, a total of around 12,600 kilometers of Autobahn and 40,400 kilometers of Bundesstraße had been built ... The total length of all inland waterways was 7,300 kilometers. Although the German population will have diminished by 1% by 2025, the total number of cars will climb to 51.1 million." This author accessed the online version: http://www.bundestag.de/dasparlament/2009/15-16/WirtschaftFinanzen/24076023.html (accessed May 4, 2010). Cf. also: Deutscher Bundestag Drucksache 16/11850, 16. Wahlperiode 03.02.2009, Unterrichtung durch die Bundesregierung, Verkehrsinvestitionsbericht, (2008).

21| cf. e.g., Christine Bauhardt: *Stadtentwicklung und Verkehrspolitik. Eine Analyse aus feministischer Sicht*, (Basel, Boston, Berlin 1995), Antje Flade and Maria Limbourg: *Frauen und Männer in der mobilen Gesellschaft*, (Opladen 1999), FOPA (ed.) (1994): FreiRäume Bd. 7: *Entschleunigung – Die Abkehr von einem Lei(d)tbild*, (Bielefeld, 1994). Meike Spitzner: *Zwischen Nachhaltigkeit und Beschleunigung – Technikentwicklung und Geschlechterverhältnisse im Bereich Verkehr, Technikfolgenabschätzung. Theorie und Praxis*, (Heft 2, 2002), p. 56–69.

22| "In a study on the consequences of global motorization, the UPI Institute prognosticates that the global total number of automobiles will rise 4.5 times from today's 500 million to around 2.3 billion motor cars in the year 2030. The research project on which the study is based examined the development of motorized private transport in 122 countries. According to its findings, motor traffic will account for the consumption of around 60 billion tons of mineral oil – i.e., almost half of the global mineral oil reserves registered today – in the period from 1995 to 2030. ... Today, motor traffic contributes 4.4 billion tons of carbon dioxide equivalent per year to global warming, a number which will rise to more than 10 billion tons of carbon dioxide equivalent per year by 2030. It this development will not be counteracted, it will, according to the UPI scientists, prove impossible to stop a catastrophic change of the global climate." Source: Umwelt- und Prognose Institut (ed.): *Folgen einer globalen Massenmotorisierung, Prognose von Pkw-Bestand, Treibstoffbedarf, CO_2- und Schadstoffemissionen, Verkehrstoten und Verletzten u.a. für 115 Länder bis 2030*, Bericht Nr. 35, (March, 1995), http://www.upi-institut.de (accessed May 4, 2010).

23| cf. also: http://www.worldcarfree.net.

28
Gelsenkirchen-Süd
900 m
ran
B+R 1056
B+R 1068
B+R 1062
B+R 1072
B+R 1042
BM BR 410
BERING
GOLF

Köln
3
REWE
nutella
sky

IM HANDSTREICH

IM HANDSTREICH Am 18. Juli 2010 wurde die A40 zum größten Nachbarschaftstreffen der Geschichte des Ruhrgebiets. Über eine Million Menschen nahmen ihre Straße erneut in Besitz, nur nicht mit dem Auto. Die Tafel, die der einfachen Idee folgte, die durch die Autobahn getrennten Menschen links und rechts der großen Straße an einem Tisch zusammenzubringen, wurde zur sympathisch-fulminanten Demonstration einer Region, die sich längst selbst neu erfunden hat. Ohne die Praxis der Menschen erneut mit den Highlights und Leuchttürmen der Metropolen zu überschreiben, feierten alle zusammen ein sympathisches wie unhierarchisches Volksfest auf der großen Straße, das von den unzähligen kleinen wie großen Interessen und Praktiken der Menschen bestimmt wurde. Die Symbolhaftigkeit des Treffens überschrieb dabei seinen Eventcharakter. Dass sich die Menschen in unglaublicher sozialer Disziplin und Eigenverantwortung ihre Straße als Lebensraum symbolisch zurückeroberten, transportierte die Nachricht, dass die Region längst weit jenseits von Kohle und Steiger eine neue Identität in den dezentral organisierten Handlungsräumen jenseits der Zentrumspolitik gefunden hat, in die internationale Öffentlichkeit. Zum ersten Mal bemerkte die globale Gemeinde, dass sich hier eine Region neu aufgestellt hat, hypermodern im Zeichen der sozialen Verantwortung und Selbstorganisation. M.A.

TAKEN BY STORM On July 18, 2010, the A40 witnessed the largest communal meeting in the history of the Ruhr area. More than one million people retook possession of their road, although not by car for a change. At "Stillleben A40," which was based on the simple idea to, figuratively speaking, gather all the people separated by the autobahn at one table, turned out to be both a likeable and thrilling self-manifestation of a region that has long reinvented itself. All participants joined in the celebration of a wonderful non-hierarchical "village fair" on the large road. It was characterized by the innumerable interests and practices, both great and small, of those present without burying those practices under the highlights and beacons of the metropolises.

The event-like quality of the meeting was eclipsed by its symbolic significance. The symbolic reclamation of the road as a habitat by the populace, who acted with incredible social discipline and a sense of personal responsibility, proclaimed to the world at large that the region has long found a new sense of identity – far beyond coalmining and its paraphernalia – in the decentrally-organized activities outside the political sphere. For the first time ever, a global public was awakened to the fact that this region has refashioned itself in a hyper-modern manner according to the precepts of social responsibility and self-organization. M.A.

Venlo
Duisburg -Häfen
40
40
Düsseldorf
Duisburg
Dinslaken
59 800 m

KUNST UND URBANITÄT

KULTURHAUPTSTADT EUROPAS RUHR.2010 – ZWISCHEN KUNST UND URBANITÄT | KATJA AßMANN UND KARL-HEINZ PETZINKA

METROPOLE RUHR – HERAUSFORDERUNG UND VISION 53 Städte stellen sich als Kulturhauptstadt Europas RUHR.2010 der Herausforderung, eine Vision in die Wirklichkeit zu transferieren: das Ruhrgebiet als Metropole neuen Typs zu formulieren. Mit dieser programmatischen Ausrichtung hat sich die Kulturhauptstadt Europas RUHR.2010 ein ehrgeiziges Ziel gesetzt, das es gemeinsam mit den Städten der Region einzulösen gilt.

Werfen wir einen Blick auf die klassischen Metropolen Europas. Sie zeichnen sich aus durch Größe, kulturelle Vielfalt sowie Weltoffenheit und sind in allen Fällen über Jahrhunderte hin gewachsen. Ihre bauhistorischen Landmarken verschiedener Epochen erzählen ihre wechselhaften Geschichten und verleihen ihnen so ihre jeweils unverwechselbare Ausstrahlung und Identität. Metropolen verfügen in der Regel über ein starkes Zentrum mit atmosphärischer Dichte in belebten urbanen Vierteln, die jederzeit über ein weit verzweigtes Netz von Bus, Bahn und Metro zu erreichen sind. Ganz automatisch schieben sich Bilder idealtypischer europäischer Metropolen vor das innere Auge: belebte Ramblas in Barcelona, quirlige Szene-Viertel in London, Kreuzberger Kieze mit Künstlerateliers und Feinkostläden oder gemütliche Straßencafés im altehrwürdigen Paris. Das gewachsene Stadtgefüge bietet in diesen Metropolen mit seinen Architekturen, Straßen, Vierteln, Parks und Infrastrukturen den Nährboden, auf dem sich urbanes Leben entwickelt. Es ist das Zusammenspiel von Stadtraum und den Benutzern der Stadt, das die lebendigen Bilder metropolitanen Lebens ausmacht. Eine Grundvoraussetzung, um über eine neue Metropole Ruhr nachdenken zu können, ist es, von diesen gelernten Bildern Abstand zu nehmen. Das Ruhrgebiet wird nicht zum zweiten Paris, London oder Berlin, nur weil es sich ein Kreis querdenkender Kreativer vorgenommen hat. Es geht um nicht weniger als die Etablierung einer Metropole neuen Typs, die sich unter zeitgenössischen Fragestellungen aus den vorhandenen Strukturen einer fragmentierten, urbanisierten Stadtlandschaft heraus entwickelt und Potenziale für die Zukunft formuliert.

Das Ruhrgebiet basiert auf einem zweckbestimmten Städteverbund, der sich bereits in den 1920er Jahren als Siedlungsverband Ruhrkohlebezirk zusammenfand und noch heute als Regionalverband Ruhr existiert. Der einzige gemeinsame Nenner ist in den Kohlevorkommen tief unter den Städten des Reviers zu finden. Das oberirdische Erscheinungsbild reicht von einer ländlichen Szenerie im östlichen Ruhrgebiet, vor- und frühindustrieller Landschaft im Süden, dem im Rheintal liegenden Westen und ein durch die Schwerindustrie komplett überformtes mittleres und nördliches Ruhrgebiet an Hellweg und Emscher. Wir sind konfrontiert mit einem polyzentrisch angelegten Städtegeflecht mit 5,3 Millionen Einwohnern, einer Fläche von 4435 Quadratkilometern, mit einer Ausdehnung von mehr als 100 Kilometern Länge in Ost-West- und 60 Kilometern in Nord-Süd-Richtung. Das Gesamtbild wird bestimmt durch eine Stadtlandschaft, die mit der Industriellen Revolution in nur knapp 150 Jahren entstanden ist. Die Internationale Bauausstellung Emscher Park setzte in ihrer zehnjährigen Arbeit (1989–1999) einen Prozess der Transformation in Gang, der mit dem Vorhandenen spielt und die Industriegeschichte als Ausgangspunkt einer Umwidmung der Region genommen hat. Die Bilder des illuminierten Hüttenwerkes in Meiderich, der zum Ruhr-Museum umgebauten Kohlenwäsche auf dem Weltkulturerbe Zollverein oder der durch die Triennale Ruhr großartig bespielten Jahrhunderthalle Bochum sind mittlerweile um die Welt gegangen. Sie verdrängen langsam die Bilder von Kohle und Staub, die sich im kollektiven Gedächtnis der Menschen eingebrannt haben. Es sind jedoch nur erste punktuelle Vorboten einer sich wandelnden Region. Die Kulturhauptstadt Europas RUHR.2010 hat sich vorgenommen, die überkommenen Vorstellungen über das Ruhrgebiet komplett durch unkonventionelle und überraschende Bilder einer Metropole neuen Typs zu ersetzen.

DIE GROSSEN INFRASTRUKTUREN – MIT KUNST GEDACHT GANZ NEU Die vergehende Industrielandschaft an Emscher und Ruhr ist geprägt durch eine alternde und schrumpfende Gesellschaft mit Gebäuden und Infrastrukturen im Überfluss. So wird sehr schnell klar, dass die neue Metropole Ruhr nicht mehr gebaut, sondern aus dem Vorhandenen heraus gestaltet werden muss. Ein Abwiegen zwischen klug geplantem Abriss und Umwidmung wird die gestaltenden Disziplinen in den kommenden Jahrzehnten im Ruhrgebiet beschäftigen. Dabei ist zu bedenken, dass das Phänomen der Schrumpfung in der Planungstheorie nach wie vor eine kaum bekannte Größe ist und die klassischen Instrumente der Planung auf Wachstum angelegt sind. Bei einer zukunftsgewandten Betrachtung einer schrumpfenden Region geht es demnach um die Neujustierung von Planung mit anderen Akzenten, ohne dass man heute schon beantworten kann, wie es in Zukunft aussehen wird. Klar ist, wer Altes loslassen und Neues denken will braucht Mut. Diesen Mut hat die IBA Emscher Park mit der Strategie „Wandel ohne Wachstum" bewiesen, die heute das Fundament für die programmatische Ausrichtung der Kulturhauptstadt Europas RUHR.2010 im Programmbereich „Stadt der Möglichkeiten" bildet. In ihr vereinen sich die Disziplinen Architektur, Städtebau, Landschaftsgestaltung und Bildende Kunst, eine Verbindung, die schon im Ansatz verspricht, überraschende Bilder zu produzieren und die starren, fachlich eingeengten Vorstellungen aufzubrechen. Die künstlerischen Direktoren und ihre Teams stellten sich ganz im Sinne der interdisziplinären Diversität gemeinsam mit international renommierten Kuratoren, Künstlern, Architekten, Planern und Designern der Herausforderung, eine neue Sichtbarkeit der etwas anderen Metropole aufzuspüren. Dabei zeichnete sich schon zu Beginn der Planungsphase ab, dass die großen Infrastrukturen der Region die bisher unerkannte Möglichkeit in sich tragen, als die verbindenden Achsen das Gesicht der Metropole Ruhr von morgen im Spannungsfeld zwischen Kunst und Urbanität auszubilden. Die Straßen, Kanäle, Schienen und Flüsse waren und sind noch allesamt ausgelegt auf den reibungslosen und schnellen Transport industrieller Güter und Abwässer sowie die direkte, autogerechte Verbindung der um die Industrien gewachsenen Agglomerationen. Bei 53 Einzelstädten auf einer Fläche von rund 4500 Quadratkilometern sind stets große Entfernungen zu überwinden; man muss sich ständig bewegen, um die Metropole Ruhr in ihrer Vielfalt zu benutzen. Die bisher als störend und zäsierend wahrgenommenen Infrastrukturen etablieren sich unter den gegenwärtigen Vorzeichen als die Verbindungsketten mit ungewöhnlicher Silhouette und Bühnen künftiger Mobilität in der Neuen Metropole Ruhr. Hier setzen die großen bildgebenden Projekte der „Stadt der

Möglichkeiten“ an. Im Emschertal liegen dicht an dicht drei prägnante Infrastrukturen: der Emscherschnellweg, der zukünftig als gestaltete „Parkautobahn A42“ die zentrale Zugangsachse in den Emscher Landschaftspark bildet, der immer weniger von der Industrie benötigte Rhein-Herne-Kanal, der als „KulturKanal“ über die Mittel der Kultur ins städtische Leben zurückkehrt und die Emscher als größte Baustelle der Zukunft, die über die biennal angelegte „EMSCHERKUNST.2010“ ihre Sichtbarkeit erfährt.

Die Hellwegzone bildet neben dem Emschertal eine weitere prägende Ost-West-Passage im mittleren Ruhrgebiet. Dem Weg der mittelalterlichen Handelsstraße von Nowgorod bis Brügge folgend durchschneidet der viel befahrene Ruhrschnellweg A40 die Neue Metropole Ruhr, die das wohl am dichtesten ausgeprägte Autobahnnetz Deutschlands ihr Eigen nennt. Große Mobilitätsschneisen, die in Zeiten entstanden sind, als die autogerechte Stadt die Maxime fortschrittlichen Wandels darstellte.

Das Projekt „B1|A40 Die Schönheit der großen Straße“ lud Künstler, Designer und Architekten ein, diesen linearen Stadtraum zu erforschen, verborgene Qualitäten aufzudecken, Verbindungen in die flankierenden Lebenswelten zu suchen und Experimente im Umgang mit einer nachhaltigen, ästhetisch motivierten Gestaltung dieser Infrastruktur zu wagen. Es wurden neue Formen urbaner Interaktion und subversiver Strategien in einer temporären Ausstellung an sechs Orten mit 22 Projekten entlang der Bundesautobahn A40 freigelegt. Auf der Reise vom Kreuz Kaiserberg in Duisburg bis zur Stadtkrone Dortmund entstanden, kuratiert von Markus Ambach, temporäre Werke von international renommierten Künstlern, die sich über eine intensive künstlerische Recherche mit der Eigenart des Stadtraums A40 auseinandersetzten. Allen Werken war gemein, dass sie die ausgewählten Orte auf ihre gegenwärtige Bedeutung kritisch hinterfragten und die Aneignung und Deutung der Räume durch die Nutzer und Akteure vor Ort in den Mittelpunkt der künstlerischen Betrachtung stellten. Entstanden ist für einen begrenzten Zeitraum ein ungewöhnlicher Kunstparcours, der vom Alltag inspiriert schien, ohne das Gewöhnliche als banal zu begreifen, und unsichtbar-sichtbare Schichten urbanen Lebens aufdeckte. Die künstlerischen Arbeiten verstanden sich als sichtbarer Vorgriff auf eine langfristige Umwidmung der Bundesautobahn zu einer im Masterplan A40 bereits beschriebenen metropolitanen Verbindungskette. Der Straßenraum selbst erhielt mit den Textbrücken des Planerteams orange.edge und der illuminierten Autobahnkirche in Bochum-Hamme erste gestaltete Bausteine des unter den Kommunen und Eigentümern der Straße verabschiedeten Gestalthandbuches A40|B1. Der Regionale Masterplan A40|B1 und das Gestalthandbuch A40|B1 sind beide planungsrechtlich verbindlich für die Zukunft. „B1|A40 Die Schönheit der großen Straße“ ist somit eine eigenwillige Vision, die durch den kulturellen Kraftakt in 2010 Realität wurde und weit in die Zukunft weist. Ein Modellprojekt für Europa, ganz im Sinne der Maßstäbe, die die Kulturhauptstadt von Beginn an gesetzt hat.

KULTURHAUPTSTADT EUROPAS – AUSNAHMEZUSTAND MIT ZUKUNFT Die Kulturhauptstadt Europas feiert ihren 25. Geburtstag und blickt auf eine spannende Entwicklung vom Kulturfestival zum Instrument nachhaltiger Kultur- und Wirtschaftsförderung zurück. Die RUHR.2010 nutzt den Titel Kulturhauptstadt Europas als Motor nachhaltiger Transformation einer vergehenden Industrielandschaft hin zu einer global verorteten, dynamischen Kulturlandschaft. Dabei genießt sie das Privileg befristeter Sonderkonditionen, eine Art kultureller Ausnahmezustand mit Frei- und Experimentierräumen für modellhafte Lösungen und Impulsgeber für den Alltag. Über 40 Projekte konnten in den Themenfeldern Bildende Kunst, Architektur, Stadtentwicklung und Landschaftsarchitektur unter den Überschriften „Metropole gestalten“ und „Bilder entdecken“ im Rahmen dieses Ausnahmezustands qualifiziert und umgesetzt werden. Entgegen der klassischen Strategien der Stadtentwicklung, die in der Regel reaktiv, stabilisierend und kompensatorisch aufgestellt sind, wurden mit den Projekten der „Stadt der Möglichkeiten“ aktiv Zukunftsbilder entworfen. Die 53 Städte mussten bereits in der Planungsphase zum Kulturhauptstadtjahr ein hohes Maß an Selbstreflexion an den Tag legen, um in der regionalen Zusammenarbeit als Netzwerk

spezialisierter Städte in der Summe wettbewerbsfähig zu sein. So haben sich die Anrainer-Kommunen bei den genannten Projekten „KulturKanal“, „Parkautobahn“ und „B1 | A40 Die Schönheit der großen Straße“ zusammengetan, um im regionalen Schulterschluss auch organisatorische Zeichen zu setzen. Je eine Kommune übernahm die Federführung stellvertretend für die Projektbeteiligten. In diesem Vorgehen sind erste Ansätze erkennbar, wie die RUHR.2010 das Jahr der Kulturhauptstadt Europas als Ausgangspunkt für ein tief greifendes, allumfassendes Veränderungsdenken nutzt, das weit über das Jahr 2010 hinausreicht. Das Projekt „B1 | A40 Die Schönheit der großen Straße“ konnte nur durch die Innovations- und Risikobereitschaft der Projektbeteiligten, gepaart mit dem Mut, unbekanntes Terrain zu erkunden, verwirklicht werden. Die Landesregierung NRW, die Kommunen und der Landesbetrieb Straßenbau Nordrhein-Westfalen (Straßen.NRW) haben mit Unterstützung durch den Bund alle zusammen die Hürden eines anderen Planungsverständnisses gemeinsam genommen. Der Paradigmenwechsel in der Verkehrssicherheitsplanung, der besagt, dass gezielt gesetzte Gestaltungen an der Autobahn die Wachsamkeit des Autofahrers erhöhen und nicht etwa als Ablenkung den Verkehr stören, konnte so erstmalig in eine erlebbare Form gegossen werden. Die Kulturhauptstadt Europas, die sich als Anlass und Motor der Projektidee „B1 | A40“ begreift, verschaffte dem planerischen Experiment über eine groß angelegte Imagekampagne die internationale Plattform.

Nun gilt es, diese Denkweise in die Zukunft zu übertragen, diese geübte Planungskultur zwischen Kunst und Urbanität mit perspektivischen Handlungsstrategien bis 2030 zu formulieren. Die temporären Kunstentwürfe sollten Anlass sein, die starren Strukturen von Masterplan A40 | B1 und Regionalem Gestalthandbuch A40 | B1 für multidisziplinäre Prozesse zu öffnen. Hier liegt die Chance verborgen, zeitgemäße und überraschende Antworten auf die Fragen von morgen zu finden, die der Neuen Metropole Ruhr auf lange Sicht eine einzigartige Identität verleihen. Die Kulturhauptstadt Europas RUHR.2010 hat ein starkes Bild der Neuen Metropole Ruhr in die Welt hinausgetragen, das heute immer noch Herausforderung und Vision und längst noch nicht Realität geworden ist. Nur im regionalen Zusammenhalt kann sich das Bild der Neuen Metropole Ruhr verfestigen und Zukunftsfähigkeit beweisen. Die Erfahrung der vergangenen Jahre lehrt, dass die erreichten interkommunalen Initiativen einer steten regional agierenden Moderation und inhaltlichen Motivation bedürfen, um nicht zurück auf die Ebene des Kirchturmdenkens zu verfallen. Die kommenden Jahre werden zeigen, ob die Region dazu gelernt hat und „Wandel durch Kultur – Kultur durch Wandel“ im alltäglichen Handeln mit Leben füllt. Mit Blick auf Europa hat die Neue Metropole Ruhr die Chance, eine eigene dialogische und zukunftsorientierte Handlungsstrategie zu etablieren, die auch als Vorbild für andere Metropolregionen dienen könnte.

EUROPEAN CAPITAL OF CULTURE RUHR.2010 – BETWEEN ART AND URBANITY | KATJA AßMANN AND KARL-HEINZ PETZINKA

THE NEW RUHR METROPOLIS – CHALLENGE AND VISION Fifty-three cities have teamed up as the European Capital of Culture RUHR.2010 in order to bring a joint vision into reality. The Ruhr region is to be presented as a metropolis of a new kind. This programmatic aspiration is ambitious and can only be achieved in collaboration with the cities of the region.

Let us take a closer look at the traditional European metropolises. The metropolises are characterized by their size, their cultural diversity and their cosmopolitan population; all of them have evolved over centuries to attain their present form. The architectural landmarks of the various eras have been witness to a changeable history, giving these cities a distinctive atmosphere and identity of their own. As a rule the metropolises have a dominant center with an atmospheric density in vibrant urban districts, accessible at all times of the day and night via an extensive bus, rail, and metro network. The skylines of the most well known European metropolises spring to mind: the crowded "ramblas" of Barcelona, the lively, hip London districts, the "Kiez" of Berlin's Kreuzberg with its artists' studios and delicatessens, or the cozy street cafes in stately Paris. In these metropolises, the centuries' old, organically grown urban fabric with its diverse architecture, streets, quarters, parks, and infrastructure offers the matrix on which urban life can prosper. The interaction between urban space and its users is the crux in the vibrancy of metropolitan life.

One basic precondition for any deliberation on how a new Ruhr metropolis could be created, is to leave these preconceived images behind. The Ruhr region will never be able to rival Paris, London, or Berlin merely because a group of creative mavericks has decided to make it so. What is at stake here is the establishment of a metropolis of a new order, developing with the consideration of relevant contemporary discussions, out of the already existing structures of a fragmented, urbanized city landscape, yet capable of formulating potential future configurations.

The Ruhr region is centered on a pragmatic association of cities which, formed already in the nineteen-twenties as the Siedlungsverband Ruhrkohlebezirk (Municipal Association of the Ruhr Coalmining District), which is now called the Regionalverband Ruhr (Regional Ruhr Association). The only common denominator is the coal deposits beneath the cities of the Revier (coalfield). The appearance of the mines above ground epitomizes the rural scenery in the east, the pre- and early industrial landscape in the south, the Rhine valley plains of the west and the central and northern Ruhr region along the Hellweg and the Emscher River, which has been comprehensively reshaped by heavy industries. The observer is faced with a polycentric urban fabric with a population of 5.3 million covering a territory of 4,435 square kilometers, extending for more than one hundred kilometers from east to west and sixty kilometers from north to south. The overall picture is determined by an urban landscape that has developed over a relatively short time frame of 150 years in the wake of the industrial revolution.

During the ten years of its tenure (1989–1999), the International Building Exhibition Emscher Park initiated a process of transformation that light heartedly integrated all that is available in situ and takes the industrial history as a point of departure for the revitalization of the region. The poignant images are well known of the illuminated smelting works at Meiderich; the coal washing plant at the World Heritage Site "Zollverein," which now houses the Ruhr Museum; or the "Jahrhunderthalle" (Centenary Hall) in Bochum, which was turned into an excellent venue by the Ruhr Triennial. Gradually these places are displacing the imagery of "coal and dust" embedded in the collective memory of the society. Nevertheless, they remain merely isolated exceptions heralding change in the region. The European Capital of Culture RUHR.2010 aims at replacing obsolete preconceptions associated with the Ruhr area with unconventional and surprising novel images of a metropolis of a new order.

LARGE INFRASTRUCTURE FACILITIES – SEEN A NEW THROUGH AN ARTISTIC PERSPECTIVE The decimated industrial landscape along the Emscher and Ruhr rivers is characterized by an ageing and dwindling population on the one hand, and an abundance of buildings and infrastructural facilities on the other. Accordingly, it is clear that, rather than building a new Ruhr metropolis from scratch, the area will have to be developed from what exists there already. In future decades, the creative disciplines will have to evolve a clearassessment so that they can create a balance between the inevitable demolitions and a careful, intelligent remodeling of the areas. It should be remembered, however, that the phenomenon of a shrinking population is still a virtually unknown factor in the theory of planning, where classical analyses are invariably geared toward growth. As a consequence, any forward-looking assessment of a shrinking region will need to focus on different aspects in the readjustment of the planning process, even if it is still too early to determine which form this readjustment might take.

One thing is clear, however: anyone who proposes to be rid of the old, envisioning something else new in its place, will need courage. The IBA "Emscher Park" has shown such courage with its strategy "Wandel ohne Wachstum" (Change without Growth), which forms today, the foundation for the agenda of the European Capital of Culture RUHR.2010 in the program section "Stadt der Möglichkeiten" (City of Possibilities). Here, architecture, urban development, landscape design, and fine arts are juxtaposed in a constellation that has shown itself capable of producing surprising images and of discarding rigid, discipline-bound concepts. In accordance with precepts of an interdisciplinary diversity, the creative directors and their teams, together with curators, artists, architects, planners, and designers of international renown have risen to the challenge of investing this metropolis with a new order and a new visibility.

Even at the outset of the planning stage, it became obvious that the major infrastructure of the region and its primary transport links, offer a hitherto neglected opportunity to provide the future Ruhr metropolis with a characteristic form shaped by the creative tension between *art* and *urbanity*. The roads, canals, railway tracks, and rivers have been – and still are – geared to the unimpeded and high speed transport of industrial goods as well as sewage, and the direct, car-friendly connections of the agglomerations clustered around industrial facilities. In view of the fact that the future metropolis of fifty-three individual cities spread over a territory of some 4,500 square kilometers; it is obvious that long distances have to be covered. Anyone who would like to utilize the Ruhr metropolis in all its diversity has to be on the move constantly. Under the current conditions, the infrastructure – hitherto regarded negatively, as disruptive and separating – have established themselves as major routes of communication and are platforms for a future mobility in the *New Ruhr Metropolis*. These lines of transport have been the point of departure for large artistic projects of the "City of Possibilities." In the Emscher valley, three major transport routes are found in close proximity: the Emscherschnellweg (Emscher Expressway), which in its future guise as the Parkautobahn A42 (Parkmotorway A42) will form the central access route to the Emscher Landscaped Park. The Rhine-Herne Canal which, increasingly abandoned by the industrial sector, will be revitalized via the cultural route as the KulturKanal (Culture Canal) and the Emscher River as the area's largest future construction site, which is brought to the attention of the public by the EMSCHERKUNST.2010 Biennale.

Along with the Emscher Valley, the Hellweg zone is another major east-west transport route in the central Ruhr region. Following the course of the medieval trade route between the towns Nowgorod and Bruges, the busy Ruhrschnellweg A40 (Ruhr expressway) traverses the New Ruhr Metropolis, which boasts probably the most heavily used motorway network in Germany. The roads promote mobility; they were carved into the landscape in the time when the car-friendly city was considered the epitome of progress.

The project "B1|A40 Die Schönheit der großen Straße" (The Beauty of the Grand Road) invited artists, designers, and architects to explore the linear urban space of the motorway, uncover hidden qualities, find connections to the various spheres of life in its vicinity and dare to experiment with a sustainable, aesthetic reconfiguration of the motorway. In a temporary exhibition of twenty-two individual works at six sites along the A40 motorway, new forms of urban interaction and subversive strategies were tested. Under the curatorship of Markus Ambach, temporary works by internationally renowned artists emerged between the Kaiserberg junction in Duisburg and Dortmund's "Stadtkrone"; based on meticulous artistic research, the artists focused on the specific characteristics of the urban space along the motorway and critically examined the chosen sites with regard to their current significance, focusing on the appropriation and interpretation of the locations by the local users.

As a result, a novel temporary arts "parcours" was developed, inspired by the area's everyday life. The artists, however never dismissed the ordinary as banal, but rather uncovered invisible or neglected strata of urban life. The art works can be regarded as the initial manifestations of the long-term reconfiguration of the Bundesautobahn into a multilink metropolitan traffic zone as described in the "Masterplan A40".

With the "Textbrücken" (Textbridges) of the planning team orange.edge and the illuminated motorway church in Bochum-Hamme, the first design elements of the Gestalthandbuch A40|B1 (Design Handbook) chosen by the municipalities and the road owners were installed in the motorway zone itself. For all future measures, both the Regionaler Masterplan A40|B1 and the Gestalthandbuch A40|B1 will be legally binding with regard to planning regulations. "B1|A40 Die Schönheit der großen Straße", is thus an idiosyncratic vision that, translated into reality by the cultural "tour de force" of 2010, provides fascinating glimpses of what the future might look like – a pilot project for Europe in accordance with the standards set from the start by the Capital of Culture.

EUROPEAN CAPITAL OF CULTURE – AN EXCEPTIONAL SITUATION WITH FUTURE PROSPECTS The European Capital of Culture concept is celebrating its twenty-fifth anniversary, taking a retrospective look at the exciting evolution from a cultural festival to an instrument of sustainable cultural and economic promotion. RUHR.2010 has utilized the European Capital of Culture title as a boost for the sustainable transformation of an atrophying industrial landscape into a globally integrated, dynamic cultural landscape. It has been temporarily afforded the privilege of special conditions, a kind of cultural "free-for-all" zone, which offers scope for new development and experimentation with a view to finding exemplary solutions and sources of inspiration for the area. Under the headings "Metropole Gestalten" (Shaping the Metropolis) and "Bilder Entdecken" (Discovering Images), more than forty projects in the sphere of the fine arts, architecture, urban development, and landscape architecture were developed and translated into practice within the framework of this unique situation.

Contrary to classical strategies of urban development, which are usually reactive and seek to stabilize and integrate, the projects of the "City of Possibilities" have actively created images of the future. Already in the planning stage in the run-up to the Capital of Culture year, the fifty-three cities involved had to reflect deeply and analyze them urban landscapes carefully in order to prove the competitiveness of this regional collaboration. Accordingly, neighboring municipalities cooperated in the realization of the projects "KulturKanal," "Parkautobahn" and "B1|A40 Die Schönheit der großen Straße," in order to set an example with regard to the organization of a regional collaboration.

Each of the projects was developed under the auspices of a specific municipality. This procedure offered some initial clues to the ways in which RUHR.2010 might use the European Capital of Culture time period as a point of departure for a radical, all-encompassing approach to change whose impact might extend far beyond the present. The project "B1|A40 Die Schönheit der großen Straße" was able to be realized only due to the openness towards innovation and the willingness to take risks and the readiness to explore unknown territory on the part of all partners involved. The government of the federal state of North Rhine-Westphalia, the municipalities and the "Landesbetrieb Straßenbau Nordrhein-Westfalen (Straßen.NRW)" (Regional Authority for Road Construction), supported by the federal authorities have, in close cooperation, over-

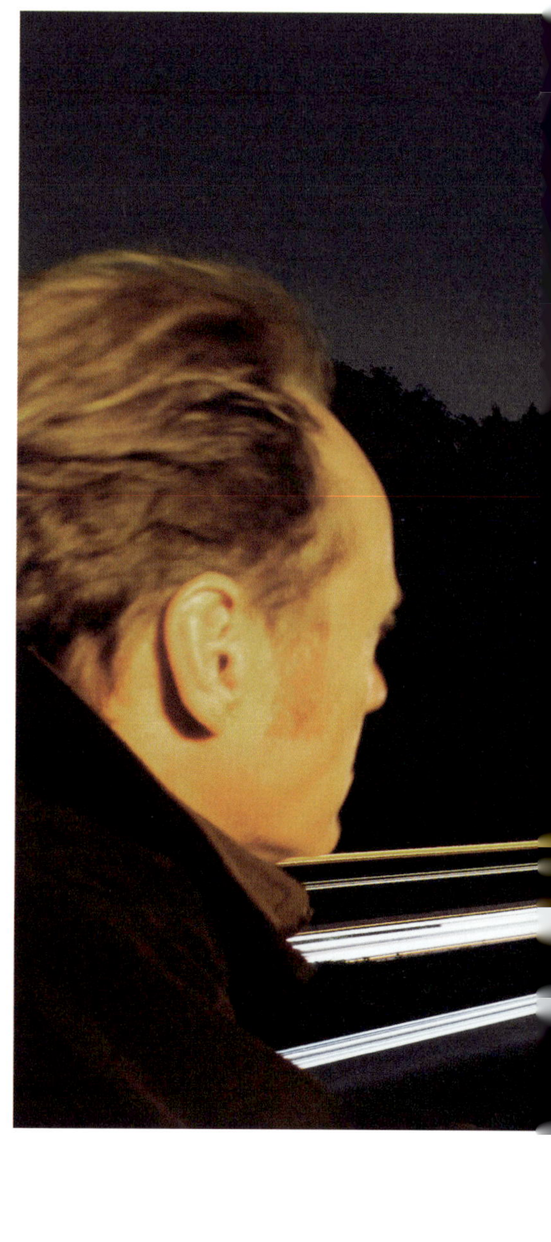

come most of the difficulties inherent in a new and different conception of urban planning. The paradigm shift in road safety concepts, which asserts that a purposeful utilization of special design elements along the motorway will enhance the driver's alertness rather than, as a distraction, disturb the flow of traffic; could thus be translated into actuality for the first time. The European Capital of Culture, as the prime stimulus and motivation for the idea for the B1|A40 project, provided an experiment in planning with an international platform by means of a complex image-building campaign. The challenge now is to take this mode of thinking one step further and to use these "tried and tested" planning methods mediating between art and urbanity, for the evolution of plans of action in the period up to the year 2030. The temporary art projects provide ample reason for proposing an opening of the rigid structures of the Regionaler Masterplan A40|B1 and the Gestalthandbuch A40|B1 , towards multi-disciplinary processes. Such an approach will offer the chance for the evolution of apposite and surprising answers to the questions of tomorrow, which will, in the long run, give the New Ruhr Metropolis a unique identity.

The European Capital of Culture RUHR.2010 has presented an impressive image of the New Ruhr Metropolis to the world; if also this image remains a challenge and vision rather than a reality. The region can crystallize and prove its future viability only by means of close regional cooperation. The experience of the past years has demonstrated that the established intermunicipal initiatives require constant mediation and additional motivation within a regional framework so as not to sink back into the traditional parochial way of thinking. Time will tell whether the region has learned from its past experiences and will be able to bring to life the proposed "Wandel durch Kultur – Kultur durch Wandel" (Change through Culture – Culture through Change). Orientated to Europe, the New Ruhr Metropolis has the chance of establishing a dialogical and future-oriented strategy of action of its own, which could also serve as a prototype for metropolitan regions elsewhere.

Parallel zu „B1|A40 Die Schönheit der großen Straße" wurde im Rahmen des „Mobilitätsbandes A40|B1" von der Stadt Bochum stellvertretend für die Anrainerkommunen der A40 der „Regionale Masterplan A40|B1" und das „Gestalthandbuch A40|B1" zur zukünftigen Gestaltung der A40 in Auftrag gegeben und am 12.07.2010 verabschiedet, die im Folgenden vorgestellt werden.

Parallel to "B1|A40 The Beauty of the Grand Road" and within the framework of "Mobilitätsband A40|B1," the "Regionaler Masterplan A40|B1" and the "Gestalthandbuch A40|B1" for the future configuration of the A40 were commissioned and, on July 12, 2010, adopted by the city of Bochum as the representative of the municipalities adjacent to the A40; both concepts will be presented on the following passages.

VOSSEN

REGIONALER MASTERPLAN A40|B1

REGIONALER MASTERPLAN A40|B1 | RUDOLF SCHEUVENS UND MICHAEL HEHENKAMP Man darf und muss sich fragen, ob im Ruhrgebiet in der „Nach-IBA-Zeit“ nicht schon genügend Masterpläne erarbeitet wurden und ob es wirklich noch eines zusätzlichen Masterplans zur Entwicklung des Ruhrschnellwegs, der A40|B1, bedurft hätte. Wäre da nicht die gewachsene Erkenntnis, dass Image, Adresse sowie die kulturelle Bedeutung dieses zentralen Verkehrs- und Stadtraumes als Standortfaktoren im Sinne des territorialen Kapitals an Bedeutung gewinnen werden. Und wären da nicht auch ganz spezifische Herausforderungen gegeben, die angesichts des bereits laufenden verkehrstechnischen Ausbaus eine planerisch/konzeptionelle Neupositionierung der stadträumlichen Bedeutung des Verkehrsbandes und der angrenzenden Stadträume erforderlich machen würden. Faktisch geht es dabei um den sechsspurigen Ausbau und die Einkapselung des Straßenraumes mit sechs Meter hohen Lärmschutzwänden. Der Ausbau der A40|B1 zu einer leistungsfähigen Autobahn für eine der dicht besiedeltsten Regionen Europas geht in die nächste Etappe.
Ein kurzer Blick zurück: Vor rund zehn Jahren fand in Gelsenkirchen eine internationale Herbstakademie zur A40|B1 statt. Studierende unterschiedlichster Disziplinen befassten sich mit dem Stadtraum entlang dieser „lauten Straße“ und entwarfen Zukunftsbilder, setzten Akzente und provozierten damit eine neue Debatte: „Die A40|B1 als die Champs-Élysées des Ruhrgebietes.“ Vordergründig eine extrem hinkende Metapher. All die Lärmschutzwände, technischen Brückenbauwerke, die Tunnelabschnitte oder die Blicke in die Hinterhöfe des Ruhrgebiets, die sich wohl kaum mit dem Stadtraum der Pariser Prachtstraße in Verbindung bringen lassen. Aberder Vergleich animiert auch dazu, über die vorhandenen und vielleicht verborgenen Talente des Straßen- und des Stadtraumes im und vor allem für das Ruhrgebiet neu nachzudenken.
Der Ruhrschnellweg ist einer der wenigen durchgängigen, ost-west-verlaufenden Stadträume, der alle großen Kernstädte des Ruhrgebiets in Beziehung zueinander setzt. Viele Universitäten, überregional bedeutsame Technologiestandorte und internationale Unternehmenszentralen haben im direkten Nahbereich zur A40|B1 ihre Adressen. In einer Region, die Fremde und Besucher immer eher als großes, undurchschaubares Labyrinth erleben, gibt die A40|B1 die notwendige Orientierung. In der Wahrnehmung aber war und ist die Autobahn Rückseite, Randzone und nur für den Autofahrer bekanntes Terrain – nicht zuletzt aufgrund der ständigen Staus äußerst negativ belegt. Diese Wahrnehmung zu ändern, eine neue Sicht auf den vorhandenen, vielfältigen Stadtraum und seine Potenziale zu werfen und diese zu entwickeln, ist daher die eigentlich treibende Kraft des Masterplanes A40|B1.
Aus Anlass der verkehrstechnischen „Modernisierung“ des Ruhrschnellwegs hat sich eine interkommunale Initiative der Städte „von Moers bis Unna“ unter Federführung der Stadt Bochum gebildet und sich zum Ziel gesetzt, einen „Regionalen Masterplan A40|B1“ für den Stadt- und Verkehrsraum entlang des Ruhrschnellwegs zu erarbeiten. Im Fokus des Interesses stand die Suche nach einem gemeinsamen Verständnis im planerischen Umgang mit der Straße selbst, wie mit den vielzähligen, oftmals untergenutzten Standorten und den hoch belasteten Wohngebieten „rechts und links“ der Autobahn. Im Rahmen der Erarbeitung des regionalen Masterplans waren Fragen zu klären, wie dieser 75 Kilometer lange Stadtraum strukturiert, das regionale Profil erkennbar, die angrenzende Struktur der regionalen Stadtlandschaft ablesbar und die Orientierungswirkung verbessert werden können. Darüber hinaus drängten sich Fragen auf, wie auch einzelne Anrainerstädte ihre Wahrnehmbarkeit schärfen und ein eigenes spezifisches Gesicht zum Verkehrsband ausbilden können. All diese Fragen lassen sich nicht isoliert beantworten. Ein solcher Masterplan ist nicht als isolierte fachplanerische Leistung zu verstehen und kann erst recht nicht als dirigistisches Planwerk einer irgendwie definierten „Masterplaninstanz“ begriffen werden. Der regionale Masterplan musste sich von Beginn an als Plattform einer öffentlichen Debatte zur Entwicklung des gemeinsamen Stadtraumes etablieren, musste Gehör finden, Akteure vernetzen und das vorhandene Kreativpotenzial aus den verschiedensten Feldern von Politik, Verwaltung, Städtebau und Wissenschaft aktivieren. Der Masterplanprozess war und ist damit nicht nur Mittel zum Zweck, sondern kultureller Beitrag einer öffentlichen Diskussion um die Zukunft der Region.
Eine Reihe aufeinander abgestimmter Werkstätten und Arenen prägte diesen Prozess, gab ihm Kontur und brachte Wissen, Erfahrungen und Ideen aus unterschiedlichen Bereichen zusammen: aus Politik und Verwaltung ebenso wie aus Verbänden, Institutionen, Unternehmen und Vereinen.
Über den Regionalen Masterplan A40|B1

wurde ein Prozess der Umdeutung und In-Wert-Setzung eingeleitet, der über die (Neu-)Programmierung von Entwicklungsräumen (sogenannte RegioPOLE), über die Verständigung auf Leitlinien und Entwicklungsschwerpunkte und über die Ausbildung erfahrbarer Raumsequenzen zu einer neuen Qualität des regionalen Stadtraumes entlang der Stadtautobahn führen kann. In der Summe bilden die konzeptionellen Aussagen und Vereinbarungen die Basis zu einem neuen regionalen Verständnis im Umgang mit der Stadtautobahn: weg von der alleinigen Orientierung auf verkehrsfunktionale Anforderungen und Belange hin zu dem vernetzten Bild einer urbanen Stadtautobahn als verbindendes Rückgrat der Region.

Der Ruhrschnellweg hat beste Voraussetzung dazu, „Schaufenster" und Entwicklungsachse der „Metropolregion im Werden" sein zu können. Voraussetzung dazu ist, den begonnenen Dialog nun auch konsequent weiterzuführen, eingeführte Formen der Zusammenarbeit zu verstetigen und weitere Partner in den Prozess einzubeziehen. Der Regionale Masterplan A40|B1 steht erst am Beginn dieser lohnenden regionalen Initiative im Ruhrgebiet.

Weitere Infos: www.planung-a40-b1.de

REGIONALER MASTERPLAN A40|B1 | RUDOLF SCHEUVENS AND MICHAEL HEHENKAMP 75KM OF URBAN SPACE One might well wonder whether, in view of all the master plans that have been produced in the wake of the IBA, it was absolutely necessary to create an additional master plan for the development of the Ruhrschnellweg (Ruhr Highway), the A40|B1 – if it was not for the growing recognition of the fact that the image, location, and cultural significance of this major traffic zone, as the context in terms of real estate value will increasingly gain in importance. Moreover, there are several site-specific challenges which, in view of the continuing extension of the traffic infrastructure, necessitate a "reappreciation" with regard to planning and conception, of the "inter-urban" importance of this highway its adjoining urban spaces. In effect, what has been proposed is the six-lane extension of the motorway and its enclosure by means of six meter high noise barriers. The transformation of the A40|B1 into a highly efficient road connection serving one of the most densely populated regions in Europe is proceeding to the next phase.

Let us take a retrospective look at the last decade: around ten years ago an international Herbstakademie (autumn workshop) focusing on the A40|B1 motorway was held in the town Gelsenkirchen. Students from various disciplines discussed urban space along this "noisy highway" and developed future concepts and ideas, thereby provoking a new debate: "The A40|B1 as the 'Champs-Élysées' of the Ruhr region." At first glance this is an inappropriate metaphor. The noise barriers, bridge constructions, tunnels, or views of the "underside" of the Ruhr region can hardly be compared to the urban splendor of the Parisian boulevard. Nevertheless, the comparison might provoke a second look at the obvious advantages of the traffic network and urban space for the Ruhr region.

The Ruhrschnellweg (Ruhr Highway) is one of the few continuous urban zones that interlink all major central cities of the Ruhr region from east to west. A great many universities, renowned technological facilities and international business headquarters are located in the immediate vicinity of the A40|B1. In an area that is frequently perceived as a large, confusing labyrinth by strangers and visitors, the A40|B1 provides a sense of orientation. In general, however, the motorway has been – and still is – regarded as a separate area, a fringe zone and a terrain only known to commuters; its negative image is due, not least, to the perennial traffic congestion. Accordingly, the major motivation of the "Regionaler Masterplan A40|B1" has been to change this perception and to try and develop a new perspective on this multifaceted urban space and to fulfill its potential.

During the modernization of the Ruhrschnellweg's traffic infrastructure, an intermunicipal initiative of the cities that lie between Moers and Unna was formed; spearheaded by the city of Bochum. Planners have resolved to produce a "regional master plan" for the urban space and traffic zone along the Ruhrschnellweg. The master plan focuses on the search for a joint planning approach to the road and also towards the numerous, often neglected locations and deprived residential areas in the vicinity of the motorway. The regional master plan had to resolve the question of how to structure the seventy-five-kilometer-long route, enhance the regional identity and the structure of the adjoining regional urban landscape as well as clarify the routes. Moreover, the master plan had to discuss suitable ways in which the individual cities adjacent to the road in order to enhance their profile and develop their own unique cityscape along the road. None of these questions can be discussed as separate entities. A master plan such as this one should not be understood as the isolated effort of professional planners and certainly not as a dirigiste concept decided on by a superior "master plan authority." From the onset, the regional master plan had to establish itself as a platform for public debate about the development of a communal urban space; it had to find means of communication to establish a network of partners and inspire the creative potential of many different spheres ranging from politics, administration and urban development, to the field of science. Thus, the master plan process has been – and still is – not merely a means to an end, but rather a cultural contribution to the public debate about the future of the region.

A series of coordinated workshops and events has contributed to this process, providing a more clearly defined focus and interlinking the knowhow, experiences, and ideas of many different areas – ranging from the realms of politics and administration to associations, institutions, businesses, and clubs.

Thanks to the Regionaler Masterplan A40|B1, a process of reinterpretation and reevaluation was initiated that can, via the (re-)programming of zones of development (the so-called RegioPOLE), the joint definition of guidelines and key development areas as well as the configuration of pragmatic spatial sequences result in a new quality of the regional urban space along the motorway. The conceptual positions and agreements form the basis for a new regional perception of the motorway: the orientation towards functional demands and concerns of traffic infrastructure has been replaced by an interlinked image of the motorway as the major traffic spine of the region.

The Ruhrschnellweg offers ideal conditions for its use as a "showcase" and driving force behind the development of the future metropolitan region, and provided that the dialogue started here will be continued with all due consequence and, provided that established forms of cooperation are developed and further partners will be integrated into this process. The master plan marks only an initial step in the evolution of this promising regional initiative in the Ruhr region.

[Further information on the Regional Master Plan A40|B1 is available at: www.planung-a40-b1.de]

Essen-
Zentrum
224

GESTALTHANDBUCH A40|B1

PIMP UP MY HIGHWAY | STEFANIE BREMER UND HENRIK SANDER Schön sind sie nicht. Oft stören sie sogar. Ihr Bau ist fast immer mit Konflikten verbunden. Dennoch sind Autobahnen ein notwendiger Teil der modernen Stadt. Wer die räumliche Situation verbessern will, muss lernen, mit der Autobahn als Stadtraum umzugehen. Schon durch kleinere Maßnahmen kann dafür gesorgt werden, dass der Verkehrsalltag der Menschen erträglicher gestaltet wird. Wer dann noch etwas weiter blickt, erkennt, dass in der großen Straße auch eine große Aufgabe schlummert: Über einzelne Stadtgrenzen und Zuständigkeiten hinweg kann man der Region ein Gesicht geben. Dafür haben die Anrainerstädte zusammen mit dem Straßenbaulastträger das Gestalthandbuch A40|B1 erarbeitet.

Die A40|B1 verbindet die Kernstädte des Ruhrgebiets zu einem Raum. Entlang der Autobahn wird der Strukturwandel der Region sichtbar. Auf einer fast 100 Kilometer langen Strecke kann sich das Ruhrgebiet präsentieren – zum Beispiel mit interessanten Stadtkulissen, neuen Technologieparks und national bedeutenden Universitätsstandorten.

Das Gestalthandbuch A40|B1 besteht im Kern aus sieben Grundregeln. In diesen Regeln sind stadt- und verkehrsplanerische sowie betriebswirtschaftliche Belange zur Synthese gebracht worden. Dadurch erleichtert das Handbuch die Arbeit in der verkehrsplanerischen Praxis. Die Grundregeln sorgen dafür, dass zukünftige Um-, Ausbau- und Pflegemaßnahmen mit gestalterischen Aspekten verknüpft werden. Das, was in den kommenden Jahren neu in die Straße investiert wird, soll etwas stadtverträglicher und schöner gemacht werden.

So haben sich die Beteiligten beispielsweise darauf geeinigt, dass bei zukünftigen Pflanzmaßnahmen immer die gleiche Baumart im Vordergrund der Straße verwendet wird, sodass im Laufe der Zeit über die Stadtgrenzen hinweg eine von Moers bis Unna durchgängige Allee entsteht. Als Baumart wurde die Säuleneiche ausgewählt – ein Baum, der hinreichend industriehart ist und gleichzeitig durch seinen schlanken Habitus auch bei dem oft geringen Platzangebot der A40 gepflanzt werden kann. Für die zukünftigen Lärmschutzwände wurde Grün als Grundton festgelegt. Der helle Ton der Wände steht im Kontrast zum dunklen Grün der Eichenblätter, sodass der Alleebaum dadurch besser zur Geltung kommt. Gleichzeitig werden die Lärmschutzwände an bestimmten Stellen farbig gestaltet, um auf be-sondere Stadträume hinzuweisen oder um in monotonen Streckenabschnitten für etwas Abwechslung zu sorgen. Anschlussstellen als Übergänge vom Straßen- in den Stadtraum werden rot markiert. Auf der Anwohnerseite werden die Lärmschutzwände grundsätzlich begrünt. Auch straßenseitig werden die Wohngebiete durch einen dichten Gehölzbestand von der A40 abgeschirmt.

Repräsentative Stadträume dagegen werden durch einen offen gestalteten Straßenrandbe-reich – teils mit tranparenten Lärmschutzwänden – sichbargemacht. Landschaftsfenster öffnen den Blick in angrenzende Freiräume.

Als besonderes Gestaltungselement erzählen kurze Texte an ausgewählten Brücken von den Eigenheiten der Städte. Unter dem Titel „Ich bin einer von wir" wird beschrieben, was die Menschen mit ihrer Region verbindet: das viele Grün, der gute Fußball oder die geografisch zentrale Position mitten in Europa. Die Straße wird so zur Bühne der Metropolregion Ruhr.

Das Gestalthandbuch A40|B1 setzt einen Rahmen, der die Strecke als Einheit erfahrbar macht. Gleichzeitig öffnet es Gestaltungsspielräume, um auf lokale Besonderheiten reagieren zu können.

Das von Straßen.NRW durchgeführte Projekt „Barcode A40" ist ein Beispiel dafür, wie dieser Rahmen ausgefüllt werden kann. Hier waren die Menschen der Region und die Pendler der Straße aufgefordert, durch bunte Farbstreifen auf einer Lärmschutzwand eine Geschichte zur Region oder zum Verkehrsraum zu erzählen. Das Projekt wurde als Teil des deutschen Beitrags auf der Architektur Biennale in São Paulo präsentiert. Auch der renommierte Art Directors Club hat das Projekt 2010 als gelungenes Beispiel für Kommunikation im öffentlichen Raum ausgezeichnet.

Mit dem Handbuch zeigen die Kommunen, wie man auch großmaßstäbliche Verkehrsräume wieder in die Stadt re-integrieren kann. Der Verkehrsraum bekommt eine besondere Bedeutung. Die Straße wird als öffentlicher Raum zurückerobert und dabei wird die Gestaltung gleichzeitig als verkehrspsychologisches Instrument genutzt.

Die Gestaltung von Autobahnen ist eine neue, vielleicht nicht in allen Städten und Landstrichen offensichtliche Aufgabe. Dass man sich im Ruhrgebiet seit einigen Jahren intensiv mit den vielen Autobahnen der Region beschäftigt, verweist auch darauf, dass das Ruhrgebiet nun mal anders ist.

Und das wird gut so.

226
Ich komm' zur Ruhe

PIMP UP MY HIGHWAY | STEFANIE BREMER AND HENRIK SANDER Highways are not beauties. They are often really tiresome. Their construction is almost always beset by conflicts. Nevertheless, motorways are an integral part of the modern city. Anyone who would like to change the spatial situation for the better has to learn to accept that highways are a crucial element of urban space. Even small measures can help make the general traffic situation more bearable for road users. Those who look further afield will realize that the motorway also poses a big challenge: it provides an opportunity for a unifying the region as a whole beyond specific city limits and jurisdictions. To this end, neighboring cities, together with the authority responsible for road construction, have produced the Gestalthandbuch A40|B1 (Design Handbook A40|B1).

The A40|B1 is the link that unifies the core cities of the Ruhr region into one single zone. Along the motorway, the structural change of the region is palpable. This route of almost one hundred kilometers, provides the Ruhr region with an opportunity to present itself to the outside world – for instance with unusual urban ensembles, new technology parks, and important universities.

The Gestalthandbuch A40|B1, in effect, consists of seven basic rules which reconcile city and traffic planning concerns and operational economic requirements. In this way, the handbook facilitates the work at hand in practical traffic planning. The ground rules ensure that all future measures, with regard to structural alterations, extensions, and maintenance will also have to consider creative factors. The investments that are to be spent on the road in the coming years are supposed to give the motorway a somewhat more pleasant aspect and to make it more compatible with the cities in its vicinity. Accordingly, the parties involved have, for example, decided that in future landscaping, only one species of tree will be used for roadside vegetation so that in the course of time a single continuous boulevard, traversing the city limits between Moers and Unna, will emerge. The species of tree selected is the towering English oak – a tree sufficiently sturdy enough to withstand industrial pollution yet, because of its slim shape, is at the same time suitable for the restricted space available along the A40. For the noise barriers, green was chosen as the basic color. The light green hue of the walls will contrast with the dark green of the oak leaves, accentuating the silhouettes of the trees. At the same time, along some sections, the noise barriers will be

painted in various colors in order to indicate specific urban areas or to provide visual relief on monotonous stretches of road. Junctions will be marked in red to indicate the transit from road to urban space. The façade of the noise barriers turned away from the road will be planted with greenery, while on the side facing the motorway, a dense planting of shrubs and trees will create a verdant screen between residential areas and the A40. In contrast however, significant urban spaces will be made visible from the road by means of a roadside design, in parts with transparent noise barriers. Horizontal windows will also provide views of adjacent open spaces. As a special design element, short texts mounted at some bridges will outline the characteristic traits of the cities nearby. Under the slogan "Ich bin einer von wir" ("I am one of we [sic]"), the signs will describe some of the characteristics of the area expressed by the residents: e.g., large green areas, excellent football played by the local clubs, or their central geographical position at the heart of Europe. In this way, the road will become a kind of a stage on which the metropolitan Ruhr region can present itself. The Gestalthandbuch A40|B1 provides a framework that allows the perception of the road area as a single entity. At the same time, it offers ample scope for the introduction of design elements which can relate to the local context. The "Barcode A40" project organized by Straßen.NRW, provides a fine example of how these designs can be filled with life. Here, local residents and commuters who use the A40 were asked to tell an anecdote about the region or the traffic zone by means of multicolored stripes on a noise barrier. The project was presented at the International Architecture Biennale of São Paulo as part of Germany's contribution. The renowned Art Directors Club also granted the "Projekt 2010" an award for its excellent contribution to communication in the public realm. The handbook serves to illustrate the various ways in which even large-scale traffic zones can be reintegrated into the city. Transport areas are given special significance. The road is reconquered as public space; at the same time, its design is used as an instrument of psychological traffic organization. The reshaping of motorways is a novel challenge, even if their importance may not be apparent in all cities and regions. The fact that the Ruhr region has concentrated on improving the numerous regional motorway for some years already demonstrates that the area is, quite simply, different.
And that is as it should be.

BANGEMACHEN GILT NICHT
AUF DER SUCHE NACH DER ROTEN RUHR-ARMEE

VIELLEICHT NICHT SONDERLICH WEIT VON DER HÄLFTE UNSERES LEBENS (PROGNOSTISCHE SIMULATION VON 1973 AUF 1983 UND WEITER AUF 2001 ZU) | EIN AUSZUG | JÜRGEN LINK

Vielleicht nicht sonderlich weit von der Hälfte unseres Lebens – die hängt bekanntlich davon ab, ob die bisher langsam aber sicher steigende statistische Erwartungskurve noch einmal einknicken sollte in den vor uns liegenden Zeiten, falls nämlich der V-Träger[1] noch einmal verrückt spielt – arbeitete sicher die eine oder der andere von uns nach Zwischenzeiten der Arbeitslosigkeit (ob nun aus Gründen politischer Aktivität oder des sogenannten Strukturwandels) hier bei verschiedenen Firmen oder auch Arbeitsbeschaffungsunternehmungen im Ruhrgebiet und hatte sich dabei diversen Fahrgemeinschaften angeschlossen. Angenommen sie gehörte zu unserem weiblichen Teil und hatte wieder Frühschicht und es war März, März 19ixund80 etwa, woher sollen wir das jetzt schon genauer wissen, dann stand sie also frierend und mit eingezogenen Schultern Punkt zehn vor fünf am langsam wieder eingeschwärzten oder neulich wieder frisch bemalten Bunker in der Nähe des Straßenbahndepots (oder eben entsprechend anderswo, zum Beispiel am Kirmesplatz, in der Nähe vom Gefängnis) im kalten Regen, vielleicht genauer im Schneeregen, mit der Tasche am Riemen über der frierend eingezogenen Schulter und wartete auf den Wagen der neuen Kollegen (beziehungsweise Kolleginnen), der dann auch todsicher bald ankam – sie erkannte ihn schon am langsamen Fahren und Blinken. Vier, fünf je in ihre Haut verkapselte Körper spürten sich dann quasi gefühllos, sobald die Wagentür das lebensfreche Geschluchze der Vögel aus dem dumpfen Gerassel der Motoren herausgelöscht hatte, schlaftrunken durch Wolle und Leder, rochen nach Feuchtigkeit, verstießen gegen die Anschnallpflicht (Berufsverkehr wird nicht mal in diesen künftigen Jahrzehnten kontrolliert), dusselten wieder ein, wurden aber ständig wachgeruckelt, hatten teils Mattscheibe wie bei andauernder Bronchitis. Egal wie viele von uns im gleichen Auto oder in mehreren Autos zur gleichen Zeit bloß auf verschiedenen Strecken fahren würden: Immer werden wieder kurze Stücke Autobahn kommen, B1 oder NS9[2] oder Tangenten, und dann wieder Ausfahrten, wo es von allen Seiten blinkt, und Stücke Ausbaustrecken oder Stücke enge Schleichwege mit trüber Beleuchtung im Zickzack durch alte Industrieviertel an geschwärzten Ziegelwänden entlang, immer mit dem Blick auf die Uhr und der Idee im Kopf, den bekannten Staus in der Nähe der Citykerne zu entgehen, nur allzu oft umsonst. Wenn die Autoketten vor Ampeln oder auch vor Einspurverkehr an Baustellen zum Stehen kamen, setzte jedesmal wieder, als wäre die Windschutzscheibe ein Bildschirm, das stupide Registrieren der Kennzeichen des vor uns stehenden Wagens in unserem zweiten Bewusstsein ein, samt unwillkürlichen automatischen Assoziationen bei den Buchstabenpaaren: HSK (Hilfe sie kommen) oder EN (Europas Nieten), natürlich auch BM (Baader-Meinhof), oder bei Zahlen wie den 40ern, teils schon 50ern (unsere Geburtsjahre) oder 29 (der große Crash, auf dessen Wiederholung wir wohl oder übel glaubten warten zu müssen, um auf unserem langen Marsch im Kampf mit dem V-Träger doch noch einmal „Oberwasser zu bekommen", wie unsere Oma gesagt hätte) – oder eben 20 (Rote Ruhr-Armee). Einzelnen auch wurde es plötzlich heiß unter der Haut bei Kombinationen, die sie zur Chiffrierung verwendet hatten. Geredet wurde morgens nicht, außer den kurzen Tipps für die Schleichwege, die lakonisch wie für die Handhabung von Maschinen ausgetauscht wurden: Fahr durch den Parkplatz durch, er zieht sich um die Ecke vom Arbeitsamt, du kannst hinten wieder raus auf die Verbindung, das spart zwei Ampeln. Notiert wurde morgens erst recht noch nicht, obwohl wir unsere diversen kleinen Notizbücher und Zettelblöckchen, auf deren Eintragungen sich dieser Text stützt und auf deren Basis er montiert ist, stets bei uns trugen und oft genug auf den Werksklos hastig weiter vollschrieben. Als wir bei der Razzia in den alten Gärten gefilzt wurden (und das ist keine schrille Zukunftsmusik, sondern vor kurzem bereits passiert), wurden bei jedem von uns im Schnitt drei Notizheftchen beschlagnahmt und nach Begriffen wie „Tui", „Azuvitui", „Chaoten" oder „Rote Ruhr-Armee" durchforscht, was alles an seinem Ort berichtet werden wird.

Wie gesagt, gab es am Morgen selten schon so etwas wie ein Gespräch, aus dem Schlaf gerissen wie wir waren – das käme erst später in den Pausen und auf dem Rückweg, da wäre die Maschine dann wieder eingelaufen: Thema 1, Thema 2, Thema 3, genau wie die Glotzenprogramme 1, 2, 3, in unserem Falle eigentlich mehr Thema 4, das heißt Politik. Aber egal welches Thema: Nach der Arbeit würde das Klappern der hohen Absätze und das Plappern der roten Münder auf jeden Fall munter klingen und manchmal fast Übermut in der Luft liegen. Selbst bei Regen würden wir auf der Rückfahrt dann auch manchmal Rockmusik einschalten, nicht aus dem Radio, weil wir die Charts mit ihrem hektischen Markt- und Konkurrenzbrei des V-Trägers hassen, aber von Bändern, die uns die jüngsten Junioren aus ihren Lieblingen zusammengestellt haben werden. Jetzt am Morgen: Liefen die Scheibenwischer mal glatter, mal störrischer, sodass der Fahrer die Waschanlage betätigen musste, und entsprechend liefen unhörbare Wörter durch die Gehirne, langsam und auf ihre Weise zähflüssig mit zeitweiligem Stillstand, so wie das Autoradio, das sagte über einen Stau auf der B1 („A430 vormals B1", aber keiner von den Kollegen sagte A430, alle sagten weiter B1, wie sie es immer gesagt hatten). Es liefen dann sicher auch verhasste Schlagermelodien durch die Gehirne, auch uralte plötzlich wie Schmidtchen Schleicher, die waren schon gar nicht mehr wahr und waren jetzt aufgetaucht, weiß der Teufel warum, aus abgebrochenen Träumen oder wahrscheinlich eher durch unwillkürliche Assoziation, weil vor uns ein „Schmidtchen Schleicher" fuhr, wie die Kollegen damals in den 1970er Jahren gesagt hatten, das „damals" von der künftigen Hälfte des Lebens aus gesehen, nicht von jetzt, wo wir dies in den tiefsten 70er Jahren steckend schreiben: Ohrwurmmelodien aufgetaucht, doch nicht bereit, zu verschwinden, das würde heute noch heiter werden können als Begleitmusik zu den abzuleistenden Aufmerksamkeitsleistungen beziehungsweise Handgriffen an den diversen Maschinen, Apparaten oder Bildschirmen, eigentlich auch das ein ewiges Weiterautofahren und Lenken und Pendeln mit immer den gleichen Ein- und Ausfahrten, als ob das nicht stupide genug gewesen wäre. So wiederholte sich also das meiste auf diesen Pendelfahrten zur Arbeit: der Regen oder der Schneeregen oder der Schnee, die Schlager im Kopf

und die verschmierten Scheiben und die Spritzfontänen der Waschanlage und die Takte der Scheibenwischer, das elegant jonglierende Durchkurven der Motorräder und das brutale Vordrängeln der BMWs vor dem Einspurverkehr an den Baustellen, bis hin zur Kettenreaktion, dem Aufleuchten des vielfachen Rot vor uns in der Schlange, wenn jemand irgendwo vorne bremsen musste, und dem langen schrillen Schellen der Straßenbahn plötzlich direkt links, als wäre die linke Wagenwand weggerissen, dass es euch jedesmal wieder im ersten Moment kochend heiß geworden sein wird unter eurer kalten Haut: Elend, jetzt ist es soweit und der Unfall passiert! (Statistisch ist das jeden Tag im Ruhrgebiet für ein oder zwei der letzte Gedanke überhaupt.) Immer wieder hatte vorne einer plötzlich gebremst, um mit Hauruck und Holterdiepolter über die Bordsteinkante abzubiegen, rechts in eine Einfahrt hinein, im Weiterfahren habt ihr ihn manchmal schräg vorne noch durchfedern gesehen bis auf die Achsen, habt noch seine Scheinwerfer rumschwenken gesehen wie die Drehung beim Hammerwerfen, und weg ist er gewesen, weggetaucht, weiß der Himmel in welchen Arbeitstag hinein. Weggewesen und immer wieder da: Die Maschine hat sich nun mal weiter drehen gemusst, um unsereins hier unten am Kacken zu halten, wie die Frauen der Rádeldas[3] zu sagen pflegten: die Bahn- und Autobahnbrücken über uns, mit der Zeit auch ganz neue, die letztens noch gar nicht da waren – das Aus- und Wiedereinsetzen des Regengeprickels auf der Scheibe, sekundenlang das dröhnend hohle Geräusch und dann wieder das übliche Zischen. Weggewesen und immer wieder da, die Radiomeldungen über Staus auf der B1 oder NS13 und dann auch wieder unangenehm laut die neuesten Schlager: seit wann in diesem „Minimal English" mit Ruhrpottakzent und unterlegt mit diesen immer gleichen, höchstens mit der Zeit beschleunigten Schlagzeugsynkopen, oder gar Politik von der Stimme des hässlichen Deutschen mit seiner sinnlosen Betonung jedes einzelnen Wortes: stell leiser, stell ab, hat wirklich kein Zweck. Wenn das Radio wieder aus war, hörtet ihr wieder stärker das wechselnde Rattern des Wagens, etwa wenn er beim Überholen von der rechts laufenden Asphaltspur auf die basaltgepflasterte Zone in der Mitte geriet, in der die Straßenbahnschienen untergebracht sind, ob sich der Ruhrverkehrsverbund nun U-Bahn schimpfen würde oder nicht, wenn er da dann ein paar 100 Meter scheppernd und klappernd langfuhr und dann wieder zurückbog auf den Asphalt.

Wenn die roten Ampeln den dunklen Regenhimmel leicht violett machten und die grünen dann ruckartig wieder grau, fingen die lautlosen Wörter schon hin und wieder an, sich etwas schneller durch die Gehirne zu drehen, obschon sie an solchen nasskalten trüben Arbeitstagen bei weitem nicht das Tempo auch nur der langsamsten Maschinenspiralen erreichten. Selten passierte es, dass einer oder einem von uns ein Gedanke „heiß auf die Seele fiel", wie die polnischen Omas gesagt hätten: Habe ich dem Kind eigentlich das Geld gegeben für…, dass die beruhigende Erinnerung oder das Ticken des Blinkers oder die Berührung der sich in der Kurve aneinanderneigenden, noch einzeln in sich eingekapselten Körper unerwartet eine wohlige Gänsehaut auf der einen oder anderen Haut hervorrief und sie eine Ampel lang fühlbar weiblich oder männlich machte, auch das schon wieder vorbei. Schon wieder vorbei und seltener noch auf einer dunklen Sohle in einzelnen unserer Gehirne ein heimliches Los geht's ganz von selbst wie kitzelndes Muskelzucken als halb geträumter unwillkürlicher Hüpfschritt auf dem Wege zu wiedergewonnenen alten oder gar zu neuen Umarmungen. Beim Einbiegen in das Werkstor, wenn die Straßenbahnen wieder schrillend Alarm schellten und die Bremsen der Vorderleute quietschten, schwenkten dann endlich auch unsere eigenen Scheinwerfer rum wie beim Hammerwerfen und knallten dabei dem Schlagzeitungsmann in seiner weißen Plastikmontur eine Ohrfeige, während auf der anderen Seite unseres Autos eine parkagrüne Silhouette mit was Blitzeweißem in der Hand aus dem Dunkel vorsprang. Wir stoppten dann brutal, auch wenn die Kollegen hinter uns noch so hupten, drehten die Scheibe herunter und ließen uns zwei von den Blättchen geben: Für uns reichen zweiter Einver oder neue Vereinleins – die gibt es doch seit Jahren nicht mehr, die neuen Vereinleins, und auch der Einver ist womöglich nicht ewig, zeig mal her oder gibt es was ähnliches wieder inzwischen oder am Ende was wirklich Neues im Westen? Wie lange das eigentlich her war inzwischen, dass wir selber, wie wir hier saßen, da draußen gestanden hatten mit gelbem oder rotem Ölzeug im Regen: 10 Jahre mindestens oder schon 15 oder bald vielleicht 20? Und was hatte das Ganze gebracht? Was hatten wir mehr bewegt als große Berge Papier? Würden wir je erfahren, ob wir den V-Träger wenigstens einmal wirklich geärgert hatten? Was war geblieben vom „Hüttenpartisan" und der „Zündung" und unseren übermütigen Gags über die „Neue Rote Ruhr-Armee" und die „Befreiten Gebiete Ruhr", die uns vergangen waren nach den Schlagzeilen der Schlagzeitung und nach der Razzia in unseren alten Gärten. Mein Gott, diese, worin genau eigentlich anderen Zeiten, damals Ende der 1960er Jahre, durch welchen Trick des V-Trägers über Nacht dem Zugriff unserer gerecktesten Arme entzogen, als die Rádeldas, kurz noch bevor die Erste von uns für längere Zeit in einen Betrieb gegangen waren, um dem V-Träger ernsthaft am Zeug zu flicken, uns aufgeklärt hatten über die ganze Stupidität der Arbeit an den Bändern (da gab es noch keine Bildschirme), Extralektion für Tuis, die wir waren, beide Seiten angetrunken hinter der Ziehharmonikatür im Hinterraum der Eckkneipe, wie sie im Ruhrgebiet überall in die Schere zwischen spitzwinklig einmündenden Straßen geklemmt sind: Stell dir vor, du sollst den ganzen Tag tippen an deiner Schreibmaschine (wie gesagt, war das vor den Bildschirmen) und alle drei Buchstaben Brille aufsetzen, alle drei Buchstaben Brille absetzen, tipptipptipp Brille auf, tipptipptipp Brille wieder ab. Dagegen wäre Lkw-Fahren richtig spannend. Sie hatten uns nicht bloß per Witzen vor den Bändern gewarnt, sondern ganz im Ernst, aus vorauslaufendem Mitleid mit uns, sie selber wären niemals an die Bänder gegangen, weder für Kohle noch für Politik – und nun wir, wo wir so viele Jahre gelernt gehabt hatten (für jede Art kulturelle Beschäftigung hatten sie bloß das eine Wort lernen), sie hatten die Chance damals ja gar nicht gehabt, auch ganz abgesehen vom Führer und vom Krieg, aber ihre Junioren, auch die Mädchen, würden sie kriegen, wir hatten in ihren Augen „scheinbar" zu viel gelernt gehabt, unsere Politik war ja, das hatten sie „vorausschicken" gewollt, gut und schön gewesen, wenn wir auch dies und das, zum Beispiel das mit den Gewerkschaften, mit der Zeit noch etwas anders sehen, lernen gemusst hatten. Auch dass wir mal die Fabrik im Ernst von innen sehen gewollt hatten, nicht bloß die paar Wochen in den Semesterferien, war ja gut und

schön gewesen, das hatte ja auch etwas Geld zum Honnef[4] dazu und zur Entlastung unserer Eltern gebracht, aber wieso es denn die Bänder sein gemusst hatten, dann hätten sie an unserer Stelle lieber noch mal was gelernt gehabt. Wir hatten uns verkniffen, sie unsererseits über unsere abgeschlossenen Studien und über unsere Eltern aufzuklären: 15 Jahre her, oder bald 20, und nichts davon übrig geblieben? ...

1| Verantwortungs-Träger
2| Nord-Süd-Achse
3| Auf der ersten Silbe zu betonen
4| Vorläufer des BAföG

PERHAPS NOT THAT FAR FROM THE MIDDLE OF LIFE (PROGNOSTIC SIMULATION FROM 1973 TO 1983 UNTIL 2001) | JÜRGEN LINK

Perhaps not that far from the middle of life – this, as we all know, depends on whether the statistical curve of probability, which has risen slowly until now but will surely once again take a downward turn in the future. Whether the f-head[1] will go crazy once more, then probably yet another one of us, after a period of unemployment (either owing to political strategies or due to so-called "structural change"), who was working for one of the companies, or even in a job creation scheme in the Ruhr area, and who had joined a car pool for this reason. Hypothetically assuming that she belonged to the female section of our group and the early shift had come round again and it was in March, March nineteen-eighty-something, hard to tell exactly by now, and she was standing at exactly ten to five, shivering and with hunched shoulders in the cold rain, or perhaps sleet, at an old bomb shelter, slowly blackening or recently repainted, close to the tram depot (or somewhere else for that matter, for instance at the fairground near the prison), her handbag slung across her cold, drooping shoulder. Suppose she was waiting for a lift from her new colleague, who then promptly arrived as always – she might recognize it by its slow pace and the flashing of its indicator. Then, as soon as the car door closed and extirpated the cheeky weeping of the birds from the engine's muffled rattling, four or five people encapsulated in their skin, felt the touch of one another subtly through the wool and the leather, smell of damp, violated the seat belt law (not even in the decades to come will commuter traffic be stopped by traffic police), dozed off and were shaken awake again, had temporary blackouts quite like those experienced during an attack of bronchitis. No matter how many people traveled in the same car or in several cars only on different routes: again and again there would be short sections of motorway – the B1 or NS9[2] or tangential roads – then off-ramps with lights flashing on both sides, and sections of upgraded road or sections of narrow shortcuts, insufficiently lit, zigzagging through old industrial districts along blackened brick walls, with our eyes glued to the clock and a hope – mostly a vain one – of evading the familiar traffic jams near the city centers. When the streams of cars came to a standstill at the traffic lights or because of the closing-off of lanes near roadworks, then our subconscious awakens, as though the windshield was a monitor, to register the plates of the cars immobile in front of us, and to follow the thread of subconscious, automatic associations triggered by the random groups of letters: HSK (He Shirks Kerbstones) or EN (Europe's Nonentities), or of course BM (Baader Meinhof), while on to the groups of numbers like the forties, or fifties even (a birth date), or twenty-nine (the year of the Great Crash whose repetition would, as we thought, be the only way to "get a second wind" in our fight against the f-head after our Long March), or the number twenty (the Red Ruhr Army). Some of us suddenly got hot under the collar when a combination turned up that they had used as a pin code. No one ever talked much during these morning rides, save for the clipped suggestion of shortcuts exchanged laconically as though discussing the handling of a machine: "cross this parking lot, go on around the corner of the agency, you can rejoin the road down there, we can pass by two traffic lights that way." We did not take notes during the morning commute although we carried our various small notebooks and blocks of paper with us at all times – the jottings would later serve to fuel this text and its montages – and, often enough, would scribble on, hastily, sitting on the factory toilets. Once we were searched during the raid in the Old Gardens (and this is no fantasy but actually happened recently), everyone of us had a number of notebooks confiscated, which were then scanned for terms such as "Tui," "Azuvitui," "Chaoten," or "Rote Ruhr-Armee"; more about this later.

As mentioned previously, something akin to a proper conversation developed only rarely in the mornings; after all we had just been rudely torn from our cozy pillows – any discussions would take place later on, during breaks and on the return journey, when we were more awake and our engines were firing on all cylinders: theme one, theme two, theme three, just like TV channels 1-2-3, in our case usually theme four, which was politics. But irrespective of the subject we chose after work: the clicking of high heels and the babbling of mouths would invariably have a jaunty air, occasionally about to bubble over into high spirits. If it rained on our return journey, we would then occasionally listen to some rock music – not on the radio, because we loathed the charts with their hectic mix of marketing and rivalry reeking of the f-head, but on tapes which one of us would have mixed from our personal favorites. But in the morning: the windshield wipers moved fast then slowed down again so that the driver could squirt some water onto the windshield. In rhythm with the wipers inaudible words kept on coursing through our brains. Occasionally, we had to come to a complete standstill as the car radio mentioned a traffic jam on the B1 ("A430 which used to be B1," it said, but none of the colleagues called it the A430, they kept on calling it the B1 just as they always had done). Then, of course, some awful tacky hit would sneak into our brains all of a sudden, even ancient tunes such as "Schmidtchen Schleicher," which was utterly out yet had suddenly resurfaced, who knows why, from a disrupted dream or more probably due to some spontaneous association because the man creeping along in front of us was one of those "Schmidtchen Schleichers" as my colleagues would have put it then in the nineteen-seventies. This "then" to be understood as perceived from the future mid-life, not from the present as we are writing this, nineteen-seventies resurfacing in catchy tunes, which replay endlessly. Something to look forward to, a terrible soundtrack in a way a never-ending continuation of the car ride, the steering, the traveling to and from and the same old slip roads and off-ramps, this driving which was stultifying enough on its own.

The majority of the elements mentioned played a central part in this early-morning commute: rain, sleet, or snow, music hits reverberating in the brain, grubby windows and jets of water spurting onto the windshield, the clicking of the wipers, the elegant weaving of the motorbikes wending their way through the dense traffic and the annoying arrogance of BMWs as they push into the queue at places where roadworks blocked one of the lanes. The chain reaction of hundreds of red lights springing up in front of us because someone had to brake suddenly, the long shrill ringing of the tram directly alongside, just as though the whole flank of the car had been torn open, and that immediate surge of surging blood under clammy skin: "mercy, this is it, finally the accident has happened!" (Statistically speaking this is a real likelihood, on any day, one or two drivers in the Ruhr area lose their lives.) Time and again someone in front would brake abruptly in order to turn right into a driveway, cutting across and bumping over the pavement. In passing one might have seen the car front shake, the car lights turning in an arc and then vanishing away.Vanished and yet returning, day after day:

the machine had to keep on turning in order to keep our bowels moving, as the women of the Rádeldas[3] once said. The rail viaducts and overpasses above us, sometimes even new ones that had not yet been there before – the pitter patter of rain knocking at the windows, for a few seconds a resounding hollow noise, then the resurgence of the familiar hissing sound. Vanished and returning again and again, the radio reports about traffic jams on the B1 or on the NS13 motorways, then the latest hits blaring from the speakers. Since when do they use that basic English with a German accent, and those monotonous drum syncopes that will, at best, accelerate after a while; or politics pronounced by the voice of the horrible German man with his senseless pro-nun-ci-a-tion of every single syllable: "turn it down, or turn it off, it's no use." Once the radio was silenced you could discern the rattling of the car more distinctly, for example when the car left the asphalt surface of the right-hand lane while overtaking and shifted onto the stone paving in the center of the road where the tram rails run, no matter if the Ruhrverkehrsverbund calls itself a metro, where it continued, rattling and shaking, for some few hundred meters before rejoining the asphalt lane.

Sometimes the red traffic lights lent a faint violet tint to the dark moody sky, the grey abruptly returning once the lights turned green. Inaudible words began to swirl more rapidly in the brain, even if they could never match the speed of even the slowest mechanical spirals, on such damp and dreary days. Only rarely did a thought enter the mind that, as Polish grandmothers would have said "drop red hot into our soul." Did I really hand the child money for ..., the soothing memory, the clicking of the indicator or unexpected touch of bodies, still with drawn, as they were pushed against one another in the back seat, giving one goosebumps all of a sudden, the skin appreciably female or male, the next few meters until the next traffic lights, when the moment passed. Passed, too, the moments, even more rare, when one of us became aware of a dark thought sifting among his musings, a stealthy "step-out-lets-go" like the twitching of a muscle, a half-dreamed involuntary succumbing to-wards old or even unknown embraces. On turning into the factory entry, a tram once again shrilly registering its alarm and the brakes of the car in front of us shrieking in response, our own headlights, too, turned in an arc like a hammer thrower, slapping the face of the *Schlagzeitung* news-paper vendor in his white plastic overall, while on the opposite side of the car a dark green silhouette sprang forward out of the dark, thrusting a gleaming white object towards us. Then we stopped abruptly, heedless of the persistent honking of the colleagues held up behind us, turned down the window and asked for two copies of the broadsides. "Einver oder neue Vereinleins" – did they not fold years ago, the new *Vereinleins*, and the *Einver* might not prove "immortal" after all. Let us have a look or is there something similar available by now. Or, in the end, something that really goes to show all is not quiet anymore on the western front? How many years had it been since we ourselves, sitting in the car, had waited outside in the rain in our yellow or red oilskins: ten years at least or perhaps as many as fifteen or soon, perhaps, twenty? Had it been worth all the effort? Had we managed to shift anything other than huge mountains of paper? Would we ever learn if we had, at least for once, really managed to give the f-head a bad time? What was left of the *Hüttenpartisan* and the *Zündung* and the high-spirited gags about the *New Red Ruhr Army* and the *Liberated Areas/Ruhr,* which had turned bitter after the *Schlagzeitung* headlines and the raid in the Old Gardens? God, those times, somehow different but hard to pin down exactly in what way they were different, back then in the late nineteen-sixties, whisked out of reach of even the hardest grasp overnight (by what devious scheme of the f-head?), when the "Rádeldas," just before the first members of our group had left for a longer time in order to give the f-head a run for his money in the factories, had enlightened us as to the absolutely stultifying effects of assembly-line work. (There were no monitors in those times.) An extra lesson for the "Tuis" (us, the workers) was for both parties to get slightly drunk together behind the folding door of the backroom of the corner pub. One of many such pubs was wedged between the acute angles of two streets: imagine you have to tap on your typewriter all day long (as mentioned before, this was before the computer era), and every few letters you had to put on your glasses, a few more letters, put them down again, click click click on with the glasses, click click click off with the glasses. Compared to this truck driving would be most thrilling. They warned us about the assembly lines, not only jokingly, but deeply in earnest, out of anticipatory compassion for us, they themselves would never have accepted a job there, neither for money nor for politics. Now look at yourself, you who learned for so many years (for any kind of cultural activity they only had the one word, learning), they had not had the opportunity in their time, they maintained, even besides the *Führer* and the War. Their children, however, including the girls, would get their opportunity, now that we had, in their eyes, "apparently" had to learn too much. Our politics, they had wanted to tell us "to begin with," may have been all right, all in all, if we should have learned in time to see things in a slightly different light, regarding the unions, for example. We had seriously wanted to see what life was like inside the factory walls, not only for some few weeks during the semester break. That was as it should be, it had after all earned us some money to augment our Honnef,[4] and was a help to our parents too. But to get a job on the assembly line of all things. In our shoes they would have chosen to learn more. We had refrained from enlightening them in turn about our completed studies and our parents: fifteen years ago, or twenty years, soon, and it had all gone? ...

1| figurehead
2| north-south arterial road
3| the stress is on the first syllable
4| precursor of BaföG (German federal student grant)

AFGHAN MARKET
am Wasserturm
DER TÜRKEI
IRAN
ARABIEN
ÖFFNUNGSZEITEN
MO. - SA.
09:00 - 20:00 UHR

NEUE GESCHICHTE

NEUE GESCHICHTE | MARKUS AMBACH Die Orte der Ausstellung sind geprägt durch ein eigenwilliges Verhältnis zur Geschichte. Öffentliche Räume bieten sich nicht nur als Orte des Geschehens an, sondern akkumulieren die Erinnerung an die Ereignisse, um sich über die Zeit mit Bedeutungen aufzuladen. Gerade ihr dauerhafter Bestand hängt wesentlich davon ab, ob sie sich einen Platz in der Geschichte erarbeiten können, um der Überschreibung in städtischen Aktualisierungsprozessen zu entgehen.

IM HIER UND JETZT Die Orte entlang der A40 zeichnen sich dagegen durch ein latentes Desinteresse an geschichtsbildenen Praktiken aus. Brinckerhoff Jacksons Definition der vernakulären Landschaft, die sich gerade auch durch das Fehlen langfristiger Ziele auszeichnet, ist hier beispielhaft. B1|A40 zeigt an seinen Spielorten verschiedene Formen dieser Landschaft ohne historisches Gedächtnis. Die Gegend rund um das Kreuz Kaiserberg dürfte dabei die sein, die sich am stärksten als solche begreifen lässt, obwohl man auch in ihr in kleinsten Parzellen das Bedürfnis nach Stetigkeit, Dauer und eigener Geschichte finden kann. Das Fehlen der langfristigen Ziele ist nicht einem ignoranten Verhältnis seiner Bewohner zu bleibenden Werten geschuldet, sondern vielmehr dem Umstand, dass diese Landschaft ständig mit gewaltigen Eingriffen durch Politik und Planung umgehen muss. In geduldiger Anpassung an die Umstände versuchen sich die Bewohner ein Minimum an lokaler Geschichte zu erhalten, so im Kampf um die Kirche in Werthacker oder in der Renovierung des Landguts um den Dörnerhof. Aber die Bedürfnisse der Allgemeinheit überschreiben im Schatten der Autobahn oft dieses Bemühen. Unter diesen Umständen lassen sich schwerlich Perspektiven entwickeln. So versuchen die Bewohner im Hier und Jetzt eine Existenz zu begründen, die sich im aktuellen Miteinander und der oft improvisierten temporären Nutzung von Orten organisiert.

EPHEMER Ein Ort wie die Gewerbeagglomeration am Dückerweg entwickelt darüber hinaus einen gewissen Bestandswillen, der in der ökonomischen Nutzbarkeit des Ortes fußt. Was im städtischen Raum durch Architektur als historisches Zeichen manifest wird, ergeht sich hier allerdings in reinen Nutzbauten, die planlos auf die Fläche geworfen scheinen. Nicht die Repräsentation von Macht oder politischen Funktionen in organisierten Stadtstrukturen ist das Ziel dieser zerstreuten Gebiete. Erreichbarkeit und Sichtbarkeit sind die wesentlichen Faktoren dieser halbtemporären Bauten, die sich mit ihrer ephemeren Zeichensprache an die Hochgeschwindigkeitsklientel der Autobahn richten. Klare Bildsprachen und spektakuläre Werbeträger versuchen, den flüchtigen Blick des Fahrers auf sich zu ziehen. So wurde der russische Kampfjet vor D&W zum Symbol des Ortes wie auch die nackten Damen, die bis vor kurzem auf 20 Meter vergrößert vom Gebäude zur Autobahn grüßten. Auch wenn sich nach 15 Jahren eine gewisse Tradition des Ortes abzeichnet, ist dieser durch einen markanten Verdrängungswettbewerb bedroht. Das Bedürfnis nach Ordnung trifft hier einen Ort, der sich ohne Ziel eine Geschichte gegeben hat, die gemeinhin als unbedeutend beurteilt wird. Ob Tunermeeting oder D&W – die suspekte Szene am Dückerweg verschwindet aktuell hinter der Lärmschutzwand und ist zum Entwicklungsgebiet bestimmt worden. Die Stadt vereinheitlicht sich, statt ihre kulturellen Randbezirke als vitale Orte der Stadt zu kultivieren.

GESCHICHTSTRÄCHTIG In der Deklination der Orte ist das Rhein-Ruhr Zentrum ein solcher, der sich aus der beschriebenen Lage heraus ein Minimum an historischer Bedeutung kultiviert hat. Als ältestes Einkaufszentrum „auf der grünen Wiese" ist es über die Jahre zum Repräsentant einer fragwürdigen Stadtentwicklungsgeschichte geworden (siehe Kapitel „Globalokal"). Dass diese Form historischer Wahrnehmung für die Betreiber eher hinderlich ist, weist auf das gegenteilige Bedürfnis einer modernen Warenökonomie. Die Aktualisierung der Verkaufsburgen und ihre jeweils zeitgemäße Neugestaltung stehen im Zentrum des Interesses, wobei historische Bedeutsamkeiten eher hinderlich werden. Im schnellen Warentausch wird die Geschichte zum Hemmschuh. In der Fluktuation der modischen Szenen zeichnet sich eine „Asiatisierung" der Kernstädte ab: In Tokio gilt das Wort, dass man die Stadt nach sieben Jahren nicht wiedererkennt, da alles in einem steten Umbau befindlich ist.

HISTORISCH Als einziger historischer Ort der Ausstellung spielt der Wasserturm in Essen eine herausragende Rolle. In einer Region, deren Entwürfe so oft zerstört wurden, deren Architekturen und Denkmäler nahezu ausgelöscht sind, werden die letzten Zeugen epochaler Ereignisse zu Megazeichen der eigenen Geschichte. Der Wasserturm, dessen einmalige Bedeutung nicht nur in dem von Christoph Schäfer infolge beschriebenen Ereignis fußt, sondern gerade darin, dass dieses einer folgenreichen Interpretation ausgesetzt war, verräumlicht die Ambivalenz historischer Wahrheiten. Die um das Bauwerk geschlagene Schlacht, bei der die Rote Ruhr Armee die Sympathisanten des Kapp-Putsches zurückschlug und um deren Verlauf sich weiterhin zahlreiche Legenden ranken, wird hinter dem Gebäude in zwei Denkmälern aus völlig unterschiedlichen Perspektiven beleuchtet. Während das von Nationalisten mit irreführendem Inhalt aufgestellte Denkmal zu Ehren der Gefallenen von Sicherheitspolizei und Bürgerwehren ein Gemetzel konstatiert, um infolge die ganze rote Bewegung zu diffamieren, zeigt das erst in den 70er Jahren eingerichtete Denkmal den wahrscheinlichsten Verlauf, bei dem klar wird, dass die Rote Ruhr Armee den nationalistischen Aufstand gegen die Weimarer Republik hier zunächst niederschlug.

VERDOPPELTE GESCHICHTE Die Begebenheit, dass hier in außergewöhnlicher Weise das neue Denkmal das historisch Missverständliche, wenn nicht Falsche nicht ersetzt hat, sondern sich zu ihm gesellte, artikuliert in einzigartiger Weise, dass die immer als wissenschaftlich wahr proklamierte Geschichte den Interpretationen und Instrumentalisierungsversuchen durch die jeweilige Politik und Ökonomie ausgesetzt ist. So wurde die Legende vom Wasserturm von Nationalisten und Nationalsozialisten genutzt, um eine ganze Bewegung und deren Ideen zu diffamieren, sie zu verfolgen und auszulöschen.

Die Interpretationsfähigkeit von Geschichte zeigt deutlich, auf welch dünnem Eis sich derjenige bewegt, der denen vertraut, die sie als Wahrheit propagieren. Geschichte als eine ständig neu auszuhandelnde Größe,

wie sie das „doppelte Denkmal" abzeichnet, wird dagegen zu einem vitalen Körper, der in der Erzählung und Weitergabe in der Stadtgesellschaft zirkuliert und sich stetig aktualisiert, anstatt in Denkmälern verstaut und vergessen zu werden. Die Verortung, Konservierung und Archivierung historischer Ereignisse in Bronze und Stein im öffentlichen Stadtraum entspricht einer Auslagerung aus dem aktiven Gedächtnis der Gesellschaft und gibt sie dem Vergessen Preis. Während das zu Erinnernde in der Zirkulation der Erzählung einer ständigen Pflege und Mythologisierung unterliegt, die die eindimensionale Wahrheit des Ereignisses stets anzweifelt, wird es im Denkmal akkumuliert und der Erinnerung entzogen. Die Stadt wird zur Asservatenkammer vergessener Ereignisse, zum staubigen Depot einer Geschichtsamnesie.

Wenn Schäfer mit seinem Anti-Monument für die Rote Ruhr Armee der Geschichte die aktuelle Frage stellt, wie sich diese Bewegung ohne die Diffamierung durch Nationalisten entwickelt hätte, befreit er sie aus der Verankerung im Denkmal und aktiviert sie im städtischen Diskurs. Durch sein drittes Monument vergrößert er den Diskussionsraum, der sich in der schmalen Leere zwischen den Denkmälern entwirft und intensiviert den nachbarschaftlichen Kommentar im Reigen der Drei. Der Umstand, dass hier am Wasserturm in der unscheinbaren Geste des doppelten Denkmals Geschichte nicht dialektisch überschrieben wird, sondern sich die Perspektiven im Nebeneinander subtil kommentieren, wird dabei eindringlich intensiviert. Der übliche Verdrängungswettbewerb im historischen Wertigkeitskreislauf wird markant unterbrochen und artikuliert Geschichte als aktiven Körper der Stadtlandschaft.

NEW HISTORY | MARKUS AMBACH The exhibition locations are characterized by their idiosyncratic relationships to the evolution of history. Not only do public spaces make suitable locations for the exfoliation of crucial events, they also accumulate the memories of these events; by and by, they gradually become charged with increasingly complex connotations. Their continuous survival is largely dependent on whether they can carve out a place in history for themselves to evade redefinition and transmutation in the processes of urban renewal.

RIGHT HERE AND NOW However, the places along the A40 are characterized by a latent indifference to historicizing practices, exemplifying Brinckerhoff Jackson's definition of a vernacular landscape that is in particular also marked by its lack of long-term goals. B1|A40 presents various types of such landscapes without any historical memory at its project sites. The area around the Kaiserberg junction is probably the most obvious example of such a landscape, although microscopic instances of the desire for continuity, permanence, and a history of its own can also be found even there. The absence of long-term goals is not a result of its residents ignorant attitude towards permanent values; it is rather due to the fact that this landscape is perennially forced to absorb huge interventions that are imposed by political and planning authorities. In patient assimilation to these conditions, the residents' attempt to preserve a minimum of local history, for example, in their struggle for the church at Werthacker or the restoration of the Dörnerhof country estate. However, in the shadow of the autobahn, the demands of the general public frequently override these needs. It is difficult to develop viable perspectives in such conditions. Accordingly its residents try to live lives that, focusing on the present conditions, are centered on communal efforts and the frequently improvised temporary utilization of specific sites.

EPHEMERAL A location like the commercial agglomeration at Dückerweg will develop a certain tenacity rooted in the economic usability of the site. While architecture in urban space generally becomes a manifestation of historical significance, here it is restricted to mere utilitarian buildings, ostensibly scattered at random all over the territory. The purpose of such dispersed areas is not bound to the representation of power or political functions in organized urban structures; instead, accessibility and visibility are the crucial aspects of these semi-temporary constructions whose ephemeral vocabulary of signs is aimed at the high-speed clientele of the autobahn. Simple imagery and spectacular advertising media try to attract the attention of the drivers rushing by. Thus the Russian fighter jetplane in front of the D&W building has become a symbolic landmark of the place, along with the outsized nude ladies who, until a short while ago, beckoned to the motorists from the side of the road.

Although this place has developed a certain traditional feel over the course of the past fifteen years, it is still threatened by comprehensive transforming interventions. The political desire for order here is confronted with a place which, without any express overall purpose, has evolved its own history, which is considered to be inferior by the political powers. Whether one takes the meetings of the tuner community or D&W – at present this suspect scenario at Dückerweg is vanishing behind a noise barrier and has been declared a development area. The city prefers the unified assemblage to the cultivation of its cultural fringes as vital urban sites.

STEEPED IN HISTORY In the declination of locations, the Rhein-Ruhr Zentrum is a place that has, out of the conditions described above, cultivated at least a minimum of historical significance. As the first shopping mall built in the open countryside it has, over the years, become the representative of a controversial chapter in the history of urban development (viz. the "Globalocal" text). The fact that this type of historical perception is rather unwelcome to its owners, points to the diametrically opposed needs of a modern goods economy. The perpetual updating of giant commercial outlets, which have to be constantly redesigned to accommodate ever-changing tastes, is seen to be the main task; historical significance is something of an impediment obstructing the fluctuating exchange of goods. The rapid changes of the fashionable scenes marks the encroaching "Asiatization" of the core cities: it has been said about Tokyo that, due to its pervasive demolition and rebuilding, any visitor who returns after seven years will discover a completely different city.

HISTORICAL As the exhibition's only historical landmark, the water tower in Essen assumes an important role. In a region marked by pervasive demolition and rebuilding, where the historical architectures and monuments have been all but eradicated by the ravages of war and perpetual structural changes, the last witnesses of epoch-making events are turned into mega-signs of local history. The water tower – whose unique significance is not only based on the events described in the essay by Christoph Schäfer, but in particular also on the host of conflicting interpretations engendered by them – gives the ambivalence of historical truths a spatial dimension. The fighting that raged about the tower, in which the Red Ruhr Army repulsed the sympathizers of the Kapp Putsch – an event still obfuscated by the numerous conflicting legends it has spawned – is commemorated from diametrically opposed perspectives by two monuments to the back of the building. Whereas the nationalist cenotaph for the members of the police forces and militias killed during the fighting provides a skewered interpretation of the fights aimed at denouncing the red movement as a whole, the other monument, which was only installed in the nineteen-seventies, delineates the most probable version of the historical events, contending that the Red Ruhr Army had in fact managed – at least for the time being – to crush the nationalist rebellion against the Weimar Republic.

REDUPLICATED HISTORY The fact that the new monument has been juxtaposed with the historically ambiguous – if not downright inaccurate – former interpretation rather than being replaced altogether articulates in a unique manner that history, in spite of all attempts to proclaim a scientifically-approved historical truth, is forever exposed to political and economic reinterpretations and manipulations. Thus the water tower legend could be instrumentalized by the nationalists and national socialists to denounce, persecute, and exterminate a whole movement and its ideas. The opacity of history, which gives rise to numerous conflicting interpretations, demonstrates unmistakably that anyone who puts his trust in those proclaiming to have arrived at a historical truth is indeed skating on thin ice. Conversely, if considered to be a concept that has to be permanently renegotiated – as displayed in the "double monument" – history can assume the function of a vital organ in which the narratives and transmissions can circulate and continuously be brought up to date in the corpus of urban society instead of being relegated to the dusty oblivion of neglected monuments. Such a localization, conservation, and filing away of historical events in piles of bronze or stone is tantamount to their evacuation from the active memory of society and paves the way for their ultimate obliteration. Whereas memories, in the circulation of narratives, are subject to a continual cultivation and mythologization, which invariably undercuts any one-dimensional definition of the event at hand, they are merely accumulated and put out of reach of remembrance in their monumental ossification. The city turns into an exhibit room of forgotten events, a dusty depot of historical amnesia.

With his anti-monument for the Red Ruhr Army, Schäfer confronts historical narratives with the question which direction the development of this movement could have taken if it had not been for its defamation by the nationalists. He thus liberates it from its imprisonment in monuments and activates it as a vital element of urban discourse. In creating a third monument, he enlarges the room for discussion hitherto demarcated by the narrow gap between two official memorials, and intensifies the mutual annotation in a threefold interpretation, emphasizing the fact that here at the water tower – in the unobtrusive gesture of a double monument – history is not dialectically superseded but rather subtly commented upon by the juxtaposition of conflicting perspectives. The usual cut-throat contest in the circulation of historical values is strikingly disrupted in an articulation of history as an active force in the urban landscape.

AUSLAUFENDES ROT

AUSLAUFENDES ROT | CHRISTOPH SCHÄFER Mit einer mehrteiligen Arbeit markiert der Hamburger Künstler Christoph Schäfer Orte im Ruhrgebiet, die mit der vergessenen Geschichte der Roten Ruhr Armee verknüpft sind. So entsteht zwischen Essen und Dortmund ein mehrteiliges „Anti-Monument", dass die revolutionären Kämpfe des Jahres 1920 mit der nachindustriellen Wirklichkeit der Kulturökonomie, der „Image-city", in Bezug setzt.

AUSLAUFENDES ROT – ANTI-MONUMENT FÜR DIE ROTE RUHR ARMEE Die Märzrevolution im Ruhrgebiet, die Revolte der Arbeiter und Arbeiterinnen der Roten Ruhr Armee 1920, ist der größte Aufstand in der deutschen Geschichte seit dem Bauernkrieg. Doch die Erinnerung an die Ereignisse ist gelöscht, die Denkmäler sind geschliffen, die Geschichte verdreht und umgeschrieben.

Im Morgengrauen des 13. März 1920 marschiert eine gespenstische Truppe in Berlin ein: Marinesoldaten der „Brigade Ehrhardt" zwingen die Regierung zur Flucht. Auf ihre Helme haben die Putschisten Hakenkreuze gemalt. Im ganzen Reich kommt es als Reaktion auf den Putsch zu Streiks und Demonstrationen. Als das „Freikorps Lichtschlag" ins Ruhrgebiet einrückt, greifen die Arbeiter zu den Waffen. Die reaktionäre Truppe wird geschlagen, die Arbeiter gehen direkt zur sozialen Revolution über. Sie kämpfen für das Rätesystem. Unabhängige SozialdemokratInnen, SyndikalistInnen und SpartakistInnen formieren sich zur Roten Ruhr Armee und erobern von Dortmund ausgehend das gesamte Industrierevier.

IN ESSEN KULMINIEREN DIE KÄMPFE AM STEELER WASSERTURM Zwei paramilitärische Einheiten, die reaktionäre Einwohnerwehr und die Sicherheitspolizei (Sipo), haben sich in dem Gebäude verschanzt. Auch nachdem ganz Essen bereits von den Arbeitern und Arbeiterinnen erobert ist, weigert sich die Truppe zunächst aufzugeben. Als die Besatzer schließlich die weiße Fahne heraushängen, kommen die Arbeiter und Abeiterinnen aus der Deckung. Doch ein Teil der Turm-Besatzung bekommt das nicht mit – oder lehnt es ab, sich zu ergeben. Sie werfen Handgranaten in die Menge.

Schließlich gelingt es den Arbeitern und Arbeiterinnen doch, den Turm zu erobern. Insgesamt elf der 46 Besatzer kommen infolge der Kämpfe zu Tode. Wie viele Arbeiter und Arbeiterinnen bei den Kämpfen starben, ist bis heute unbekannt.

IN DER FOLGE ENTSTEHT DER „MYTHOS-WASSERTURM": „Man mache den Test und Frage nach dem Kampf um den Essener Wasserturm", schrieb 1970 Erhard Lucas in der Einleitung zum Standardwerk über die Märzrevolution im Ruhrgebiet, „... so wird man fast immer die Geschichte zu hören bekommen, wie die ‚Roten' einige Dutzend brave Polizisten und Essener Bürger ‚viehisch abgeschlachtet' haben". Und daran hat sich bis heute wenig geändert: In der Lokalberichterstattung über „Auslaufendes Rot" ist von „Greueltaten" die Rede, von „Geschichtsklitterung" und „unkritischer Verherrlichung der Roten Ruhr Armee".

Die Erzählung von den „Verbrechen der Roten Ruhr Armee" wird erfunden, um den Aufstand der Arbeiter und Arbeiterinnen zu denunzieren und die im April 1920 folgenden Massaker von Freikorps und Reichswehr an der Bevölkerung zu rechtfertigen, denen tatsächlich tausende Menschen zum Opfer fallen.

DIE DENKMALSITUATION IM RUHRGEBIET Bereits in den 20er Jahren wird eine irreführende Tafel am Wasserturm angebracht. Darauf sind 40 Tote verzeichnet, die die Paramilitärs und Polizeitruppen in den Kämpfen mit den Arbeitern und Arbeiterinnen zu beklagen hatten. Die Tafel suggeriert, dass alle Verzeichneten bei den Kämpfen um den Wasserturm umgekommen seien. Die Geschichtsfälschung wird von der Rechten initiiert und instrumentalisiert: In der Nazizeit finden hier Feierlichkeiten zu Ehren der „Helden der Bewegung" statt: Hermann Göring hält am 19. März 1934 eine Gedenkveranstaltung ab. Ungebrochen gehen die Kranzniederlegungen bis in die 60er Jahre weiter.

Doch nicht nur am Wasserturm wird die Geschichte umgeschrieben: Die Gräber der Reichswehr-Opfer auf dem Südfriedhof und dem Nordfriedhof werden von den Nazis eingeebnet. In Essen wird den Putschisten aus den Freikorps sogar ein Denkmal errichtet: gebaut in der Nazizeit, auf Betreiben des Freiherrn von Watter, seines Zeichens Befehlshaber und verantwortlich für die von Reichswehr und Freikorps verübten Massenmorde im Ruhrgebiet. In der Nähe von Haus Horst gelegen, wird das „Ehrenmal" nach dem Krieg halbherzig in ein „Denkmal für die Opfer des Nationalsozialismus" umbenannt – der faschistischen Ästhetik des Monuments tut dies keinen Abbruch. Noch am 20. April 2010 sollen Nazis hier im Fackelschein Hitlers Geburtstag gefeiert haben.

Eine vorsichtige Korrektur der verfälschten Geschichtsschreibung im Ruhrgebiet kommt erst mit der Verbreitung von kritischer Theorie im

ESSENER TAFEL

Zuge der anti-autoritären Bewegung in Gang: Erhard Lucas Standardwerk *Märzrevolution* erscheint 1970. Nicht ohne darauf hinzuweisen, wer denn das Vergessen bis dahin organisiert hatte: die mächtige Industrie des Ruhrgebiets, die von Beginn an auf der Seite der Freikorps steht, und die SPD, die zunächst im März von den linken Arbeitern vor den Putschisten gerettet wird – nur um kurz drauf, im April, die putschenden Militäreinheiten auf die Arbeiter loszulassen.

Anfang der 80er Jahre werden durch die Stadt Essen an vielen Orten sachliche Schrifttafeln montiert, die über Geschichte und Funktion der verschleiernden Gedächtnisplatten, Orte und Ehrenmale aufklären. Am Ehrenmal in Essen-Horst heißt es korrekt: „Dieses Bauwerk wurde von den Nationalsozialisten im Jahre 1934 als Ehrenmahl für die Gefallenen der Freikorps, Einwohnerwehren, Reichswehr und Polizeieinheiten errichtet, die 1918–1920 gegen die revolutionären Arbeiter im Ruhrgebiet kämpften. Damit versuchten die Nationalsozialisten, ihre Sichtweise der Revolutionszeit 1918–1920 propagandistisch durchzusetzen, also vor allem:

– die Weimarer Republik – das Ergebnis der Novemberrevolution 1918 – herabzuwürdigen,

– die Arbeiter der Roten Ruhr Armee zu verunglimpfen, die im März 1920 zur Abwehr des reaktionären Kapp-Putsches zu den Waffen griffen und gegen putschende Freikorps-Einheiten, nach Beendigung des Putsches aber auch für die Durchsetzung revolutionärer Forderungen (unter anderem Rätesystem) kämpften,

– die Mitglieder der Freikorps, von denen viele schon 1918 politisch rechtsextrem eingestellt waren und später als Nationalsozialisten die Weimarer Republik bekämpften, als nationale Helden und Wegbereiter des Nationalsozialismus zu feiern,

– den gewaltsamen Kampf der revolutionären Arbeiter in den bürgerkriegsartigen Auseinandersetzungen 1918–1920 als ‚Roten Terror' zu brandmarken, den ‚Weißen Terror' der Freikorps aber zu verschweigen, dem nach der militärischen Besetzung des Ruhrgebiets im April 1920 weit über 1000 Arbeiter zum Opfer fielen,

– die Beseitigung der Demokratie und die Errichtung der nationalsozialistischen Diktatur 1933 als ‚Rettung Deutschlands' darzustellen."

Doch ästhetisch wissen die sachlichen Erklärungen die Dominanz der rechten Mahnmalslandschaften nicht zu brechen. Fast unsichtbar ist die Erinnerung an die Opfer aus Reihen der Arbeiter und Arbeiterinnen. Die heroischen Taten der radikalen Arbeiter und Arbeiterinnen bleiben im öffentlichen Raum völlig unrepräsentiert. Daran hat sich auch im Rahmen der Kulturhauptstadt RUHR.2010 nichts geändert.

Das muss verwundern. Denn die Märzrevolution bzw. der Ruhraufstand sind für die Geschichte des Ruhrgebiets so bedeutsam wie die Entdeckung der Kohle oder die Erfindung des nahtlosen Eisenbahnrades. Das wichtige Industrierevier hatte es 1920 in der Hand, Deutschlands Weg nach rechts aufzuhalten, ja mehr als das: der Entwicklung des Sozialismus eine ganz andere Richtung zu geben.

ORGANISIERTES VERGESSEN IN ESSEN Um der fragwürdigen Erinnerungs- und Verdrängungssituation etwas entgegenzusetzen, hat der in Hamburg lebende Künstler Christoph Schäfer mehrere Orte mit künstlerischen Installationen markiert: den Westfalendamm, an dem das Freikorps Lichtschlag eine empfindliche Niederlage hinnehmen musste, den Wasserturm Steeler Straße und eine Straßenbahn in Dortmund.

Dabei verwendet Schäfer vornehmlich die Mittel des Stadtmarketings und überprüft, ob die Beflaggung und das farbige Licht, mit denen Industriegebäude wie Investorenarchitekturen gleichermaßen entkontextualisiert und in ein inhaltsleeres, entpolitisiertes, ästhetisches Objekt verwandelt werden, auch für das gegenteilige Anliegen taugen.

Die Rekontextualisierung des Essener Wasserturms mit seiner Geschichte, von der der Ort durch den Sieg des Nationalsozialismus und eine Politik des Verdrängens in der Nachkriegszeit bis heute abgeschnitten ist.

Interessante Seite zur Denkmalsituation um den Ruhraufstand in Essen und dem Ruhrgebiet: www.ruhr1920.de.

„Wir wollen nicht im Staube kriechen vor denjenigen, die durch den Zufall der Geburt sich ein Von-Oben-Herabblicken anmaßen dürfen. Wir wollen nicht weiterhin besitzlose Proletarier sein, sondern wir verlangen Miteigentumsrechte an den Produktionsmitteln. Wir verlangen Miteigentumsrecht an den von uns erzeugten Produkten. Wir verlangen Eigentumsrecht an den Schätzen, die sich auf und unter der Erde vorfinden. Wir verlangen das Paradies auf Erden und lassen uns nicht länger mit der Hoffnung auf ein besseres Jenseits abfinden."

Vollzugsrat der Zechenkolonie Lohberg in Dinslaken im März 1920

Bekanntmachung: Die Veröffentlichung nationalistischer, monarchistischer, antisozialistischer, das Wesen der Rätediktatur befehdender Artikel und Notizen ist nicht gestattet.

Essen den 20. März 1920 – Der Vollzugsrat des Arbeiterrats Essen
„Der Erziehungsgedanke hat an die Stelle des Strafgedankens zu treten. Die gedankenlose Einsperrung armer, schwacher Menschen, die den rechten Weg nicht kannten oder sich darauf nicht halten konnten, in Zuchthäusern und Gefängnissen widerspricht der Menschenwürde, ebenso die Todesstrafe.“
Volksbeauftragter für die Sozialisierung der Justiz, Elberfeld, März 1920
„Rote Armee“ im Ruhrgebiet – fragt man heute Bewohner des Ruhrgebiets nach jenem aufregenden Geschehen im Jahr 1920, so erhält man von jenen, die etwas gehört haben oder sogar Augenzeugen waren, in der Regel Antworten, die die Wirklichkeit geradezu auf den Kopf stellen. Man mache den Test und frage nach dem Kampf um den Essener Wasserturm, so wird man fast immer die Geschichte zu hören bekommen, wie die „Roten“ einige Dutzend brave Polizisten und Essener Bürger „viehisch abgeschlachtet“ haben. (...) Die zwölf Jahre nationalsozialistischer Herrschaft (...) haben das Geschichtsbewusstsein der deutschen Arbeiterklasse so gründlich zerstört, daß es vorerst fraglich ist, ob es je wiederbelebt werden kann.
Erhard Lucas, Märzrevolution im Ruhrgebiet, Band 1, S. 7ff, Berlin, März Verlag 1970

DIFFUSING RED | CHRISTOPH SCHÄFER With a work comprised of various parts in the Ruhr area, Hamburg-based artist Christoph Schaefer demarcates places linked with the forgotten story of the Red Ruhr Army. Between Essen and Dortmund an "Anti-Monument" has been developed, connecting the revolutionary struggles of 1920 with the "image city," the post-industrial reality of the culturalized economy of today.

DIFFUSING RED – ANTI-COMMUNIST MONUMENT FOR THE RED RUHR ARMY The March Revolution in the Ruhr area – the revolt of the workers of the Red Ruhr Army 1920 – was the largest uprising in German history since the peasant's war. However, memories of these events have been erased, the monuments have been destroyed and history has been distorted and rewritten.

In the early hours of the morning of March 13, 1920, a sinister troop of soldiers marched into Berlin: marine soldiers of the "Brigade Ehrhardt," who forced the government to flee. The reactionary rebels had swastikas painted on their helmets.

As a reaction to the coup, strikes and demonstrations were organized throughout the Reich. When the paramilitary group, "Freikorps Lichtschlag" invaded the Ruhr area, the workers took up arms. The reactionary squad defeated, the workers proceeded to social revolution. They fought for the worker's council. Independent social democrats, syndicists and spartacists formed the Red Ruhr Army. Starting from Dortmund, they seized the entire industrial zone around the Ruhr River.

IN ESSEN BATTLES CULMINATED AT THE WATER TOWER ON STEELER STRASSE Two paramilitary bands, the reactionary Resident's Defense (*Einwohnerwehr*) and the Security Police (Sipo) occupied the building. Even after the entire town of Essen had been captured by the workers, the troop refused to capitulate. When the occupants finally decided to hoist their white flag, the workers could leave their defense positions. But some of the tower's occupying forces did not realize what was taking place – and refused to capitulate. They threw hand grenades into the approaching crowd.

Finally the workers managed to conquer the tower. Eleven of the forty-six occupants died during and after the battles. The losses sustained on the side of the workers are unknown to this day.

IN THE FOLLOWING YEARS THE "WATER TOWER MYTH" WAS DEVELOPED: "*Take the test and ask someone about the battle at the Essen water tower – most of the time you will hear the story about how a few dozen brave policemen and Essen citizens were 'brutally slaughtered' by the 'Reds'* ..." writes Erhard Lucas in 1970, in the introduction of his work on the March Revolution in the Ruhr district. Not much has changed since then: the local newspaper *WAZ* wrote in its report about "Auslaufendes Rot/Diffusing Red," "atrocities" (*Graueltaten*), the "falsification of history" (*Geschichtsklitterung*), and the "uncritical glorification of the Red Ruhr Army."

The narrative of the "crimes of the Red Ruhr Army" was invented to denounce the worker's revolt – and to justify the massacres that the *Reichswehr* and *Freikorps* committed in April 1920 – a mass slaughter that cost thousands of lives.

THE SITUATION OF PUBLIC MONUMENTS IN THE RUHR AREA As early as the nineteen-twenties, a misleading sign was attached to the water tower. On the sign all forty victims are listed, which paramilitaries and police forces had to suffer in the battle with the workers. The sign misleadingly suggests that all forty victims had been killed in the water tower.

The falsification of history was initiated and organized by the right. Nazi-era celebrations to commemorate the "heroes of the movement" were organized at the water tower. Hermann Goering took part in a remembrance service on March 19, 1934. The memorial celebrations continued uninterrupted well into the nineteen-nineties.

But it was not only the history of the water tower that was rewritten: the graves of the victims in the cemeteries *Südfriedhof* and *Nordfriedhof* were leveled by the Nazis. In Essen, the "putschists" from the *Freikorps* were even given a monument of their own, which was built in the Nazi-era. The monument was initiated by General von Watter, who was the commander responsible for the massacres committed by the *Reichswehr* and *Freikorps* in the Ruhr in 1920.

After the War, the memorial nearby to "Haus Horst," was reluctantly named a "memorial for the victims of fascism." However, ironically the fascist aesthetic of the monument remains. Rumor says that Nazis even met there on April 20, 2010 to celebrate Adolf Hitler's birthday with a torchlight procession.

A cautious correction of false historic accounts of the Ruhr slowly starts

with the rise of critical theory in the wake of the anti-authoritarian movement: Erhard Lucas standard work "Märzrevolution" was published in 1970. Without pointing any fingers directly to the forces responsible for the "loss of memory": the powerful Industry at the Ruhr, that from the start stood at the side of the *Freikorps* (and partly financed them), the social democratic party SPD, that, after having been saved by the revolutionwary workers from the "putschists" – let free the very same "putschist" troops shortly afterwards in April, against the will of the workers.

In the early nineteen-eighties, the city of Essen had a number of information signs mounted at the sites of the events about the history of the events, and even about the potentially misleading character of the memorials and signs. At the memorial at Ehrenmal in Essen-Horst it says accurately:

"This building was erected by the national socialists in 1934 as a memorial to the fallen members of Freikorps, Einwohnerwehren, Reichswehr, and police units that fought between 1918–1920, against the revolutionary workers in the Ruhr. The National Socialists did this as propaganda in order to enforce their view of the revolutionary era, 1918–1920 most notably:

– to degrade the Weimar Republic – the result of the November revolution of 1918,

– to denounce the workers of the Red Ruhr Army, who took up arms in March 1920 to defeat the reactionary Kapp-Putsch and the rebellious Freikorps-troops; and who, after the coup was crushed, also fought for revolutionary goals (worker's council),

– to glorify the members of the Freikorps, many of whom were right wing extremists in 1918 already and who later fought as national socialists against the Weimar Republic, as national heroes and forerunners of National Socialism,

– to denounce the violent struggle of the revolutionary workers in the civil war-like battles 1918–1920 as "Red terror" – but also to conceal the "White terror" committed by the Freikorps, who after occupying the Ruhr district in April 1920, killed more than 1,000 workers,

– to depict the elimination of democracy and the erection of the national socialist dictatorship 1933 as "Germany's salvation."

ROTGARDISTIN,
DO-MENGEDE

However, on an aesthetic level, the sober explanatory sign boards could not break the dominance of the right wing memorial culture. The acknowledgement of the victims on the side of the workers is nigh invisible. The heroic deeds of the radical workers are utterly unrepresented in the public realm. Furthermore, the culture capital RUHR.2010 did not make an attempt to redress the imbalance.

A strange situation: should one not see the March Revolution and the Ruhr Rebellion as being as important for the history of the Ruhr – as the discovery of the charcoal or the invention of the railway wheel? The important industrial zone had the potential to prevent Germany from moving to the right in 1920; even more than that, to give the development of national socialism a push in a different direction.

ENDEMIC AMNESIA IN ESSEN To correct the "selective memory" – and "situation of oblivion" – artist, Christoph Schaefer, marked several places with fine art installations: the Westfalendamm, where Freikorps Lichtschlag was defeated, the Wasserturm Steeler Strasse, and a tram in Dortmund.

Schaefer works with the tools of marketing. He tested to see whether using flags and colored lights, usually used to "decontextualize" old industrial buildings and transforming them into "content free," depoliticized, purely aesthetic objects – could also be used for the opposite end. The "recontextualization" of the Essen water tower, the reanalysis of its history, from which the site had been cut off since the initial victory of the Nazis and by a 'politics of forgetting' in the post war area, up until today.

An interesting page on the situation of monuments around the revolt at the Ruhr in Essen and the Ruhr district: www.ruhr1920.de

"We don't want to creep in the dust in front of those who, by luck of birth, are arrogant and look down on us. We don't want to continue to be proletarians without means; we demand co-ownership rights at the means of production. We demand ownership of the resources found on and beneath the earth. We demand the paradise on Earth and will no longer resign ourselves with the hope for a better hereafter."

Executive Council of the Miners Colony Lohberg in Dinslaken, March 1920

Announcement: The publication of nationalist, monarchist, anti-socialist articles or notes, contesting the character of the dictatorship of the councils is forbidden.

Essen, March 20, 1920 – The Executive Council of the Workers Council, Essen.

"Education has to replace punishment. The thoughtless imprisonment of poor, weak people, who don't know the right way or can't stick with it, to jails and prisons, contradicts human dignity, as does capital punishment."

People's commissioner for the Socialization of Justice, Elberfeld, March 1920

"Red Army in the Ruhr area – if you ask residents of the Ruhr about the exciting events of 1920, you generally get from those who *have* heard something answers that turn the truth upside down. Give the test and ask about the battle at the Essen water tower – and more often than not you will hear the story of how some dozens of brave policemen and Essen citizens were 'brutally slaughtered by the Reds.' … The twelve years of national socialist rule … destroyed the historical con-sciousness of the German working-class so thoroughly, that it is arguable, if it can ever be revitalised again."

Erhard Lucas, Märzrevolution im Ruhrgebiet (March Revolt in the Ruhr District), Band 1, p. 7ff, (Berlin, 1970).

WIE FEUER
GRÜSSEN VON DEN
FÖRDERTÜRMEN
DIE ROTEN FAHNEN
DSW21
1920
SATT!

Grosses Frühstück
Gr. Kaffee, 2 Brötchen, 2 Sch. Wurst, 1Sch. Käse, Marmelade o. Nutella 1Ei und Butter 3,90 €
Kleines Frühstück
Kl. Kaffee, 1 Brötchen, 1 Sch. Wurst, 1 Sch. Käse, 1 Ei und Butter 2,40 €
Brötchen 0,25 €
Brötchen mit Belag 1,30 €
Salami, Fleischwurst, gekochter Schinken, roher Schinken, Leberwurst, Käse, Ei
Brötchen mit Mett 1,50 €
Brötchen mit Thunfisch, Zwiebeln, Salat 1,70 €
Brötchen mit Marmelade oder Nutella 1,00 €
halbes belegtes Brötchen 0,80 €
halbes belegtes Brötchen mit Mett 1,00 €
Für unsere kleinen Gäste
Kleines Schnitzel mit Pommes frites 3,10 €
6 Chicken Wings mit Pommes frites und Ketchup 3,50 €
Schnitzelgerichte
Wiener Schnitzel mit Pommes frites und gemischtem Salat 5,40 €
Jägerschnitzel mit Pommes frites und gemischtem Salat 5,90 €
Zigeunerschnitzel mit Pommes frites und gemischtem Salat 5,90 €
Rahmschnitzel mit Pommes frites und gemischtem Salat 5,90 €
Putenschnitzel mit Pommes frites und gemischtem Salat 6,10 €
Pfefferschnitzel mit Pommes frites und gemischtem Salat 5,90 €
Zwiebelschnitzel mit Pommes frites und gemischtem Salat 5,90 €
Holsteiner Schnitzel mit Zwiebeln, Spiegelei, Pommes frites und gemischtem Salat 6,30 €
Spargelschnitzel mit Pommes frites und gemischtem Salat 6,90 €
Eier
Rührei mit Speck, Zwiebeln, Brötchen 2,50 €
Rührei mit Speck, Zwiebeln und Tomate, Brötchen 2,80 €
Rührei mit Kochschinken, Brötchen 2,50 €
Spiegelei mit Brot oder Brötchen 2,30 €
Strammer Max mit rohem oder geckochten Schinken 3,30 €
Kölner Brötchen 1,70 €
Spiegelei von beiden Seiten gebraten, mit gekochten Schinken, Salami oder Käse
Für den Kleinen Hunger
Frikadelle 1,75 €
Bockwurst 1,75 €
Bratwurst 1,60 €
Schnitzel-paniert 2,50 €
Currywurst 1,90 €
Jäger oder Zigeunerwurst 2,10 €
Brötchen zu oben genannten Gerichten Aufpreis 0,25 €
Gulaschsuppe mit Brötchen 2,50 €
Kleiner gemischter Salat mit Dressing oder Essig-Öl 1,80 €
Salatteller 3,80 €
Kartoffel Salat 1,80
Toast Hawaii 3,10 €
Leberkäse mit Spiegelei 3,70 €
Beilagen
Pommes frites, Bratkartoffeln Kroketten 1,50 €
Kartoffelsalat 1,80 €
Saucen
Jäger, Zigeuner, Rahmsauce 0,50 €
Currysauce 0,30 €
Ketchup oder Majonaise 0,30 €
Senf oder Ketchup Tütchen 0,10 €
Schnitzel im Brötchen 2,75

STOP AND GO

STOP AND GO UND GUCK MAL | ULRICH LAND Also, verehrte Staugemeinde, ich mache einen Vorschlag. Einen Vorschlag zur Güte: Tempo 30 auf der A40!

Hier meldet sich der Asphaltflüsterer ,Stop and go'. Danke, dass Sie mich eingeschaltet haben. Über den weiteren Reiseverlauf auf der A40 werde ich Sie rechtzeitig informieren.

Jeder im Ruhrgebiet hasst sie und jeder nutzt sie täglich. Sie trennt die Städte auf und verbindet sie gleichzeitig, ist Highway und Staumeile. Schlängelt sich zwischen den mondänen Machtzentren der „Ruhrmetropole" hindurch, und kaum eine Hand voll Kilometer weiter wird sie flankiert von idyllischen Kleingartenanlagen, Shopping-Malls, gelangweilten Gewerbegebieten, Bergarbeitersiedlungen und Mietshausstaffeln. Im Grunde kann man sein Leben komplett und ausschließlich an der A40 bestreiten. Das einzige, was man über die Schallschutzwände hinweg kaum zu sehen bekommt, sind Fördertürme und Hochöfen. – Die Zeiten sind gründlich vorbei.

Mit ,Stop and go – Ihrem persönlichen A40-Navi' brauchen Sie keine Verkehrsschilder, keine Zuflussregelung, keine Leitplanken. Ich schiebe für Sie die Lärmschutzwände zur Seite und sorge dafür, dass Sie rechts und links was zu sehen bekommen!

Ein immens hohes Verkehrsaufkommen mit bis zu bis 140.000 Kraftfahrzeugen pro Tag – fast dreimal so viel wie die durchschnittliche Verkehrsstärke auf deutschen Autobahnen – und eine extrem dichte Abfolge von Auf- und Abfahrten: Das ist der besondere Mix, der hier den Verkehr jeden Tag im Schnitt zweieinhalb bis dreieinhalb Stunden zum Stehen bringt. Tausende genervter Stauteilnehmer, die die Autobahnränder absuchen. Ein Dorado der Seitenblicke! Ein Dorado für alles, was man Kultur heißt.

Sie befinden sich auf der Standspur. Das ist kein straßenverkehrsordnungs-konformes Verhalten. Wenn Sie sich entspannen wollen, wählen Sie bitte den nächsten Stau!

Ich schlage also allen Ernstes Tempo 30 vor! Auf der gesamten Strecke, zu jeder Tages- und Nachtzeit.

Bitte beschleunigen Sie – jetzt!! Und halten Sie sich eintausendeinhundertdreiundvierzig Kilometer geradeaus. Auf der Erfolgsspur einer tausendjährigen Straße mit Namen Hellweg, der eine Unzahl von Fernhandelsfahrten und Heerzügen, Aufständen und Hausbesetzungen, von Umbauten, Unterbrechungen und Erweiterungen über sich hat ergehen lassen müssen. Erweisen Sie dem altehrwürdigen Vorläufer der A40 Ihre Reverenz und wählen Sie die Galoppgeschwindigkeit eines berittenen Boten.

30 km/h, und aus dem stockenden rasenden stocken Verkehrsfluss wird ein gleichmäßig gemächlicher Verkehrsstrom. Unfälle?: Fehlanzeige. Der CO_2-Ausstoß nähme locker sämtliche Global-Warming-Einsparhürden, von Lärmbelastung keine Rede mehr, kaum noch Verkehrszeichen – außer „Höchstgeschwindigkeit 30". Man würde an allen Ecken und Enden sparen wie'n Weltmeister. Außer an der Zeit. Aber was ist schon Zeit! Einer Studie der Uni Münster zufolge kommen Autofahrer in NRW eh nur mit durchschnittlich 31,6 Stundenkilometern voran. Also bitte sehr.

Man könnte getrost den Blick über den Tellerrand des eigenen Gefährts wagen, über den Straßenrand. Man sähe Dinge, die man bekanntlich nicht sieht, wenn man mit hundert Sachen daherbraust oder fluchend stausteht und nur einen Blick für die Rücklichter vor einem hat und hofft, dass sie sich alsbald in Asphaltdunst auflösen möchten und man wieder fahren kann und fahren und fahren – um nichts zu sehn. Hätte man dagegen die unumstößliche Gewissheit, schneller geht's eh nicht, die Tachonadel weiß nicht, was jenseits der 30 kommt, und wird es nie wissen, dann sähe man statt Leitplanken und Schallschutzmauern „die Schönheit der großen Straße".

,Stop and go' öffnet die Tore des Duisburger Zoos, stutzt die Hecken der Schrebergärten, mistet die Nistzellen der Brieftauben aus. Lässt genau im Kaiserberger Spaghettiknoten, im Auge des Verkehrsorkans ein Biotop wuchern und direkt neben der Autobahn einen Ponyhof, ein Biogehöft, eine Fischfarm florieren. – Nehmen Sie bitte das Angebot zum Chillen jenseits der Leitplanke entgegen! Das wird Ihrer Konzentration höchst zuträglich sein.

Man würde, mit 30 km/h auf dem Bochumer A40-Stück längsschleichend, über diese merkwürdige Raststätte stolpern, die eigentlich keine ist, aber einfach da ist, wo man isst. Schnell zwischen den Stauwellen was zwischen die Kiemen! Käsebrötchen. Pott Kaffee für eins fuffzig. Eine Raststätte, obwohl in den einschlägigen Rasthofverzeichnissen keine zu finden ist und obwohl sie kein offizielles Autobahnschild als Raststätte ausweist – oder, oder doch? Bei Tempo 30, bei genauem Hinsehen erkennt man auf der 300-Meter-Entfernungsbake ein blaues Etikett mit Messer und Gabel. Das habe sie selbst, gibt die Raststättenwirtin hinter vorgehaltener Hand kichernd zu, habe sie selbst drucken lassen und in einer Nacht- und Nebelaktion draufgepappt. Und jetzt müsse sie mit ansehn, wie's Tag für Tag mehr verbleiche und verschleiße. Die verdammten Bürsten der Reinigungsfahrzeuge! Sie traue sich aber nicht, noch mal ein neues hinzukleben. Wegen der schlafenden Hunde und so. Man sähe, mit 16,2 Knoten vorbeischippernd, drinnen zwei Leuchtstoffröhren viel zu weißes Licht spenden. An der Wand das Foto einer Harley, bestückt mit Leuchtdioden, die flotte Fahrt bedeuten wollen. Eine mit fahrigem Filzstift bekritzelte und mit krummem Reißbrettstift an die Wand gepinnte Bratwurstpappschale, die Schnitzel im Brötchen für 2,75 € anpreist. Während bärbeißige Hinweiszettel an der Tür das Mitbringen von Speisen und Getränken verbieten.

Man sähe die zwei Glatzköpfe, die sich über dampfende Kaffeebecher hinweg in polnisches Fernfahrerlatein versenken, während am Tisch gegenüber in breitestem Revierplatt über den Stau gemeckert wird, der sich vor den Tempo-30-Zeiten hier immer vorbeiwälzte. Sähe in der Ecke den Stapel Bild-Zeitungen zur freien Verfügung, den einbeinigen Ventilator am Fenster, der die Klimaanlage vorstellt. Die handgeschriebene Speisetafel, die von Hand gekneteten Frikadellen, das handgespülte Geschirr. Man sähe das Ruhrpottprinzip schlechthin, das Prinzip „Bude auffe Ecke" kurzerhand eigenhändig direkt an die A40 rangeholt!

Doch man wird sich sputen müssen, denn ein Ende des Idylls ist in Sicht: Spätestens, wenn mit den Bauarbeiten am Westkreuz bei Bochum-

Stahlhausen begonnen wird, vermutlich im Frühjahr 2011, wird der Autobahnanschluss der, sagen wir: Rastbude gekappt.

‚Stop and go' hat bei Ihnen eine vermehrte Ausschüttung von Stresshormonen festgestellt. Das Fahrspurhopping hat Ihrem Nervenkostüm augenscheinlich nicht unerheblich zugesetzt. ‚Stop and go' verordnet sofortigen Zwischenstop! Nächste Ausfahrt bitte rechts ab.

30 Kilometer auf dem Tacho und man sähe nicht mehr, wie rechts eine Institution der besonderen Art an die verblichene Montanindustrie erinnert. „Das bizarre Stahlwerk" steht in dicken Lettern auf den mit feuerroten Werbeflächen abgehängten Fenstern zur A40 zu lesen. Hier werden nach eigenem Bekunden die Künste der „BDSM-Art" gepflegt: „Bondage, dominance, sadism, masochism." Ein mittelständischer Betrieb: sechs Mitarbeiterinnen, nebst Webmaster und Handwerker. Die 48-jährige Studioleiterin trägt den schmucken Namen Carolin von Stahl. Und Minirock und Langarm-Body. Schwarz-rot, wie das gesamte Ambiente des Stahlwerks.Ketten, Handschellen und Stahlgestänge für fachmännische Fesselungen, Lackdecken und PVC-Boden für so genannte Dirty Games. Eine Kammertür weiter der rote Thronsaal mit Streckbank, motorisiertem Kreuz und fahrbarem Käfig. Dann das „Tor der Qualen" mit einem Sklavenstuhl auf Rollen, das Zofenzimmer, ein bizarrer Friseursalon für Feminisierungsbemühungen – den speziellen Künsten sind keine Grenzen gesetzt. Es sei denn, der geplagte Kunde stößt das Wörtchen „Gnade" aus. Dann wird ein Gang runtergeschaltet oder drei. „Denn die Leute", findet Frau von Stahl, „die Leute, die hierher kommen, sind auch Menschen."

Vielleicht sähe man, wie die Ladies, kurz bevor die Sonne glutrot hinterm A40-Horizont versinkt, das einzige nicht werbetafelverrammelte Fenster öffnen, über die Lärmschutzmauer hinweg die Aussicht auf die acht Meter entfernte Ruhrautobahn genießen und den Stauschleichern zuwinken. Wie sie sich freuen über jeden zähfließenden Verkehr; nicht ausgeschlossen, dass der eine oder andre den Verlockungen nicht widerstehen kann, einen etwas genaueren Seitenblick auf die schamroten Fenster wirft und abfährt.

„Nein", sagt die künstlerische Leiterin des Etablissements, „nein, mit der Nachbarschaft gibt's keine Probleme. Auch nicht mit der Kirche gegenüber. Und wenn einer meckert, kommt er ans Kreuz. Hihi."

Man sähe, dass tatsächlich die Bochumer Epiphanias-Kirche keinen Steinwurf entfernt ist. Mit ihren beiden bauhaus-sachlich-kantigen Siamesischen-Zwillings-Backsteintürmen steht sie da auf ihrer Insel mitten im Verkehrstumult der A40-Auffahrt und fungiert neuerdings als Autobahnkirche, als „geistige Raststätte", wie es heißt. Direkt vis à vis der größten türkischen Disco Europas, des Schlachthofs und eines, sagen wir: normalen Bordells. Hätte man es bislang noch nicht kapiert, jetzt wüsste man: Das Leben an der A40 lässt nichts aus.

Vorsicht! Hinterm Spielplatz auf dem Dach des Bochumer A40-Tunnels befinden sich fußballspielende Kinder auf der Straße. Bitte anhalten, die Kinder einsteigen lassen und in die nächste Suchmaschine eingeben!

Wenn man aber die Schnauze voll hat vom behäbig gemächlich Dahintuckern, von all den Blicken und Seitenblicken, dann läute man eilends die Finissage ein, und die Kunstinstallation aus Starenkästen und Tempo-30-Schildern wird flugs wieder abgebaut. – Aber'n Versuch, geneigte Staugenossen, 'en Versuch war's doch wert.

Thank you for traveling with „Stop and go – Ihrem Asphaltflüsterer".

STOP AND GO AND HAVE A LOOK | ULRICH LAND Now then, dear traffic jam community, I should like to submit a proposal – a conciliatory proposal: let us introduce a speed limit of thirty kilometers per hour on the A40!

This is "Stop and Go," your asphalt whisperer. Thank you for tuning in to the program. I will keep you informed about your itinerary on the A40.

Everyone in the Ruhr area hates it yet uses it every day. It simultaneously rips open and interconnects the cities along its routes; it is both a highway and a bottleneck. It meanders between the resplendent centers of power of the "Ruhr metropolis," yet only a few kilometers ahead it is flanked by idyllic allotments, shopping malls, blasé commercial areas, mining communities, and rows upon rows of apartment buildings. In principle, one could spend one's life exclusively on and near the A40. The only thing one will, but rarely, see when peering over the noise barriers are shaft towers and blast furnaces – those times are over indeed.

If you tune in to "Stop and Go – Your Personal A40 Navigator," you won't need any road signs, ramp metering systems, or guard rails. I will push the noise barriers aside for you, and make sure you have a panoramic view all around!

An immensely high traffic volume of up to 140,000 motor vehicles a day – almost three times the average traffic volume on German autobahns – and an extremely dense concatenation of slip-roads and exits: it is this special mix that brings traffic to a standstill for two-and-a-half to three-and-a-half hours on average every day. Thousands of unnerved immobile drivers scanning the roadside. A dorado of sidelong glances! A dorado for everything subsumed under the concept of culture.

You are currently standing on the hard shoulder. This does not conform to traffic regulations! If you want to relax, please choose another traffic jam!

So my proposal – in all seriousness – is to introduce a speed limit of thirty kilometers per hour. On the whole route, twenty-four hours a day.

Please accelerate – now!! And proceed straight ahead for the next one thousand one hundred and forty-three kilometers. On the road to success – a thousand-year-old route called Hellweg, which has had to cope with innumerable long-distance trading voyages and army trains, uprisings and squatting, refurbishments, interruptions, and extensions over the centuries. Pay homage to the august precursor of the A40 by adjusting your speed to the gallop of a messenger on horseback.

Thirty kilometers per hour, and the flow of traffic, stalling, accelerating, then stalling again, would turn into a smooth, unhurried stream. Accidents? None. The carbon dioxide emissions would easily pass any regulative hurdles designed to reduce global warming; no noise pollution to speak of; hardly any road signs – except for the "30 kph speed limit" ones, of course. We would economize like blazes in all areas. The only thing we could not economize on would be time itself. But then what is time?! According to a survey of the University of Munster, drivers in North Rhine-Westphalia only travel at an average speed of 31.6 kilometers per hour anyway. So there.

We could safely look beyond the backyard of our own vehicle, so to speak, and beyond the roadside, too. We would see things that we are obviously blind to while rushing by at one hundred kilometers an hour or cursing the traffic jam that has rooted us to the spot, looking only as far as the taillights of the car in front, hoping they will vanish in the asphalt haze as soon as possible so that we can go on and on and on – to see nothing at all. If, however, we could be totally sure that we could not travel any faster anyway because to the speedometer pointer the region behind the thiry mark is – and forever will be – terra incognita, then instead we would see, on the opposite side of the A40, that strange service area that strictly speaking is not a service area at all but simply a place where one goes for a snack. Time for a quick bite before the next traffic jam arrives! Cheese rolls. A large cup of coffee for 1.50 Euro. A service area, which is not listed in the relevant indexes and is not marked as such by an official road sign – or is it? If one drives by at a speed of thirty kilometers per hour, one can discern a blue logo sporting a knife and fork on the sign, which notifies motorists that the next exit is 300 meters away. The manageress admits, giggling and *subrosa*, that it was she herself who commissioned the print and pasted it onto the official sign one dark night. But now she is forced to look on helplessly as the sign progressively fades and wears away. Those damn scrubbers sent by the cleaning department! Yet she does not dare to replace it. Let sleeping dogs lie, and all that guff. Floating past at a speed of 16.2 nautical knots, we could discern two fluorescent tubes flooding the interior with a light that is much too bright. The wall sports a Harley Davidson poster; the bike is equipped with LED lights giving the illusion of rapid acceleration ... There is also a paper plate with perfunctory felt-tip pen lettering, pinned crookedly to thewall, advertising schnitzel rolls for a mere 2.75 Euro, while surly signs affixed to the door proclaim that guests are prohibited from bringing their own food and beverages.

We would see the two bald men conversing in Polish truckers' vernacular over steaming coffee pots while the occupants of the neighboring table are busily condemning, in thick Ruhr patois, the traffic jams which used to trickle by here in the old times before the thirty kilometers per hour speed limit was introduced. We would see the "Bild" newspapers stacked in the corner and the one-legged fan at the window serving as the air-conditioning system of the place. The handwritten menu, the home-made meat balls, the handrinsed crockery. We would see that "Ruhrpott" (local hole-in-the-wall), transposed to the A40 roadside without further ado!

But we will have to hurry as the idyll is doomed: the autobahn link to the – well, let us call it a service kiosk – will be severed for good when the construction work at the Westkreuz junction near Bochum-Stahlhausen starts: presumably in early 2011 at the latest.

"Stop and Go" has discovered you are suffering from an increased re-lease of stress hormones. Obviously the continual lane hopping has dam-aged your nervous system. "Stop and Go" must ask you to stop immediately! Please turn right at the next exit.

Restricting ourselves to a speed of thirty kilometers per hour, we would see a unique institution to the right evoking associations of the late coal and steel industry. "Das bizarre Stahlwerk" (The Bizarre Steel Works) is emblazoned in bold lettering on the blazing red banners covering the windows. On enquiring inside we are told that the place is committed to the promotion of the BDSM arts – bondage, dominance, sadism, masochism. A medium-sized business: six female employees plus webmaster and handyman. The studio manageress, aged forty-eight, is named, appositely enough, Carolin von Stahl; she is wearing a miniskirt and a long-sleeved teddy colored black and red, in tune with the steel works' overall interior design. There are chains, handcuffs, and steel rods for professional bondage, waterproof spreads, and PVC floors for so-called dirty games. The next door opens onto the red throne room, equipped with a rack, a motorized cross, and a mobile cage. Then there is the "Tor der Qualen" (Gate of Torture) with a slave chair mounted on castors, a maid's chamber, a bizarre barbershop for feminization purposes – everything goes. Goes, that is, until the tormented customer begs for mercy. Then the wheels of torture slowly grind to a halt – "after all," Mrs von Stahl reflects, "the people who come here are only human, too."

Perhaps we would observe the ladies opening the only window not barred by the advertising banners as the fiery red sun slowly disappears beyond the A40 horizon to enjoy the panorama of the autobahn, a mere eight meters away beyond the noise barrier, and to wave to the motorists crawling by. Look how pleased they are when traffic once again comes to a standstill; maybe the odd motorist will not be able to resist the temptation to take a closer look at the enticing red windows and will turn off at the nearest exit.

According to the creative directrice of the club, "there is no trouble with our neighbors, none at all. No trouble with the church opposite, either. And if somebody does speak up, he will be nailed to the cross." The last is said with a wink. We would see that Bochum's Epiphanias church is really just a stone's throw away. There it stands, graced by its siamese-twin functional-angular Bauhaus-like brick towers, on its island amid the tumultuous traffic on the A40 slip-road; lately it has been turned into an autobahn church, a "spiritual service area" as it is called nowadays. Right opposite we would see the largest Turkish discotheque in Europe, the city's abattoir, and a, well, ordinary brothel. By now, even those who are exceedingly slow on the uptake would have realized that life along the A40 is lived to the full indeed.

Take care! Behind the playgrounds on the roof of the Bochum A40 tunnel, children who are playing football are running across the road. Please stop, take the children on board your car and enter their names into the nearest search engine!

But if you have had your fill of the sedate, leisurely pace, of all the looks and sidelong glances, then you must quickly usher in the finissage, and the arts installation consisting of speed traps and "30 kph" signs will be dismantled in the blink of an eye. It was still worth a try, though, dear brothers-in-cars, wasn't it?

Thank you for traveling with "Stop and Go – Your Asphalt Whisperer."

A40 EINE REISE

A40 – EINE REISE | BORIS SIEVERTS Die Geschichte der A40 ist eine der großen Sagas des Ruhrgebiets: Wie aus der Reichsstraße 1 von Aachen nach Königsberg die Autobahn 40 wurde, die sich wie keine andere deutsche Autobahn mitten durch die Innenstädte bricht, die sie bedienen soll, ist zu einem der Symbole für die ungeheure technische Überformung der Landschaft zwischen Ruhr und Emscher geworden, hier in den künstlichen Mittelgebirgen der Halden, den gewaltigen Bauwerken der Kohle- und Stahlindustrie oder der kanalisierten Emscher selber ebenbürtig. Anders als auf Halden, an Kanälen oder vor Riesenbauwerken stehend, ist die Erfahrung dieses Eingriffs jedoch (fast) nirgends eine kontemplative. Zu dominant ist die Dynamik ihres Verkehrs, zu laut ihre Sphäre, zu funktional der Grund unserer alltäglichen Begegnung. „A40 – Eine Reise“ führt uns auf und an diese Straße, um sie als das wahrzunehmen, was sie, neben allem Lärm, aller Gefahr und allem praktischen Nutzen, auch ist: ein kulturgeschichtliches Zeugnis ersten Ranges, ein lineares Monument, ein Lebensraum und eine Verführung, nicht zuletzt zum genauen Hinschauen: die stillgelegte Auffahrtsspur unter einer Moosschicht, der unerwartete Mountainbikeparcours im Lärmschutzwald, Frühstück in der Kleingartenanlage hinter der Tür in der Trapezblechwand einer Tankstelle, Mittagessen bei Familie Meier, die von ihrem Kinderzimmer aus die Unfälle an der Einfädelung der A52 zählt. Die A40 ist eben nicht irgendeine Autobahn, die von A nach B führt, sondern ein zwischen System und Ort, Verbindung und Blockade, Emission und Faszination schillerndes Gebilde. „… an der nächsten Tanke wartet schon unser Fahrer … wir öffnen eine Tür in der Schallschutzwand, drehen 'ne Runde und fahren weiter …“

Termine: 26. Juni, 24. Juli, 25. Juli 2010, jeweils von 10 bis 21.30 Uhr
Kostenbeitrag: 69 Euro inklusive Verpflegung und Transporte.
Feste Schuhe, lange Kleidung und leichtes Regenzeug mitbringen.
Teilnehmerzahl: 17

A40 – A JOURNEY | BORIS SIEVERTS The history of the A40 is one of the great sagas of the Ruhr region: it is the story of how the Reichsstraße from Aachen to Königsberg became the Autobahn 40. Like no other motorway in Germany, it forced its way through the very hearts of the cities it was supposed to be serving. The Autobahn 40 has become one of the symbols of the tremendous technical transformation of the countryside between the Ruhr and Emscher rivers. In this respect, it is on a par with the manmade mounds of the mine dumps, the gigantic constructions of the coal and steel industry or the canalized Emscher River itself. Unlike the feeling experienced when standing on the mine dumps, by the canals or in front of the giant industrial edifices, there is no way in which this particular intervention can be thought of as contemplative. The speed of its traffic is too high, its environment too noisy and our everyday encounters with it are too functional. "A40 – A Journey", not only "leads" us onto this road but also shows us what lies behind all the noise, danger, and practicalities of its everyday use: a cultural and historical testimonial of the first degree, a linear monument, a living space, and also a fascinating object that calls for a closer look. A closer look at the disused access road under a layer of moss, the unexpected mountain bike course in a belt of sound absorbing trees, people having breakfast in an allotment garden behind a door in the profiled metal wall of a petrol station, or lunch with a family who sit in front of the window in their children's bedroom counting the accidents that occur while drivers try to align their cars on the A52. The A40 is not just a motorway leading from point A to point B, but a structure which oscillates between system and place, connection and blockade, emission and fascination." … our driver is already waiting at the next petrol station … we open a door in the noise barrier, go for a spin and then drive on …"

Dates: June 26, July 24 and 25 from 10 a.m. until 8 p.m.
Fee: 69 Euros including food and transport.
Please bring sturdy shoes (light trekking shoes if possible), sensible clothing and light rainwear.
Number of participants: 17

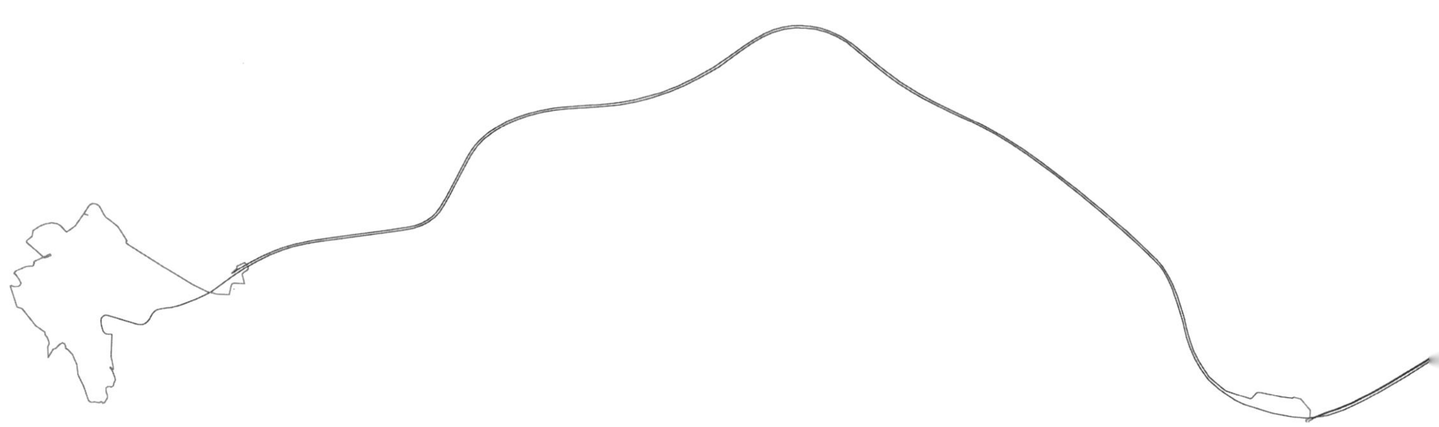

10.00 Treffen in Essen am Hauptbahnhof an der DB-Servicetheke. Dann Gang in die U-Bahn und Fahrt mit der U18 inmitten der A40 bis zur Station Eichbaum.

10.35 Ankunft in Eichbaum. Komplexes Verkehrsbauwerk, an dem die A40 den Verlauf des alten Hellwegs, der später zur Reichsstraße und dann zur B1 wurde und an dem sich die alten Ruhrgebietsstädte aufreihen, verlässt. Einfädelung der B1 und der U18 von Mülheim kommend. Letztere sollte ursprünglich das gesamte Ruhrgebiet von Dortmund bis Duisburg verbinden, im Duisburger Untergrund steht die Endhaltestelle bis heute im Rohbau. Die A40 wird ab hier ländlicher. Eichbaumoper. Verlassen der Situation über den wunderschönen Trampelpfad durch ein Maisfeld.

10.50 Michael und Ahmad erwarten uns in zwei Kleinbussen auf dem Parkplatz vor der Pizzeria in der Blücherstraße/Ecke Julius-Leber-Straße in Mülheim. Einstieg und Fahrt auf die A40 in Fahrtrichtung Duisburg.

11.00 Ausstieg an Notrufsäule nach Ruhrauenüberquerung. Abstieg vom Fahrdamm. Anschließend Unterquerung der A40 und Weg über einen Bauernhof bis an den Ruhrschifffahrtskanal. Weite Flussauenlandschaft mit aufgeständerter Autobahn. Viehzäune aus alten Leitplanken. 20.000 Ballen Stroh für den Duisburger Zoo! Dem Kanaldeich nach Westen folgen.

11.40 Ankunft bei Fisch Braun und der ersten Erläuterungstafel zum „Landschaftspark Kreuz Kaiserberg". Stadt, Land, Fluss, Autobahnkreuz: die Autobahn als gliederndes und namengebendes Landschaftselement (in Ergänzung zu ihrer Rolle als Fremdkörper). Besichtigung der Fischteiche in diesem Sinne (der Landschaft als Fügung heterotopischer Momente). Für jeden Teilnehmer eine Kräuterforelle kaufen!

12.00 Ankunft am Werthacker. Geschichte der Siedlung als Selbstbauprojekt und ihre fortschreitende Entwicklung zur Enklave zwischen den beiden meistbefahrenen Autobahnen Deutschlands, der Eisenbahn und dem Kanal. Kampf um den Erhalt der Kirche. Wie das Dorf von Asterix („... Ganz Gallien? Nein! ..."). Die Forellen auf dem Spezialgrill braten. Mittagessen, Kaffee und Kuchen an der gallischen Tafel.

13.10 Aufbruch vom Werthacker. Bunker, Kaiserberghölle, geplante und dann aufgegebene S-Bahn-Station mit Zuwegen, Honigpumpstation, Fußgängertunnel, Kaiserberg mit Aussicht auf Thyssenwerk.

13.45 Ankunft Lieferanteneingang Zookiosk. Durchquerung des Zoos mit Überschreitung der A3 auf der Brücke mit Schriftzug „Zoo" aus Buchenhecke.

14.00 Einstieg in Kleinbusse auf dem Zooparkplatz an der Tigerkasse.

14.20 Ankunft Rhein-Ruhr Zentrum. Eintritt durch den Personaleingang in das erste Einkaufszentrum Deutschlands „auf der grünen Wiese", an der Stadtgrenze von Mülheim zu Essen, A40 und U18. Vorbei am Honigverkauf aus der Pumpstation, den Rentmeister Skulpturen und dem Genossenschaftsladen bis hinauf auf das Parkdeck.

14.40 Wiedereinstieg in die Kleinbusse auf dem kabinettartigen, von niedrigen Mauern umfassten Sonderbereich des Parkdecks. Rampe runter. Rampe hoch – zurück auf die A40 bis zur Abfahrtsspindel Essen Zentrum.

15.00 Ausstieg in Essen an der Wächtlerstraße/Ecke Auf der Donau. Anschließend 600 Meter Fußweg mit Blick durch die Notausgangstür der Lärmschutzwand zwischen A40 und der parallelen Fußgängerüberführung über das Gleisfeld. Unterquerung der A40 parallel zu den Gleisen. Dann an der anderen Seite der A40 entlanggehen. Inschrift auf Lärmschutzwand: „Nicole Müller, die versoffene, bisexuelle, asoziale, drogensüchtige, durchgefickte Dreckshure." „Tod der bisexuellen Hure Nicole Müller." „Nicole Müller hat Aids." „Nicole Müller, die größte Schlampe von Essen und Umgebung." Fußgängersteg diagonal über die A40. Sozialer Äquator des Ruhrgebiets. Hier Gymnasium, dort Hauptschule. Dazwischen die Brücke auf Höhe der ersten Obergeschosse.

15.15 Ankunft Haltestelle „Wasserturm". Einstieg in einen Bus der Linien 146 oder 147 in Fahrtrichtung Kray. Fahrt ohne Lenken mit seitlichen Führungsrollen in einem Beton- und Rasenbett inmitten der Autobahn.

15.25 Ausstieg an der Haltestelle „Feldhauskamp", auf Höhe der Einmündung der A52 in die A40. Unfallträchtigster Abschnitt der A40.

15.35 Einbiegen in die Hombrucher Straße: Einfamilienhäuser, fünf Meter Straße, dann Lärmschutzwände aus schmutzigem Plexiglas. Eigenartig betäubte Situation, in der alles in weite Ferne rückt: Die durch das Plexiglas sichtbare, gegenüberliegende Huckarder Straße, die früher Hombrucher Straße hieß und deren Häuser noch heute nur gerade Nummern tragen, während die ungeraden auf unserer Seite der Autobahn geblieben sind; der Lärm, dessen Quelle durch das Plexiglas so sichtbar ist und der dafür doch viel zu weit entfernt klingt – wie Stimmen, die man im Halbschlaf hört oder der ferne Ruf des eigenen Namens beim Erwachen aus einer Ohnmacht.

15.45 Kaffee und Kuchen im Garten von Familie Jürgens, ebenfalls Hombrucher Straße: Die pure Idylle. Dr. Jekyll and Mr. Hyde! Unsere Gastgeber tragen T-Shirts mit der Aufschrift „A40 – Verkehr ist unser Leben". Das Haus ist noch in vollem WM-Schmuck, von der Autobahn durch das Plexiglas gut sichtbar. Alle warten schon, was als nächstes kommt. Im Winter natürlich Weihnachtsbeleuchtung. Dazwischen vielleicht einfach mal „ARSCH LECKEN".

16.40 Einstieg in die Kleinbusse an der Bushaltestelle Frillendorfer Platz. Zurück auf die A40 in Fahrtrichtung Dortmund.

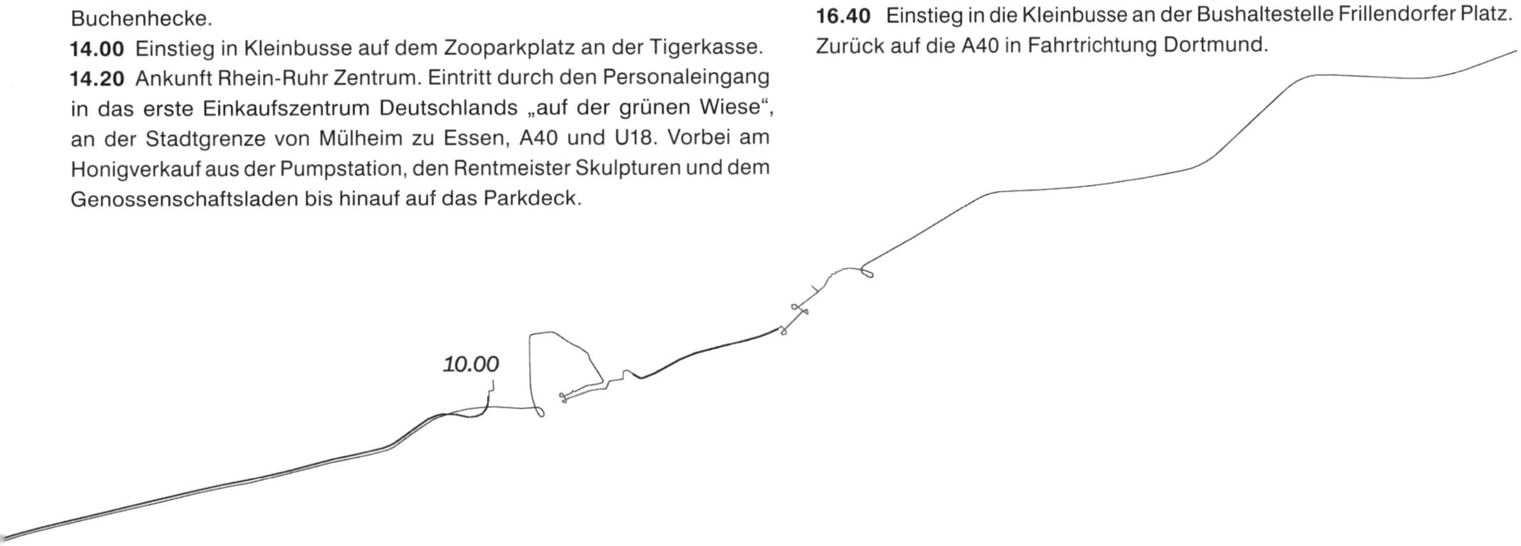

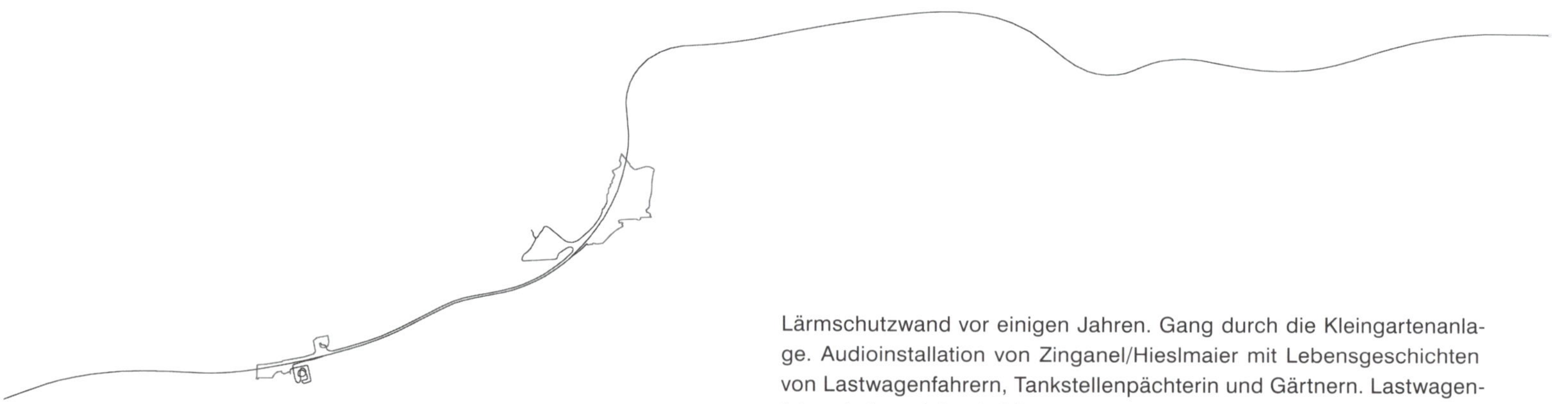

16.55 Ausstieg an den Überresten der früheren Shell Tankstelle nach Abfahrt Bochum-Stahlhausen. Verlassen der Tankstelle über den Pinkelpfad der Lkw-Fahrer. Anschließend ca. 50 Minuten Fußweg durch die rauhe Industrielandschaft des Bochumer Nordwestens. Überquerung der A40 auf der früheren Lorenbrücke im Anschluss an die Schlackenberge aus der Edelstahlproduktion des benachbarten ThyssenKrupp-Werks. Mondlandschaft mit Rauschen (Autobahn). Dazwischen ofenwarmes Brot aus türkischem Garten. Erreichen der STAR Tankstelle in Fahrtrichtung Duisburg wiederum über Pfad durch Wäldchen. Dieser ist nicht nur Pinkelpfad, sondern zugleich auch Fußweg aus der benachbarten Siedlung „Carolinenglück" zur Autobahngaststätte, die zugleich Stammkneipe der Siedlungsbewohner ist. Auch sie wird, wie bereits die gegenüberliegende Shell Tankstelle, bald der Verbreiterung der A40 weichen. Hier Wiedereinstieg in die Kleinbusse.

17.30 Kurzer Halt am Tor des Kabeisemanns Hof. Verlassener, denkmalgeschützter Gutshof, der zum Autohof umgebaut und dann die drei im Zuge der A40-Verbreiterung abgerissenen Tankstellen (Shell Tankstelle Stahlhausen, STAR Tankstelle Stahlhausen, Esso Tankstelle Dückerweg) ersetzen soll. Wesentliche Schnittstellen zwischen Stadtraum und Autobahn, wie zum Beispiel die Raststätte mit dem Siedlungsstammtisch, wird es dann nicht mehr geben. Wie soll so aus der A40 jemals der vielbeschworene „Boulevard" werden? Zurück auf die A40 in Fahrtrichtung Duisburg.

17.55 Ausstieg auf dem Lkw-Parkplatz der Shell Tankstelle Vietingstraße in Bochum-Wattenscheid. Toilettenpause und Sekt kaufen. Gang durch das Tor in der Lärmschutzwand. Versorgung der dahinter liegenden Kleingartenanlagen durch den Tankstellenshop. Deshalb war der Erhalt des Tors auch Teil des Tankstellenpachtvertrags bei Ausbau der Lärmschutzwand vor einigen Jahren. Gang durch die Kleingartenanlage. Audioinstallation von Zinganel/Hieslmaier mit Lebensgeschichten von Lastwagenfahrern, Tankstellenpächterin und Gärtnern. Lastwagenfahrer haben sich mit Gärtnern angefreundet und nutzen deren Lauben teilweise zum Übernachten. Zwischen Friedhof und Lärmschutzwand entlang zur Westenfelderstraße gehen, die das frühere Einfahrtstor von der B1 nach Wattenscheid war (Wandmalerei: Wappen von Wattenscheid). Autobahn(baustelle) unterqueren. Dramatisches Straßenbild zwischen A40 und Bundesbahnunterführung: Postkartenruhrgebiet. Dann durch die Fichtestraße auf den Dückerweg: Siedlungsgrün mit geselliger Nachbarschaftsrunde neben McDrive. Durch den McDonald's auf die Burger-Abholspur, wo Michael und Ahmad uns in den Kleinbussen erwarten. Fahrt um den Betonklotz von Seats and Sofas herum auf das Parkdeck. Weite und Überblick: D&W, Burger King, Polo's (Motorradzubehör), Van Lieshouts „Motel Bochum". Ursprung als alter Autogewerbestandort an der B1, mit amerikanischem Autohaus, Schotterfläche für Testfahrten und Schrottplatz. Bei Ausbau der B1 zur A40 bestand der Autohändler auf eine eigene Abfahrt. Später Aufkauf der Grundstücke durch Möbel West und Bau eines riesigen Möbelhauses. Detlev und Werner (D&W) haben als Hobbytuner in einer Garage in Wattenscheid begonnen und sind dann später ebenfalls hierher gezogen. Deshalb beliebter Treffpunkt der Tuningszene. Bis vor kurzem gab es hier auch noch eine Tankstelle. Und noch früher auch eine Gaststätte im Erdgeschoss eines Wohnhauses an der Stelle des heutigen McDonald's. In das zwischenzeitlich leer stehende Möbelhaus zogen dann neben Seats and Sofas unter anderem Aldi (heute Atelco) und ein Fitnessstudio ein. Wohnen, Tanken, Fitness, Gastronomie, Einzelhandel, Straßentreff: Der Dückerweg ist eine Stadt im Kleinen, der in dieser Lage direkt an der Autobahn nur damit zu erklären ist, da er an einer durch verstädtertes Gebiet führenden Bundesstraße gelegen ist. Fehlt nur noch das Hotel, das in dieser Lage natürlich ein Motel sein muss: So entstand die Idee zum „Motel Bochum" (das mir während meiner Recherche auch als Quartier diente).

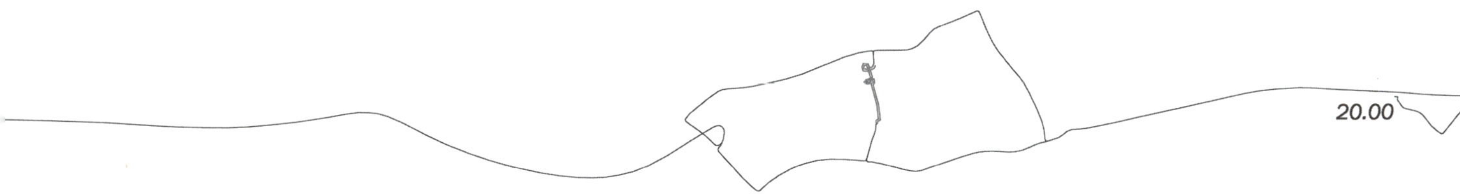

18.50 Einstieg in die Kleinbusse. Ehrenrunde auf dem Parkdeck. Zurück auf die A40 in Fahrtrichtung Dortmund.
19.05 Ausfahrt Dortmund Kley. Hier trennen sich unsere Wege: Ein Wagen fährt nach der Autobahnabfahrt links und wieder links, der andere rechts und wieder rechts. Durch Entwässerungsrohre gelangen wir von zwei Seiten ins Innere des Autobahnkreuzes Dortmund West. Kartenstudium auf der Brücke über dem Wasserauffangbecken. Dazu Sekt zum Aperitif für das bevorstehende Abendessen. Verlassen des Autobahnkreuzes wiederum durch die Rohre in jeweils entgegengesetzter Richtung. Einstieg in die Busse und über die Auffahrt Dortmund-Dorstfeld zurück auf die A40 in Fahrtrichtung Dortmund. Dann Fahrt über die Schnettkerbrücke bis zur Abfahrt Wittekindstraße, die zugleich das Ende der A40 und den (Wieder)beginn der B1 markiert. Rechts und wieder rechts in die Rosemeyerstraße. Auf den Parkplatz des Restaurants Aqua und bis zum Ende der asphaltierten Fläche durchfahren. Dort erwartet uns eine festlich gedeckte Tafel mit Blick auf die Schnettkerbrücke und über das Emschertal.
21.30 Einstieg in die Busse und Rücktransport der Teilnehmer zum Essener Hauptbahnhof oder wahlweise zur nahegelegenen U-Bahn-Station Theodor-Fliedner-Heim.

10.00 We meet at the Deutsche Bahn service desk of Essen main station. Then we enter the underground station, traveling on the U18 in the center of the A40 motorway up to Eichbaum station.
10.35 Arrival at Eichbaum station. This is a complex traffic facility; here the A40 leaves the route of the old Hellweg, which later on turns into Reichsstrasse and then into the B1, which leads past the old cities of the Ruhr region. At this point the A40 is joined by the B1 and the U18 from the direction of the town Mülheim. The latter was originally intended to interconnect the entire Ruhr region between Dortmund and Duisburg. The skeleton of the underground terminal still survives at the Duisburg end of the line. Beyond this point the A40 has a more rural atmosphere. We arrive at Eichbaum Opera and leave the area on a beautiful path across a cornfield.
10.50 Michael and Ahmad have driven two minibuses to the parking lot in front of the pizzeria at the corner of Blücherstrasse and Julius-Leber-Strasse in Mülheim. We get in and drive onto the A40 motorway towards Duisburg.
11.00 We get out at an emergency telephone booth after having crossed the floodplains of the Ruhr River. We climb down the embankment, pass beneath the A40 and traverse across a farm to the bank of the Ruhr canal. Open flood plains spread around us. The motorway is raised on stilts. Cattle fences are fashioned from old beam barriers. There are 20,000 straw bales allocated for the Duisburg Zoo!
We move westward on the bank of the canal.
11.40 Arrival at Fisch Braun and the first information panel of the "Landschaftspark Kreuz Kaiserberg." City, country, river, motorway junction[1]: the motorway as an ordering and eponymous feature of the landscape, which is alien to the nature it scars. With this in mind i.e., the landscape as a structure of heterotypic elements – we take a look at the fish tanks. I buy a trout for each member of the group!
12.00 Arrival at *Werthacker*. Consider thehistory of the residential estate as a kind of "do-it-yourself" project and its progressive development into an enclave constricted between the two busiest motorways in Germany: the railway track and the canal. There is fight for the preservation of the church. Like the village in an *Asterix* comic book ("... All of Gaul? No! ..."). The trout is roasted on a barbecue. Lunch, coffee, and cake at the "Gallic table."
13.10 We leave *Werthacker*. Bunker, Kaiserberghölle, a never-to-be-finished urban railway station with access paths, honey pumpstation, pedestrian underpass and *Kaiserberg* with panoramic view of the Thyssen industrial works.
13.45 Arrival at the tradesmen's entrance of the Zoo kiosk. We pass through the zoo, crossing the A3 motorway on the bridge where the "Zoo" lettering is sculpted from a box hedge.
14.00 We rejoin the minibuses at the Tigercash desk at the Zoo parking lot.
14.20 Arrival at the Rhein-Ruhr Zentrum. We enter the first German shopping mall built "in the green," on the boundary between the

towns, Mülheim and Essen, the A40 motorway and the underground line, through the staff entrance. We pass the shop where honey from the pumpstation is sold, pass Rentmeister's sculptures and the co-operative shop on our way up to the parking deck.

14.40 We reboard the minibuses at the cabinet-like specialsection of the parking deck bounded by low walls. Down the ramp, up the ramp and onto the A40 up to the Essen-Zentrum exit.

15.00 We leave the minibuses at the corner of Waechtlerstrasse and Auf der Donau in Essen. Then 600 meters of walking, have a glimpse of the field track through the emergency exit in the noise barrier between the A40 and the pedestrian overpass. We pass underneath the A40 along the tracks. Then walk along the opposite side of the A40. There is a graffiti inscription on the noise barrier: "Nicole Müller, the boozy, bisexual, antisocial, drug-addicted, fucked-up dirty whore," "Death to the bisexual whore Nicole Müller," "Nicole Müller has AIDS," "Nicole Müller, the biggest slut of Essen and its surroundings." Pedestrian overpass crossing diagonally above the A40. Social equator of the Ruhr region. On one side is the grammar school; on the other, the secondary school and in between the bridge at the level of the first floor.

15.15 Arrival at the Wasserturm stop. We board a number 146 or 147 bus in the direction of Kray. A journey without steering along guide rollers mounted on the sides of the track consisting of concrete and grass in the centerstrip of the motorway.

15.25 We disembark at the Feldhauskamp stop, at the point where the A52 joins the A40. This happens to be the most section of the A40 with the highest number of accidents.

15.35 We enter Hombrucher Strasse: single-family detached houses, five-meter-wide road and noise barriers made from Perspex, now grubby. There is a strangely detached situation; everything seems to recede far into the distance. Huckarder Strasse opposite, visible through the Perspex, used to be named Hombrucher Strasse. Here the houses still bear only even numbers; uneven numbers are found on this side of the motorway. The source of the noise is visible through the Perspex, yet seems to come from much further away – like voices heard while half asleep or the muffled cry of one's name when waking from a faint.

15.45 Coffee and cake in the garden of the Jürgen's family, also at Hombrucher Strasse: the perfect idyll. Dr. Jekyll and Mr. Hyde! Our hosts are wearing t-shirts with the printed slogan "A40 – traffic is our life." The house is still adorned with its full "World Championship" decoration, which is clearly visible from the A40 through the Perspex openings. Everyone wonders what will come next. In winter, they will probably have a festive Christmas light show. Before that, perhaps a simple "KISS MY ASS" for a change.

16.40 We board the minibuses at the Frillendorfer Platz bus stop and drive back onto the A40 towards Dortmund.

16.55 We disembark at the ruins of the former petrol station near the Bochum-Stahlhausen exit. After leaving the petrol station, we take a path used by the truck drivers who have to take a leak and walk for around fifty minutes through the unkempt industrial landscape of northwest Bochum. After passing the slag heaps created by the high-quality steel production of the neighboring ThyssenKrupp works, we cross the A40 on the former lorry bridge. Lunar landscape with white noise (motorway). We have bread from a Turkish garden, fresh from the oven. We reach the STAR petrol station on the side of the lanes going towards Duisburg, again on a path through a copse. This is not only for taking a pee but also links the neighboring Carolinenglück estate with the motorway restaurant, which is also the local pub of the estate's residents. Like the Shell petrol station opposite, it will also soon be demolished to make way for the A40 extension. Here we reboard the minibuses.

17.30 Short pit stop at the entry gate of Kabeisemanns Hof. This is an abandoned, listed estate, which is to be converted into a stopover area, which will replace the three petrol stations (Shell petrol station Stahlhausen, STAR petrol station Stahlhausen and Esso petrol station Dückerweg) demolished in the A40 extension. Important interfaces between urban space and highway, such as for example the service area restaurant with its table for regulars, will disappear. How will the A40 ever be transformed into the much-cited "boulevard" in this way? We drive back onto the A40 towards Duisburg.

17.55 We leave the buses on the truck parking lot of the Shell petrol station at Vietingstrasse in Bochum-Wattenscheid. Time out for a brief visit to the toilet and the purchasing of some sparkling wine. We pass through the gate in the noise barrier. The allotments bordering on the noise barrier get their supplies from the petrol station shop; accordingly the preservation of the gate was stipulated in the petrol station lease contract when the noise barrier was extended some years ago. We traverse the allotment area and hear an audio installation by Zinganel/Hieslmaier, which tells the life stories of the truckers, the gardeners, and the petrol station leaseholder. Some truckers have befriended the gardeners and occasionally use their huts for night stopovers. We continue walking, between the cemetery and the noise barrier, to Westenfelderstrasse, which previously used to be the B1 gateway to Wattenscheid (there is a wall painting: the city arms of Wattenscheid). We pass beneath the motorway (construction site). Dramatic street scene between the A40 and the railway underpass: a postcard panorama. We continue along Fichtestrasse to Dückerweg: park-cum-sociable neighbors' gathering. We pass on through McDonald's onto the burger collection lane where the drivers, Michael and Ahmad, are waiting for us in their minibuses. We drive round the Seats and Sofas concrete block onto the parking deck. Open views: D&W, Burger King, Polo's (motorcycle accessories) and van Lieshout's "Motel Bochum." Originally, this was a car dealer agency on the B1, with an American agency, a gravel yard for test drives and a junkyard. When the B1 was extended into the A40, the car dealer demanded that a separate off-ramp to his agency be built. Later on the plots were acquired by Möbel West and a huge home-center was erected. D&W started out as hobby mechanics fixing up cars in a garage in Wattenscheid; later on, they moved there. Thus the place has become a favorite haunt for the car-tuning fraternity. Until recently there was a petrol station there as well. Long ago, there was a restaurant on the ground floor of a residential building (on the site now occupied by McDonald's). The furniture store – which had stood vacant for some time – was acquired by the store Seats and Sofas, Aldi (today: Atelco) and among others, a gym, apartments, petrol station, restaurants, retailers, and meeting places: Dückerweg is a city within a city whose location in the immediate vicinity of the motorway can only be explained by the fact that the Bundesstrasse there leads through an urbanized area. The only element lacking is a hotel, or "motel" on this site. Thus the idea of "Motel Bochum" was born. (It served as my offices during my research for the project.)

18.50 We reboard the minibuses. Lap of honor on the parking deck. Back onto the A40 towards Dortmund.

19.05 Dortmund-Kley exit. Here we part company: one bus goes left after leaving the motorway; the other turns right. We ascend into the interior of the Dortmund West junction from two sides by climbing up drainpipes. We study maps on the bridge across the water catchment basin while we sip some sparkling wine as an aperitif for dinner. We leave the junction, again in opposite directions by way climbing down the drainpipes. We board the buses and return to the A40 via the Dortmund-Dorstfeld slip-road, travel on towards Dortmund, drive across the Schnettkerbrücke up to the Wittekindstraße exit, which marks the point where the A40 finally becomes the B1. We turn right, then right again into Rosemeyerstraße and turn into the parking lot of the Aqua restaurant, and go on to the end of the asphalt surface where a festive table with a panorama of the Schnettkerbrücke and a view across the Emscher valley awaits us.

21.30 We board the buses and return to Essen main station. (Or the Theodor-Fliedner-Heim underground station nearby, respectively.)

1| Translator's note: This is a pun on the German name – "Stadt Land Fluss" – of the game known as "Categories" in the English-speaking world.

DIE ÄSTHETIK DER AGGLOMERATION

ZUR ÄSTHETIK DER AGGLOMERATION | SUSANNE HAUSER Eine Ästhetik der Agglomeration handelt nur am Rande von der Schönheit oder Hässlichkeit irgendwelcher Städte oder Landschaften. Es geht vielmehr um die Tatsache, dass die heutigen Agglomerationen mit all ihren Teilen, die *posturban spaces*, *edge cities*, *technoburbs*, *generic cities*, die *città diffusa*, oder die urbanisierten Landschaften lange Zeit überhaupt nicht als eigene Strukturen wahrgenommen wurden und dass sie sich dann, nach ihrer theoretischen Entdeckung, als ausgesprochen banale Räume erwiesen, die der Wahrnehmung allerdings sehr spezielle Bedingungen bieten. Und davon handelt die Ästhetik der Agglomeration.
Die (große) Bedeutung und große Wirksamkeit der heutigen urbanisierten Landschaften erschöpft sich weitgehend in spezialisierter und alltäglich bewährter Erfüllung definierter Funktionen – ästhetisch oder sinnlich oder in ihrer Bedeutung goutierbare Überschüsse sind rar. Eine der Thesen des Buches von Thomas Sieverts über die Zwischenstadt, das in Deutschland die Entdeckung dieser Gebiete durch die Stadtplanung und die Architektur eingeleitet hat, war, dass diese Gebiete einer gesamtgesellschaftlichen Wahrnehmung entgehen: Er sprach von ihrer „An-Ästhetik“, was ein weites Feld der Assoziationen, zuerst wohl den Bezug zur Betäubung, dann zur Anästhesie herstellt.
Die spezielle Unsichtbarkeit und Bedeutungsarmut der Zwischenstadt ist auch heute, lange nach ihrer theoretischen Beschreibung nicht erledigt oder anders gesagt: Auch die in den letzten Jahren in theoretischen Anstrengungen vielfältiger Art entwickelten Verfahren ihrer Betrachtung haben sie nicht ansehnlicher oder charakteristischer gemacht.
Doch immerhin ist mittlerweile völlig klar, dass die urbanen Gebiete, die sich weder klassischen Bildern der Stadt noch traditionellen Bildern der Landschaft fügen, nicht merkwürdige Abweichungen von alten und einfach wiederherzustellenden Mustern der Stadt oder der Landschaft sind, sondern dass es sich hier um eine umfassende Art räumlicher Entwicklung handelt, die nun seit ca. 15 Jahren in das professionelle Bewusstsein der Planung und der Architektur eindringt.
Die These, dass Zwischenstädte „anästhetische Wüsten“[1] sind, war also einer der Ausgangspunkte der Befassung mit der Ästhetik der Agglomeration. Nimmt man einmal an, wie ich es getan habe, dass diese These sinnvoll ist, dann ist einer der ersten Schritte zur Analyse der ästhetischen Qualitäten der Zwischenstadt, die Struktur der räumlichen Anordnungen im Hinblick darauf zu untersuchen, welche Bedingungen sie für ihre mögliche Sichtbarkeit und ihre mögliche Erfahrbarkeit durch andere Sinne bieten.
Ich möchte Thesen dazu unter fünf Gesichtspunkten entwickeln. Der erste heißt „Anästhesie und Erfahrung“, der zweite „Ziel und Zwischenraum“, der dritte Aspekt ist der der „Platzierungen“, der vierte ist überschrieben mit „Signale und Orientierungen“ und der fünfte spricht eine Konsequenz heutiger Raumentwicklung an, indem er „die Privatisierung des Blicks“ behandelt. Am Ende meines Vortrags komme ich zu einigen Schlussfolgerungen und hoffe, dass weitere in der Diskussion entstehen.
ANÄSTHESIE UND ERFAHRUNG Heutige urbane Landschaften wie die entlang des mittleren Rheins, zwischen Basel und Zürich, um Mailand, das Ruhrgebiet oder die Randstad in den Niederlanden erstrecken sich weiträumig. Man durchfährt sie und bemerkt, dass sich die Besetzung mit Bauten, Infrastrukturen und Informationen verdünnt oder verdichtet. Möglicherweise fallen ein alter Kern oder ein neues Geschäftszentrum auf. Die Besetzung des Landes mit Bauten, Infrastrukturen und Informationen nimmt ab und zu, ohne dass sich sagen ließe, wo ein Eintreten in diesen Raum oder aber ein Herausfahren aus ihm und damit sein Ende erreicht ist.
André Dekker hat 2002 eine sehr treffende Beschreibung der üblichen Erfahrung dieser urbanisierten Landschaft gegeben: „Die Orte, von denen die Leute sich abhängig machen, sind verbunden durch ein System des Nicht-Verbundenseins. Die Zwischenräume, die sie durchqueren, sind weder sicht- noch spürbar. Der Autofahrer hat keine Wahrnehmung für Orte, das Zeitempfinden reduziert sich auf das Gefühl der Entfer-

nung. Im Auto zu sein, besonders in einem geräuschlosen, starken und bequemen Auto, verleiht das Gefühl des Losgelöstseins. Es ist wie im Nirgendwo. Es ist wie Fliegen, ein Entkommen von der Schwerkraft. Andere Leute nennen das Spaß."[2]
Die Landschaften neuen Typs sind, in einem genauen Sinne des Wortes, *erfahrbar* über ein Netz von Verkehrsinfrastrukturen, die eine Bewegungsform privilegieren: die des Fahrens mit dem Auto. Diese Bewegungsformen und Geschwindigkeiten definieren den Raum und damit auch die Erfahrung der Wege wie der Räume: Sie werden konstituiert durch die fahrende Bewegung, die sie erschließt. Sie führen, wenn wir dem Zitat aus einem Interview mit André Dekker folgen, nicht zur Erfahrung der Plätze und Orte am Rand der erfahrenen Straßen, sondern zur Erfahrung des Fahrens.
Ohne die Automobilisierung sind die heutigen Agglomerationen nicht zu verstehen. Das Auto ist die Bedingung für ihre Existenz. Damit verbindet sich übrigens nicht nur ein ökologisches und/oder städtebauliches Übel: Die Erfahrung der Befreiung, die mit dem individuellen Fahren über große Strecken verbunden ist, ist kaum zu überschätzen: „Die Möglichkeit, große Entfernungen zurücklegen zu können, gehört zu den wichtigsten Errungenschaften unserer Zeit. Vor allem Bewohner von polyzentrischen Agglomerationen sind dauernd unterwegs. Ein zunehmender Teil der Mobilität wird dabei nicht mehr von rein geschäftlichem Verkehr verursacht, sondern kann direkt oder indirekt als touristisch qualifiziert werden. Das Auto spielt dabei als höchstes Symbol der Emanzipation die Hauptrolle."[3]
Die automobilen Zonen erzeugen einen kollektiven Raum und eine Form der Öffentlichkeit, die nicht kommuniziert, sondern individuell schweifend oder aber zielgerichtet fährt – mit großen Ansprüchen an die Reibungslosigkeit des Untergrundes, ohne auffallend kommunizierte oder explizierte Ansprüche an die Umgebung der Straße: Der Weg ist nicht das Ziel, und seine Wahrnehmung oder die der durchfahrenen Außenwelt ist es erst recht nicht.
ZIEL UND ZWISCHENRAUM Nicht nur in ihren Funktionen, sondern auch in der Wahrnehmung und Erfahrung im zwischenstädtischen Raum spielen Infrastrukturen, Materialflüsse, Transportnetzwerke eine überragende Rolle: Denn der Raum wird in und auf ihnen, über sie *erfahren* und konstituiert als Raum aus überlagerten Netzen. In diesen Netzen

SEATS SOFAS
TOP-DEAL
499,-
SEATS SOFAS
1299,-

SEATS
SOFAS
FREE

fungieren einzelne Orte als anziehende und konzentrierte Knotenpunkte, als Ziele, die die Bewegung zum vorläufigen Stillstand bringen.
Diese Ziele sind genau definiert, erfüllen eine Funktion und weisen normalerweise keine Redundanzen auf. Sie erfüllen Erwartungen, die bereits bekannt sind, auf eine gewohnte Art und Weise. Sie überraschen allenfalls mit einer „Überraschung". IKEA-Filialen, prototypische Erhebungen in urbanisierten Landschaften, mögen hier als leicht nachvollziehbares Beispiel dieser großen Verlässlichkeit und Definiertheit dienen. Jedes der möglichen Ziele in der urbanisierten Landschaft scheint sich gegen die anderen möglichen Ziele zu sperren und einzeln zu liegen. Straßen, manchmal Schienen, definieren die Bewegungsmöglichkeiten von einem dieser Ziele zu einem anderen, von einem Funktions- und Aktivitätsort zum nächsten, von der Wohnung zum Arbeitsplatz zum Einkauf zu Freizeitanlagen. Die spezialisierten möglichen Ziele des Erfahrens sind mit anderen, ähnlich spezialisierten Orten verbunden und gleichzeitig auch getrennt von ihnen durch Verkehrs- und andere Infrastrukturnetze.
Auch diese Wege sind genau definiert und haben ihrerseits definierende Funktion, einer der Gründe, an der Liberalität der Netzmetapher zu zweifeln: Denn alles, was Netze nicht definieren, schließen sie aus. Sie erzeugen Abfall. Lars Lerup hat dieses Phänomen Mitte der 1990er Jahre schon ebenso ironisch wie treffsicher in Bezug auf den US-amerikanischen *sprawl* beschrieben als eine Ansammlung, in der sich „stims" und „dross" unterscheiden lassen: „dross" heißt alles, was übrig bleibt, wenn man die geschützten Räume mit Energieversorgung und Klimaanlage und die beweglichen Raumkapseln, sprich Autos, in denen man sie erreicht, abzieht: Diese geschützten Räume sind, beweglich oder nicht, „stims", stimulierende Orte.[4]
Viele der „stims" sind in den letzten Jahrzehnten zu enormer Größe herangewachsen: Flughäfen, Containerterminals und Industrieareale verbinden Großmaßstäblichkeit und Funktionstrennung und bestimmen ihr Umfeld entscheidend, ohne es zu berücksichtigen: Diese Bezugslosigkeit halte ich überhaupt für ein Charakteristikum urbanisierter Landschaften. Anlagen für Produktion, Handel und Verteilung sind in den letzten Jahrzehnten sichtbar größer geworden und neue Wohnsiedlungen bilden Gebiete erheblichen Ausmaßes.
Die Befahrung der Wege – ihre Begehung kommt aufgrund der Entfernungen kaum infrage – führt durch Zwischenräume, die als eigene Wahrnehmungsgegenstände nicht in Betracht kommen, sei es, weil sie von Lärmschutzwänden gebildet werden, weil sie zu heterogen sind, weil sie an Plätzen vorbeiführen, denen keine interessierte Wahrnehmung gilt. Manche dieser Plätze können von Wegen und Straßen aus unauffindbar sein, sie können völlig vergessen werden, wenn keine Wege zu ihnen führen. Der Zwischenraum ist unsichtbar.

PLATZIERUNGEN Einer der Schlüssel zur Lesbarkeit der konkreten Platzierung von Zielen und Funktionen ist ihre Lage in Bezug auf Zeit und Bewegung, nicht aber in Bezug auf einen bestimmten anderen Ort. Die Erreichbarkeit einer Funktion aus der Umgebung in einer in dieser Umgebung tolerierten Zeit entscheidet wesentlich (mit) über die Stelle, an der sie platziert wird – einer der Gründe für die Nebeneinanderordnung ansonsten unverbundener Strukturen. Kontexte kleineren Maßstabs, Nachbarschaften, sind dagegen von geringer Bedeutung. Das verweist die Lesbarkeit, die Deutung der Zwischenstadt auf Muster, die bei einer physischen Anwesenheit vor Ort abstrakt bleiben. Unmittelbare Eindrücke, die sinnliche Erfahrung und unmittelbare Orientierungsversuche helfen hier nicht weiter, sondern nur Informationen.
Das erklärt sich aus der Entstehungsgeschichte der urbanisierten Landschaften. Denn hinter der Ansiedlung von Verkehrs- und Wasserwegen, Gewerbegebieten, Produktionsstätten, Forsten und Siedlungen, technischen und sozialen Großeinheiten, vom Krankenhaus bis zum Universitätscampus stehen Zwecke, Bedürfnisse und Funktionen, die eine lange Geschichte ihrer Ausfaltung hinter sich haben. Der Anfang dieser Institutionen liegt oft in Innenstädten, die dann zu eng wurden und eine Aussiedlung *vor* die Stadt angezeigt sein ließen. Das hat dort zu einem vor Ort kaum entschlüsselbaren Nebeneinander höchst verschiedener Funktionen geführt.
Verschiedene Agenten handelten und handeln weiter nach unterschiedlichen Agenden, mit eigenen Logiken und in einer spezifischen Eigenzeit der jeweiligen Ausdifferenzierungen ihrer Funktionen im Raum. Das Ergebnis ist, dass eine Vielfalt von Strukturen und Prozessen mit je spezifischen Entwicklungsdynamiken, mit je unterschiedlichen Geschwindigkeiten der Entwicklung nebeneinander Raum einnehmen, ohne dass das Muster ihrer (An)Ordnung anschaulich wäre. Dieser Umstand erschwert und frustriert ein sinnliches Begreifen des jeweils lokal und konkret Vorgefundenen.
Auch dieses nur über eine vermittelnde Abstraktion lesbare Muster der (An)Ordnung unterstützt die Nicht-Wahrnehmung der Zwischenräume. Sie erschwert eine auf Strukturen gerichtete Wahrnehmung und Erfahrung, eine Bilder suchende Wahrnehmung ohnehin.
SIGNALE UND ORIENTIERUNGEN „Die diffusen Räume unserer Ballungsgebiete sind für die meisten Menschen zeichenlos. Dem ungestalteten Raum wurden keine expliziten Zeichen für seine Lesbarkeit gegeben, und die Nutzung dieser Räume ist auf den ersten Blick so bezugslos zu dem Ort, an dem sie stattfindet (Pendlertum, Schlafstädte, Baumärkte), dass auch von dieser Seite keine den Ort unverwechselbar kennzeichnenden Zeichen entstehen. Wenn überhaupt Zeichen gesehen werden, dann sind sie also austauschbar – das heißt, der Ort bleibt anonym (…)."[5] – hat Boris Sieverts einmal geschrieben.

Viele der potenziellen (Ziel)Orte in urbanisierten Landschaften verschließen sich der deutlichen Identifizierbarkeit von außen. Gebäude von Möbelgroßhandlungen, Shopping-Centern, Sporthallen und Diskotheken sind zwar hochspezialisiert und funktional klar differenziert, doch diese Spezialisierung ist längst nicht immer architektonisch angezeigt und allenfalls im Innenraum sinnlich erfahrbar ausgebildet: Die großen Strukturen sind innenorientiert. Ihre Funktion erschließt sich hinter der Eingangstür und zeigt sich nicht an über besondere, von außen erkennbare Merkmale. Die Auffindung und Identifizierung der Funktionen geschieht durch schnell erfassbare, äußerst knappe visuelle Verweise, durch Logos oder Icons.

Die Voraussetzung der Lesbarkeit dieser Strukturen ist also nicht der spezifische Ort, die spezifische Nachbarschaft, eine spezifische Gestaltung, sondern die Wahrnehmung von Werbung in hochfrequentierten Massenmedien und Werbeprospekten oder die Auszeichnung von Funktionen auf Karten. Sie machen die Kurzinformation der Signale entschlüsselbar, deren ästhetisches und semantisches Potenzial sich ansonsten in der Orientierung auf das spezifische Ziel erschöpft. Lesbar sind nicht Individualitäten, bestimmte Territorien, Plätze, Orte und lokale Zusammenhänge, sondern über Logos und Zeichen vermittelte Funktionen oder auch die Angebote, die Marken machen können.

DIE PRIVATISIERUNG DES BLICKS Diese Beschreibung einer Struktur legt den Schluss nahe, dass sich nicht nur Stadt und Landschaft in den letzten 50 Jahren verändert haben, sondern dass sich insgesamt eine in ihren Anfängen wohl gar nicht bemerkte, doch auf die Dauer übliche Art der Aufmerksamkeit, der Wahrnehmung und Selbstwahrnehmung der Bewohner und Bewohnerinnen wie der Durchfahrenden in Agglomerationen herausgebildet hat.

Die Konsequenz für das Auge nenne ich *Privatisierung des Blicks*. Damit meine ich eine Reduzierung und Relativierung der Ansprüche an die Ansehnlichkeit der Umgebung, die außerhalb des als eigen verstandenen Gebiets und außerhalb der Innenräume von Freizeit-, Erlebnis- und Einkaufswelten existiert. Ihr entspricht eine, möglicherweise gar nicht freiwillige, Gleichgültigkeit angesichts der visuell erfassbaren Eigenschaften der weiteren Umgebung.

Es gibt zu dieser Art des ästhetischen Rückzugs eine akustische Entsprechung, die als *Privatisierung der akustischen Umwelt* verstanden werden kann. Sie besteht in der Abschließung des Ohres von den umgebenden Lauten und Klängen und dem Ersatz durch eine selbst gewählte Hörumwelt. Das Radio konnte dies in einem gewissen Umfang schon leisten, deutlicher schloss der *walkman* die einzelnen Hörer ein, *iPods* optimieren die Erfahrung einer jederzeit auswechselbaren individuellen akustischen Blase.

Auch eine taktile Variante dieser Entwicklung ist auszumachen, etwa in der schon erwähnten Erfahrung des Fahrens, doch auch bei anderen Bewegungsformen, für die gleich welche (Stadt-)Landschaft als vor allem haptisch erfahrener Untergrund und Widerstand für sportliche Übungen fungieren kann – beim Skaten zum Beispiel.

Peter Sloterdijk hat für den räumlichen Zustand, ja für den Zustand der heutigen Gesellschaft, die eben „Gesellschaft" infrage stellt, eine treffende Metapher entworfen, die der „Schäume". Schäume bestehen aus Zellen, die benachbart, jedoch gegeneinander verschlossen sind: „Integrität ist nicht länger als etwas zu denken, was durch Hingabe an ein wohltätig Umhüllendes gewonnen wird, sondern nur noch als Eigenleistung eines Organismus, der aktiv für seine Abgrenzung von der Umwelt sorgt. Damit bahnt sich der Gedanke seinen Weg, dass Leben nicht so sehr durch Öffnung und Teilhabe am Ganzen bestimmt ist als vielmehr durch Selbstschließung und selektive Teilhabeverweigerung. Der größte Teil der Mitwelt ist für den Organismus Gift oder bedeutungsloser Hintergrund – daher richtet er sich in einer Zone strikt ausgewählter Dinge und Signale ein (...).“[6]

Geht es also um einen freudig gewählten Rückzug in die eigene schöne Umgebung, in die private Hörumwelt, auf den eigenen Körper, bei denen gesellschaftliche und öffentliche Ansprüche an die sinnliche Qualität der Umgebung gerne aufgegeben werden?

Mit dieser Frage wird klar, dass das Nachdenken über die ästhetischen oder auch (an)ästhetischen Momente der urbanisierten Landschaften, über ihre Struktur wie ihre Wahrnehmung, nicht nur ein Gestaltungsproblem betrifft. Das Anliegen, an der (An)Ästhetik der Zwischenstadt zu arbeiten – und hier scheue ich jetzt nicht die Wörter Schönheit, Annehmlichkeit, Attraktion – erfordert eine Annäherung anderer Art.

Die Analyse der Strukturen, die die Wahrnehmung der urbanisierten Landschaften bestimmen, weist ja weit über ästhetische Phänomene hinaus, auch wenn sie sich gerade durch eine Betrachtung der Möglichkeiten der sinnlichen Erfahrung gut charakterisieren lassen.

Die Struktureigenschaften der urbanen Landschaften, die Abstraktheit und also konkrete Unsichtbarkeit des Ortsbezuges, die Spezialisierung von Funktionen und ihre durch am konkreten Ort unsichtbare, durch je unterschiedliche systemische Erfordernisse bestimmte räumliche Ausfaltung, die Großräumigkeit und Abhängigkeit von technisch avancierten Transportmitteln und Verkehrsnetzen sowie der gesellschaftliche Wohlstand, der die notwendige Beweglichkeit garantiert – alles das bestimmt die Möglichkeiten der sinnlichen Erfahrung der neuen Agglomerationen.

An diesen Phänomenen, die ja tatsächlich vor Ort abzulesen sind, wird deutlich, dass eine eventuelle Aufwertung in ästhetischer Hinsicht es mit nichts anderem aufnimmt als mit den räumlichen Effekten des Modernisierungsprozesses, mit neuen Technologien und daraus folgenden Kommunikationsmöglichkeiten, mit neuen und sich schnell verändernden wirtschaftlichen Bedingungen. Bei allen Vorschlägen zur Veränderung der Situation ist allemal vorausgesetzt, dass Veränderungen nötig sind. Das ist keine selbstverständliche Annahme: Immerhin handelt es sich um völlig normale Alltagssituationen, über die ich hier spreche. Die Formulierung von eventuellen Zielen legitimiert sich allenfalls aus der Beschreibung von Mängeln und Restriktionen, die mit der zwischenstädtischen Organisation des Raums verbunden sind. Ich gehe davon aus, dass es solche Restriktionen gibt.

Eine Restriktion in ästhetischer Hinsicht ist übergreifend: Was der gesellschaftlichen Wahrnehmung entgeht, ist kein Thema öffentlicher Verhandlungen und Aufmerksamkeit. Sich mit der Anästhetik der Zwischenstadt zufrieden zu geben, heißt, weite Tätigkeitsfelder weiter ausschließlich partikularen (privaten oder öffentlichen) Interessen zu überlassen und sie nicht zur allgemeineren Disposition zu stellen. Es hieße, die Privatisierung des Blicks als Grundlage räumlicher Gestaltungen zu akzeptieren.

Ziele von Umgestaltungen sind keinesfalls selbstverständlich, sie sind auch nicht aus wissenschaftlicher Reflexion ableitbar, sondern Setzungen, für die es allerdings Argumente gibt, die mit Wünschen zu tun haben, die die Lebensgestaltung betreffen und die Ausbildung bestimmter Qualitäten in den existierenden Agglomerationen anregen.

Als ein mögliches übergeordnetes Ziel (neben zum Beispiel ökologisch definierten Zielen) betrachte ich die Vermehrung von Handlungsoptionen im Alltag der verstädterten Landschaft. Das könnte geschehen durch die Unterstützung verschiedener und wählbarer Geschwindigkeiten, die Steigerung der Durchlässigkeit der räumlichen Strukturen, die Verdichtung und Vermehrung von Funktionen und damit die Steigerung der Brauchbarkeit, durch die Erhöhung der Anschlussfähigkeit und Flexibilität im Hinblick auf die infrastrukturelle Versorgung, die engagierte Gestaltung der architektonischen Elemente sowie durch Angebote zur sozialen Vernetzung durch die Unterstützung von lokalen Kommunikationsorten und -strukturen, sprich, die Stärkung der Öffentlichkeit im zwischenstädtischen Raum. Die Reihe der Ziele ist offen.

ENDNOTEN

1| Sieverts, Thomas: *Zwischenstadt. Zwischen Ort und Welt, Raum und Zeit, Stadt und Land. Bauwelt Fundamente 118*. Braunschweig/Wiesbaden 1997

2| van de Camp, Gert; Dekker, André; Reutlingsperger, Ruud: „Stillstand, was bedeutet das für den homo mobilis?“ In: Kornhardt, Dieter; Pütz, Gabriele; Schröder, Thies (Hg.): *Mögliche Räume. Stadt schafft Landschaft.* Hamburg 2002, S. 147–152

3| Christiaanse, Kees: „Suburbia II. Wohnen in der Landschaft“. In: ders. (Hg.): *Entwurf und Strategie im urbanen Raum: Die Programmlose Stadt.* Textsammlung zur Vorlesungsreihe Studienjahr 2003/2004. Zürich 2004, S. 67–75

4| Lerup, Lars: „Stim & Dross: Rethinking the Metropolis“. In: *Assemblage 25*, Cambridge/London 1994, S. 82–101

5| Sieverts, Boris: „Stadt als Wildnis“. In: Genske, Dieterd; Hauser, Susanne (Hg.): *Die Brache als Chance. Ein transdisziplinärer Dialog über verbrauchte Flächen.* Berlin 2003, S. 205–231

6| Sloterdijk, Peter: *Sphären III. Schäume.* Frankfurt am Main 2004, S. 195

THE AESTHETICS OF AGGLOMERATION | SUSANNE HAUSER *An Aesthetics of Agglomeration* is only marginally concerned with the beauty – or lack thereof – of specific cities or landscapes. Rather, it focuses on the fact that contemporary agglomerations with all their individual parts, "post urban" spaces, peripheral cities, "technoburbs,"[1] generic cities, the "città diffusa" or urbanized landscapes, had not been appreciated at all as structures with specific qualities of their own. Once they had been "discovered" by theoretical discourse, they were seen to be exceedingly banal spaces even if they were also found to offer unique intrinsic conditions to the observer. These aspects are what the *Aesthetics of Agglomeration* focuses on.

The (great) importance and the enormous potency of contemporary urbanized landscapes are largely restricted to the specialized fulfillment of precisely defined functions, perfected in everyday life. There is rarely any surplus that can be appreciated aesthetically, sensually, or with regard to its intrinsic significance. One of the assumptions offered by Thomas Sieverts in his book on the *Zwischenstadt*[2] sparked the analysis of such areas by urban planners and architects in Germany and claimed that these areas are forgotten by society in general. In describing them, he used the term *An-Ästhestik* (un-aesthetic), thus opening up a wide range of associations, first of all obviously those of *anesthesia* and *unaesthetic*. Even today, long after it has been described theoretically, the Zwischenstadt still remains ignored and is regarded as being relatively insignificance. Phrased differently; the various modes of interpretation developed over the past years in manifold theoretical approaches have failed to improve the issue with regard to its "attractiveness" as a focus of study. However, at least there is now consensus that the urban areas which do not conform to either classical urban concepts or traditional definitions of landscapes are not merely strange aberrations from past, easily reproduced patterns of city or landscape, but rather represent a comprehensive mode of spatial development that has, for some fifteen years, been edging into the professional field of vision of planners and architects.

Sieverts' assumption that the Zwischenstadt is an "un-aesthetic wasteland"[3] is thus one of the points of departure for the analysis of the aesthetics of agglomeration. If one accepts – as I do – that this assumption is logical, then one of the first steps towards an analysis of the aesthetic qualities of the Zwischenstadt is to examine the structure of its spatial disposition; to examine it with a view to the conditions it offers with regard to its potential visibility and sensual accessibility.

I will convey my views on the subject under five paragraph headings. The first aspect is "Anesthesia and Experience"; the second is "Destinations and the Spaces in Between"; the third aspect is concerned with "Positioning"; the fourth is that of "Signals and Orientations"; and finally, the fifth addresses one particular effect of contemporary spatial development by focusing on the "Privatization of Vision." At the end of my lecture I will present several conclusions; I hope that the ensuing discussion will illuminate further aspects for debate and discussion.

ANESTHESIA AND EXPERIENCE Contemporary urban landscapes, such as those extending along the central stretch of the Rhine River or the land between Basel and Zurich or the outskirts of Milan, the Ruhr area or the Randstad in the Netherlands cover large territories. Passing through them on a regular basis, one might notice the way in which their outward appearance continually changes. An old city center or a new shopping mall would probably be prominent; otherwise the distribution of buildings, infrastructure, facilities, and signs would alternately increase and decrease in density – it proves impossible to determine precisely at which point one enters or leaves these spaces, and thus to establish precisely their accurate dimensions.

In 2002, André Dekker came up with an apposite description of the way in which these urbanized landscapes are often perceived: "The sites people make themselves dependent on are conjoined by a system of disjointedness. The spaces between these sites are neither visible nor perceptible. Car drivers have no sense of place; their sense of time is reduced to the mere sense of distance. To travel in a car – particularly in a noiseless, high-powered and comfortable one – affords a sensation of utter detachment. It is like entering into nowhere land. It is like flying, an escape from gravity. Other people find this fun."[4]

Landscapes of this new kind are, in the literal sense of the term, "accessible" via a traffic network, which favors one particular type of transport; that of traveling by car. This type of movement and speed define the terrain and thus also the experience of both routes and spaces. These landscapes are constituted by the car's movement that makes them accessible. If we agree with the quote from the interview with André Dekker, they do not really allow perception of the sites and towns along the roadside, but merely allow the experience of driving.

Today's agglomerations can only be properly understood by taking into account the inordinate rise of the level of traffic on the roads. The car is a crucial part of the lives of so much of the population. It should, however, be mentioned here that all issues with regard to ecological concerns and urban planning notwithstanding, the sensation of liberation engendered by covering large distances by car can hardly be overestimated: "The ability to cover long distances, in a short space of time, is one of the most important achievements of our time. Above all those living in polycentric agglomerations are constantly on the move. A growing segment of this mobility is no longer caused by purely professional exigencies but can be directly or indirectly attributed to tourist purposes. Here the car as the paramount symbol of emancipation is of central importance."[5]

The areas dominated by the motor car create a collective space and a type of public that, rather than interested in communication, is bent on individual travel, either "joy riding" or with specific destinations in mind. The driver prefers the road surface to cause as little friction as possible. The journey is no longer a reward in its own right; an appreciation of its specific qualities – or of those of the landscape by the roadside – seems even less likely.

DESTINATIONS AND THE SPACES BETWEEN Infrastructure, the distribution of materials and transport networks all play a prominent role, not only with regard to their functions but also with regard to the perception of the Zwischenstadt. Its terrain is "accessed" and constituted in, around and through the networks as a sphere of multi-interwoven networks. Within these networks, some specific places act as attractive, concentrated nodes and as destinations, temporarily suspending the pervasive motion.

These destinations are clearly demarcated and have a clearly defined function. They fulfill familiar expectations in an expected way. The only unexpected surprises they hold are "special surprise offers." IKEA chain stores, prototypical landmarks of urbanized landscapes, provide a quintessential example of this dependability and clear-cut functionalism.

Every potential destination in the urbanized landscape seems to disassociate itself from all the others; to be a "place apart." The options for traveling from one destination to another, from the apartment to the workplace, shopping mall to leisure facility, are primarily defined by the road – or in some instances by the rail – network. The specialized destinations are connected with and separated from other places with similar specialized characteristics by transport and infrastructure networks.

These routes, precisely defined, have themselves in turn a defining function – a reason to doubt the liberal use of the "network" metaphor: after all, networks exclude everything they cannot define. They produce waste. As early as the mid-nineteen-nineties, Lars Lerup, urban planner, described, apropos the American sprawl, this phenomenon in a manner both ironic and concise. He described the sprawl as an assemblage in which "stims" and "dross" can be distinguished. "Dross" is the collective term for all that is left after the sheltered spaces, air conditioned and supplied with electricity and the mobile capsules, vulgo: cars, in which they can be accessed, have been accounted for. These secured spaces, whether mobile or immobile, are designated as "stims," stimulating sites.[6]

In the past decades, many of these "stims" have attained enormous dimensions, for instance airports, container terminals, and industrial areas, which combine outsize proportions with a strict separation of functions. They influence their environment in a decisive manner without taking into account its specific needs and idiosyncrasies. This disconnection seems, to me, to be a key characteristic of urbanized landscapes. In the past decades, facilities for production, trade, and distribution have visibly grown in size and new housing developments cover large tracts of land.

Any journey by car – owing to the often considerable distances to be covered, walking is only rarely an alternative option – passes through "in-between" spaces that fail to attract the traveler's attention, either because they are enclosed by noise barriers, or because they are too monotonous, or because the routes through them lead past neglected places. Some of these places may be inaccessible by path or road, and thus may disappear from sight altogether. The in-between space is thus rendered invisible.

POSITIONING One of the keys to the intelligibility of the exact positioning of destinations and functions is their situation with regard to time and motion (but not necessarily in relation to other specific places). The accessibility of any specific place within a reasonable period of time tolerated by the local residents, is one decisive factor in the determination of its specific location – one of the reasons for the juxtaposition of otherwise unconnected structures. In contrast, small-scale contexts and environments are relatively insignificant. This confines any interpretation of the Zwischenstadt to the examination of patterns, which might appear abstract to any local observer. Thus, spontaneous impressions and subjective perceptions of the senses are of little use; the only thing that is of assistance is concrete information.

This is due to the "evolutionary" history of urbanized landscapes. The development and zoning of transport routes and waterways, industrial and commercial areas, factories, forests, settlements, and large technical and social units such as hospitals and university campuses have been determined and shaped by purposes, needs and functions with a long history of transformation. The origins of such institutions and infrastructure are frequently found in the inner cities, where, however, space soon proved to be limited, necessitating relocation "outside"

the city limits. This development has resulted in a coexistence of highly disparate functions which have become all but unintelligible in many places. Different agents have acted, and continue to act according to different agendas and different logic within the spatial differentiation of their respective functions. As a result, a multiplicity of structures and processes with varying dynamics and levels of development form a spatial concatenation whose basic patterns and principles of structural order remain invisible to the naked eye. This circumstance impedes and frustrates any attempt to comprehend tangible local specifics.

This structural pattern, discernible only by way of abstraction, likewise furthers the lack of perception of "in-between" spaces. It impedes any perception and experience geared to structural organization, as well as any image-based cognition.

SIGNALS AND ORIENTATIONS According to Boris Sieverts, "The diffuse spaces of our agglomerations seem devoid of signs to most observers. The redesigned space has not been provided with explicit signs affording its intelligibility, and at first sight the utilization of these spaces appears completely unrelated to the specific locations concerned (commuting, dormitory towns, DIY superstores), rendering it impossible to develop signs which provide unmistakable landmarks for these sites. As a result, any signs which are actually to be seen are interchangeable – which means that the place will remain anonymous (...)."[7]

Many places in urbanized landscapes cannot be readily identified from the outside. Outlets of furniture chain stores, shopping malls, sports halls, and discotheques, while highly specialized and clearly defined with regard to their functions, frequently favor an architectural style which restricts the display their function to the buildings' interior: most large complexes are focused on their interior environments. Their function is disclosed only to those, who pass through their entrances; rather than from specific characteristics recognizable from the outside. The identification of their function is engineered by means of easily recognizable, concise visual references – logos or icons.

Rather than the specific characteristics of site, neighborhood or urban layout; it is thus the visual impulse of advertisements in mass media and promotional brochures and the demarcation of functions on maps, which enables the intelligibility of these structures. They permit the decoding of the information of the signals whose aesthetic or semantic potential is otherwise restricted to the orientation towards the specific destination. It is not individual elements, particular territories, places, locations, or local interrelations that are intelligible but rather the functions mediated via logos, signs, and brand names.

THE PRIVATIZATION OF VISION The structural description above suggests that it is not only the city and the landscape that have changed during the past fifty years, but that the agglomerations have spawned a specific mode of perception and self-awareness on the part of both local residents and those passing through, which, previously unnoticed, has now become the pervasive norm.

In visual terms, the result is what I would like to term the *privatization of vision*. By this I mean the reduction and the relativity of the demands with regard to the aesthetics of the surroundings, which exist outside the space considered one's personal sphere and beyond the interiors of leisure facilities, adventure parks, and shopping malls. It is related to a possibly involuntary – indifference towards the visually discernible characteristics of the broader area.

This mode of aesthetic regression corresponds to an acoustic phenomenon, which can be termed the *privatization of the acoustic environment*. Here, the ear ceases to be attentive to the sounds emanating from its surroundings, replacing them with an autonomously designed aural environment. This displacement had to some extent already been initiated by the radio; then the Walkman afforded users a more pronounced acoustic withdrawal. Today it is the iPod that permits listeners to optimize their experience of an individual acoustic field, which can be adjusted at will. It is also possible to discern a tactile variety of this development, for example, in the aforementioned experience of a car ride, but also with regard to other forms of motion where any (urban) landscape is predominantly perceived as a haptically tactile surface, which poses a challenge for sports activities – such as skating for example.

Peter Sloterdijk proposed an appropriate metaphor – "foam" – for the spatial constellation and the overall condition of contemporary society (which in turn challenges the notion of "society"). "Foam" consists of cells that, while in close proximity, are nevertheless closed off from one another: "Integrity can no longer be conceived as something to be gained by way of devotion to a beneficent shell, but solely as the individual achievement of an organism which actively preserves its separation from its environment. This paves the way for the idea that life is determined not so much by an opening towards and participation in the whole, but rather by self-enclosure and selective refusals of participation. To the organism, the major part of the world around it is either a poison or a meaningless backdrop – hence it establishes itself in a zone of meticulously chosen objects and signals (...)."[8]

Is the point of all this, then, an enthusiastic embrace of personalized "prettified" habitats, an individual acoustic environment, one's own body even, where social and public demands on the sensual quality of the environment are gladly discarded?

This question reveals that any reflection on the aesthetic (or unaesthetic) elements of urban landscapes, their structure as well as their perception, should not be restricted to the question of design. The impetus to work on the (un)aesthetic of the Zwischenstadt – and here one should not hesitate to use terms such as beauty, convenience or attraction – necessitates a different approach.

After all, the analysis of structures that determine the perception of urbanized landscapes points far beyond mere aesthetic phenomena, even though they can be satisfactorily characterized by examining the potential of sensual perception.

The structural properties of urban landscapes; the abstract character and virtual invisibility of local references; the specialization of functions and their spatial expansion, which invisible at the respective site, is determined by varying systemic requirements: the large-scale extension and dependence on technically advanced means of transport and traffic networks; and the relative affluence of our society that safeguarded its requisite mobility – all these aspects determine the possibilities of the sensual perception of the new agglomerations.

These phenomena, which can actually be observed in situ, make it clear that any potential reevaluation with regard to aesthetic concerns must take into account the spatial effects of the process of modernization, the advance of new technologies and the resulting communications options as well as new and rapidly changing economic conditions.

One obvious precondition of any suggestions for a change in the situation is the assumption that such changes must in fact be necessary. This does not go without saying: after all I am referring here to ordinary, everyday situations. Any proposition of potential purposes is legitimized by the description of deficiencies and restrictions related to the spatial organization of the Zwischenstadt. My basic assumption is that such restrictions do, in fact, exist.

There is one comprehensive restriction with regard to aesthetics: that which is outside the focus of social perception cannot be an issue of public debate or public focus. To accept the un-aesthetics of the Zwischenstadt is to surrender large spheres of activity to exclusively self-serving (private or public) interests instead of putting them at the disposal of the general public. This would mean the acceptance of the privatization of vision as the basis of spatial organization.

The purposes of reconfigurations are by no means self-evident; neither are they to be derived from scientific reflection; instead they are predications or arguments in their favor, related to expectations regarding the quality of life, which stimulate the development of specific qualities in the existing agglomerations.

A potential "superordinate" purpose (in addition to, for instance, ecologically defined aims) seems, to me, to be the increase of options with regard to activities in the daily routine of the urbanized landscape. This could be achieved by means of an active support of varying – and arbitrarily selectable – speeds, an improved permeability of the spatial structures, a condensing and multiplication of functions resulting in a higher degree of usefulness, the attainment of a higher level of interconnection and flexibility with regard to infrastructure, a sophisticated design of architectural elements and the creation of opportunities for social networking by an active support for local places and structures of communication, i.e., the enhancement of the public sphere in the Zwischenstadt. Clearly this list of objectives is incomplete.

ENDNOTES

1| Publisher's note: "technoburbs" mean suburbs in which big tech companies are settled.

2| Translator's note: The literal translation of *Zwischenstadt* is "in-between city" or "intermediate city"

3| Thomas Sieverts, *Zwischenstadt. Zwischen Ort und Welt, Raum und Zeit, Stadt und Land.* Bauwelt Fundamente 118, (Braunschweig/Wiesbaden 1997).

4| Geert van de Camp, André Dekker and Ruud Reutlingsperger, "Stillstand, was bedeutet das für den homo mobilis?" In: Dieter Kornhardt, Gabriele Pütz and Thies Schröder (ed.): *Mögliche Räume. Stadt schafft Landschaft,* (Hamburg 2002), p. 150

5| Kees Christiaanse, "Suburbia II. Wohnen in der Landschaft," in: ders. (ed.): *Entwurf und Strategie im urbanen Raum: Die Programmlose Stadt. Textsammlung zur Vorlesungsreihe Studienjahr 2003/2004*, (Zurich 2004), p. 69.

6| Lars Lerup, "Stim & Dross: Rethinking the Metropolis," in: *Assemblage 25*, Cambridge & London 1994), pp. 82–101

7| Boris Sieverts, "Stadt als Wildnis," in: Dieter D. Genske and Susanne Hauser (ed.): *Die Brache als Chance. Ein transdisziplinärer Dialog über verbrauchte Flächen*, (Berlin 2003), p. 207

8| Sloterdijk, Peter: *Sphären III. Schäume.* (Frankfurt am Main 2004), p. 195

BOCHUM DÜCKERWEG

BOCHUM DÜCKERWEG | EINE RECHERCHE | SANDRA KUHLMANN
Volle Parkplätze rund um die Filialen der Fast-Food-Ketten und großen Gewerbehäuser für Inneneinrichtung und Tuning-Zubehör auf der einen Seite, besetzte Zapfsäulen und rastende Trucker auf der Durchreise neben Kleingärtnern am Grill auf der anderen Seite. Das Dröhnen der Motoren vorbeifahrender Autos, wenn kein Stau ist, auf beiden Seiten. So lässt sich die Situation rund um die Autobahnabfahrt Dückerweg in Bochum-Westenfeld zusammenfassen. Doch dahinter lässt sich mehr entdecken. Der Dückerweg ist nicht nur Durchreisestation auf einer Schnellstraße mit einem der höchsten Verkehrsaufkommen von mehr als 140.000 Kfz am Tag in Deutschland. Prägend für das Gebiet ist die Nähe zur Autobahn allemal. Die Gewerbeagglomeration auf der einen Seite ist in direkter Abhängigkeit zur Autobahn entstanden, zuvor gab es dort nur eine riesige Restfläche zwischen Schienenstrang und Autobahn. Das Gebiet hat sich durch die seit 1860 stetig wachsende Eisenbahnlinie mit dem Bahnhof Wattenscheid und dem Ausbau der B1 zur A40 stark verändert. Anfang des 20. Jahrhunderts wurde das Gebiet noch industriell genutzt, die Wohnbebauung stieg durch den Bau von mehrstöckigen Häusern für die Arbeiter des Bochumer Vereins, der Arbeiterschaft des Kohlebergbaus. Der Ruhrschnellweg war noch eine kleine Straße mit einer einzigen signalgeregelten Kreuzung.
Heute ist die A40 im Schnitt ca. 30 Meter breit und wächst weiter. Sie setzt somit die Hauptmarke, die das Gebiet in zwei deutliche Bereiche voneinander trennt, die zunehmend auseinander driften. Die Kleingartenanlagen, als grüne Oase der Erholung und Entspannung 1961 entstanden, und Wohnsiedlung stehen in starkem Kontrast zu der gewerblichen Nutzung und den regelmäßig abgehaltenen Tuner-Treffen. Die Trennung der beiden Gebiete wurde noch verstärkt durch den Abriss der Fußgängerbrücke, die einst beide Seiten verband. Auch heute gibt es noch einen Weg auf die andere Seite, doch der ist sehr viel länger und führt ein gutes Stück abseits durch eine Unterführung unter der Autobahn hindurch.

BOCHUM DÜCKERWEG | A RESEARCH | SANDRA KUHLMANN On the one side, full parking lots surround fast food restaurants and big department stores offer furniture and car tuning paraphernalia; on the other side, busy petrol pumps and truckers take breaks while passing through, can be found next to allotment gardeners enjoying barbecues. When there is no traffic congestion, the noise from the droning engines of passing cars can be heard on both sides. This is a faithful description of the situation surrounding the Dückerweg motorway exit in Bochum-Westenfeld. However, there is more there than meets the eye. The Dückerweg is not just a transitory station on a motorway which happens to have the highest traffic density in Germany with 140,000 vehicles using it per day. This area is unquestionably defined by its proximity to the motorway, which led to the industrial agglomeration on the one side. Previously, there was only a vast wasteland between the train tracks and the motorway. This region has undergone great changes thanks to the Wattenscheid railway station and the railway line, (which has been steadily growing since 1860) and also the development of the B1, which eventually became the A40. At the beginning of the twentieth century, the area was still industrial. Housing development increased due to the construction of multistory buildings for the workers of the Bochumer Verein, the regional coal mining workforce. The Ruhrschnellstraße (Ruhr Highway) was still a little street with only one signal-controlled intersection.

Today, the continuously expanding A40 has an average width of thirty meters: it represents a distinguishing landmark in the division of this region into two distinct areas, which continue to drift apart. The allotment gardens, which were developed in 1961 as a green oasis of recreation and relaxation and the housing estate form a strong contrast to the industrial utilization, and the regularly held "car tuner" conventions. The separation of both areas became even more apparent after the pedestrian bridge, which used to connect both sides, was demolished. Today, there is a route connecting to the other side. However, it is indirect and meanders through an underpass beneath the motorway.

D&W
12
INXX

ROADMOVIE RUHR

ROADMOVIE RUHR | MARKUS AMBACH AB-DÜCKERWEG Ein Ort wie der Dückerweg gehört wie selbstverständlich zur Autobahn und ist hier trotzdem mehr als speziell. Neben der beschriebenen Teilung der sozialen Milieus, die die Autobahn besorgt hat, hat sich auf der Seite, wo D&W, einer der größten Tuningshops Deutschlands, traditionell mit viel nackter Haut und einer illusteren MIG vor der Tür wirbt, das Motodrom des Ruhrgebiets selbst installiert. Mit dem Tunermeeting, einem informellen Treffen derer, die ihre gesamte Zeit darauf verwenden, aus herkömmlichen Fahrzeugen individuelle Kleinkunstwerke herzustellen, hat sich hier eine Subkultur entwickelt, die im Ruhrgebiet eine einzigartige Rolle spielt.

Der Ort als klassische Gewerbeagglomeration aus versprengt dahin geworfenen Hallen zeichnet sich durch viele der Dinge aus, die Susanne Hauser bereits als „Ästhetik der Agglomeration" beschrieben hat. Zwischen Autobahn und Schienenstrang nahezu isoliert wie auch im Herzen Wattenscheids gelegen, nutzt die Agglomeration eine typische städtische Restfläche, die im Zuge der Infrastrukturentwicklung entstanden ist. Wo zwischen den Verkehrskorridoren nahezu Landflucht herrscht, nutzt das Gewebegebiet die Nähe der Autobahn.

Die rudimentäre Zeichensprache der Gebäude erinnert dabei mehr an die mobilen Strukturen der Containerbahnhöfe denn an repräsentative Architektur. Die Ästhetik der Geschäftsstadt mit ihren großen Logos und Symbolen, die sich an der Rezeptionsfähigkeit der Hochgeschwindigkeitsklientel auf der Autobahn orientiert, entwickelt hier zudem Orte, die von außen längst nicht das versprechen, was man im Inneren findet. So stößt man bei Seats & Sofas in einem unscheinbaren Nutzbau auf das größte Panoramabild des Ruhrgebiets. Der sich pro Stockwerk über 3000 Quadratmeter erstreckende Verkaufsraum ist eingefasst von einer umlaufenden Unterwasserlandschaft, die per Öl in den Philippinen mit malerischem Können auf Leinwand gebracht wurde. Die dreidimensionalen Ausführungen, die auch das Innere des Raums in die Landschaft mit einbeziehen, setzen sich wie das Bild im 1. Stock raumordnungsfolgerichtig als Insellandschaft fort, um sich im 2. Obergeschoss in luftighimmlischen Höhen zu ergehen. (siehe Bilder S. 204–212)

Neben den Drive-ins der Fast-Food-Ketten und einigen verbliebenen Wohnhäusern prägt aber die automobile Kultur wesentlich diesen Ort und legt eine differenzierte Betrachtung des Fahrzeugs und seiner immensen Bedeutung für die Stadtlandschaft nahe.

DAS AUTO ALS ZEITMASCHINE Die Wahrnehmung des Fahrers unterscheidet sich wesentlich von der des Fußgängers. Nicht nur die Geschwindigkeit bedingt eine andere Rezeption des Raums, sondern auch die besonderen Bedingungen des Fahrzeugs an sich. Entgegen der Wahrnehmung des Spaziergängers, dessen Blick ungebrochen und fließend über die Landschaft gleitet, fragmentiert das Fahren die wahrgenommene Umwelt in Bildern und Sequenzen. Sie werden entlang einer Mischung aus notwendigen Handlungen, freier Wahrnehmung und schweifendem Blick im Fahren gleich einem Film collagiert. Verkehrsspezifische Informationen (Kontrollanzeigen, Abstand zum Vordermann, Hinweisschilder) mischen sich mit den Bildern des Umraums (Landschaft, Stadtsequenzen, Reisende) sowie individuell eingespielten Informationen (Radio, Musik, Unterhaltung mit dem Beifahrer, Telefon). Die Fahrgastzelle wird zum Kaleidoskop multidimensionaler Kommunikationen und Bewegungen jenseits der klassischen Kontinuität von Zeit und Raum. Sie wird zur Montagemaschine, in der die fragmentierten Bilder und Informationen multipler, höchst heterogener Kontexte zusammengesetzt oder besser: verschmolzen werden. Der Wagen wird zur Wahrnehmungsmaschine, der Fahrer zum Surfer zwischen den Welten.

Dabei potenziert sich die Komplexität durch die multidimensionale Wahrnehmung auch des Raumes an sich. Die Maschine lokalisiert den Fahrer im Auge des Sturms der aufgelösten Kontinuität von Zeit und Raum, wenn sie vor ihm liegendes Zukünftiges und hinter ihm liegendes Vergangenes – beides als forthin Bestehendes – in die Aktualität des Fahrens über mannigfache Spiegelungen einblendet. Im Schnittpunkt dieser Hyperpräsenz von Geschichte, Gegenwart und Zukunft an ein und demselben, in Bewegung befindlichen Ort isoliert sie den Fahrer gleichzeitig vom realen Kontext des Raumes.

Die Fahrgastzelle ist nicht nur als mobile Vitrine (vgl. S. 66), die in der Umkehrung des Blicks ihr Umfeld musealisiert, als Instrument der Dekontextualisierung relevant. Auch die Autobahn selbst bildet eine weitere Separierung und Sezierung von Kontexten. Während ihr Umfeld sie als empfindliche Zäsur der gewachsenen Lebenswelten wahrnehmen muss, reproduziert sie für den Fahrer die Wirklichkeit als Bild, als visuell flaches Ereignis. Das Leben hinter der Lärmschutzwand wird von der Autobahn zum Bild und Modell skaliert.

ROLLENWECHSEL Der Wagen besorgt also die Versetzung des Fahrers aus der Kontinuität von Zeit und Raum. In dieser Verschiebung befreit er ihn temporär von den Bedingtheiten der beruflichen und familiären

RE QP 2008

Welt. Im Fahren erträumt sich ein von sich selbst befreites Individuum als dasjenige, das man gerne sein, aber nie bleiben möchte. Beim Einstieg ins Auto beginnt der Traum vom lustvollen Selbstverlust im Raum der Straße, wo die Namen nur Schall und Rauch und die Identitäten Verhandlungssache sind. An den ortlosen Orten der Motels, Rastplätze und Truckstopps treffen sich verschwiegene Paare, glücklose Spieler, verstohlene Helden und gelangweilte Handlungsreisende, um ihre möglichen Identitäten auszutauschen. Im Konvertieren vom Ich zum Anderen, in der Verwechslung des Fremden mit dem Eigenen zeigt sich das komplexe erotische Potenzial der Straße. Das abenteuerliche Ich kehrt von den Eskapaden im befreiten Raum der Highways zurück in die beruhigend klare Welt des Alltags.

ROADMOVIE RUHR Das Fahrzeug und die Sprachen der Straße bieten für diesen Rollenwechsel, dieses Spiel mit dem Selbst, ein voluminöses Vokabular. Wo der kurze Blick auf den Wagen, die Kleidung oder den Sticker im Fond eine ephemere Charakterstudie erlaubt, sind dem Spiel mit der Wahrheit zwischen Fakt und Fiktion Tür und Tor geöffnet. Die Straße wird zur großen Bühne der großen und kleinen Träume, zum Catwalk der mobilen Stadtgesellschaft.

Dabei unterhält der Wagen per se ein doppeldeutiges Verhältnis zum städtischen Raum. Bei der privaten Zelle, die sich durch den öffentlichen Raum bewegt, werden die Scheiben zur ambivalenten Demarkationslinie zwischen beiden Räumen, die die tiefe Bedeutung von Sichtbarkeiten für beide erläutern. „Steamy Windows“ wären vielleicht der illusterste Ausdruck für dieses Wechselspiel von Intimität und Öffentlichkeit, von privater und öffentlicher Sphäre und des verführerischen Spiels zwischen beiden im Spiegel des Individuums.

Dieses Verhältnis intensiviert sich, wenn sich beim Tunermeeting am Dückerweg die Türen öffnen und der private Raum der Fahrgastzelle sich nach außen kehrt und den Blicken der Fremden öffnet. Es beginnt nicht nur ein subtiles Spiel zwischen wahren, vorgestellten und inszenierten Identitäten, sondern auch zwischen Privatem und Öffentlichem. Beim Anhalten und Aussteigen auf dem Parkplatz wird das Auto wieder zum Ort – eines illustren wie heiteren, oft souverän komischen und überaus humorvollen Spiels mit sich selbst, dem Möglichen und dem Fremden. Dass dabei eben nicht die Stimmigkeit zwischen Bild und Person, sondern die Divergenz der Entwürfe entscheidend ist, verweist auf die Vielschichtigkeit der Szene. Die Akteure werden zu Regisseuren des eigenen Roadmovies Ruhr, die in ihren Regiestühlen die Straße säumen. Natürlich ist auch hier das selbst beauftragte Handeln von größter Bedeutung. Die Strategien der Tuner weisen vieles von dem auf, was die vernakuläre Landschaft so interessant macht. So beginnt der Spaß oft nicht gezielt, sondern in einem stetig wachsenden Interesse, das sich langsam und ungerichtet einen Weg sucht. Wenn aus einem Seat Arosa oder einem VW Bora ein barock-komplexes Konglomerat aus Chrom, Chamäleonlack und goldenen Spritzwasserbehältern wird, folgt der Macher meist erst spät einer gezielten Strategie. Mehr als die Hälfte des Weges, der nie zu Ende ist, legt er anhand wechselnder Interessen und Vorlieben zurück, die durch sein Umfeld mitbestimmt werden. Das Tuning gleicht oft einem „Derive“ durch die Welt des Automobils und nicht einem Masterplan. So entwirft sich das Meeting als informeller Ort einer informellen, kulturellen Praxis: denn sein Ziel ist nicht das Produkt, sondern die stetige Praxis an sich.

ROADMOVIE RUHR | MARKUS AMBACH AB-DÜCKERWEG A place such as Dückerweg is an integral yet very special part of the autobahn. Here, the road has effected the separation of the adjacent social milieux; on the side where D&W, one of the largest German tuning stores, is using extrovert material such as scantily-clad ladies and a MIG fighter plane to advertise its wares, the motordrome of the Ruhr area has established itself. The tuners' meeting, an informal gathering of those enthusiasts who spend their time on the transformation of conventional motor vehicles into unique artefacts, has developed a subculture that plays a singular role in the Ruhr area.

The place – a typical commercial agglomeration consisting of haphazardly scattered warehouses – bears many of those characteristics described in Susanne Hauser's essay "The Aesthetics of Agglomeration." Located in an all but isolated spot between the autobahn and the railway tracks yet situated right in the middle of Wattenscheid, the agglomeration makes use of a typical urban tract of wasteland, which has emerged in the wake of the infrastructural development. While the area between the transport corridors has been virtually deserted by any conventional users, the commercial agglomeration utilizes its proximity to the autobahn. The rudimentary imagery of the buildings is reminiscent of the mobile structures of container terminals rather than of representative architectural styles. The aesthetics of the commercial city with its large logos and symbols, adjusted to the attention span of the high-speed clientele on the autobahn, is also marked by the emergence of places whose commonplace exterior design invariably belies their idiosyncratic interiors. Thus, for example, Seats & Sofas, while masking itself as an inconspicuous commercial building, offers the largest panoramic image to be found in the Ruhr area. The sales room, which extends over a territory of 3,000 square meters on every floor, is framed by a peripheral mural depicting an underwater landscape, painted in oils on canvas in the Philippines. The three-dimensional imagery, which also integrates the interior of the rooms into its landscapes, is continued one floor higher up as an island landscape which is in turn topped by an aerial landscape on the second floor (viz. images pp. 204–212). Along with the drive-ins of the fast-food chains and some few remaining apartment buildings, however, it is above all automotive culture that has decisively shaped this place, suggesting the need for a differentiated approach to the motor car and its immense importance for the urban landscape.

THE CAR AS A TIME MACHINE The driver's perception is radically different from that of a pedestrian. Its difference in the reception of space is not only determined by speed, but also by the special conditions obtaining in the car itself. In contrast to the perception of the pedestrian, whose eyes are sweeping across the landscape in an unbroken and fluent manner, driving fragments the environment into finite images and sequences, which are collaged in a film-like manner in a mixture of obligatory acts, undirected perception and sweeping glances. Traffic-specific information (control indicators, distance to the other cars on the road, road signs) are blended with images of the surrounding scenery (landscape, urban sequences, travelers) and individually generated information (radio program, music, conversations with other passengers, mobile phones). The passenger compartment is transformed into a kaleidoscope of multidimensional communications and movements beyond the traditional continuity of time and space. It is turned into an assembly machine that combines – or rather amalgamates – the fragmented images, pieces of information, and perceptions of multiple, highly heterogeneous contexts. The car is transfigured into a generator of perception par excellence, its driver into a surfer between the worlds of ephemeral communication.

The resulting complexity is moreover multiplied by the multidimensional perception of space per se. The machine transfixes the driver in the eye of the storm of the dissolved continuity of time and space by means of the synchronous superimposition and multiple reflections of both that which extends into the future in front of the driver and that which he leaves behind him as the past into the present of driving. At the same time it isolates the driver from the actual context of his surroundings by pinning him to the point of intersection of this hyper-presence of past, present and future in one identical moving spot.

UN EH 5
UN CQ 29
Opel Custom Team Velbert
ME DK 2630

The passenger compartment is not only relevant as a mobile showcase (compare p. 66), musealizing its environment in a reversal of perspective as an instrument of decontextualization. The motorway itself also engenders an additional separation and dissection of contexts. Whereas it is perceived as a distinct cut across the various integral environments by its surroundings, for the driver it reproduces reality as an image, a visually flat event. Life behind the noise barrier is scaled down to an image and a model by the motorway.

CHANGE OF ROLES Thus the car achieves the ultimate removal of the driver from the continuity of time and space. In this displacement it temporarily liberates him from the conditions of the professional and domestic sphere. The individual driving along the road, liberated from its own specific constraints, imagines himself as the person he would like to be temporarily if never permanently. On entering the car the dream of a pleasurable renunciation of the self begins in the in-between space of the road where names are mere masks and identities are perennially open to negotiation. At the in-between sites of the motels, service areas and truck stops, discreet couples, unlucky gamblers, secretive heroes and bored commercial travelers congregate in order to exchange their potential identities. In the conversion from the I to the other, the make-believe of mistaking the alien for the familiar, the complex erotic potential of the road is embodied. After its escapades in the liberated space of the highways, the adventurous I return, to the soothingly clear-cut world of everyday life.

ROAD MOVIE RUHR The vehicle and the languages of the road offer a voluminous vocabulary for this change of roles, this game of make-believe with one's own identity. Where even a casual glance at the car, the dress or the sticker in the rear permits an ephemeral character study, the game with truth in the field of tension between fact and fiction is already in full swing. The road is transformed into a large stage for all dreams great or small, a catwalk of mobile urban society.

In this context, the car per se is characterized by its ambivalent relationship with urban space. In this private cell moving through public space, the windows are turned into the ambivalent lines of demarcation between the two spheres that illustrate the profound importance of visibilities for both of them. "Steamy windows" would perhaps provide the most appropriate illustration of this interchange between intimacy and publicity, private and public sphere and the seductive game between the two in the mirror of the individual.

This relationship is immensely intensified when, at the tuners' meeting at Dückerweg, the doors open and the private sphere of the passenger compartment is turned towards the outside, revealing itself to the eyes of strangers. This marks the beginning of a subtle game not only between actual, projected, and stage-managed identities, but also between the private and the public domain. On stopping at the Dückerweg parking lot, the car once again is transmuted into a location – the site of an illustrious and merry, often confidently comical and extremely humorous game with the self, the potential, and the alien. The fact that it is the divergence of the various designs rather than the congruity between image and person which is of crucial importance marks the multifacetedness of the tuning crowd. The protagonists are transforming themselves into the directors of their own special Ruhr road movie, lining the road in their director's chairs.

Of course the autonomous character of the tuning practices is also of major importance here. The tuners' strategies display many of the elements also characteristic of the vernacular landscape. Thus the fun often does not start with a specific purpose in mind, but in a gradually increasing interest progressing slowly and without an explicit sense of direction. If a Seat Arosa or a VW Bora is transmogrified into a complex baroque conglomerate of chrome, chameleon paint job and golden splash-water boxes, its creator will develop a purposeful strategy only late in the game. More than half of the the never-ending path is traveled with alternating interests and predilections in mind, which are determined by its environment. The tuning process often resembles a perennial "Derive" meandering through the mazes of the automotive world rather than a straightforward implementation of a master plan. Thus the meeting evolves as an informal localization of an informal cultural activity: its aim is the continuous practice rather than the finished product itself.

SHELL
SHELL
härteverstellbar
ewindefahrwerke
SHELL
GASOLINE

TUNERMEETING DÜCKERWEG

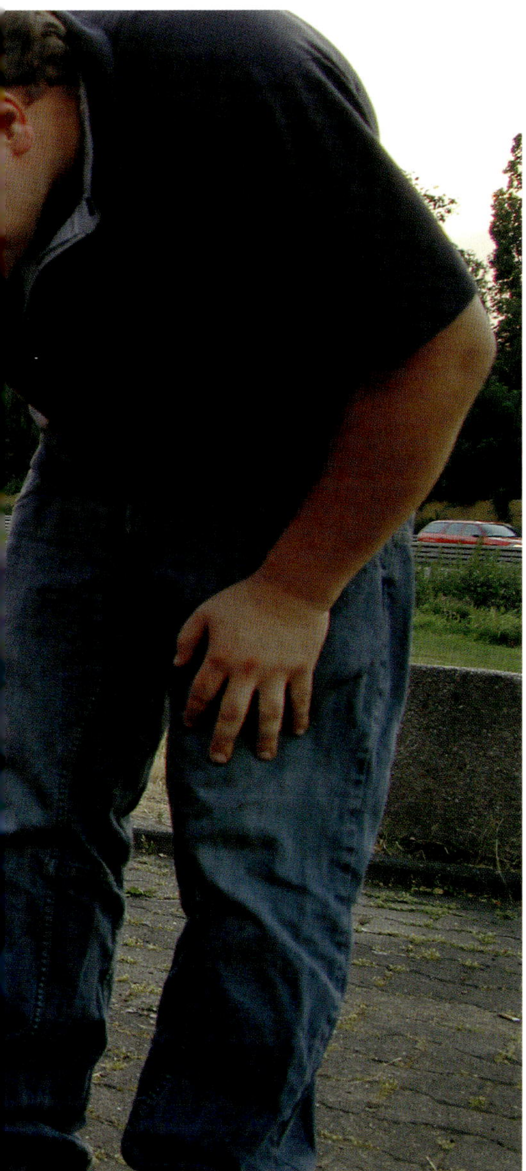

TUNERMEETING DÜCKERWEG Das Tunermeeting findet jeden Freitag statt. Bei dem informellen Treffen kommen diejenigen zusammen, die mit einer Unmenge an Engagement, Liebe und Arbeit aus einem herkömmlichen Opel Corsa einen Traum in Lack und Leder kreieren. Wo vielen der Verständniszugang zum eigenwilligen Interesse an der Aufwertung des eigenen Fahrzeugs fehlt, hilft ein Besuch am Dückerweg. Entgegen der Erwartungen ist hier, wo ab 18.00 Uhr die Flügeltüren hochgeklappt, die Grills angeschmissen und die Softdrinks aufgemacht werden (man muss ja noch fahren ...) eine Szene mit subtilem Humor und gut organisierter Selbstverantwortung am Werk. Wo viel PS und Hochglanzlack regieren, zählen erstaunlicher Weise die kleinen Marken von Opel bis Hyundai und nicht Mercedes & Co. Die bombastische Anlage wird nur zu Demonstrationszwecken hochgefahren, sonst zählt der Respekt vor dem Nachbarn, der vielleicht lieber was anderes hört. Auch zu viel Burn-out ist verpönt, wo viele mit Kind und Kegel den Sommer verbringen. Man ist sich gegenseitig die eigene Unterhaltung und die Clique zählt fast mehr als der eigene Wagen. Das sympathische Nebeneinander verschiedenster Interessen organisiert sich erstaunlich gut und wie von selbst, wo es keinen Chef und Veranstalter gibt. Auch die Staatsgewalt hält sich zurück, da ohnehin niemand auszumachen ist, der für den täglichen Verstoß gegen das Versammlungsverbot dingfest gemacht werden könnte. Wenn sich die Wagen allerdings bis auf die A40 stauen, greift sie selbst zu informellen Methoden und legt ein paar der immer irgendwie halblegalen Boliden still – ein mächtiges Mittel in der städtischen Kommunikation jenseits der Norm.
Das selbstorganisierte Treffen entstand irgendwann im Umfeld von D&W, dem größten Geschäft für „Fahrzeugaufwertung", wie man das Tuning amtlich nennt, und hat sich längst verselbstständigt. Organisationslos lebt es jedoch weiterhin von dem Ort, der in nun über 15 Jahren selbst zum Kult der Subkultur geworden ist. Wer nur durch die von den Wagen gebildeten Gassen flaniert, bleibt vielleicht bei seinen (Vor)Urteilen, die die Tuner mit verschmitztem Humor nur zu gerne bestätigen. Wer sich aber auf Gespräche einlässt, entdeckt sympathisch komplexe Charaktere und die subtile Vielschichtigkeit, den Humor und die Selbstironie zwischen den Zeilen eines Ortes, den sich so keiner ausdenken kann – außer seinen Protagonisten. M.A.

TUNERMEETING DÜCKERWEG Every Friday, the car-tuning enthusiasts – those aficionados who are transforming ordinary vehicles such as an Opel Corsa into veritable visiony of paint and leather with lots of dedication, loving care and hard work – are congregating at Dückerweg in an informal tuner's meeting, affording even those to whom such an idiosyncratic interest in the enhancement of a mere means of transport is utterly alien a fine opportunity for acquainting themselves with this peculiar scene after six pm when the gull-wing doors are opened wide, the barbecues fired up, and the softdrinks guzzled (after all, the tuners will have to drive home again in the evening). Such visitors might see for themselves that, possibly contrary to their own expectations, this community is possessed by a subtle sense of humour and characterized by a well-organized selfreliance. Although ecesive engine performance and a high-gloss paint finish are a must, the expensive makes such as Mercedes are definitely outnumbered by the likes of Opel and Hyundai. The bombastic car audio system is only turned up at maximum volume for a minute in order to demonstrate its outstanding performance; otherwise the noise level will be kept to a minimum out of respect for the neighbors whose taste in music might after all differ from one's own. And extensive burn-outs are likewise frowned upon here where many enthusiasts bring their whole family in summer. Everybody keeps everybody else entertained, and the gang is almost more important than the cars themselves. This likeable juxtaposition of diverse interests is organizing itself in a surprisingly capable and virtually autonomous manner; there is neither a boss nor a promoter. The official authorities are also keeping a low profile; after all there is no single person who can be held responsible for this offense against the assembly ban. If, however, the cars are congesting the roads up to the A40, they will themselves make use of informal methods and take some of the racers, most of which do never quite conform to regulations anyway, off the streets – a forceful measure in this urban communication beyond the norm. The self-organized meeing was originally brought to this site because of D&W, the largest business for "Fahrzeugaufwertung" (vehicle upgrading) – the official term for tuning – but it has long become an independent venue. Without any formal organization, it continues to enliven this spot, which has in the course of the past fifteen years become a subcultural legend by itself.Those who will only take a stroll along the rows of parked cars might perhaps see their prejudices confirmed, all the more so because the tuners themselves with their quirky sense of humour like to reinforce such clichéd notions. If, however, they will actually enter into a conversation with them, they will probably discover like ably complex characters and the subtle and multi-faceted humour and self-deprecation to be found between the lines of a place which could never be imagined by anyone – except by its protagonists. M.A.

LN 448

Ruhrpott
B1IA40
DIE SCHÖNHEIT

MOTUL

WWW.GREEN-GEM.DE.TL
BOR EY 786

„BOR-EY“ Der Opel Corsa ist ein beliebtes Tuning-Objekt: klein, billig, sportlich und aus der Region. Patricks Wagen ist „gecleant“ und Braun metallic lackiert – eine Nissan-Sonderlackierung – aber nicht nur der! Mir fällt der Putzeimer auf – im selben Lack gehalten. Dass das ein alter Mayo-Eimer ist, den er hochglanz lackiert hat, weist auf Humor. Und innen geht's weiter: Die braune Lederausstattung zieht sich über alles, was drin ist: das Armaturenbrett, der Duftbaum, die Parkscheibe, Rot-Kreuz-Set und Warndreieck. Der eigene Fetischismus wird mit einem wunderbaren Maß an Selbstironie in Szene gesetzt. Dass er sein Liebstes in Borken anmeldet, nur um das Nummernschild BOR-EY zu bekommen, zeigt Opferbereitschaft.

"BOR-EY" Opel Corsas are especially loved by the tuning crowd: they are small, inexpensive and zippy, and are even produced in the region. Patrick's vehicle has been "cleaned" and given a metallic brown finish – a custom paint job courtesy of Nissan. The body of the car is not however, the only part of the vehicle that has been painted like this. There is for example the garbage can, the fact that this is an old mayonnaise pail which Patrick sprayed in the same brown color, attests to his quirky sense of humor. Then there is the interior where everything has been upholstered in brown leather – the dashboard, the "magic tree" air freshener, the parking disc, the first aid box, and the hazard warning triangle. This idiosyncratic fetishism is displayed with a wonderful sense of self-deprecation. The fact that Patrick has registered his "darling" in the city of Borken so as to be allocated a "BOR-EY" number plate attests to his enormous dedication.

PUSTEBLUME Asti kommt mit dem „bösen Twingo" vorbei und legt mal „Pusteblume" mit Peter Lustig auf. Sie lebt in ihrem Wagen, der zumindest innen voll *hand-made* ist. Dass vorne „single" dran steht und die Bonsai-Landschaft mit „Depri-Bärchen" und Gummidrops den aktuellen Gemüts- und Familienstand der Fahrerin anzeigt, ist mit viel Humor verknüpft. „Die Jungs sind immer gleich weg, aber mein Twingo bleibt bei mir ..." Angesichts der slickähnlich abgefahrenen Reifen scheint das fragwürdig. Wir machen ein Foto-shooting und Asti scheint den Beruf verfehlt zu haben – jedes Bild ein Treffer. Posing ist beim Tuning obligatorisch.

PUSTEBLUME – BLOWBALL Asti drops by in her "vicious Twingo." She treats us to a techno version of Peter Lustig's "blowball" song. She actually lives in her car, which is completely handmade in the interior. The word "single" is emblazoned on the bonnet; inside the bonsai landscape with "Depri-Bärchen" and jelly beans, communicates the driver's current state of mind and marital status in a humorous manner. Asti says wistfully, "The guys are always gone on the double, but my Twingo will keep me company forever ..." Looking at the slick-like threadbare tires, this assertion seems rather questionable. We do a photo shoot and discover that Asti seems to have missed her true vocation – every shot is a knockout. (In the tuners' community posing is obligatory.)

ThyssenKrupp Steel
WES AX 68

Coca-Cola
Coke

Ruhrgebiet . de
Rost is not a crime

MONTREAL 6.189 KM

RAT ROD Zwischen all dem Hochglanz steht Sandra und ihr Ford Sierra. Voll verrostet, die Haube. Ein alter Dachgepäckträger, lauter Schrott oben drauf, vorne die letzte Mahnung vom TÜV, Aufkleber überall, innen Massagedeckchen auf den Sitzen und die obligatorische Klorolle im Fond. Die gepflegte „Ratte" hat alles, was andere hassen und darf ab Tuningbeginn nie mehr gewaschen werden. Die softere Version, die sie momentan fährt, nennt sich „Old School" und kommt aus Hawaii, hab ich gelernt – deshalb die illusteren Südseegötter aus Bambus auf dem Dach. Wieder Humor und dazu noch historisch profundes Wissen – eine kleine internationale Kulturgeschichte am Parkplatz in BO-Wattenscheid.

RAT ROD Amidst all the high-gloss racers, Sandra's Ford Sierra stands out like a sore thumb. The car has a rusty bonnet; a roof rack full of junk; the "last reminder" of the almighty *TÜV,* the german technical inspection association, attached to the car fender; stickers everywhere; massage covers on the seats, and even the obligatory toilet-paper roll in the rear window. This is a "rat," she tells me. A rat is everything that is an anathema to the others in the group; it should never be cleaned once the tuning has started. She also tells me that the soft version of this so called "old school" which originated in Hawaii, hence the Hawaiian ods mounted on the rooftop. Again a strong sense of humor plus a hint of tuning lore, international cultural history as taught at the parking lot in BO-Wattenscheid.

B1|A40 ERÖFFNUNG

B1|A40 ERÖFFNUNG Zur Eröffnung wartete B1|A40 mit mehreren Ereignissen auf. Während in Werthacker die erste Runde am großen Tisch von Jeanne van Heeswijk ein zweimonatiges Dauerfest einläutete und die Gärtner an der Vietingstraße zum Barbecue luden, ereignete sich am Dückerweg ein ungewöhnlicher Festakt. Nach Bustour und Reden startete die Driftchallenge mit Jochen Reich, dem Deutschen Meister in dieser ominösen Disziplin des Motorsports. Sein mitgebrachter Wagen wirkt unspektakulär: Opel Commodore, ein Kombi zudem, Baujahr '82. Beim Starten des Motors verändert sich die Situation abrupt: 350 PS lassen den Wagen mit der Lautstärke eines Düsentriebwerks auf den Platz schleudern. Dass Autos auch quer gehen und sich trotz heulender Motoren nicht vorwärts bewegen, konnten Hunderte von Gästen aus Kunst und Region selbst erleben. Im „Drift-taxi" von Driftworld kann man auf dem engen Gelände hinter D&W mitschleudern – Joep van Lieshout startete den Reigen gegen die Schwerkraft. Der Profi Jochen Reich steuert das schwarze Monstrum quietschend und souverän durch die Enge, im Kreis, zurück, auf der Stelle. Er hält rückwärts schleudernd einen Hauch vor dem Fuß von Herrn Schramm, dem „Mastermind" der Show. Im Zentrum bleibt eine Zeichnung zurück, ein Strudel aus schwarzem Gummi und Rauch, wild, virulent und verspielt.
Dass ein „Burn-out" in der Motorszene nicht eine unangenehme Nebenerscheinung der eigenen Karriere ist, sondern etwas, bei dem ein Satz Reifen in Sekunden in Schall und Rauch aufgeht, während der Wagen an Ort und Stelle bleibt, konnte man eindringlich studieren. Dass diese Reifen im diesem Fall pinkfarbenen Rauch erzeugen, der zudem nach Lavendel riecht, verweist mal wieder auf den skurrilen subtilen Humor der Szene, weit weg von männlichem Machobrauchtum.
Die Erfahrung, dass die eigenen Klischees nicht ganz zur Realität passen, macht man nur vor Ort. Wenn auch die Bilder diese reproduzieren, ändert das direkte Gespräch vieles. So war Ghassan El-Daifi, der „Tuningminister 2009" mit seinem VW Bora eingeladen, die Disziplin dem fachfremden Publikum nahezubringen. Der eloquente Diplomingenieur mit arabischem Familienhintergrund zeigte uns allen, warum er gerade einen Wagen mit denkbar schlechter Ausgangslage zu einem Boliden unwahrscheinlicher Überformungen mit Flügeltüren, Chamäleonlack, goldenen Spritzwasserbehältern und Lederinterieur gemacht hat. „Der VW Bora ist als Nachfolger des Jetta nie besonders beliebt gewesen, zudem zu teuer für seine Klasse und wurde bereits nach vier Jahren aus der Produktion genommen. Mir war klar, dass er ein Alleinstellungsmerkmal in der Szene haben wird. Der Wagen entstand während meines Studiums." Ghassan El-Daifi machte sein Hobby zum Beruf und versorgt sich aus der eigenen Firma. Auch die Chefetage von Straßen.NRW, die dann und wann Probleme mit dem Meeting am Dückerweg haben, lauschte seinen Ausführungen konzentriert – ein Perspektivwechsel, der hoffentlich Früchte tragen wird.
Nach Ghassans Bora folgte ein „Lowrider", eine merkwürdige Form der Autokultur. Mit extremen Luftfahrwerken ausgestattet, können die Wagen sogar tanzen – ein Anblick, der ganz und gar nicht dem männlichen Klischee der Motorwelt entspricht.

Nach Driftshow und Tuning beendete ein Auftritt von Verdant Effect das Programm. Die Jungs aus den Proberäumen im Bunker zu Werthacker im Kreuz Kaiserberg begeisterten mit Alternative Metal. Der nachbarschaftliche Besuch am Dückerweg im Rahmen von B1|A40 hat den „grünen Jungs“ schon eine kleine Karriere beschert, die sie nun durchs Land treibt. Das Treffen zwischen Kunst und Kontext endete gemeinsam mit Jochen Reich und Joep van Lieshout am Lagerfeuer im Motel Bochum, während im Autokino die Rolle der Kurzfilmtage Oberhausen lief. M.A.

B1|A40 THE OPENING The opening of the B1|A40 exhibition was marked by several events. While at Werthacker, the first round at Jeanne van Heeswijk's large table ushered in a two-month non-stop festival, and while the gardeners of Vietingstrasse were staging a communal barbecue, the Dückerweg area was privileged to witness a spectacle of an altogether different order. After the bus tour and the speeches, the drift challenge began with a show performance by Jochen Reich, the German champion of this obscure motor sports discipline. The car he brought along looked rather unspectacular: an '82-vintage Opel Commodore, and a station wagon at that. When he started the engine, however, the situation changed abruptly: emitting the roar of a jet engine, its 350-horsepower performance propelled the car in a crazy slide across the arena. Hundreds of guests from the art world and the region could see for themselves that cars may also be induced to drift sideways or to stand immobile although the engine is going full blast. Driftworld's "Drift Taxi" invited the members of the audience to join the dance in the tight space behind the D&W store; Joep van Lieshout was the first to enter this merry-go-round against the force of gravity. The audience looked on with bated breath as Jochen Reich, the professional, steered his black monster superbly through the narrow corners, spinning it around in a circle, moving backwards, pinning it to the spot with shrieking tires. A final backwards skid was terminated mere centimeters away from Mr Schramm, the show's mastermind, while, at the center of the arena, a drawing had been created, a whirl of black rubber and smoke, wild, virulent and playful.

The public learned in no uncertain terms that a burn-out, to car enthusiasts, does not spell an unpleasant end to one's own career but rather is the generic term for a performance in which a set of tires dissolves into noise and smoke within seconds while the car remains rooted to the spot. The fact that the smoking tires emit a pink-colored cloud smelling of lavender once again attests to the bizarre and subtle humor of the tuning crowd, countering any imputations of machismo practices.

The experience that even the most persistent clichés will not escape unscathed from a confrontation with real life can only be made in situ. Even if they are reinforced by the images seen there, a personal chat will invariably provide a different perspective on things. Thus Ghassan El-Daifi, the "2009 Tuning Minister," and his VW Bora were invited to introduce an audience of beginners to the subject. The eloquent chartered engineer with an Arab family background explained to them why he has pimped up this very model, which is not that ideally suited to the transformation, into an improbable-looking racer with gull-wing doors, chameleon paint, golden splash water boxes and a leather interior.

"The VW Bora, which replaced the Jetta, has never been particularly popular, could not match the low prices of its competitors and was dropped after a mere four years of production. I was confident that it would be a unique car in the tuning community. The car was created during my time at university." Ghassan El-Daifi has turned his hobby into his profession, and has founded his own business. The board of directos of Straßen.NRW, who tend to look askance at the meeting at Dückerweg, were among the audience, which listened attentively to his explanations – it is to be hoped that this change of perspective proved illuminating.

Ghassan's Bora was followed by a lowrider, a peculiar species of automotive culture. These cars, which are equipped with special outsized air suspensions, can even be made to dance on the spot – a sight which does not correspond at all to the male clichés of the motoring world.

After the drift show and the tuning exhibition, the program was rounded off by a performance by Verdant Effect. The guys from the rehearsal rooms in the bunker at Werthacker at the Kaiserberg junction entertained their audience with Alternative Metal. The neighborly visit to Dückerweg within the framework of B1|A40 has already sparked a career of sorts for the "verdant boys" who are now touring the region. The encounter between art and context was concluded at the campfire at the Motel Bochum; Jochen Reich and Joep van Lieshout were among those who attended while the drive-in cinema screened the short film program of the Kurzfilmtage Oberhausen. M.A.

DRIFTWORLD
D&W

MOTEL BOCHUM

MOTEL BOCHUM | ATELIER VAN LIESHOUT Die flüchtige Beziehung zwischen Landschaft, Ort und Fahrer bedingt nicht nur seine latente Unaufmerksamkeit gegenüber dem Teil der Straße, der sich eben als Ort versteht. Während die Straße für ihre Anwohner einen problematischen Lebensraum darstellt, erzeugt sie beim Reisenden äußerst wenig Identifikation mit dem Ort selbst. Im Gegenteil: gerade die Ungebundenheit – oder vielmehr – Losgelöstheit von Begriffen wie Identität, Identifikation und Heimat macht die Straße im Auge des Reisenden, des Passagiers, des flanierenden Fahrers mehr als attraktiv. Sie bietet die Möglichkeit eines perfiden Spiels mit der eigenen Identität. Auf der Straße als endlosem Interimsraum verliert sich der Reisende im Spiel der Wünsche, Vorstellungen und Möglichkeiten.

Im Niemandsland zwischen den Identitäten ist das Motel vielleicht der Raum, der all diese Spiegelungen am intensivsten aufnimmt. Ein Durchgangsort par excellence, an dem sich die Wege der Passagisten, der geheimen Liebespaare, der glücklosen Spieler und der gelangweilten Handlungsreisenden kreuzen. Keiner fragt nach dem Namen und bezahlt wird im Voraus, wo mancher, der den Sonnenaufgang scheut, schon weg ist, bevor er richtig angekommen ist. Das Motel – ein fantastisch-glückloser Ort im Niemandsland der Zwischenräume, wo alles denkbar, vieles möglich und nichts beständig ist.[1]

Im „Motel Bochum" haben diese Träume einen adäquaten Raum gefunden. Im Bermudadreieck der Gewerbeagglomeration am Dückerweg, wo der Autotuner D&W mit viel nackter Haut wirbt, wo jeden Freitag das

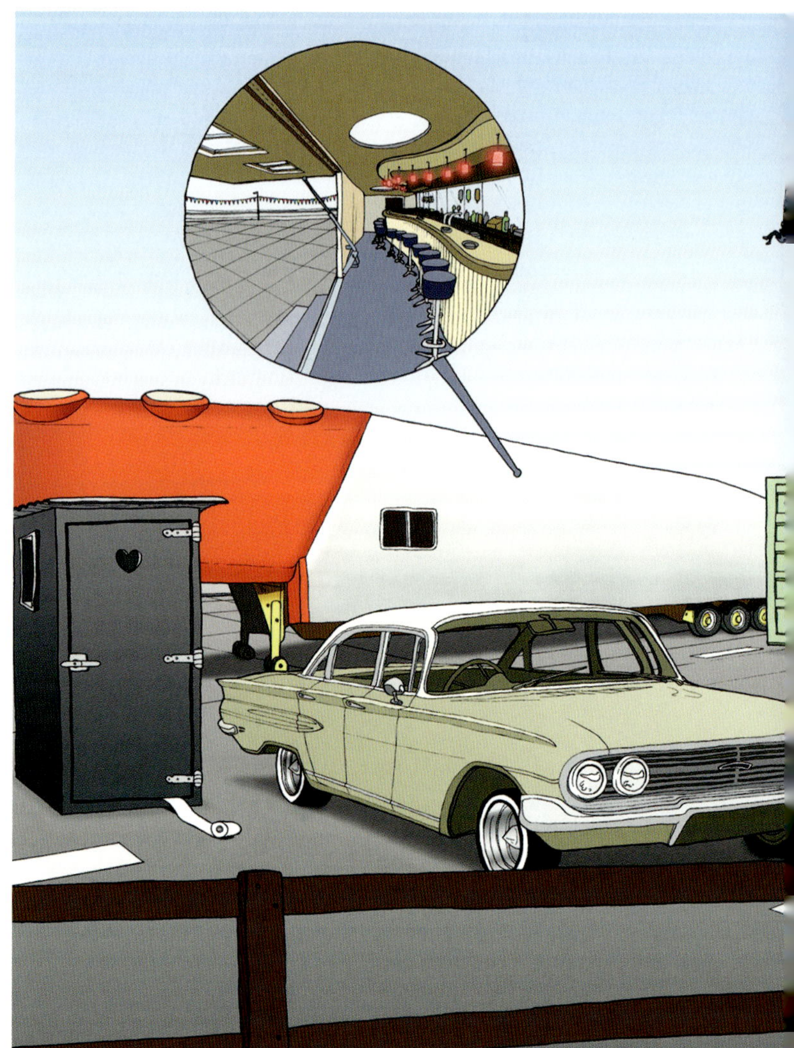

informelle Tunermeeting stattfindet und der Ort von den diversen Ausschweifungen im Schatten der Autobahn umspült wird, hat AVL eine „Agglomeration in der Agglomeration“ realisiert, die die Spekulationen über das, was an solch unsteten Orten vor sich geht, mehr als vervielfacht. Was sich in verschiedenen mobilen Einheiten, temporären Architekturen und Überseecontainern zu einem ganzen Dorf auf Wiesen und Parkplätzen schart, bietet nicht nur reale Übernachtungsmöglichkeiten für den müden Pionier des Stadtraums A40. Neben dem fast schon luxuriösen Farmhaus mit „Multi-Women-Bed“, Küche und Herd, und dem für Gruppenreisen angemessenen Schlafraum im Hänger „The Good, the Bad and the Ugly“, neben den dem Hardcore-Pionier vorbehaltenen „Pigsheds“ und dem romantischen Schafstall mit Übernachtung im Heu bietet AVL einiges an Entspannungs- und Unterhaltungseinrichtungen, die ambivalent und subtil auf die erotischen Aspekte des Straßenraums hinweisen. Der „Minisadist“ im heimeligen Strohambiente des Stalls legt dem Besucher dann doch Praktiken der Entäußerung nahe, die nicht jedermanns Sache sind. Die Laokoon-Gruppe im Außenbereich zeigt zudem deutlich, dass sorgsames Miteinander auch unerwartete Richtungen einschlagen kann.

Bei all diesen Angeboten, deren künstlerische Formulierungen im Umfeld des Dückerwegs gewagt nahtlos in die örtliche Realität übergehen, steht im Zentrum dieser künstlerischen Agglomeration das „Pioneer-Set“. Die Pioniereinheit, die sich in nur einem handelsüblichen Seecontainer in die ganze Welt verschiffen lässt, um sich dort invasiv als komplette Farm zu entfalten, holt das erotische Spiel zurück auf den calvinistischen Boden der Tatsachen. Natürlich ist ein Multi-Women-Bed für den Farmer auf fremdem Territorium nicht eine erotische Spielwiese, sondern produktives Muss für die Zeugung eines wetterfesten Stammes. Und derjenige, der die Komposttoilette neben dem Hasenstall (libidinöses Vorbild wie konsequente Fleischproduktion …) und das Verrichten des Geschäfts in vier Metern Höhe als exhibitionistisches Spiel lesen will, wird in Anbetracht des ökonomischen Nutzens der vorgeführten Kompostierungsprozesse trocken auf den perfiden Verlauf der Energieverwertung verwiesen. Dieses subtile Spiel zwischen Entäußerung und Wirtschaften, die feingliedrigen Hinweise auf die Zusammenhänge zwischen einer profanen Ökonomie gerade auch holländisch-calvinistischer Tradition und den entgrenzenden Elementen erotischer Exuberanzen bedingt die humor- wie lustvolle Beschäftigung von AVL mit allen Bereichen der menschli-

MOTEL BOCHUM

chen Bedürfnisse und Äusserungen im Raum des permanenten Verkehrs. Dass die Begegnung der dritten Art zwischen der Klientel des Dückerwegs, dem Tunermeeting und dem künstlerischen Projekt „Motel Bochum" so hervorragend nachbarschaftlich verlief, ist sicher verschiedenen Faktoren geschuldet. Die gesuchte Konfrontation der Sprache von AVL mit den überformten Boliden der Tuningszene hatte in dem wohltemperierten Nebeneinander einen hohen gegenseitigen Respekt zur Folge, in dem das Verhältnis von offener Neugier geprägt war. Das gut vermittelte Auftauchen des Motels am angestammten Platz der Szene entwickelte sich als überaus angenehmes Miteinander. Und das nicht nur, wenn Angie Lexx als Botschafterin von D&W an der Poledance-Stange auf der moteleigenen Bühne zeigte, dass man sich nicht unbedingt ausziehen muss, um eine mehr als erotische Show hinzulegen. Über die Tage entwickelte sich eine verständige Sprache zwischen Kunst und Tuning, Kultur und Subkultur, bei der auch schon mal Unmut über zu laute Musik (die Szene trifft sich, um sich zu unterhalten …) mit einem ordentlichen Burn-out kommentiert wurde. Am Ende der Begegnung standen dann ganz und gar gemeinsame Aktionen wie die Wahl der „Schönheit der großen Straße" (natürlich ein Auto … siehe Programm) in Kooperation mit D&W oder ein nachbarschaftlicher Besuch von den Tunern in der Kleingartensiedlung wie vice versa.

Das „Motel Bochum", das vielen Übernachtungsgästen einmal hautnah vermittelte, was es heißt, an der A40 zu wohnen, wurde zum vital umspülten Zentrum der Ausstellung, indem es sich direkt in seinem Umfeld sensibel akklimatisierte. Dass mehr oder weniger provokante Formen wie die mit Sichtfenster ausgestattete Komposttoilette oder die SM-Einheiten im Freiluftbereich von den Protagonisten des Ortes sehr offen und mit viel Humor aufgenommen wurden, weist auf die unendlich zugängliche wie tolerante Haltung der Szene hin. Hier muss nochmals die schon zitierte soziale Kompetenz derer in den Vordergrund gestellt werden, die stets um Akzeptanz für sich und ihren Ort kämpfen müssen, an dem sie seit nunmehr 15 Jahren ihr halblegales, informelles Treffen abhalten. In der steten Gewöhnung an labile Verhältnisse entsteht offensichtlich auch bei der Tunergemeinde ein subtiles Verständnis für stets neu auszuhandelnde Nachbarschaftsverhältnisse und die Akzeptanz verschiedenster Interessenslagen und Bedürfnisse.

1| Der bekannteste Ausdruck dieser Divergenz von Ort und Spatium findet sich vielleicht in Bate's Motel in Hitchcocks „Psycho". Die Träume der Reisenden verschwinden im Sumpf zwischen den Koordinaten von Ort (Villa) und Zwischenraum (Motel), von Identität und Namenlosigkeit.

MOTEL BOCHUM | ATELIER VAN LIESHOUT The ephemeral relationship between landscape and driver accounts for the latent indifference of the latter towards any part of the road which might be considered a "location." Whereas the road is a problematic place, to many of the local residents, travelers are offered very little opportunity to form an impression of the place itself. On the contrary: it is exactly this freedom – or rather detachment – from concepts such as "identity," "identification", or "home" which accentuates its pull for the traveler, or roaming driver. It offers the opportunity for a perfidious game of make-believe with one's own identity. On the road – an endless, anonymous interim space – travelers lose him, or herself in the interplay of desires, fantasies and possibilities. In the no-man's land between multiple identities it is perhaps the motel which absorbs all these reflections most intensely – a quintessential transit space, where the paths of travelers, secret lovers, unlucky gamblers and lackluster commuters converge. No one will ask your name, but the bill has to be paid in advance here; a place where those who like to skulk in the shadows may leave almost as soon as they have arrived. The motel – a fantastical, haunted place in the no-man's land of transitory spaces where everything is conceivable, anything is possible and nothing is permanent.[1]

At Motel Bochum these fantasies have found a kind of home. In the "Bermuda triangle" of the commercial agglomeration at Dückerweg, where the D&W car tuning firm eroticizes its advertising with naked skin – the ubiquitous combination: fast cars, fast women. An informal meeting of the tuning community is held every Friday, a place which is inundated by various diversions and excesses found alongside the motorway. AVL (Atelier van Lieshout) has created an "agglomeration within an agglomeration" which increases speculation about what happens exactly at these dubious places. The station area is a veritable village of its own, consisting of various mobile units, temporary architecture as well as containers from abroad, installed on fields and parking lots. The station offers more than the services of a regular motel where the exhausted traveler, after roaming the urban area along the A40 motorway, can reserve a bed for the night. Apart from the almost luxurious farmhouse with its "multi-women-bed", kitchen and hearth, the movie trailer "The Good, the Bad and the Ugly" with a dormitory suitable for groups, the "pig sheds" reserved for hardcore pioneers, and the romantic sheep stall which allows travelers to spend a night sleeping on hay bales. AVL offers several facilities for relaxation and entertainment which point, in an ambivalent and subtle manner, to the more erotic aspects of the road. The "minisadist" in the cozy straw of the pen proposes self-renunciation, perhaps not to the liking of everyone. The *Laocoon* ensemble in the outside area graphically demonstrates that collaborations might also veer off into unexpected directions.

Between all these choices, whose artistic formulations merge imperceptibly with the local reality in the surroundings of Dückerweg, it is the "pioneer set" which is at the center of this artistic agglomeration. The "pioneer set" fits into a single freight container and can thus be shipped around

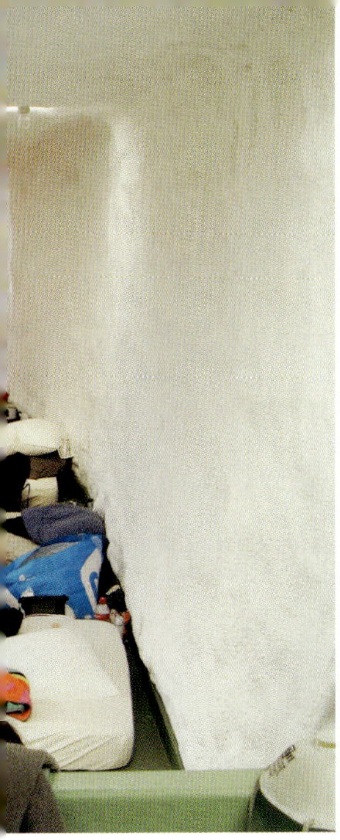

Eingang
D&W

the globe. The set can then be reassembled into a full-fledged farm, bringing the erotic game back down to Calvinist reality. Needless to say, the "Multi Women Bed" is, to the farmer dropped into an alien territory, the scene of procreation aimed at the spawning of sturdy offspring rather than a stage for erotic play. Those who like to interpret the compost toilet close to the rabbit hatch (a libidinous stereotype as well as a meat producer ...), and the defecation to be achieved four meters above the ground, as an exhibitionist game are reminded, in view of the economic advantages of the composting process, to the process of energy reutilization. This subtle interplay between self-exploration and economic concerns, the elegant allusions to the relations between profane economy – in particular in its Dutch-Calvinist guise – and the immeasurable element of erotic energy testifies to the humorous preoccupation of AVL with whole gamut of human needs and desires in the zone of permanent traffic.

The amiable neighborly atmosphere created by this peculiar meeting between the Dückerweg regulars, the engine tuner community and the "Motel Bochum" art project, can be attributed to various factors. The recherché and confrontational choice of AVL's artistic vocabulary with the pimped-up racers of the tuning scene resulted in a well tempered neighbourliness fuelled by deep mutual respect and a relationship characterized by curiosity. The meticulously prepared installation of the motel at the traditional meeting-point of the tuning crowd blossomed into a breathtakingly pleasant collaboration. This was apparent to everyone, for instance in moments like when Angie Lexx, as the D&W envoy, demonstrated in her pole-dance show that one does not necessarily have to undress to create an erotic atmosphere. By and by a sophisticated communication developed between art and tuning, culture and subculture, to the point where displeasure over blaring music (after all the tuning crowd is meeting in order to converse...) was fittingly expressed by a full-bore burn-out. At the end of the encounter, jointly-organized events were held, such as the election of the "Beauty of the Grand Road" (needless to say it was a car that won the award ... viz. the program) in collaboration with D&W or the tuners' neighborly visit to the allotment area (and vice versa).

"Motel Bochum" conveyed to many guests who spent the night there exactly what it means to live near the A40 motorway, and emerged as the vibrant centre of the exhibition because of its direct and sensitive acclimatization to its environment. The fact that provocative elements such as the compost toilet fitted with a clear window or the SM units in the open-air zone were received by the locals in an open and humorous manner, illustrates the open and tolerant character of the local scene. Furthermore, this is the place to emphasize once again the social competence of those who have always had to fight hard for themselves and their meeting-place – the place where they have held their half-legal, informal meetings for around fifteen years now. Clearly the need to adapt to unstable conditions has created also in the tuning community a subtle appreciation of the need for a constant renegotiation of the relationship with their neighbors and the importance of tolerating diverse interests and desires. M.A.

1| Probably the most famous – as well as the most fantastic – instance of this divergence between site and space is provided by Bates' motel in Hitchcock's "Psycho" film, where both typologies collide in an incredible charge. The dreams of travelers vanish in themire between the coordinates of the specific place (villa) and "in-between" space (motel), of identity and anonymity, in order to continue dreaming without ceasing to believe in what might have been.

PROGRAMM MOTEL BOCHUM

PROGRAMM MOTEL BOCHUM Das Motel bot neben der Übernachtungsmöglichkeit entspannende Unterhaltung für den müden Pionier der A40. Die moteleigene Bühne im Trailer von *The Good, the Bad and the Ugly* war von Joep van Lieshout zudem mit einer Poledance-Stange ausgestattet worden, um die vage Verwandtschaft von Straße und Milieu anzudeuten. Im Zentrum des Programms sollten Dinge stehen, die sich zwischen den Stereotypen dieses Raumes und neuen Perspektiven auf seine Sprachen ansiedeln.

25.06.2010 POLEDANCE | ANGIE LEXX So war die Idee, auf der Bühne einen Pole- oder Stangentanz zu präsentieren, von der Tatsache inspiriert, dass sich der aus der Peepshow und Tabledance-Szene entstandene Showact längst zu einem knallharten Leistungssport entwickelt hat, der sich vom zwielichtigen Flair des Rotlichtmilieus hart abgrenzen will. Daran scheiterte denn auch die Einladung an solch eine Gruppe, die sich angesichts der von Atelier van Lieshout im Motel präsentierten SM-Einrichtungen zu sehr an die Herkunft ihres Sports erinnert sahen und absagten. Dass unser Nachbar von D&W in die Bresche sprang und als Zeichen guter Nachbarschaft Angie Lexx einlud, die Stange ihrer spezifischen Nutzung zuzuführen, war dann eine willkommene Lösung. Bei ihrem Tanz, der zeigt, wie man auch ohne sich auszuziehen eine perfekte erotische Show inszeniert, war das ganze Tunermeeting zu Gast. Angie erwies sich als Vollprofi und schwebte zu Rammstein und Co. federleicht durch den von AVL arrangierten Raum.

18.06.2010 DEATH METAL | MALTE STRUCK, MARK WEHRMANN Die Death Metal Performance von Malte Struck und Mark Wehrmann schien ein passender Input zum Tunermeeting. Obwohl die 15-minütige Dauerperformance, in der die beiden gleich der „Singing Sculpture" von Gilbert & George nur ein einziges Stück mit growlendem Gesang und Gitarrenterror röhrten, ihr bisher größtes Publikum fand, zeigte sich doch, dass Musik hier vor Ort nicht die beste Wahl war. Denn die Tuner, die das Motel umlagern, kommen, um sich zu unterhalten. Auch die eigene Anlage wird nur mal kurz hochgefahren, um zu zeigen, was man hat. Dann folgt aus Respekt vor dem Nachbarn Zimmerlautstärke.

16.07.2010 TASOGARE WORLD Die respektvolle Nachbarschaft wurde beim Konzert von Tasogare World auf eine noch härtere Probe gestellt. Die kongeniale japanische Band um Shingen und Hiro wurde nach vier fantastischen Stücken freundlich gefragt, wie lange sie denn noch zu spielen gedenken. Auf die freundliche Ansage von noch drei Stücken zog man sich abwartend zurück. Dass es einem der Biker doch zu lang wurde, artikulierte er mit einem ordentlichen Burn-out, der das Motel und die Bühne kurzfristig in Nebelschwaden hüllte – ein gelungener Showact in perfekter Kooperation, der den Fahrer nach Auskunft seiner Kollegen locker einen Satz Reifen gekostet hat.

09.07.2010 B.A.C.A.A. BIKER GEGEN KINDERPORNOGRAFIE E.V. Dass Biker auch anders können, zeigt die internationale Initiative von B.A.C.A.A. Sie präsentierten ihre Arbeit, die sich gegen Missbrauch von Kindern und Jugendlichen engagiert und in der Szene einen direkten Ansprechpartner für solche Fälle bieten will, bei denen die Beratungsstelle psychologisch sehr weit entfernt ist. Das persönliche Engagement steht dabei im Vordergrund der Arbeit, die sich in lokalen Gruppen organisiert.

D&W

Rechts:
Congress Congress
„Der Congress klärt auf"
Perfomance am 06.08.2010
Links oben:
„Buio Omega
Motel Madness"
Die lange Nacht
des Exploitationfilms
24.07.2010

Right:
Congress Congress
"Congress explains the
facts of life!"
Performance 06.08.2010
Top left:
"Buio Omega
Motel Madness"
The long night of the
exploitation movies
24.07.2010

06.08.2010 DER CONGRESS KLÄRT AUF | CONGRESS CONGRESS Congress Congress mischten sich während der Wahl zur „Schönheit der großen Straße" unter das Publikum, um auf Rollerskates grazil-dilettantisch schwebend, erotisch-laszive Texte in die „autogeile Community" einzustreuen. Von de Sade bis de la Bretonne führte das Repertoire, das die im Grunde bürgerlichen Tuner zum Wahnsinn trieb. Unvermittelt zwischen Schock und Faszination fanden sich die mit den verbalen Formen der Erotik, der obszönen Rhetorik der „Crassen Fotzen" und der fleischfarbenen Nacktheit von Vinylstrumpfhosen konfrontierten Tuner wieder, die sonst sehr auf blanke Haut stehen.

24.07.2010 BUIO OMEGA MOTEL MADNESS – DIE LANGE NACHT DES EXPLOITATIONFILMS Der geheimnisvolle Buio Omega Filmclub stellte im Motel Bochum und im Autokino die lange Nacht des Exploitationfilms vor. In einem faszinierenden Reigen all der Filme, die jeder außer den Clubbern als Trash oder B-Pictures bezeichnet, wurde das weite Reich der Zombies und Godzillas, der Menschenfresser- und Aufklärungserotik beleuchtet. Von Nigger Charly und Allein unter Kannibalen führte das lange Programm entlang zahlreicher kommentierter Trailer bis zu Nackt im Sommerwind. Die zur Einführung tänzerisch vorgestellte Plakatsammlung des Clubs wurde im Preisquiz besonders belohnt: Der Gewinner durfte Angie aus nächster Nähe bei ihrer Sonderperformance im Filmclub zuschauen. Der Filmclub ist eine wunderbare Eigeninitiative, typisch für die Region, die wir erst während der Ausstellung kennenlernten und sofort einluden. Neben dem großen Spaß an der Sache bringen Vorstand und Mitglieder eine explizite Kenntnis ihres Metiers mit, die sie durch die Einladung illusterer Gäste wie Franco Nero ins Ruhrgebiet mit anschließender Guided Tour für die Promis erweitern – eine Kulturvermittlung der besonderen Art, bezahlt aus eigener Tasche.

PUBLIC STAGE AT THE MOTEL BOCHUM | MARKUS AMBACH The motel offered the weary pioneer of the A40 not only a bed for the night but also some recreational entertainment. The motel stage in the trailer "The Good, the Bad and the Ugly" was also fitted with a pole-dance pole to emphasize the vague affinity between road and milieu. The program was intended to focus on those ambivalent elements that oscillate between site-specific stereotypes and new perspectives on its vocabularies.

JUNE 25, 2010 POLE DANCE | ANGIE LEXX The idea to present a pole dance on the stage was inspired by the fact that this kind of show act, which originated in peep shows and the table-dance scene, has since developed into a veritable competitive sport that strives to dissociate itself from the twilight flair of the red-light district. This was also the reason that a group of professional pole dancers, asked to perform at the motel, decided to decline the invitation: the S&M elements that AVL has integrated into the motel reminded them too pointedly of the origins of their sport. However, our D&W neighbors, who had heard of our dilemma, demonstrated their neighborliness by inviting Angie Lexx to show us how the pole was meant to be used – a more than welcome solution. The tuning crowd turned up in full force to attend her floor show, which amply demonstrated how a perfectly erotic performance can be staged even without the conventional stripping. Angie turned out to be a true professional as she floated across the room arranged by AVL to the sounds of Rammstein and Co.

JUNE 18, 2010 DEATH METAL | MALTE STRUCK, MARK WEHRMANN The death metal performance staged by Malte Struck and Mark Wehrmann seemed a fitting input for the tuners meeting. Although the fifteen-minute performance – in which the pair, who took Gilbert & George's "Singing Sculpture" one step further, drowned out all other noise with a

TUNING +
POWERDAYS
14./15.08.2010
Grefrath a. d. A40
D&W
CARDESIGN

one-song-onslaught of guttural singing and screaming guitars – was the best-attended event to date, it turned out that music was not the most suitable medium for this location, as the tuners who gathered at the motel had come there principally for conversation. Even their own audio systems were turned up for a minute to demonstrate their own capabilities; afterwards music was played at a low volume as a mark of respect for their neighbors.

JULY 16, 2010 TASOGARE WORLD The respectful neighborliness of the tuners was put to an even harder test at the Tasogare World concert. After they had performed four fantastic songs, the congenial Japanese band fronted by Shingen and Hiro was courteously asked how much more of the same could be expected. The friendly rejoinder that the concert would go on for another three songs was answered by a temporary retreat. One of the bikers, after having decided that the concert had gone on long enough, proceeded to articulate his impatience by means of an all-out burn-out, which temporarily shrouded both motel and stage in a cloud of burned rubber – a successful show act for which the motorcyclist, according to his colleagues, has sacrificed a whole set of tires.

JULY 9, 2010 B.A.C.A.A. BIKER GEGEN KINDERPORNOGRAFIE E.V. (BIKERS AGAINST CHILD PORNOGRAPHY) The international B.A.C.A.A. initiative displayed a whole different aspect of the biker community. The association introduced us to its work, which is committed to the fight against the sexual abuse of children and teenagers; it has established itself as a direct contact within the community that can be approached in cases where conventional counseling services seem too remote. Personal commitment is a crucial aspect of this association, which is organized in local groups.

AUGUST 6, 2010 CONGRESS EXPLAINS THE FACTS OF LIFE | CONGRESS CONGRESS During the vote on the "Beauty of the Grand Road," Congress Congress mingled with the audience disseminating erotic and lascivious texts among the car-enamored community, while floating about on roller blades like dainty dilettantes. The repertoire, which ranged from de Sade to de la Bretonne, managed to drive the crowd, traditionalists at heart, to distraction. Oscillating between shock and fascination, the tuners who are generally thought to be inured to the bare skin suddenly found themselves confronted by the verbal modes

of eroticism, the obscene rhetoric of the "Hardcore Cunts," and the flesh-colored transparency of vinyl pantyhose.

JULY 27, 2010 BUIO OMEGA | MOTEL MADNESS – THE LONG NIGHT OF THE EXPLOITATION MOVIES The mysterious Buio Omega film club presented the Long Night of the Exploitation Movies at the Motel Bochum and the drive-in cinema. In a fascinating array of films, which would be denounced as trash or B pictures by anyone who is not a member of the club, the audience was introduced to the strange empire of zombies and Godzilla's, cannibals and quixotically erotic divas. Ranging from "Nigger Charly" to "Allein unter Kannibalen" (Alone among the Cannibals), the extensive program, which also included numerous trailers plus specialist commentaries, culminated in a screening of "Nackt im Sommerwind" (Nude in the Summer Breeze). The club's collection of film posters, which was danced along the stage as an introduction to the evening, was the subject of a quiz, whose winner was awarded a ring seat for Angie's special performance in the film club.

The film club is a splendid autonomous initiative typical of the region, which we only learned about during the exhibition and immediately invited to the motel. Its members are not only true enthusiasts but also possess an intricate knowledge of their métier, which they are busily enlarging by inviting illustrious guests such as Franco Nero to the Ruhr area; those events invariably also include a guided tour for the VIPs – a very special kind of cultural mediation which they paid for out of their own pockets.

DIE SCHÖNHEIT DER GROSSEN STRASSE

DIE SCHÖNHEIT DER GROSSEN STRASSE
Während der Ausstellung intensivierte sich die Zusammenarbeit mit D&W, dem Tuningshop vom Dückerweg, der die Aktivitäten von B1|A40 dazu nutzte, sich wieder stärker mit der Tunergemeinschaft zu verknüpfen. Wo das Meeting einst im Umfeld des Shops entstanden war, war in den letzten Jahren der Faden gerissen.

Den Gestaltungswillen der Gemeinde nicht nur mit Kunst zu konfrontieren, sondern selbst als subtile Sprache einer aktiven Stadt sichtbar zu machen, war immer Interesse der Ausstellung. Der Traum, im Rahmen des Projekts „Die Schönheit der großen Straße", die hier natürlich ein Automobil sein muss, zu wählen, wurde erst während des Projekts geplant und real. Mit Kerstin Bloch von D&W sowie zahlreichen Gastjuroren wurde jeden Freitag eine Auswahl von Finalisten aus dem Meeting ausgewählt, die zusammen die unglaubliche Vielfalt der Tuninggemeinde reflektieren sollte. Sie alle wurden zum großen Finale am 06. August 2010 auf dem roten Teppich am Dückerweg präsentiert, um sich der Tunerszene selbst zur Wahl zu stellen. Nach einem kommentierten Rundgang der Spezialisten aus Kunst und Carstyling – Ghassan El-Daifi, dem „Tuningminister 2009", Kerstin Bloch von D&W und Markus Ambach – standen Flügeltüren, Lowrider, Rat Rods und Customs aller Art zur Wahl.

Am Ende ging eine Frau als Sieger vom Platz: Jenny Kowalski mit ihrem Seat Arosa. M.A.

THE BEAUTY OF THE GRAND ROAD
During the exhibition, our cooperation with D&W, the tuning store at Dückerweg, intensified progressively; D&W used the activities of B1|A40 as an opportunity to reinforce its bonds with the tuner community. Although the D&W store had once been the principal reason for the tuners to hold their meetings in the Dückerweg area, the connection had slackened in recent years.

From its inception, the project intended not only to juxtapose the creative talents of the community with the conceptions of artistic practice, but also to highlight them as an idiosyncratic subtle language of the active city. The idea to organize a "Beauty of the Grand Road" contest – in this case, the beauty-elect obviously had to be a car – within the context of the project was not conceived and put into practice until during the exhibition. Kerstin Bloch, from D&W, and various guest jurors selected finalists each Friday from among the participants of the meeting to reflect the incredible diversity of the tuner community and their mobile dreams. The contenders were presented to the tuner crowd for critical inspection on a red carpet at Dückerweg in the grand finale on August 6, 2010. After a tour under the guidance of a group of specialists from the spheres of art and car styling – which included Ghassan El-Daifi, the "2009 Tuning Minister," Kerstin Bloch, from D&W and Markus Ambach – the audience was invited to take their pick from the array of gull-winged cars, lowriders, rat rods, and customized racers.

In the end, the competition was won by a woman – Jenny Kowalski – and her Seat Arosa. M.A.

Hyundai Performance Team
4
RE QP 2008
BO MP 89
BO GI 6
16

B1|A40
DIE SCHÖNHEIT
DER GROSSEN STRASSE

B1|A40
DIE SCHÖNHEIT
Wer soll ins Finale?
26

MP 89
RE QP 2008

B1|A40
DIE SCHÖNHEIT
DER GROSSEN STRASSE
RE CQ 3262

XR 31

Team

13

WWW.RUHRPOTT-GIRLIE.DE Frauen tunen wie die Weltmeister. Dass es sich um eine Männerdomäne handelt, ist eines von vielen Märchen über die Szene. Die weibliche Gemeinde liegt locker bei 50 Prozent. Und selbst ist die Frau. „Ich hab schon immer lieber mit Autos als mit Barbies gespielt. Hinzu kommt, dass Wattenscheid ein Dorf ist und da geht man dahin, wo was los ist. Damals gab es noch das D&W Sommerfest. Mit 16 bin ich das erste Mal drübergegangen und fand das total faszinierend. An dem Arosa arbeite ich jetzt seit mehr als fünf Jahren, an dem Wagen ist fast nichts mehr original. Die meisten Arbeiten haben wir selbst gemacht, Teile aus anderen Autos besorgt und angepasst. Wir haben eine eigene Halle von 120 Quadratmetern mit allen Schikanen, das hilft sehr. In dem Wagen stecken über 40.000 Euro drin, die ich im Wesentlichen mit Überstunden verdient habe." Jennys Seat Arosa hat alles, was das Tunerherz begehrt, von Flügeltüren bis Luftfahrwerk. Aber auch ihr ist die Clique am wichtigsten. Ihre Plattform im Internet ist ein Community-Stützpunkt und zeigt, wie der Kleinstwagen früher mal aussah.
Jennys Arosa wird im B1|A40-Wettbewerb von den Tunern zum schönsten Auto des Ruhrgebiets gewählt und gewinnt den Preis „Die Schönheit der großen Straße". Nun zeigt sie ihren Liebling auf der Essener Motorshow.

WWW.RUHRPOTT-GIRLIE.DE Women can make expert tuners – the notion that car-tuning is an exclusively male domain is one of the innumerable baseless prejudices leveled against it. Women account for at least half of its members. And my, they are DIY enthusiasts! As Jenny said, "I have always preferred cars to Barbie dolls even when I was a child. And then, of course, Wattenscheid is such a quiet place, so one goes where the action is. In those times, the D&W summer festival was still held annually. When I was sixteen, I went there for the first time and was quite simply enthralled. I have been working on my Arosa for the past five years; virtually all its original parts have been replaced. Most of the work we have managed to do by ourselves; we had to source parts from other models and customize them. We have a hall of our own, 120 square meters, fully-equipped, which helps a lot. I have sunk more than 40,000 Euro into the car; most of the money I have made by working overtime." Jenny's Arosa sports everything the tuning enthusiast can possibly dream of, from gull-wing doors to air suspension. But for her, too, it is the group that is the most important aspect. Her internet platform is a community base where visitors can trace for themselves the amazing evolution of the car from its original "virgin" state.
Jenny's Arosa was voted the most beautiful car in the Ruhr by the tuners in the B1|A40 competition and won the award "Die Schönheit der großen Straße" (The Beauty of the Grand Road). She intends to exhibit her "darling" at the Essen Motor Show next.

ThyssenKrupp Steel

JUMP-CUT URBANISM

JUMP-CUT URBANISMUS | RICHARD INGERSOLL WENN DER FUSSGÄNGER ZUM FAHRER WIRD Wie ist es nur dazu gekommen, dass die Menschen sich mit einer Welt ohne Fußgängerstraßen abfanden? Über Jahrhunderte war die Straße, geschützt von den durchgehenden Mauern der städtischen Blockbebauung, die semantische Grundlage städtischen Lebens, auf der sich die Bedeutung des Alltags kristallisierte. Michel de Certeau beschrieb das Wesen der Fußgängerstraße folgendermaßen:

„Die gewöhnlichen Benutzer der Stadt (...) machen Gebrauch von Räumen, die unsichtbar sind; ihr Verständnis dieser Räume ist so blind wie das von Liebenden, die einander umarmen. Die einander korrespondierenden Wege in diesem in sich verflochtenen, verkannten Gedicht, in dem jeder Körper ein Element darstellt, das von vielen anderen bezeichnet worden ist, entziehen sich der Lesbarkeit. Es ist, als ob die Praktiken, die eine geschäftige Stadt gestalten, durch ihre Blindheit gekennzeichnet seien."[1]

Im Verlauf des 20. Jahrhunderts gerieten die Stadtbewohner in eine zunehmende Abhängigkeit vom Automobil und verloren allmählich die „Blindheit" des Liebesakts, indem sie lernten, ohne die Korridorstraßen der traditionellen Stadt zu leben. Die Zersiedelung gehorcht anderen Maßstäben; sie ist bezogen auf die Geschwindigkeit des Automobils und hat jegliche Intimität verloren. Der städtische Raum, ursprünglich eine geschlossene Einheit, kennt heute keine Grenzen mehr. Der Rhythmus des täglichen Lebens, der vor der Erfindung des Automobils durch die Bewegungen des eigenen Körpers definiert war, wird jetzt von den mechanischen Gerätschaften der Stadt bestimmt. Das Automobil hat die Balance von Zeit und Raum in einer auf den Fußgänger zugeschnittenen Umwelt zerstört.

Eines der Bilder, das die Intimität der vorindustriellen Straße am eindringlichsten zeigt, ist Sebastiano Serlios *Tragic Scene* (1542), die Darstellung einer Renaissancebühne, die in den bruchlosen Fassaden, welche perspektivisch auf einen Fluchtpunkt jenseits des Stadttores zulaufen, das Gefühl der Einheit von Zeit und Raum vermittelt. Alle Elemente sind harmonisch auf die Proportionen des menschlichen Körpers zugeschnitten. Über Jahrhunderte hat die perspektivische Szene in der westlichen Kunst die städtische Straße präzise als ein Theater des täglichen Lebens beschrieben. Was passiert mit Serlios Szene, wenn das Automobil in sie eindringt? Die grundlegenden Größenordnungen ändern sich und verschieben die Proportionen der Umgebung. Zum einen lässt sich das Auto nur schwer in eine Umwelt integrieren, die auf den Fußgänger zugeschnitten ist, und zum anderen wird dieser unverhältnismäßig große Eindringling in Städten, die aus Gassen und Piazzas bestehen, auf Widerstände stoßen. Serlios *Tragic Scene* ist zu beengt, als dass sie ohne Probleme für einen parkenden oder schnell fließenden Verkehr eingerichtet werden könnte. Die Abmessungen eines Autos (ca. drei mal 1,80 Meter) vertragen sich nicht mit historischen Straßen, die oft gerade mal knapp zwei Meter breit sind. Geparkte Autos werden zu störenden Hindernissen, während fahrende Wagen für eine räumliche Fragmentierung sorgen. Der Fahrer, befangen in seinem Versuch, die mechanische Fortbewegung zu kontrollieren oder einen Parkplatz zu finden, nimmt die Straße auf eine andere, flüchtige Art und Weise wahr. Die perspektivischen Richtlinien lösen sich durch die Veränderungen der Geschwindigkeit auf; das Auto bewegt sich mindestens zehn Mal so schnell fort wie der Fußgänger, wodurch die durch die Windschutzscheibe erspähten, vorüberrauschenden Fluchtpunkte sich in ein Kaleidoskop verwandeln. Für den Fahrer ähnelt die Abfolge der Gebäude, Zeichen und Hintergrundperspektiven stark einer Sequenz von Einstellungen, die zu einem Film zusammengeschnitten werden, und das außergewöhnliche Phänomen, beim

Blick in den Rückspiegel gleichzeitig vorwärts und rückwärts zu schauen, erinnert an die filmische Montagetechnik des *jump cut*. Anstatt auf einen einzigen Fluchtpunkt zuzulaufen, haben sich die Perspektiven vervielfacht; der einzige verbliebene Fixpunkt ist der Fahrer selbst. Mit dem Aufkommen des Automobils wurde die theatralische Ordnung der städtischen Straße in eine filmische verwandelt, die aus Totalen, Nahaufnahmen, Schwenks, Kamerafahrten und vor allem aus der beschleunigenden Montage von *jump cuts* besteht. Die Postulierung eines Jump-Cut-Urbanismus impliziert nicht, dass sich notwendigerweise eine eindeutige Gestaltungsmethode, die auf dieser kinematografischen Metapher gründet, herausdestillieren lässt, so sehr er auch bestrebt ist, den Veränderungen in den dominierenden Wahrnehmungsformen nachzuspüren. Während der Fahrt rasen Bilder der Stadt in einer Reihe von Bruchstücken, die unterschiedlich schnell wahrgenommen werden, an der Windschutzscheibe vorüber. Diese neue Art der Wahrnehmung hat mehr mit dem Kino zu tun als mit dem festen Proszenium des Theaters. Der Film und das Automobil, zwei Mythen erzeugende Produkte der industriellen Kultur, wurden bereits in den 1920er Jahren zu gleichermaßen populären Konsumgütern, zuerst in den USA, dann überall sonst. Von dem Augenblick an, da ihr Einfluss die Wahrnehmung des städtischen Raumes veränderte, war die Form der Stadt nicht mehr dieselbe.

Viele der morphologischen Veränderungen in der Stadt wurden durch die neuen räumlichen Anforderungen bestimmt, die mit dem Aufkommen des Automobils verbunden waren. Fast im Nu zersetzte die Notwendigkeit, dem Auto zu Diensten zu sein, das dichte urbane Geflecht

des Zentrums: Die Straßenecken wurden für Tankstellen und Drive-Ins geopfert, Häuserblocks für Parkplätze eingeebnet und ganze Viertel zerstört, um Platz für Zu- und Abfahrtsrampen des Schnellstraßennetzes zu schaffen. Autobahnen, Umgehungs- und Zubringerstraßen und Überführungen bildeten die Grundlage eines neuen städtischen Maßstabs, indem sie die Erschließung von immer weiter vom Zentrum entfernten Wohngebieten ermöglichten und das, was vom ursprünglichen Stadtgeflecht übrig blieb, weiter durch Eingriffe zerstückelten, die den mobilen Zugang erleichterten. Die amerikanischen Städte wandelten sich rasch zu polyzentrischen Territorien, die sich durch Zerstreuung und ungleichmäßige Entwicklung auszeichneten. In Städten wie Atlanta, Houston, Detroit und Los Angeles sind 75 bis 80 Prozent des Stadtgebietes asphaltiert, sei es zum Zweck der automobilen Zirkulation oder als Parkplätze. Die Zersiedelung begann entlang der Schnellstraßen in einer Landschaft, in der sich vereinzelte Häuser mit nicht eindeutig definierten Zwischenräumen abwechselten. In der Zwischenzeit gewöhnte sich das menschliche Bewusstsein an die Magie der filmischen Montage, wurde vertraut mit ihrer Fragmentierung von Zeit und Raum. Der filmische *jump cut* zerfetzte Serlios perspektivische Szene und bereitete der Durchfahrt von Automobilen den Weg.

DER UNAUFHALTSAME AUFSTIEG FORDS Im frühen 20. Jahrhundert wandelte sich das Auto – vor allem bedingt durch die Erfolgsgeschichte Henry Fords – von einem Luxusartikel zum unverzichtbaren alltäglichen Gebrauchsgegenstand. (…) Henry Ford war der unumstrittene Prophet dieser Massenbekehrung. 1903 gründete er die Ford Motor Company, damals einer von über 100 Autoherstellern. Zehn Jahre später kontrollierte er 45 Prozent des Markts, und in den frühen 1920er Jahren hatte er eine fast ungebrochene Monopolstellung erreicht. Seinen unternehmerischen Erfolg verdankte er nicht nur technologischen Neuerungen in der Großserienfertigung, sondern auch bemerkenswerten Zugeständnissen an die Belegschaft der Fabriken. 1912 führte Ford das Fließbandsystem ein, das es 29 Arbeitern erlaubte, einen Motor in lediglich 93 Minuten zusammenzuschrauben. Dies senkte die Produktionskosten des *Model T*, die 1910 noch 825 US-Dollar betrugen und 1916 bereits auf 345 US-Dollar reduziert worden waren, auf einen Rekordtiefstand von 290 US-Dollar im Jahr 1927. Dieser unglaubliche Preisverfall zerstörte seine Konkurrenten. Als Ford dann den Markt in der Hand hatte, entschied er, die Arbeiterlöhne zu verdoppeln und einen festen Achtstundentag einzuführen, wodurch er aus den Produzenten Konsumenten machte. Obwohl das Fließband ein starkes Moment der Entfremdung in den Arbeitsprozess hineintrug, waren die Zugewinne in Bezug auf Löhne und Arbeitszeit für die Arbeitnehmerschaft ein greifbarer Gewinn. (…)

IL FAUT TUER LA RUE CORRIDOR (TOD DEN STRASSEN) Ein Jahrhundert vor Fords Triumph leitete die Lokomotive eine Entwicklung ein, die auf vielfache Weise Druck auf das städtische Geflecht der Metropolen ausübte. London, Berlin, Paris und New York erlitten durch den Bau der Eisenbahntrassen traumatische Eingriffe, die oft grauenvolle Zerstörungen und drastische Abtrennungen von Stadtteilen mit sich brachten. In sämtlichen Kleinstädten entlang der italienischen Via Emilia zwischen Piacenza und Rimini beispielsweise zog die Eisenbahn eine klare Trennlinie zwischen den städtischen und den Industrievierteln. Der große Unterschied zu den Veränderungen, die dem Automobil zuliebe vorgenommen wurden, bestand natürlich darin, dass der Schienenstrang eine fixe Route markiert. Die Eisenbahn lässt den öffentlichen Raum unberührt und entlässt die Reisenden an einer begrenzten Anzahl vorgegebener Reiseziele.

Die Geschwindigkeit der Züge beeinflusste fraglos das raumzeitliche Bewusstsein und nahm damit die neue Wahrnehmung vom Automobil aus vorweg; jedoch blickte man durch das Zugfenster seitwärts auf die vorbeiflitzenden Panoramen, was ein wenig einer Kamerafahrt im Kino ähnelte. Diese wird in der Tat von einer sich bewegenden Kamera aufgenommen, die auf Schienen montiert worden ist; hier wird also dieselbe Technologie benutzt. Im Gegensatz zum Blick aus dem fahrenden Auto vermag der Ausblick vom Zug aus den Stadtraum nur selten zu zerstückeln; der Eisenbahnreisende war körperlich vom Stadtraum getrennt, oftmals entweder über das Terrain hinausgehoben und unter die Geländehöhe gesenkt und zudem auf einer fest vorgezeichneten Route unterwegs, die im öffentlichen Raum eines Bahnhofs, wo der Reisende seine Existenz als Fußgänger wieder aufnahm, in einem Taxi, einer Straßenbahn oder einem Bus endete. Der Bahnreisende war notwendigerweise passiv; der Fahrer eines Autos hat dagegen eine aktive Rolle inne, er entscheidet, welchen Weg er nimmt, wann er die Richtung ändert, die Gangschaltung betätigt und wo er anhält und den Wagen verlässt. Die Handlungen des Fahrers ähneln somit eher denen des Filmregisseurs, der das Stückwerk der unverbundenen Einstellungen zusammenfügt. (…)

KINOPRAVDA ODER ICH BIN EINE KAMERA (…) Dziga Vertov war das Pseudonym von Dennis Kaufman, einem jungen ukrainischen Filmemacher, der in den 1920er Jahren in den avantgardistischen Kreisen des bolschewistischen Russland auftauchte. Von den Theorien des Konstruktivismus in der bildenden Kunst und Kuleschows Theorien der Montage inspiriert, verfasste er zahlreiche Manifeste für einen konstruktivistischen und revolutionären Film.

„Ich bin Kino-Auge. Ich bin ein mechanisches Auge. Ich, eine Maschine, zeige euch die Welt, wie nur ich sie sehen kann. Ich befreie mich für alle Zeiten von der menschlichen Bewegungslosigkeit, ich bin fortwährend in Bewegung, ich bewege mich auf die Dinge zu, dann von ihnen weg, ich krieche unter sie, ich erklimme sie. Ich hänge am Maul eines galoppierenden Pferdes, ich rase in eine Menschenmenge hinein, ich lasse rennende Soldaten hinter mir, ich falle auf den Rücken, ich steige mit einem Flugzeug auf, ich stürze hinab und schnelle empor inmitten hinabstürzender und emporschwebender Körper. Jetzt schleudere ich mich, eine Kamera, ihrer Resultante entlang, manövriere im Chaos der Bewegungen, zeichne Bewegungen auf, beginnend mit denjenigen, die aus den allerkomplexesten Verbindungen bestehen. Befreit von der Herrschaft der 16 bis 17 Bilder pro Sekunde, der Begrenzungen von Zeit und Raum enthoben, verbinde ich jegliche Punkte des Universums, wo immer ich sie auch aufgezeichnet habe. Mein Weg führt zur Schöpfung einer neuen Wahrnehmung der Welt. Auf eine neue Art und Weise enziffere ich eine Welt, die euch unbekannt ist."[2]

In seinem Filmessay *Der Mann mit der Kamera* (1929), einem Werk, das wenig gezeigt wurde, bis es 1970 wiederentdeckt wurde, beschreibt Vertov einen Tag im Leben einer Stadt. In diesem Film legt er all die an seiner Entstehung beteiligten Mittel offen: Er zeigt in Nahaufnahme die Vereinigung seines Auges mit dem Sucher der Kamera, den Kameramann, der über der Stadt schwebt, eine Schere, die den Film zerschneidet, und den Cutter, der die Filmstreifen zusammensetzt. In bestimmten Szenen verwendet er Split-Screen-Techniken, um die Fragmentierung zu zeigen, die durch die sich durch die Stadt bewegenden Maschinen verursacht wird. Der *jump cut*, der Übergang von Einstellung zu Einstellung, stellt für Vertov das Wesen moderner Wahrnehmung dar, ein Mittel, die Wahrheit – oder das, was er *Kinopravda* nennt – zu finden. (...)

„MONTAGE HEISST ALSO WIDERSTREIT"

Die Unordnung, die in vielen zeitgenössischen Randsiedlungen herrscht, erinnert an eine Reihe von Bildern, die nach dem Zufallsprinzip ohne jegliche Erzählstruktur aneinandergefügt wurden. Sogar in den am sorgfältigsten durchgeplanten Gegenden vermisst man in der zersiedelten Bebauung das Gefühl einer koordinierten Montage. Wie alle anderen Kunstformen muss sich auch die filmische Montage mit der Theorie auseinandersetzen, wenn sie nicht richtungslos dahintreiben will. Laut dem großen russischen Filmregisseur Sergei Eisenstein sollte die Montage als eine Art Widerstreit gesehen werden. In einem seiner theoretischen Texte hinterfragte er die Wirkungen des *jump cut*: „Ist die Erzeugung eines monströsen Ungleichgewichts zwischen den einzelnen Elementen eines gewöhnlichen Faktums nicht genau das, was wir als Filmemacher tun (...), wenn wir es unvermittelt durch eine Nahaufnahme von sich berührenden Händen, einer Halbtotalen eines Kampfes und einer Detailaufnahme von geöffneten Augen zerstückeln und dadurch das Faktum auf verschiedenen Ebenen durch das Mittel der Montage zersetzen? Oder wenn wir ein Auge zeigen, das doppelt so groß ist wie ein Mensch?! Indem wir diese monströsen Unstimmigkeiten durcheinandermischen, fügen wir eine zerfallene Gegebenheit wieder zu einer Einheit zusammen, die unserer eigenen Sichtweise entspricht: je nachdem, wie wir diese Gegebenheit interpretieren."[3]

Viele der filmischen Elemente, die Eisenstein einander gegenüberstellte, scheinen der Formenwelt der Architektur entlehnt: Er spricht von Ebenen, Volumen, Massen und Tiefen.

Die berühmte Szene auf den Treppenstufen Odessas aus Eisensteins *Panzerkreuzer Potemkin* (1925) kann als eine Vorwegnahme des Jump-Cut-Urbanismus interpretiert werden. Die Erzählung ist um eine Reihe von Kontrasten zwischen wechselnden Perspektiven, Nahaufnahmen und Totalen, Dunkelheit und Licht, Gegenschüssen, Details und Panoramen gruppiert. Das Publikum wird mit einer Abfolge von Kontrasten konfrontiert: die Soldaten mit ihren angelegten Gewehren, die Menschen, die die Treppen hinunter fliehen, eine Mutter, die, ihr verwundetes Kind im Arm, die Stufen emporsteigt und sich ihnen entgegenstellt, die Schatten der Gewehre, die sie einschließen, eine Nahaufnahme ihres Gesichts, während die Soldaten im Hintergrund einheitlicher und geometrischer formiert sind, und schließlich das Aufeinandertreffen der Schatten der Soldaten und ihrer Körper, die in ihrer Exekution gipfeln.

Wenn der Jump-Cut-Urbanismus tatsächlich eine Methode der Architektur wäre, die gemäß den filmischen Kriterien Eisensteins angewendet würde, dann würde er einer Erzählstruktur folgen, die fähig ist, die „monströsen Unstimmigkeiten" der gegensätzlichen Architekturfragmente und der unangenehmen Leerstellen zu koordinieren. Ein urbanistischer Regisseur würde die einzelnen Bestandteile einer Stadt mit ihren jeweiligen Maßstäben und zeitlichen Eigenheiten erläutern und versuchen, sie in einem einheitlichen Plan zusammenzubinden. Getreu Eisensteins Diktum, dass „Montage also Widerstreit heißt", würde ein wirklicher Jump-Cut-Urbanismus den Rhythmus der Wahrnehmungskontraste widerspiegeln: das Vermischen von Geschwindigkeit und Stillstand, die Ermöglichung von Bewegung und Zugänglichkeit, die Unterstützung unterschiedlicher Perspektiven. Er würde genug Distanz zulassen und gleichzeitig ein genügendes Maß von Intimität kultivieren, dass man sich sowohl zu Fuß als auch im Auto bequem fortbewegen könnte. (...)

Übersetzt aus: Richard Ingersoll: *Sprawltown – Looking for the City on Its Edges*, New York 2006, S. 72–97.

1| de Certeau 1990.
2| 1923
3| „Das kinematographische Prinzip und das Ideogramm" 1929

JUMP-CUT URBANISM | RICHARD INGERSOLL WHEN THE PEDESTRIAN BECOMES A DRIVER How is it possible that people allowed themselves to live in a world without pedestrian streets? For centuries, the street, protected by the continuous walls of urban blocks, was the semantic foundation of urban life, around which the meaning of the everyday was woven. Michel de Certeau explained the essence of the pedestrian street:

"The ordinary practitioners of the city ... make use of spaces that cannot be seen; their knowledge of them is as blind as that of lovers in each other's arms. The paths that correspond in this intertwining, unrecognized poem in which each body is an element signed by many others, elude legibility. It is as though the practices organizing a bustling city were characterized by their blindness."[1]

During the twentieth century, the urban dweller became increasingly dependent on the automobile and gradually lost the "blindness" of the lover's embrace, learning to live without the corridor streets of the traditional city. Sprawl relates to a different sense of scale and to the speed of cars, and is bereft of intimacy. Urban space, which was previously contained, is now without limits. The rhythm of daily life, which before the automobile was defined by the movements of one's body, is now determined by the mechanical devices in the city. The automobile has upset the balance of time and space in the pedestrian-scaled environment.

One of the choicest icons for representing the intimacy of the preindustrial street is Sebastiano Serlio's *Tragic Scene* (1542), a depiction of a Renaissance stage set, that communicates the unity of space and time in the continuous prospects of perspective façades, leading to a vanishing point beyond the city gate. All of the elements relate harmoniously to the proportions of the human body. For centuries in the West, the perspectival scene accurately described the city street as the theater of daily life.

What happens to Serlio's scene when it is invaded by automobiles? The basic dimensions change and upset the proportions of the surroundings. On one hand, cars do not adapt easily to pedestrian-scaled environments, and, on the other, a city made of alleys and piazzas rejects these outsize intruders. Serlio's *Tragic Scene* is too confined and cannot easily be equipped for parking or fast-moving traffic. The dimensions of a car (ten feet by six feet[2]) are not compatible with historic streets, which are often only six feet wide.[3] Parked cars become annoying obstacles, while moving cars create spatial fragmentation. The driver, in the attempt to negotiate vehicular movement, or in the search for a parking space, sees the street in a different, furtive way. The perspective guidelines dissolve with changes in speed; the car moves at least ten times faster than the pedestrian, and thus the vanishing points seen through a speeding windshield become kaleidoscopic. For a driver, buildings, signs, and background perspectives are arranged much like a sequence of shots assembled for a film, and when the driver uses the rearview mirror, the extraordinary phenomenon of seeing forward and backward simultaneously occurs just like the montage of a cinematic jump-cut. Instead of being focused on a single vanishing point, the perspectives have been multiplied; and the only fixed point left is the driver.

With the advent of the automobile, the theatrical order of the urban street was converted into a cinematic one, composed of long shots, closeups, pans, tracking shots, and, above all, the accelerated montage of jump-cuts. To propose a jump-cut urbanism, does not mean that a clear method of design based on the cinematic metaphor will necessarily emerge, as much as it attempts to reason about change in the dominant modes of perception. While one is driving, images of the city race by one's windshield in a series of fragments that are perceived at various speeds. This new perception is closer to cinema than to the fixed proscenium of the theater. Cinema and the automobile, two myth-producing products of industrial culture, reached a convergence of popular consumption in the nineteen-twenties, first in the US and then elsewhere. From the moment that their impact altered the cognition of urban space, the form of the city would no longer be the same.

Many of the morphological changes to the city were determined by the new spatial requirements of the automobile. Almost immediately, the dense urban fabric of the center was eroded to serve automobiles: urban corners were sacrificed to gas stations and drive-ins, city blocks were leveled for parking lots, and entire districts were demolished to create off-ramps for the interstate highway network. Highways, ring roads, feeder roads, and flyovers became the basis of a new city scale, attracting settlement away from the center and fragmenting what was left of its fabric with interventions that facilitated automobile access. American cities changed quickly into polycentric territories of scattered development. In such cities as Atlanta, Houston, Detroit, and Los Angeles, as much as 75 to 80% of urban land is paved, either for circulation or parking. Sprawl began along the high-speed lanes in a landscape punctuated by isolated buildings and composed of ambiguous in-between spaces. In the meantime, human consciousness became accustomed to the magic of cinematic montage, familiar with its fragmentation of time and space. The filmic jump cut tore to pieces Serlio's perspectival scene, opening the way for cars to drive through it.

THE UNSTOPPABLE RISE OF FORD At the beginning of the twentieth century, mostly because of the personal success of Henry Ford, the automobile was transformed from a luxury item into an indispensable tool for everyday life. [...]

Henry Ford was the undisputed prophet in this act of mass conversion. In 1903, he founded the Ford Motor Company as one of more than a hundred automobile makers. Ten years later, he controlled 45% of the market, and by the beginning of the nineteen-twenties he had gained a nearly complete monopoly. His entrepreneurial success was due, not only to technological innovations in mass production, but also to remarkable concessions to factory workers. In 1912, Ford introduced the assembly-line system, which allowed twenty-nine workers to assemble a motor in only ninety-three minutes. This lowered the cost of production of the Model T from $825 in 1910 to $345 in 1916, reaching its all-time low of $290 in 1927. This incredible drop in price destroyed his competitors. Then, at the same time that Ford cornered the market, he decided to double workers' salaries and impose a fixed eight-hour day, turning producers into consumers. While the assembly line greatly dehumanized the work process, the advantages in terms of salaries and hours, were concrete gains for labor. [...]

IL FAUT TUER LA RUE CORRIDOR (DEATH TO THE STREET) A century before Ford's triumph, the locomotive initiated a series of stresses on the urban fabric of great cities. London, Berlin, Paris, and New York underwent traumatic interventions to accommodate train lines, often witnessing brutal demolitions and drastic separations of one part of town from another. In all of the little towns along Italy's Via Emilia, for example, from Piacenza to Rimini, the railroad neatly separated urban from industrial quarters. The great difference in the transformations carried out for the automobile, of course, was that rails are fixed. They don't take over public space, and they leave their travelers at determined locations. The speed of the trains unquestionably affected the awareness of space-time, anticipating the new perception from the automobile; from the train window, however, one looked laterally at panoramas flashing by, a bit like the tracking shot in cinema. This kind of shot is in fact obtained from a moving camera that has been mounted on rails, thus sharing the same technology. In contrast to the view from the car, the view from the train rarely is able to fragment urban space; the rail passenger was removed physically from urban space, often hoisted above or thrust below grade, and set on a fixed itinerary that ended in the public space of a station, where the rider resumed a pedestrian existence, in a taxi, tram, or bus. The train passenger was necessarily passive; the driver of a car is active, deciding the itinerary, when to change direction, how to change gears, or when to stop, or get out. The driver thus behaves more like the film director, assembling bits of disconnected shots. [...]

KINOPRAVDA, OR I AM A CAMERA [...] Dziga Vertov was the pseudonym of Dennis Kaufman, a young filmmaker from the Ukraine, who entered the avant-garde circles of Bolshevik Russia in the nineteen-twenties. Inspired by the theories of constructivism in the visual arts and the theories of montage of Kuleshov, he wrote numerous manifestoes for a constructivist and revolutionary cinema.

"I am kino-eye. I am a mechanical eye. I, a machine, show you the world as only I can see it. Now and forever I free myself from human im-mobility, I am in constant motion, I draw near, then away from objects, I crawl under, I climb onto them. I move apace with the muzzle of a galloping horse, I plunge full speed into a crowd, I outstrip running soldiers, I fall on my back, I ascend with an airplane, I plunge and soar together with plunging and soaring bodies. Now I, a camera, fling myself along their resultant, maneuvering in the chaos of movement, recording movement, starting with movements composed of the most complex combinations. Freed from the rule of sixteen to seventeen frames per second, free of the limits of time and space, I put together any given points in the universe, no matter where I've recorded them. My path leads to the creation of a fresh perception of the world. I decipher in a new way a world unknown to you."[4]

In his treatise/film, *Man with a Movie Camera* (1929), a work that had little distribution until it was rediscovered in 1970, Vertov narrates a day in the life of a city. In the film, he reveals all of the means of its making, showing in closeup the union of his eye and the viewfinder of the camera, the cameraman hovering above the city, scissors cutting the film, and the film editor assembling pieces of film. In certain scenes, he uses split-screen techniques to show the fragmentation caused by machines moving through the city. The jump cut, the transition from shot to shot, is for Vertov the essence of modern cognition, a means of obtaining the truth, or what he calls *kinopravda*. [...]

MONTAGE IS THEREFORE CONFLICT The disorderliness of many contemporary edge settlements seems like a series of pictures put together by random accident, without a narrative structure. What is missing in sprawl, even in the most planned parts of it, is a sense of coordinated montage. As with any art form, film montage needs to contend with theory; otherwise it will remain without direction. According to the great Russian director, Sergei Eisenstein, montage should be approached as a matter of conflict. In one of his theoretical texts, he queried the effects of the jump cut:

"Is this not exactly what we do as filmmakers ... when we create the monstrous disproportion among the parts of a normal fact, dismembering it suddenly with a close up of hands that touch, a middle shot of a struggle, and a detail of opened eyes, thus disintegrating the fact through montage on different levels? Or when we show an enlarged eye, twice the size of a man?! Mixing these monstrous incongruities, we recompose a disintegrated fact into a unity according to our own vision: according to how we interpret this fact."[5]

Among the cinematic elements that Eisenstein chose to contrast, many seem to possess architectural character: he speaks of planes, volumes, masses, and depth.

The famous Odessa Steps sequence of Eisenstein's *Battleship Potemkin* (1925) can be read as a project for jump-cut urbanism. The narrative is arranged around a series of contrasts between shifting points of view, close ups and long shots, darkness and light, juxtaposed camera angles, details and panoramas. The audience follows a succession of contrasts: the soldiers with their rifles leveled, the people fleeing down the stairs, a mother with her wounded child in her arms climbing the steps to challenge them, the shadows of the rifles closing in on her, a closeup to her face, while in the background the troops are more regular and geometrically organized, and finally the intersection of the soldiers' shadows and her body, culminating in her execution.

If jump cut urbanism were a real method of architectural design, applied according to the cinematic criteria of Eisenstein, then it would follow a structural narrative that is capable of coordinating the "monstrous incongruities" of conflicting architectural fragments and awkward voids. An urbanist director would elucidate the components that make up a city, each with its own scale and time, trying to tie them together in a common plan. According to Eisenstein's observation, "montage is therefore conflict," a true jump cut urbanism would reflect the rhythm of perceptual contrasts: mixing together speed with repose, creating the possibility of movement and access, facilitating different points of view. It would allow enough distance and yet cultivate intimacy, so that one could comfortably go by foot or by car. [...]

From: Richard Ingersoll: *Sprawltown – Looking for the City on Its Edges*. New York 2006, pp. 72–97.

1| de Certeau 1990.
2| Editor's note: is equivalent to about three by 1,80 metres.
3| Editor's note: is equivalent to about two meters.
4| 1923
5| "The cinematographic principle and the ideogram." (1929)

KINO

AUTOKINO DÜCKERWEG Mein bislang erster und einziger Besuch in einem Autokino fand im zarten Alter von 18 Jahren statt. Durch Zufall verschlug es mich an einem schlecht geplanten Abend nach Bochum ins Autokino Wattenscheid. Das denkwürdige Ereignis, bei dem ich und ein alter Freund in einem Opel Kadett mit defektem Scheibenwischermotor einen namenlosen Film – freigegeben ab 18 Jahren – sahen, hatte nachhaltige Wirkung. Im Privatraum des eigenen Wagens im öffentlichen Raum der Stadt neben unsichtbaren Nachbarn an den Versorgungsschläuchen von Lautsprecher und Heizung hängend, einen Film zu sehen, der die Intimität zweier Menschen, die zudem nur beruflich miteinander zu tun haben, in die Unwirklichkeit dieses Ortes projiziert, um sich direkt nebenan im realen Raum des fremden Fahrzeugs mutmaßlich zu reproduzieren, hat Kapazität.

Wenn Foucault in seinem kurzen Text zu „Anderen Räumen" vom Grundsatz spricht, dass die Heterotopie es vermag, „mehrere Platzierungen zusammenzulegen, die an sich unvereinbar sind" und dann das Theater zitiert, das „auf dem Viereck der Bühne eine ganze Reihe von einander fremden Orten aufeinander folgen" lässt, hört man das potenzierte Echo des Autokinos. Wenn er dann von diesen Räumen als Heterotopien behauptet, sie seien „wirkliche Orte, wirksame Orte, die in die Einrichtung der Gesellschaft hineingezeichnet sind, sozusagen Gegenplatzierungen oder Widerlager, tatsächlich realisierte Utopien, in denen die wirklichen Plätze innerhalb der Kultur gleichzeitig repräsentiert, bestritten und gewendet sind, gewissermaßen Orte außerhalb aller Orte, wiewohl sie tatsächlich geortet werden können", begreift man die Bedeutung einer solchen Typologie für die Stadt. Und ihre Parallele zu den Orten entlang

AUTOKINO

der A40, von denen wir sprechen, ihren komplexen Zusammenlegungen, Überlagerungen und Widersprüchlichkeiten, die sich im Sinne der Heterotopien an diesen vereinen. Das Autokino als Repräsentant einer Systematik der Heterotopien und einfach als Ort, um Filme zu sehen, feierte am Dückerweg zur Ausstellung eine kurze Auferstehung, unweit der Stelle, an der bis vor kurzem das Autokino Wattenscheid stand. Nur 400 Meter von hier ereignete sich vor knapp 30 Jahren das Szenario im Kadett und wiederholte sich nun fast im Hier und Jetzt. Das Autokino, das 2010 seinen fünfzigsten Geburtstag feiert und vom Aussterben bedroht ist, erfuhr in der Ausstellung eine kurze Renaissance.

Mit der acht mal sechs Meter stattlichen Leinwand und einem über das Autoradio eingespielten Sound kann es zwar infrastrukturell mit seinem großen Vorbild nicht mithalten, lieferte aber den Gästen wie den Tunern den exotischen Filmgenuss in bester Qualität und frei Haus. Dass die Autoszene dabei mit *Weekend* von Jean-Luc Godard konfrontiert wurde (und sich tatsächlich damit konfrontierte!) und das Kulturpublikum mit *The Fast and the Furious,* war wichtig. Das Kino war als Vermittler zwischen den Welten die richtige Wahl und stets bestens besucht. Jeden Freitag rollten die Wagen vor, drehten sich die Klappstühle gen Leinwand, öffneten sich die Autotüren, um den Open-Air-Gästen und Motorradfahrern Sound zu spenden. Ein illusteres Miteinander der Kulturen auf dem Parkplatz am Dückerweg folgte dem gemischten Programm. M.A.

DRIVE-IN CINEMA I paid my first – and to date only – visit to a drive-in cinema at the tender age of eighteen, when I found myself in Bochum at the Wattenscheid drive-in cinema in the course of a haphazardly organzied evening. The memorable event – myself and an old friend of mine sitting in an Opel Kadett with a defective wiper motor, trying to watch some unidentified movie with an eighteen rating – had a lasting impact on me. To sit in the privacy of one's own car in the public space of the city side by side with invisible neighbors behind foggy windows, connected to the supply hoses for sound and heating, watching a film projecting the intimacy of two people, acted out by professionals, onto a two-dimensional screen in the unreal atmosphere of the place, an intimacy, moreover, which is probably replicated in the other cars clustered around us, is quite an impressive experience.

Such a place would certainly qualify as a heterotopia according to Foucault's theories. As he talks, in his short lecture "On Other Spaces," about the capability of the heterotopia to "juxtapose in a single real place several spaces, several sites that are in themselves incompatible" and then cites the theater as a place which "brings onto the rectangle of the stage, one after the other, a whole series of places that are foreign to one another," one can discern the reverberating echo of the drive-in cinema. As he goes on, claiming that these heterotopian spaces are "real places – places that do exist and that are formed in the very founding of society – which are something like counter-sites, a kind of effectively enacted utopia in which the real sites, all the other real sites that can be found within the culture, are simultaneously represented, contested, and inverted. Places of this kind are outside of all places, even though it may be possible to indicate their location in reality," the significance of such a typology for oneself and for the city becomes evident, as do its parallels to the places along the A40 about which we are talking here, the complex juxtapositions, super impositions and contradictions united in these places according to heterotopian precepts.

At Dückerweg, the drive-in cinema, both as a representative of heterotopian structures and quite simply as a place where one can go to watch a movie, was resurrected for a limited period of time close to where the Wattenscheid drive-in cinema was located until a short while ago, providing the opportunity for a quasi-replication of the scenario that had unfolded in the Opel Kadett almost thirty years ago yet only some 400 meters away. In the exhibition, the drive-in cinema, which is threatened by extinction although the year 2010 has marked its fiftieth anniversary, experienced a temporary renaissance.

Although its screen measuring eight by six meters and a sound relayed via the car audio system could not hope to compete with its outsized archetype, it offered both the visitors and the tuners an enjoyably exotic opportunity to watch movies in prime visual quality and free of charge. It was important that the tuners' scene was confronted with Jean-Luc Godard's "Weekend" (and actually rose to the challenge in sizeable numbers!) while the audience from the art world had to assimilate "The Fast and the Furious." A top-notch mediator between the two worlds, the cinema drew large crowds of film aficionados at all times. Every Friday the cars rolled up, the folding chairs were turned towards the screen, and the car doors were opened to provide the guests and bikers with the requisite sound in a genial open-air ambience. The varied program shown on the parking lot at Dückerweg was invariably attended by an audience above all characterized by an illustrious cultural mix. M.A.

PROGRAMM
Artist's Choice | Markus Ambach: *Weekend* | Jean-Luc Godard
Tuner's Choice | Tunermeeting Dückerweg: *Nur noch 60 Sekunden* | Dominic Sena
Artist's Choice | Peter Piller: *Duell* | Steven Spielberg
Artist's Choice | Glen Rubsamen: *Nackt unter Leder* | André P. de Mandiargue
Context's Choice | A40: *Diese furchtbare Straße* | Michael Vila Richter
Tuner's Choice | Tunermeeting Dückerweg: *The Fast and the Furious: Tokyo Drift*
Artist's Choice | Markus Ambach: *Wild at Heart* | David Lynch
Artist's Choice | Rui Chafes: *Trafic* | Jaques Tati
Context's Choice | Internationale Kurzfilmtage Oberhausen: *Die Rolle* | V. Jouve | V. Meesen | A. Klamroth | F. Marinotti | R. Barba | J. Verbeek| N. Beloufa
Artist's Choice | Rita McBride: *Faster Pussycat Kill…Kill!* | Russ Meyer

BURGER
KING
DRIVE IN

SEITENWECHSEL

SEITENWECHSEL | PETER PILLER „Von weither sichtbar und einprägsam scheint am Dückerweg ein mit Leopardenmuster beklebtes Flugzeug neben dem Parkplatz bei Burger King zu landen, aber in Wirklichkeit, von einem Gestänge gehalten, kann es bis in alle Ewigkeit zur Landung leider nur ansetzen. Auf seinen beiden Tragflächen stehen breitbeinig je drei grazile Schaufensterpuppen, mit Kunstfell spärlich behängt, Stahlhelme auf dem Kopf und sehen durch Schutzbrillen zur nahen Autobahn rüber." (Peter Piller)

Die beiden Straßen Dückerweg und Vietingstraße teilen ein gemeinsames Schicksal: Sie kreuzen die A40, die sie bei ihrem Ausbau zur Autobahn endgültig zerschnitten hat. Über die Jahre hat diese Trennung eine äußerst unterschiedliche Entwicklung der sozialen Milieus in dem einst homogenen Stadtteil bedingt. Während sich der Dückerweg durch die eigene Abfahrt zu einer autobahntypischen Gewerbeagglomeration entwickelt hat, die von der „großen Straße" lebt und mit dem Autotunershop D&W und dem Tunermeeting zum Motodrom der Region avancierte, hat sich auf der nur wenige Meter entfernten nördlichen Seite hinter der Lärmschutzwand eine beschauliche Kleingartensiedlung entwickelt. Im Gegenüber der ungleichen Nachbarn wird die Autobahn als hermetische Demarkationslinie verständlich, die auf den getrennten Seiten vollkommen unterschiedlichen Entwicklungen Raum gibt.

Auf dem kurzen Weg von hier nach dort, vom Motodrom ins Gartenidyll informiert Peter Pillers Arbeit „Seitenwechsel" nicht nur die Besucher, sondern gerade auch die benachbarten wiewohl strikt getrennten Milieus voneinander. Anhand einer subtilen Sprache, die ihren Ausdruck in der fotografischen Archivierung verlorener Details mehr oder weniger ungewollter Ereignisse und Handlungen und ihrer situativen Poesie findet, erfährt der Passant auf konventionellen Werbeträgern, Bildflächen oder lapidar auf Zäunen und Mauern angebrachten Werbetafeln von der befremdlichen Existenz des anderen in direkter Nachbarschaft. So stellt die fotografierte Ankündigung der Vorstandssitzung des Gartenvereins Centrum-Morgensonne e.V. neben der Mückengirlande einer unentstaubten Gartenlaube schwer zu beantwortende Fragen an die Tunergemeinde, wenn sie da auftaucht, wo D&W traditionell mit viel nackter Haut für Chrom und PS wirbt. Im Gegenzug verwirren die Andeutungen von Leder, Lack und High Heels, als die stets erotisch konnotierte Werbesprache der Tuningszene, den nur vermeintlich biederen Alltag der Schrebergartensiedlung.

Zwischen diesen Spitzenwerten der Milieus verschwimmen die Grenzen beim Gang von hier nach dort durch den Teil von Wattenscheid, der nahezu aufgezehrt zwischen A40 und DB-Trasse ein Dasein am Rande des Verschwindens führt. In den direkt an der Autobahn gelegenen Wohnsiedlungen beißt sich nur solches Leben fest, das diesen Restraum hartnäckig als Heimat begreift. Die Zeichen der steten Anpassung seiner Bewohner an die Umstände sowie ihr charmanter Einfallsreichtum im Erdenken temporärer Lösungen werden in Pillers Arbeit zur Brücke zwischen den genannten Superzeichen der beiden Seiten. Eine subtile Spur fotografischer Zeugen eines improvisierten Lebens führt durch die Siedlungen zwischen Grünoase und PS-Parkplatz, um die Aufmerksamkeit des Wanderers zwischen den Welten herauszufordern. Dass Kunst und Wirklichkeit dabei nahtlos diffundieren, verstärkt diesen Effekt. Pillers spröde Fotografie eines nebensächlichen Details hält die Trennschärfe zwischen beiden bewusst flach, um den subtilen Rückzug von einer Identifizierbarkeit als Kunst in eine latente Ununterscheidbarkeit anzutreten. Die Aufmerksamkeit, die der Arbeit entgegengebracht wird, teilt sich fortan mit der Wirklichkeit. Die Tafeln werben für nichts als die ambivalent-fragile Schönheit dieses verlorenen Stadtraumes, in dem die Zeichen des Aufgebens und Erneuerns seiner Bewohner zu Ikonen einer Landschaft werden, die sich jenseits historischer Perspektiven und stets am Rande des Verschwindens hartnäckig selbst behauptet. M.A.

SEITENWECHSEL | PETER PILLER "A memorable apparition visible from afar, an airplane sporting a leopard-skin pattern seems about to land close to the parking lot on Dückerweg. However, this landing is frozen in time, as the airplane is mounted on struts. On each of its wings, three delicate dummies stand with their legs apart, skimpily clad in synthetic furs, their heads covered with steel helmets, staring through goggles at the nearby *autobahn*." (Peter Piller)

Dückerweg and Vietingstrasse share a common fate: both roads are bisected by the A40 motorway, which has cut them in two when it was extended into an motorway. Over the years, this division has created extremely divergent developments of the social milieu in the previously homogeneous district. Because Dückerweg was granted a motorway exit of its own, it has developed into a prototypical mobility-fueled commercial agglomeration, which feeds off the " big road." With the arrival of the D&W tuning shop and the meetings of the tuners' community, it has turned into the local hub. An idyllic allotment area has sprung up only a few meters away on the northern side, behind the noise barrier. Vis-à-vis the disparate neighbors, the motorway reveals itself as a line of demarcation which offers scope for completely different kinds of developments on the opposite sides.

On the short path between the "motodrome" and the idyllic garden, the artwork "Seitenwechsel" (Changeover), by Peter Piller not only draws the attention of visitors to the special characteristics of the local context,

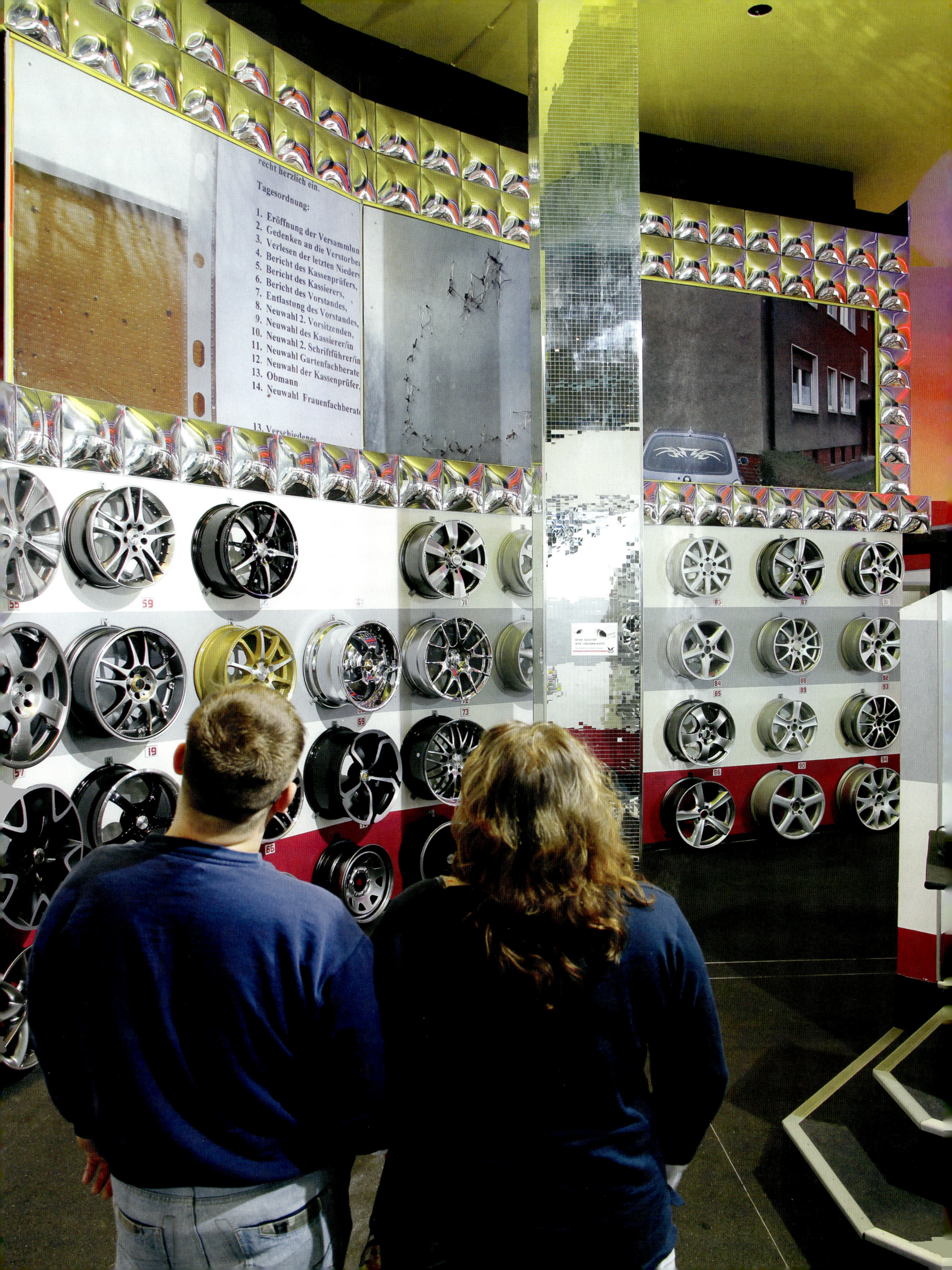
recht herzlich ein.
Tagesordnung:
1. Eröffnung der Versammlun
2. Gedenken an die Verstorbe
3. Verlesen der letzten Nieder
4. Bericht des Kassenprüfers,
5. Bericht des Kassierers,
6. Bericht des Vorstandes,
7. Entlastung des Vorstandes,
8. Neuwahl 2. Vorstandes,
9. Neuwahl des Kassierer/in
10. Neuwahl 2. Vorsitzenden,
11. Neuwahl 2. Schriftführer/in
12. Neuwahl Gartenfachberate
13. Neuwahl der Kassenprüfer.
14. Obmann
Neuwahl Frauenfachberate
13. Verschiedenes

McDonald's

EINKAUFSCENTER
LUST AUF PREISE
Straße links
SEATS SOFAS
ATELCO
Computer
Event City
SEATS SOFAS
ATELCO
Computer

but also mediates between the adjacent, yet separated communities. By means of a subtle language that finds its expression in the photographic filing of evanescent details of unpremeditated events and their coincidental poetry, passers-by are shown, on conventional advertising, billboards or advertising panels mounted on walls, the bewilderingly strange life to be discovered in the immediate vicinity. Thus, the photographic announcement of the board meeting of the allotment association Zentrum Morgensonne e.V. close to the rustic garden hut, might well cause some bemused reactions if it appears in the exact place where D&W traditionally displays chrome and engines, adorned by scantily-clad women. Conversely, the display of leather, shiny metal, and high heels as the erotically charged advertising vocabulary of the tuning community, is bound to cause some skepticism in the – ostensibly – conservative-minded community of the allotment area.

The boundaries between these paradoxical symbols of the two milieu start to blur as one walks to and fro through part of the town, Wattenscheid, which, constricted between A40 motorway and the railway tracks, ekes out a pre-carious existence. In the residetial estates bordering directly on the motor-way, only those who stubbornly persist in clinging to their homes in this wasteland, manage to hang on. In Piller's work, the signs of the residents' perennial adaptation to their circumstances and their resourcefulness in finding solutions are transformed into a bridge between the above-mentioned "mega-signs" of the areas across the motorway. A delicate trail of photographs, which bear witness to an improvised life leads through the estates through green spaces and parking lots, catching the attention of those commuting between the two different worlds. This effect is heightened by the seamless osmosis of art and the reality of everyday life. Piller's observant photographs of incidental details consciously diffuse all clear-cut definitions, marking a subtle retreat from their identity as art to a latent indistinguishable image. The attention brought to the work is automatically deflected to the actual situation in reality. The boards are advertisements for nothing more than the fragile beauty of this neglected urban space, where the residents' signs of capitulation and renewal are transmuted into iconic images of a landscape, which, beyond historical perspectives and forever on the brink of dissolution, stubbornly refuses to give up. M.A.

22

FRISCHE TANKEN

FRISCHE TANKEN Die Tankstelle an der Vietingstraße ist nach dem Ausbau der A40 die letzte verbleibende Raststätte für die Trucker, die sich entlang des ehemaligen Hellwegs von den osteuropäischen Breiten gen Rotterdam bewegen. Der Parkplatz dient ihnen nicht nur als Übernachtungsort, sondern wird am Wochenende durch das Fahrverbot zum Lebensraum.

Gleichzeitig ist die Tankstelle Stop und Rast der lokalen Transporte. So bilden sich hier globalokale Gemeinschaften im Transit der großen Straße: der Parklatz als temporärer Ort, als taktile Kontaktzone zwischen den Welten, als namenlose Schnittstelle globalokalen Waren- und Kulturtransfers.

Der ständige Wechsel der Trucks, der Container, der Personenkrafteinheiten, der Embleme der Lkw-Planen und der vergessenen wie zwischengelagerten Hänger entwirft unbewusst und ziellos einen Ort ständig wechselnder Formen. Der Platz, der am späten Vormittag als entleerte Fläche daherkommt, wird abends zum voll bebauten Wohn- und Lagerraum.

Die latente Architektur der Trucks wird gerahmt von solchen, die die Sprache der losen Agglomerationen aufzeigen. Neben der leuchtenden Tankstellenarchitektur von Shell, die mit den Pylonen und Leuchtreklamen von Burger King, D&W und McDonald's auf der anderen Seite der A40 korrespondiert, erhebt sich im Hintergrund nahezu majestätisch-monolithisch das überdimensionale Gebäude von ThyssenKrupp, dessen schnörkellosem Korpus im Zuge der Postmoderne ein silbernes Schmuckeck angefügt wurde. Die sympathetische Nähe der Architektur zum Container als dem Nukleus modernen Warentransfers ist unübergehbar und sicher gewollt. In seiner rudimentären Gestaltung erklärt der Ort seinen Zweck in der ökonomischen Bestimmtheit der Autobahn.

GARTEN VERSUS AUTOBAHN Dass hinter der Schallschutzwand eine internationale Gärtnerschaft ihren Naherholungsraum im Schatten der A40 gefunden hat, ist weder exotisch noch verwunderlich. Der Schrebergarten ist wie auch der Armen- und Arbeitergarten eine komplexe Typologie zwischen sozialer Befriedungsmaßnahme und ökonomischer Landkontrolle. Gerade im Ruhrgebiet macht das weiterhin Sinn, was vor hunderten von Jahren seine Blütezeit fand: Die radikale Entfremdung der Arbeiter in den Städten im Zuge der gewaltigen Industrialisierungswelle führte bald zu Aufstand und Revolte. Bei der Befriedung dieser Bewegungen spielte der Garten eine wichtige Rolle. Die den Arbeitern zugeteilten Parzellen, die im Randbereich von Schienensträngen und unnutzbaren Zwischenräumen von städtischen wie industriellen Infrastrukturen angelegt wurden, versprachen dem Arbeiter nicht nur ein verlorenes Stück Privatsphäre zurück, einen Ort des Rückzugs und der Selbstbestimmtheit, sondern auch eine (wiewohl virtuelle) Teilhabe an städtischem Raum. Der Garten bildete einen emotionalen Puffer für die Verlierer der Industrialisierung und der Privatisierung von öffentlichem Stadtraum.

Gleichzeitig übernahm der Garten die Funktion der Landkontrolle durch zivilisierte Besiedelung. Wo sich im Schatten der großen Verkehrs- und Industriebauwerke leicht ungewollte Nachbarschaft wie Wohnungslose oder fahrende Völker anzusiedeln drohten, besetzte der Garten die Flächen und brachte sie unter soziale Kontrolle.

Inzwischen haben die Gärtner das Blatt wenn nicht gewendet, so doch maßgeblich die weitere Entwicklung mitbestimmt. Heute ist manche Schrebergartenanlage ein wirksamer Schutz gegen die Ökonomisierung städtischer Flächen, sei es durch Gewerbegebiete oder Verkehrserweiterungen. Schon in den 1920er Jahren hatte sich manche Gartenkolonie gerade in Berlin so ausgewachsen, dass ihre Protagonisten nicht nur ein ernst zu nehmendes Wählerpotenzial darstellten, sondern diese sich auch in starken Interessenverbänden organisierten.

GLOBALOKAL HINTER DER LÄRMSCHUTZWAND Die Gartengemeinschaft Dückerweg e.V. wie auch das Centrum-Morgensonne, die sich hier in Wattenscheid hinter der Lärmschutzwand etabliert haben, sind entgegen der Erwartung erstaunlich polyglott und erneut globalokal ausgerichtet. Die überall gehissten Fahnen zeigen schon dem Tankenden auf der Raststätte, dass hier Gärtner aus aller Welt in globalem Miteinander am lokalen Grün laborieren. Von Kanada bis Afrika, von Europa bis zu den Philippinen reicht das Einzugsgebiet der Gartenfreunde am Dückerweg, die sich hier als internationale Truppe in Eintracht miteinander arrangiert haben, um einmal mehr unsere stereotypen Bilder vom spießigen Schrebergarten zu unterminieren. Nicht biedere Rabattensortierung bestimmt hier den Alltag, sondern ein multikultureller Mix weit hergebrachter wie örtlicher Traditionen. Ob bei Rob, dem Holländer, und Regina aus Bochum, ob bei Danuta aus Polen und Richard als „Local", ob bei Werner, dem Ex-Rocker, oder den Damen von der Frauengruppe – die Gärtnerschaft im Schatten der Autobahn arrangiert sich in Eigenregie ein feucht-fröhliches Leben zwischen Kürbis, Pils und Koriander, bei dem das Treppchen über den maximal niedrigen

Nachbarszaun obligatorisch ist. Im Schatten der Autobahn findet man eine über alle Maßen offene Gemeinschaft, deren herzlichstes Willkommen gegenüber dem Projekt nicht nur uns als Macher beeindruckte und zu Freunden gemacht hat, sondern auch die vielen Besucher, die durch Ausstellung und Gärten schlenderten. Mit leichter Hand entsteht hier von selbst ein globales Verständnis, das sonstwo mit großem Aufwand herbeibeschworen werden muss.

DIE PARADIESPFORTE MAL ANDERS Eine Besonderheit dieser ungewöhnlichen Nachbarschaft von Garten und Rastplatz bildet die Tür in der Schallschutzwand. Sie macht das trennende Bauwerk zur permeablen Membran zwischen den Welten und ermöglicht in einmaliger Weise den Austausch zwischen der Autobahn als sonst hermetisch abgeriegeltem Raum und ihrem direkten Umfeld. Die Gärtner werden zur Klientel der Tankstelle, wo sie sich schon mal mit Grillwurst und gekühlten Getränken eindecken. Gleichzeitig wird die Tür zur Paradiespforte, wenn die Trucker den grünfreien Raum der Tankstelle verlassen, um im Wattenscheider Zentrum shoppen zu gehen oder einem befreundeten Gärtner einen Besuch abzustatten. Am Kaffeetisch der Raststation von Frau Eggers und Frau Sommer wird die Tankstelle zum globalokalen Schnittpunkt, zur multikulturellen Schnittstelle zwischen lokalen und globalen Strukturen von Gärtnern und Truckern, von Stadt und Straße.
Auch wenn die Legende vom russsischen Lkw-Fahrer, dem im Winter die Standheizung versagt und er infolge im benachbarten Garten mit Erlaubnis des Gärtners einzieht, um sich am Bullerjahn zu wärmen, noch ihrer Bestätigung harrt, hat sich hier informell ein Nebeneinander mit hoher sozialer Kompetenz eingestellt. Auch hier gilt für die vernakuläre Landschaft, dass der informelle Umgang mit Raum, in dem die Verhältnisse jeweils neu bestimmt und ausgehandelt werden müssen, eine erhöhte Kompetenz im Umgang mit konfliktreichen Situationen mit sich bringt. Die Fähigkeit, heterogene Nachbarschaften und deren Konflikte selbst und ohne staatliche Hilfe zu regulieren, gehört zu den existenziellen Fähigkeiten dieses internationalen Raumes und seiner Bewohner. M.A.

FILL UP WITH ENERGY In the wake of the extension of the A40 motorway, the petrol station at Vietingstrasse has become the last remaining service area for truckers who transport their cargo from Eastern Europe towards the Netherlands along the route formerly known as "Hellweg." The parking lot serves as a suitable spot for a night stopover, and on weekends, owing to the ban of trucks on Sundays, it turns into a veritable living space of its own.

The petrol station also caters to the local suppliers. Thus global as well as local communities are created in the transit zone off the main road: the parking lot as a temporary location, a zone of contact between different worlds, an anonymous interface of global and local, commercial and cultural exchange.

The oscillating mobile architecture of the trucks, containers, cars, logos on truck panels and trailers abandoned or temporarily stored at the parking lot forms, unconsciously and unintentionally, a panorama of constantly changing forms. In the evenings, the site, which is completely devoid of cars in the late morning, turns into a fully built-up living and storage area.

The latent architecture of the trucks is framed by structures that display the stylistic vocabulary of the loose-knit agglomeration. Close to the well-lit petrol station, with its aesthetic connection to the pylons and neon signs of Burger King, D&W, and McDonald's on the opposite side of the A40 motorway, the outsized *Thyssen-Krupp* building, with its "no-frills" façade has been adorned with a silver ornamental cladding in the wake of postmodernism, rises in the background in a majestic, monolithic manner. The close affinity of the high-rise architecture to the container as the nucleus of modern merchandise traffic is self-evident and obviously intended. The purpose of the site with its rudimentary structure is apparent in the economic forecasting of the A40 motorway.

GARDEN VERSUS MOTORWAY The fact that an international community of gardeners has gathered behind the noise barrier in the shadow of the A40 motorway is neither exotic nor strange. Like the poor and workers' gardens, the allotment garden is a complex typology; a means of social pacification as well as a measure to try to gain economic control over the land. Most notably in the Ruhr region, this strategy – which had its heyday centuries ago – still makes sense. In the past, the radical estrangement of the workers swept into the cities by the enormous upheavals of the industrial revolution which led to uprisings and revolts. The garden played an important role in the pacification of these movements. The plots assigned to the gardeners mapped out along railway tracks and in unusable leftover spaces or wastelands of both urban and industrial infrastructure facilities. The plots promised to give back to the workers a modicum of privacy in a place that they could determine themselves, as a refuge however, they also promised something more: a (however tenuous) co-ownership of their urban environment. The garden formed a kind of emotional buffer zone for those who suffered most from industrialization and of the privatization of urban public space.

Simultaneously, the garden was used as a means for gaining control over territory by way of "civilizing utilization." The gardens occupied plots on the periphery of major transport facilities and industrial buildings, bringing them under social control and warding off undesirable neighbors such as the homeless or vagrants.

By now the gardeners, even if they have not exactly gained the upper hand, have at least attained a position where they can exert a decisive influence on any further developments. Today many allotment areas provide an effective guard against the development of tracts of urban land, whether through the building of commercial areas or by means of extensions of traffic infrastructure. As early as the nineteen-twenties, some of the allotment areas in Berlin had grown to a size where the owners not only accounted for a sizeable percentage of the vote, but were also able to organize themselves into influential lobby groups.

GLOBALOCAL BEHIND THE NOISE BARRIER Both the Gartengemeinschaft Dückerweg e.V. and the Centrum Morgensonne in Wattenscheid are flourishing behind the noise barrier. The communities are, contrary to some expectations, characterized by a surprisingly polyglot and "globalocal" orientation. The flags hoisted all over the area demonstrate to those filling up their cars at the service area that, at this spot, gardeners from all over the world are working on the local greenery in a kind of mini global community. From Canada to Africa, from Europe to the Philippines: the gardeners who have managed to form a close knit international group at Dückerweg hark from many different countries; once again undermining our stereotypical prejudices against the "petty bourgeois" allotments. Here, everyday life is not determined by the conventional ensembles of flower beds, but rather by a multicultural mix of remote and local traditions. One might take Rob from the Netherlands as an example, or Regina from Bochum, Danuta from Polen or Richard as a local resident, Werner the ex-rock musician, or the various members of the women's group – alongside the motorway, the gardeners have created for and by themselves a contented life between pumpkins, beer, and coriander plants. Here steps over the low garden fences are the norm: an exceedingly open-minded community whose cordial welcoming of the project has impressed us and created friendships, not only between us, its instigators, but also between the many visitors who have ambled through the exhibition and the gardens. The uncomplicated approach engenders an openness and understanding, which can elsewhere only be conjured up with much effort.

THE "GATES OF PARADISE" IN A DIFFERENT GUISE One special feature of this unconventional proximity of garden and service area is the door, which leads one through the noise barrier. The door transforms the separating structure of the noise barrier into a kind of permeable wall between the two worlds and provides a unique opportunity for an exchange between the motorway – otherwise a cut off, hermetically space – and its immediate surroundings. The gardeners are transformed into customers of the petrol station, where they occasionally come to stock up on barbecue sausages and cold drinks. Furthermore, the door is transfigured into a veritable "gate of paradise" when the truckers leave the service area, devoid of any greenery, in order to go shopping in the city center of Wattenscheid, or to pay a visit to a gardening friend. At the coffee table of the service area, served by Mrs. Eggers and Mrs. Sommer, the petrol station is transformed into a "globalocal" point of intersection, a multicultural interface between local and global structures, gardeners and truckers, city and road.

Even though the tale of the Russian truck driver who, when his car heating went on the blimp in winter, was invited into the adjoining garden with the owner's permission in order to warm himself at the oven, might prove to be apocryphal, it is obvious that a coexistence based on excellent social skills and trust has emerged in a thoroughly informal manner. This place is another instance providing ample proof for the assertion that, in the vernacular landscape, an informal use of space, where conditions have to be continually renegotiated and redefined, will improve the chances of a satisfying resolution of potentially conflict-laden situations. The ability to regulate heterogeneous neighborhoods and their conflicts autonomously and without the help from the authorities is one of the crucial assets of this international zone and its inhabitants. M.A.

DRIVEWAY TRANSIT EXIT

DRIVEWAY TRANSIT EXIT – ALLTAG IM LABYRINTH | ZINGANEL HIESLMAIR Die A40 ist nicht nur wichtiger Zubringer für regionale Pendler, Lieferanten und Monteure im Ruhrgebiet, sondern auch eine bedeutende Ost-West-Verbindung für den internationalen Fernverkehr von der Ukraine bis zu den Häfen in Holland und Belgien. Für viele Berufsfahrer und Pendler stellt die Shell-Station an der A40 nicht nur eine Tankstelle dar, sondern Arbeitsplatz, Schlafplatz, sozialer Knotenpunkt und Nahversorgungszentrum. Überraschend international zeigt sich aber auch die unmittelbar an die Raststätte angrenzende Kleingartenanlage. Hinter der Lärmschutzwand finden sich unter anderem „Gastarbeiter“ der ersten Generation, die in ihrer Pension ein Stück deutschen Kleingartens erobert haben, oder jüngere Zuwanderer, die erfolgreich in einen Kleingarten einheirateten. In ihren Lebenswegen, die ebenso weit reichen, wie die des internationalen Warenverkehrs, bildet sich daher ein Stück deutscher Migrationsgeschichte ab.

PLATZWECHSEL Aus Beobachtungen und Interviews mit Akteuren auf der Tankstelle und in der Kleingartenanlage wurden zwei dreidimensionale Wegenetz- und Audioinstallationen entwickelt, die jedoch vorsätzlich am jeweils anderen Standort installiert sind: Dem Stress und dem Lärm der Verkehrsachse und der Unverbindlichkeit und Anonymität im Tankstellencafé wird so die private Idylle und Intimität des Kleingartens entgegengesetzt – zwei Zonen, die gewissermaßen durch ein magisches Tor in der Lärmschutzwand gleichzeitig getrennt und verbunden sind.

INTERNATIONALE KLEINGARTEN-GEMEINSCHAFT AUF DER AUTOBAHNSTATION Auf dem Parkplatz der Shell-Station an der A40 werden die Migrationswege der Kleingärtner nachgestellt: Jedem der acht Akteure ist eine abstrahierte „Spur“ vom Ausgangspunkt seiner Reise bis in die Kleingartenparzelle zugeordnet. Die acht Wege, über dem Boden schwebende Holzbalken, auf denen die Namen des jeweiligen Herkunftsortes angebracht sind, laufen auf einen gemeinsamen Kreuzungspunkt zu. In diesem fiktiven Ausschnitt der Kleingartenanlage, der mit einem Flickenteppich aus Nationalflaggen der Herkunftsnationen überdeckt ist, werden aus acht Hochbeeten über eingebaute Lautsprecher die individuellen Wege nacherzählt.

Hier hören die Besucher beispielsweise von den Migrationserfahrungen von Lailani, 72, die 1970 mit bereits 32 Jahren im Rahmen eines Anwerbe-Programms für Krankenschwestern und Pflegepersonal aus Manila nach Deutschland kam; von Miguel, 64, der 1971 noch zu Zeiten der Franco Diktatur als sogenannter Gastarbeiter in Spanien angeworben wurde, von Ayse, 63, die 1972 mit ihrem Mann, einem türkischen Gastarbeiter aus der Türkei, nach Deutschland kam, von Dunja, 52, die 1979 aus Banja Luka kam, von Jamal, 36, der 1986 im Alter von zwölf Jahren mit seiner Mutter und seinen Geschwistern zu seinem Vater nach Deutschland zog, oder von Bozena, 42, die noch 1989 mit 21 Jahren mit einem Touristenvisum aus Schlesien einreiste und blieb – und auf welche Weise sie alle schlussendlich zu ihrem kleinen Stück Garten gekommen sind.

TANKSTELLEN-URBANISMUS IN DER KLEINGARTENANLAGE In der Kleingartenanlage Am Dückerweg e.V. hinter der Lärmschutzwand wird ein Wegenetz von typischen „Stammkunden“ der Shell-Station an der A40 dargestellt. Die Installation liegt an einem internen Erschließungsweg, der parallel zur realen Autobahntrasse verläuft. In seinem Zentrum steht der Knotenpunkt der Tankstelle, vom dem aus sieben Wege ausgewählter Berufsfahrer und Pendler wegführen, sodass sie deren geografische Routen auf und abseits der A40 abbilden. Das Wegenetz besteht hier aus gebogenen Aluminiumrohren und die einzelnen Erzählungen werden über Kopfhörer vermittelt.

Die Besucher hören einen Nachrichtensprecher in sachlichem Tonfall die jeweiligen täglichen Wege von Ann E., 34, erzählen, der Tankstellenpächterin, sowie von Werner H., 43, der täglich Richtung Düsseldorf pendelt und wie viele andere versucht noch vor der Staugefahr der morgendlichen Verkehrsstoßzeit einen Kaffee einzunehmen, von Heinrich F., 52, der sich mittags immer mit seinen Kollegen trifft, nachdem er Fleisch und Wurstwaren vom Fleischhof in Essen ausgeliefert hat, von Ronny P., 34, einem Monteur aus Leipzig, der mehrmals wöchentlich nachmittags vorbeikommt, auf der Tankstelle duscht, die Büroarbeit im Bus erledigt und dann hier übernachtet. Oder von Jan P., 46, der Opel Zafira vom Werk in Bochum zum Hafen in Zeebrügge überführt, von Kryztof W., 51, einem polnischen Kleintransporterfahrer oder von Wanja K., 39, einem Lastwagenfahrer aus der Ukraine, der hier seine Wochenenden verbringt – mitunter aber auch tagelang an der Station festhängt, wenn er auf neue Ladung warten muss.

Formal orientieren sich die schwebenden Wegenetze an jenen über den Städten schwebenden oder sie durchdringenden Megakonstruktionen, die in den Stadt-Utopien der 1960er Jahre populär wurden (Friedman, Constant usw.). Sie zeigen hier allerdings weder psychogeografische Wanderungen noch Visionen oder Utopien, sie zeigen auch keine sozialen Extremsituationen, sondern schlichtweg den Alltag von sozialen Akteuren in wichtigen Dienstleistungssektoren: Das die Kleingartenanlage rhizomartig durchziehende System aus Heizungsrohren repräsentiert nicht nur einen Ausschnitt der technischen, sondern vielmehr einen Ausschnitt der sozialen Infrastruktur des Ruhrgebiets bzw. ganz Europas, in dem eine Vielzahl an Akteuren mit migrantischem Hintergrund

– oder mit sehr, sehr weiten Wegen – ihrer Arbeit nachgehen.

Die solide Skulptur auf der Tankstelle ist zum einen ein Sitzmöbel für Autobahnbenutzer und zum anderen ein räumlich versetztes temporäres Wahrzeichen für eine Kleingartenanlage, deren Nutzern gemeinhin eine gewisse „Unbeweglichkeit" unterstellt wird. Doch auch hier entstehen aus Ansässigen und Zuwanderern lokal neue Gemeinschaften oder auch transnationale Netzwerke und Loyalitäten.

Das Baumaterial der Installationen geht nach Ende der Ausstellung in den Besitz der Kleingärtner über: Die Aluminiumrohre eignen sich vortrefflich als Bohnenstangen und Spalierobstgerüste, die signalgelben Holzbalken für Renovierungen und Erweiterungen der Häuschen und die Schriftzüge mit den Herkunftsbezeichnungen der Kleingärtner werden zur Dekoration eingesetzt: Nach dem Verbleib von Banja Luka,... und anderen hatten die Kleingärtner schon am ersten Tag der Ausstellung gefragt.

Die vollständigen Audiospuren finden Sie als MP3 online unter: http://hieslmair.him.at/2010/06/06/a40-driveway/

Dank an:
Familie Eggers und das Personal der Shell-Station,
Rob, Werner,
Antonio, Danuta, Richard und die Kleingärtner des Kleingartenvereins Am Dückerweg e.V.
Russischsprachige Recherche: Anna Olshevska
Aufbau: Christian Forsen, Benjamin Hofmann, Lee Taylor
SprecherInnen/
Audio Editing: Solveig Bader, Olaf Biernat, Stefan Leiwen

ALKMAAR 268 KM
VIGO 2.112 KM

MANILA 10.553 KM
MALATYA 3.651 KM
MEKNES 2.316 KM

DRIVEWAY TRANSIT EXIT – EVERYDAY LIFE IN THE LABYRINTH | ZINGANEL | HIESLMAIR The A40 is not only an important feeder road for local commuters, suppliers, and service technicians in the Ruhr Area, but also serves as a major east-west route for international long-distance traffic between Ukraine and ports in Belgium and the Netherlands. To many truck drivers and commuters, the Shell station on the A40 is not merely a petrol station, but also a place of work, a night stopover, a social meeting point, and a local supply center. The allotment sites adjacent to the service area likewise, have a surprisingly international atmosphere. Behind the noise barrier, one can for instance meet retired first-generation immigrant workers who have finally managed to buy a German garden plot, or younger immigrants who have married into a family with an allotment. Their individual itineraries, which extend as far as the international merchandise traffic beyond the wall, thus reflect something of German migratory history.

CHANGE OF PLACE As a result of observations and interviews with people linked to the station and the allotment gardens, two three-dimensional route networks and audio installations have been developed. They have, however, been positioned at opposite locations, respectively, thus juxtaposing the idyllic privacy and intimacy of the allotments with the stress and noise of the transport route. Two zones that are, so to speak, simultaneously separated and connected by a "magical" gate in the noise barrier.

AN INTERNATIONAL ALLOTMENT COMMUNITY AT THE AUTOBAHN SERVICE AREA On the parking lot of the Shell station on the A40, the transport routes of the allotment gardeners are reenacted: each of the eight protagonists is allocated an abstract "trail," which leads from the starting point of his or her journey to the allotment. The eight routes – suspended wooden beams on which the names of the respective places of origin are mounted – converge upon a common point of intersection. In this fictional extract of the allotment gardens, which is covered by a fabric patchwork fashioned from the national flags of the countries of origin, loudspeakers built into eight raised flower beds retell the tales of the protagonist's individual journeys.

Here, for example, visitors can listen to seventy-two-year-old Lailani's experiences of migration. In 1970 at the age of thirty-two, Lailani came to Germany from Manila as part e of a recruitment drive for nurses and nursing staff. Or Miguel, aged sixty-four, who was recruited in 1971 as an immigrant worker (*Gastarbeiter*) in Spain, then still under the dictatorship of Franco; of Ayse, aged sixty-three, who accompanied her husband, a Turkish immigrant worker, to Germany in 1972; of Dunja, aged fifty-two, who arrived from Banja Luka in 1979; of Jamal, aged thirty-six, who, along with his mother and his siblings, joined his father in Germany when he was twelve years old; or of Bozena, aged forty-two, who came from Silesia in 1989 on a tourist visa at the age of twenty-one and decided to stay. The visitor can also learn about the ways in which the immigrants have finally secured their own small allotment plot.

PETROL STATION URBANISM IN THE ALLOTMENT GARDENS In the allotment gardens Am Dückerweg e.V. beyond the noise barrier, a network of the routes of representative "regulars", who frequent the Shell station on the A40 is displayed. The installation is located along an internal access path, which runs parallel to the highway. The petrol station forms the central junction from which seven routes of selected professional drivers and commuters radiate, reflecting their geographical itineraries on and beyond the A40. Here, the route network consists of twisted aluminium pipes; the individual narratives are relayed via headsets. Visitors can listen to a newsreader narrating, in a factual manner, the respective daily itineraries: Anne E., thirty-four, the station leaseholder; of Werner H., forty-three, who commutes to Düsseldorf every day, and who, like many others quickly gulps down a coffee at the service area before being absorbed into the early-morning traffic; Heinrich F., fifty-two, who meets his colleagues at the station every lunchtime after having

distributed meat and sausages produced at the Essen slaughterhouse; Ronny P., thirty-four, a mechanic from Leipzig who stops at the station in the afternoon several times a week, in order to take a shower, do his paperwork and spend the night in his bus. Or the stories of Jan P., forty-six, who drives Opel Zafiras from the Bochum works near Dortmund to the Zeebrugge seaport in Belgium; of Kryztof W., fifty-one, a Polish van driver; or of Wanja K., thirty-nine, a truck driver from the Ukraine, who spends his weekends at the station – and who, in some instances is stuck at the service area for days while waiting for a new cargo to arrive.
Formally, the suspended route networks were modeled on the mega-constructions looming above, or even penetrating the cities, which were popularized by the urban utopias of the nineteen-sixties (Friedman, Constant, etc.). Here, however, the networks do not reflect "psycho-geographical" migrations or visions or utopias or exceptional social conditions, but rather simply portray the everyday life of the workforce in major service sectors: the system of heating-pipes spread across the allotment gardens, like a rhizome, represents a section not only of the technical, but above all of the social infrastructure of the Ruhr Area and the whole of Europe, where uncountable people from migrant backgrounds – or those with extremely long distances to be covered – go about their business.
The sculpture at the petrol station is, for one, simply a seat to be used by travelers on the highway; at the same time however, it is a spatially displaced symbol of an allotment area, whose users are commonly suspected of a certain "immobility." But here, too, new communities and transnational networks interconnecting local residents and immigrants are emerging.
When the exhibition has ended, the building materials used for the installations will be handed over to the allotment gardeners for reuse: for example, the aluminium pipes make for excellent beanpoles and trestles for espalier fruit; the brightly painted wooden beams will be used for renovating and extending the garden sheds, and the signs on which the names of the gardeners' places of origin are written will be used for decoration. From the very first day, the gardeners inquired about what would eventually become of "Banja Luka" and all the other signs.
The complete audio tracks are available online as MP3 files at:
http://hieslmair.him.at/2010/06/06/a40-driveway/

Our gratitude to the Egger family and the staff of the Shell station, Rob, Werner, Antonio, Danuta, Richard and the gardeners of the allotment association Am Dückerweg e.V. Russian-language research: Anna Olshevska Installation: Christian Forsen, Benjamin Hofmann, Lee Taylor Narrators/Audio Editing: Solveig Bader, Olaf Biernat, Stefan Leiwen

NACHBARSCHAFTEN

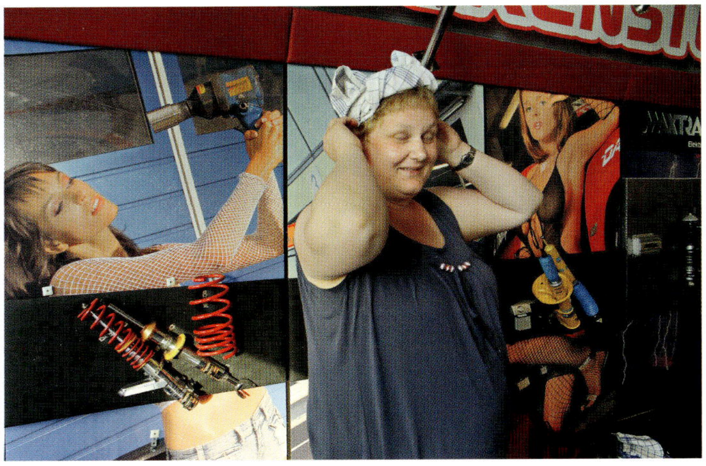

NACHBARSCHAFTEN Manche Dinge ergeben sich von selbst. Die Situation am Dückerweg, wo sich Gartenidyll und Motodrom getrennt durch die Autobahn direkt gegenüber liegen, wurde zum Gegenstand eines skurrilen wie wunderbar humorvollen Nachbarschaftsbesuchs.
Die Ausstellung brachte die so unterschiedlichen Entwicklungen der von der A40 zäsierten Milieus mit der Arbeit „Seitenwechsel" von Peter Piller auf den Plan. Im Gespräch mit Gärtnern und D&W, dem Tuningshop vom Dückerweg, entstand die Idee, sich gegenseitig zu besuchen. Die Sache endete auf Initiative der ungleichen Nachbarn bizarr und humorvoll. Während die Frauengruppe des Kleingartenvereins Dückerweg e.V. die Geschichte der Gärten in einem furiosen Theaterstück mit Modenschau auf dem mit erotischen Details gespickten Showtruck von D&W zur Aufführung brachte, tanzte Angie Lexx erneut ihren Poledance – an der Teppichstange in Richards Garten …

GOOD NEIGHBORLINESS Some things happen of their own accord. The situation at Dückerweg, where garden idyll and motordrome face each other across the dividing line of the autobahn, has produced a wonderfully unconventional neighborliness culminating in mutual visits to the "other side."
The exhibition had already touched upon the divergent development of the milieu bisected by the A40 in Peter Piller's work "Seitenwechsel." In conversations with the gardeners and the people at D&W, the tuning store at Dückerweg, the plan for a mutual visit was born. Left to the initiative of the unequal neighbors, a humorously bizarre situation evolved: While the ladies' group of the Kleingartenverein Dückerweg e.V staged a performance on the D&W show truck, with its spicy design elements, in which they narrated the history of the gardens in a splendid play-cum-fashion show, Angie Lexx performed her pole-dance – on the frame in Richard's garden which is commonly used for the cleaning of carpets …

BOX 112%

BOX 112% | MARTIN PFEIFLE Das Ambiente der Parkflächen um die Shelltankstelle an der Vietingstraße wird für die globalen Trucker am Wochenende zur temporären Heimat. Der Ort, der als leere Fläche einer Architektur des steten Wechsels und der permanenten Neugestaltung Raum gibt, füllt sich am Wochenende mit den Ladeeinheiten und farbigen Logos der internationalen Handelsgrößen. Im „On-Demand-Zeitalter" wird die Autobahn zum größten temporären Warenlager der Welt.

Zwischen die Größen der Handelsunionen schiebt sich unauffällig die Arbeit von Martin Pfeifle. „Box 112%" taucht im bildhauerischen Maßstab leicht vergrößert zwischen den mobilen Einheiten auf, um ihr volles Volumen in einer labil anmutenden Konstruktion zu spiegeln. Die lose aufeinander getürmten Volumina erinnern an verlorene Ladung und vergessenes Gut, an die Hinterlassenschaften eines globalen Transits: der Parkplatz als Kontaktzone, als unsteter Ort der Schnittstellen, der Verschiebung und Verklappung – Crashs bleiben da nicht aus. Die ramponierte Oberfläche der Arbeit spiegelt ihr wechselndes Umfeld, die Banner und Logos der globalen Märkte, um sie unmerklich zu zerlegen, zu deklinieren und zu neuen Zeichen zusammenzusetzen. Zwischen den Zeilen komprimiert sie den Ort zu einem fulminanten Spektakel der Waren, der Zeichen, der Farben und Größen, das im Nichts verschwindet, wenn sich der Parkplatz leert.

Die Arbeit nimmt so den Ort in stringenter Weise wahr. In der Leere des Platzes, die täglich entsteht, wenn die Trucker weiterziehen, werden unmittelbar andere Konnotationen evident. Die Analogie zwischen der mobilen Architektur von Container & Co. und den hingeworfenen Quartieren der Gewerbeagglomerationen, die sich kubisch in endlosen Hallen entlang der Autobahn aufreihen, um in Form und Sprache dem ephemeren Blick des Fahrens Tribut zu zollen, bringt Pfeifle subtil zur Sprache. Wenn sich hinter „Box 112%" der Monolith von ThyssenKrupp erhebt, reflektiert

die Arbeit die rudimentären wie funktionsbezogenen Formen eines hochverdichteten Verkehrsraumes als nahezu plastische Werke enormen Ausmaßes. Dass Pfeifle dieser spröden Sprache einen intensiven Moment der Poesie verleihen kann, verdankt sich seiner genauen Beobachtung des Kontextes. Im subtilen Kommentar auf die Fluktuation des Ortes selbst erweist sich die Arbeit in ihrer labilen Struktur als einzig beständiger Faktor im Raum des Transits und konstituiert einen kurzen Moment der Kontinuität des Unbestimmten zwischen den lautstarken Sprachen der Straße.

M.A.

JACK JONES®
www.jackjones.com

BOX 112% | MARTIN PFEIFLE On weekends, the ambience of the parking lots surrounding the petrol station at Vietingstrasse provides a temporary home for truckers from all over the world. The site, left vacant, allows room for an architecture of constant change and permanent remodeling. On weekends, it is crammed full of containers and colorful logos of major international traders. In this "on-demand" era, the motorway has become the world's largest temporary warehouse.
Martin Pfeifle's work has unobtrusively established itself among the bulky cargo. "Box 112%" is slightly enlarged in sculptural scale, surfaces amidst the mobile units, mirroring their massive dimensions in a precariously balanced structure. The loosely stacked voluminous bodies remind the observer of waylaid cargo and forgotten goods the debris of global transit:

the parking lot as contact zone; an oscillating space of interfaces and exchange, a dumping ground – the danger of a collision ever-present. The rucked-up surface reflects its volatile environment; the banners and logos of global markets imperceptibly dismember, explore, and reassemble the surfaces into new signs. Between the lines, "Box 112%" contracts the place into a spectacle of goods, signs, colors, and sizes, which vanish once the parking lot empties.

Thus, the work provides a stringent reflection of the location. The empty lot resurfacing every day once the truckers move on, other connotations are evident right away. Pfeifle subtly invokes the analogy between the mobile container architecture and the adjacent quarters of the commercial agglomerations; endless rows of cubic containers scattered along the motorway, in order to pay tribute to the ephemeral glances, in formand language, of drivers as they pass by. As one beholds the enormous ThyssenKrupp building, which towers in a majestic manner above "Box 112%," the work reflects the rudimentary as well as functional structures of the higly concentrated public space in a three-dimensional manner of almost sheer enormity. Owing to his careful reading of the local context, Pfeifle has been able to imbue the harsh vocabulary of it with an intensely poetic spirit. In a subtle commentary on the changeability of the place itself, the work with its volatile structure proves the only immutable factor in the transit zone, constituting a brief moment of continuity of the indefinite among the noisy language of the road.

M.A.

MEKNES 2.316 KM
MALATYA 3.651 KM
JURČIČ TRANSPORT

SEATS AND SOFAS
A GIANT TAKE-AWAY
Statt

ICH BIN DA WO DU NICHT BIST

ICH BIN DA WO DU NICHT BIST | MARKUS AMBACH Das Ruhrgebiet setzt sich aus den Zeichen und Strukturen verschiedenster historischer Entwicklungen zusammen, die sich nebeneinander, überlappend und ineinander verwoben in die Region eingeschrieben haben. Das spannungsreiche Patchwork der Einflüsse von Industrialisierung und Montanindustrie bis zum Strukturwandel muss um ein weiteres Kapitel ergänzt werden. Das Ruhrgebiet kann sich heute als eine aktualisierte Form der vernakulären Landschaft entdecken, die es versteht, sich aus sich selbst heraus auch mit langfristigen, dezentral organisierten Perspektiven auszustatten.

Wenn die Region erkennt, dass ihre Potenziale neben den gut ausgebildeten Zentrumslagen im subtil modulierten und dezentral flachen Gelände der urbanen Netzwerke und Zwischenräume liegen, in der filigranen Variation von Sichtbarkeiten und Schattenlagen, in der kontrastierten Nachbarschaft urban hoch verdichteter Sequenzen, die von feinen Spuren urbaner Landwirtschaft und wilden Naturräumen bis in das Zentrum der Städte durchzogen werden, hat die Region die Kapazität, zum globalokalen Beispiel einer neuen Stadtlandschaft zu werden. Wenn sie sich als facettenreiche Modulation heterogenster Stimmungslagen von Zentrum bis Peripherie, von Naturraum zur Industrielandschaft, von Kultur zu Subkultur entlang divergierender Themen, Typologien und Lebensentwürfe konzipiert, als ein flächenorientiertes „Subjekt Stadt", dass sich in einer multiplen Trägerschaft selbst generiert, weist die Region unvermittelt und direkt weit in die Zukunft.

Dass diese Wende eben gerade in den durch einschneidende Eingriffe und monumentale historische Ereignisse zerfaserten Landschaften möglich ist, hat B1|A40 gezeigt. Denn hier in der Region entwirft sich vor dem Hintergrund der latenten Zerstörungen ein Stadtraum, der die Voraussetzungen für eine solche Umwälzung schon in sich trägt: in den heterogenen Strukturen und zerrissenen Sequenzen, in den Narben und Falten, die sich zwischen Verkehr und Wohnen, zwischen Geschwindigkeit und Ort, zwischen Global und Lokal, zwischen Aktualisierung und Historie aufwerfen.

B1|A40 hat gezeigt, wie die große Straße in einer einmaligen Wendung, einer plötzlichen Umkehrung vom problematischen Verkehrsraum zum Boulevard der Ruhrmetropole werden konnte, auf dem eine Million Menschen zusammenkommen, um das erste Mal das oft drückende Klischee des Kohlenpotts offiziell abzustreifen und der Welt zu zeigen, dass man sich längst neu erfunden hat. Diese Umkehrung ist für die ganze Region beispielhaft und möglich – plötzlich, unvermittelt und direkt. Am Tag auf der A40 hat sich die dezentrale wie vernakuläre, in der Praxis der Menschen veranlagte Kapazität der Region ein offizielles Bild gegeben. In ihr liegt die Möglichkeit der genannten Umkehrung wie ein Myzel im Boden der Ruhrlandschaft, das seine Blüten unter bestimmten Bedingungen austreibt. Dazu ist ein Perspektivwechsel notwendig, der in konstruktiv- kritischer Diskussion mit den bestehenden Wertesystemen eine dynamische Kultur der Praxis befördert und anerkennt. Auf Grundlage bestehender Kontrastpaare und Widerlager, Diskontinuitäten und Multiplizitäten kann sie ein Maximum an Diversität kultivieren. die den Weg in eine dynamische, dezentral organisierte Stadtlandschaft ebnet.

Es ist wichtig zu erkennen, dass da, wo die Monumente so oft zerschlagen wurden, die Zukunft im vielschichtigen Handeln der Menschen liegt. Die Strukturen sind da und die Menschen bereit. Auch wenn die Kohle und ihre politischen Implikationen für viele eine wichtige Vergangenheit darstellt – sie ist für alle vorbei. Wo die Menschen in zahlreichen Resträumen, Brachen und Hinterhöfen die Zukunft nicht nur proben, sondern längst im Griff haben, liegt sie in der Verknüpfung der Qualitäten und Techniken eines aktualisierten Begriffs des Vernakulären mit aktuellen politischen und gesellschaftlichen Perspektiven.

DIE EMANZIPATION DES ORTES Dazu ist es notwendig, von staatspolitischer Seite denen mehr Aufmerksamkeit, Gehör und Einfluss zu schenken, die unsichtbar in den endlosen Resträumen des Reviers recht produktiv agieren. Denn sie werden von den Netzwerken und „Community"- Systematiken nur ungenügend erkannt. Susanne Hauser hat in ihrem Beitrag eindringlich gezeigt, wie auch die Netzwerkmetapher zu hinken beginnt und ihre überstrapazierte Symbolik das ausschließt, was *zwischen* den Netzwerken, Systemen und Strukturen liegt.

Der entschleunigte Rest neben den Zentren *und* Peripherien[1], den Highspeed-Korridoren, den Datenautobahnen und Infoportalen sucht bald nicht mehr den Anschluss. Er verbündet sich aktuell mit dem Ort, der über Jahrzehnte samt Inhalt zugunsten der Netze und Systeme diffamiert wurde: als national im Habitus und exklusiv im Inhalt. Der besagte Rest besorgt die Emanzipation des Ortes als Ort der reinen Praxis, der den Wert der Scholle negiert und ihn als global wie lokal durchdringbaren Handlungsraum mit sinnlicher Qualität parallel zur Virtualität der Netze und Systeme neu entwirft. Er organisiert sich in den Praktiken dessen, was vernakulär genannt wurde und vielleicht superpoststrukturalistisch ist: nämlich in der reinen, immer aktuellen Praxis, im steten Gebrauch der Dinge und nicht in ihrem akkumulierten Wert und seinen Monumenten. Dabei wird der Ort nicht zum ökonomischen Wertereservoir einer produzierenden Praxis, sondern zum Ort des Geschehens einer handelnden. Er wird zum Zentrum eines Wandels vom Ort als Besitz zum Ort des reinen, selbst verantworteten Gebrauchs. Die Gesellschaft sollte heute anerkennen, dass nicht nur die sichtbaren Zeichen, Werke und Bauten einer Kultur als historisch, relevant und zukunftsträchtig anzuerkennen sind, sondern gerade ihre sich nur in der kontinuierlichen Ausübung vergegenwärtigenden Praktiken und Handlungen – ganz unabhängig von ihren Produkten. Die Ökonomie der Vergegenständlichung kann nicht für eine Landschaft gelten, der wir den Zwang einer permanenten Neugestaltung auferlegen. So muss die Gesellschaft der Praxis an sich und ihren Landschaften als Form in der Anerkennung ihrer Bedeutung und Kontinuität das verleihen, was Brinckerhoff Jackson zukünftiges historisches Bewusstsein nennt.

WHO CARES? ODER: ICH BIN DA WO DU NICHT BIST Sonst verstärkt sich das, was sich schon hier und da abzeichnet. Der Graben zwischen Politik und Bevölkerung vergrößert sich mancherorts exponentiell. Das vehemente Desinteresse kann nicht mehr als Politikverdrossenheit bezeichnet werden, sondern markiert eine klare und bewusste Abwendung. Ob im Ruhrgebiet in der täglichen Unterwanderung zentrumspolitischer Hierarchien durch die Bevölkerung oder bei Stuttgart 21: das *aktive*

Desinteresse an der Staatspolitik markiert einen Wendepunkt in der politischen Haltung. Denn im Sinne der vernakulären Landschaft ist das Desinteresse keine Achtlosigkeit, sondern operierende Strategie. Es drückt eine gewollte Beziehungslosigkeit zu dem aus, der einem kaum Perspektiven lässt, wie eine gleichzeitige Hinwendung zu eigenen Strategien, Handlungen und Politiken. Die Protagonisten dieser neuen räumlichen wie politischen Landschaft gehen einfach ihren eigenen Weg.

So kann man schon längst von zwei, wenn nicht mehreren Politiken sprechen, die sich parallel zueinander im selben Raum etabliert haben. Es hat sich längst ein Subsystem entwickelt, das gleichzeitig zur potenziellen Virtualisierung der Märkte, der Werte, der Politik und der Administration in der Realität der Orte seine eigene, faktische Welt begründet hat. Sie deutet auf einen aktuellen Wertewandel, auf eine Aufspaltung und Verteilung der Interessen nach virtuellen und realen Räumen, nach Repräsentation und Sein, nach abstrakten Werten und solchen des Gebrauchs, die schon heute ein polypolitisches Feld begründen, das sich in Zukunft spezifizieren wird.

KUNST IM KONTEXT B1|A40 hat neue Maßstäbe in der Verknüpfung von Kunst und Kontext gesetzt. Nicht nur die Künstler, auch die 28.000 Besucher und der große Teil der Bevölkerung, die den Spuren von B1|A40 folgten, haben gesehen, welch vitaler und mit Selbstverantwortung organisierter Raum sich entlang der großen Straße entwickelt hat. Sie haben gesehen, mit welchem Einfallsreichtum sich die Menschen mit den widrigen Umständen arrangiert haben, mit denen sie sich von der Politik oft alleine gelassen fühlen. Sie konnten sehen, wie sich unter diesen Bedingungen nicht Hilflosigkeit, sondern Autonomie und Selbstverwaltung breit machen, die die Legitimation politischer Macht subtil hinterfragt. Die Besucher haben gesehen, welches Potenzial in den Räumen liegt, die sich im Sinne der „Brache" jenseits der großen Sichtbarkeiten regenerieren, um als agile Sozialbiotope neue Wege in eine komplexe, handlungsfähige Stadtlandschaft der Zukunft zu zeigen. Dass autoproduktive Räume jenseits hierarchischer Stadtstrukturen von einer spannungsreichen Heterogenität geprägt sind, die man im überregulierten Zentrum der Metropolen schmerzlich vermisst. Sie konnten sehen, wie solche Orte soziokulturelle Artenreservoirs bilden, die alternative Lebensentwürfe bereithalten, diskutieren und als plausible Alternativen anbieten.

EIN AUFTRAG B1|A40 hat diesen Räumen eine Sprache verliehen. Ihre nun lesbaren Strategien als Handlungsanweisungen zu verstehen, sie in städtischen Generierungsprozessen zur Grundlage neuer Stadträume zu machen und einen sensiblen Umgang mit diesen urbanen Labors zu pflegen, ist ausgesprochene Empfehlung an uns, an Planung und Stadtentwicklung. Die Notwendigkeit, Heterogenität als aktives Agens einer vitalen Urbanität zu begreifen, die auf Selbstverantwortung und Handlungsinitiative setzt, steht ganz groß im Subtext. Nachbarschaften riskieren, Kontraste sensibel umnutzen, den eigenen Leuten vor Ort vertrauen – auch dies steht auf der Agenda.

Statt der Ökonomie des steten Ab- und Aufbauens sollten wir erst hören, was der Kontext empfiehlt. Die patriarchale Form der Geschichtskorrektur durch die Eliminierung des Vorgängigen wirkt antiquiert und herrscherisch. Sie entspricht weder der Wahrheit der Orte noch der der Geschichte. Die Zukunft organisiert sich im Diskurs der Dekaden, in der Nachbarschaft mannigfaltig gebrochener Perspektiven, die sich in der Landschaft aufzeichnen. Die Orte lesen, das Vorhandene sehen, die kaleidoskopische Perspektivität akzeptieren – vom Landschaftspark im Brachland lernen, den informellen Strategien der Anwohner folgen oder dem Subtext des Gartenidylls lauschen. Es ist alles schon da und mit wenigen Operationen auch sichtbar, nutzbar und produktiv.

Wer nicht vor die Tür geht, disqualifiziert sich von selbst. Sehen lernen ist ein stetig wiederholter, elementarer Auftrag an alle, der endlich ernst genommen werden und die Diskussionsforen verlassen muss, um zur Basis der realen Arbeit vor Ort zu werden.

Künstler und Anwohner gehören dazu ins Kompetenzteam der neuen Ruhrmetropole. Als Fachspezialisten sind sie so oder so aktiv, in tragenden Funktionen oder autonomem Handeln, als Partner auf Augenhöhe oder als kritische Aktivisten. Wir sollten ihre Angebote nicht leichtfertig ausschlagen.

SPAZIEREN Der genaue Beobachter konnte feststellen, wie ungenau der eigene Blick auf Dinge sein kann, die uns doch so bekannt erscheinen. Dass Schrebergärten internationale Communities sind, dass Tuner einen intelligenten Humor pflegen, dass Fischhändler Welten entwerfen und die Dörfer kleine Revoluzzer verbergen, markiert nur die Spitzen der Eisberge in den Untiefen unserer eigenen Leichtfertigkeit im Umgang mit Stadt. Die Schule der

Stadt, das Spazieren im Spatium jenseits der eigenen Vorstellungswelt, dem Fremden dann und wann unvoreingenommen zu folgen, sollte zur täglichen Praxis eines jeden gehören, der Stadt mitbestimmt.

SOZIALE KOMPETENZ Man könnte dabei entdecken, dass die Homogenisierung von Stadtraum ein oft unnötiges Unterfangen ist, das die Sortierung von Stadträumen und ihrer Bewohner nach sozialen und ökonomischen Milieus vorantreibt. Die Organisation von Stadt und Mensch in den sozial aseptischen Teilräumen der „Gated Communities", deren Bewohner kaum mehr mit anderen Lebensrealitäten konfrontiert werden, bedingt eine soziale Verarmung der Gesellschaft, die sich keiner wünschen kann.

Dagegen entwickeln die Menschen in Eigenverantwortung komplexe Strukturen der Selbstverwaltung. Unter den Bedingungen reduzierter politisch-administrativer Kontrolle entstehen Orte, an denen durch das Tagesgeschäft „Konfliktbewältigung" die soziale Kompetenz eine erstaunliche Renaissance erfährt. In Gesprächen mit den Anwohnern konnten die Besucher erfahren, dass Selbstbestimmung und eigenverantwortliches Handeln ein Gut ist, das man behaupten und aktiv leben muss. Die direkte Aktion kommt dabei einer Selbstermächtigung gleich, die Selbstvertrauen und Autonomie produziert, bei der das latente Umgehen der gesetzlichen Ordnung nicht zwangsläufig zu Chaos führt. Es entstehen städtische Räume als charmant-innovative Konglomerate aus Bürgertum und Alltagsanarchismus, die sich als selbst verantwortete Rückaneignung von städtischem Raum erweisen.

DIE VERARMTE STADT Wenn wir diese Räume überschreiben, so ist das nicht ihr Schaden, sondern unserer. Denn sie entwerfen sich ohnehin immer wieder da, wo schon Stadt und noch nicht Zentrum ist, auf den sich stets ergebenden Restflächen geplanter Ungenauigkeit, im angenehmen Zwielicht zwischen Perfektion und schönem Scheitern. Die Tuner ziehen einfach weiter, wenn jemand ihren Ort überschreibt und tauchen irgendwo wieder auf, an einem anderen Ort, für einen Moment und eine Weile, plötzlich, unvermittelt und gewagt. Besagte Räume sind nomadisch wie das virulente Straßenbegleitgrün, das mit Masse und Klasse noch jedem Bändigungsversuch widerstanden hat und immer dazwischen den Fahrbahnen hochschießt, wo noch nicht Pflaster und immer noch Strand ist. Was zu bedauern ist, sind unsere Städte, die in Folge verarmen. Statt der heterogenen Komplexität einer divergierenden Stadtlandschaft entwerfen sich ohne diese Räume spannungslose Stadtkörper prognostizierbarer Eintönigkeit. Die Stadt als Großstadtdschungel verwandelt sich in lethargische Wüsten des ewig Gleichen. Statt der Fluktuation der Subkultur zieht der nächste Supermarkt ein und verschattet den Ort mit kleinen Preisen. Statt der komplexen Landschaft zwischen Autobahn und Landschaftspark vergiftet vielleicht ein Autohof mit Casino das labile Gleichgewicht im Biotop Kaiserberg, wenn man ihn an der falschen Stelle platziert. Während die zähen Protagonisten der vernakulären Landschaft weiterziehen, verwaisen unsere Städte. Die Tuner sind im Winter in Mülheim, wo im RRZ ein kostenloses Parkhaus lockt. Vielleicht trifft man sich ja im Sommer dann oben auf dem Parkdeck. Wir können uns entscheiden, in welcher Stadt wir leben wollen …

Vielleicht sollten wir erkennen, dass das Zulassen selbstbestimmten Handelns dem spezifischen Raum entlang der Autobahn entspricht und modellhafte, übertragbare Formen auch für andere Stadträume entwickeln kann. Vielleicht sollten wir die Potenziale erkennen, die in den ins Private, ins Unsichtbare, ins Marginale abgedrängten sozialen Ressourcen liegen. Das Freisetzen von Räumen an den Rändern der Gesetzeslagen kann als Chance gesehen werden, die soziale Kompetenzbildung ermöglicht und Selbstverantwortung produziert – für das Eigene, die Stadt und den Anderen. Der Rat an uns ist, Räume zu schaffen, die sich emanzipieren können – frei, aus sich selbst heraus, autoproduktiv. Und Räume zu schützen, die diese Kompetenzen bereits haben, anstatt sie vorschnell ökonomischen Interessen zu opfern. Denn sie sind die Reservoirs des Unerwarteten, Undenkbaren wie gleichwohl Möglichen. Sie sind Räume jenseits des Kalküls, die sich dem Zugriff bewusster Planung verschließen, aber im Zwischenraum zwischen den Orten die Zukunft der Stadt generieren.

AUFMERKSAMKEIT Dass sich die Erkenntnisse von „B1|A40 Die Schönheit der großen Straße" so gut in Stadtraum und Kulturhauptstadt, im Kunstkontext und Stadtentwicklungsdiskurs konstituieren und weit mehr als die erwartete Wirkung entfalten konnten, verdankt sich nicht nur der konsequenten Verankerung im Kontext der Stadt, sondern ganz besonders den Bewohnern dieses Raumes. Das Pojekt hat mit ihnen zusammen für das breite internationale wie lokale Publikum, für Fachleute wie Passanten einen neuen Blick auf den Stadtraum A40 geöffnet, an dem sich zukünftige Planungen messen lassen. Wie das Versprechen, die Ergebnisse des Kunstprojekts in die zukünftigen stadtplanerischen Vorhaben konkret mit einzubinden, umgesetzt werden kann, wird zu diskutieren sein. Die künstlerischen Interventionen haben mit den Anwohnern schon jetzt ein neues wie kritisches Wirkungsverhältnis für das eigene Lebensumfeld und dessen soziale, politische wie räumliche Gestaltung

begründet. Sie haben eine erlebte wie tief empfundene Wende in Gang gesetzt, die durch eine erhöhte Aufmerksamkeit und Handlungsbereitschaft geprägt ist und fortan die Entwicklungen im Stadtraum A40 begleiten wird.

EINE KURZE PASSAGE ÜBER DIE LIEBE

Künstler und Anwohner haben bei B1|A40 gezeigt, dass die Kommunikation zwischen ihnen stimmt. Die prognostizierten Verständigungsschwierigkeiten zwischen Kunst, Ruhr und Stadt scheinen in der Perspektive des Projektes eine Chimäre zu sein. Gerade im Ruhrgebiet ist das Zusammentreffen von Kunst und Kontext normal-natürlich verlaufen. In einem allgegenwärtigen, direkten und ehrlichen, interessierten und engagierten Zulassen, Mitmachen und Mitbestimmen drückt sich die endlose Offenheit der Bewohner aus, sich auf Neues und Unbekanntes einzulassen, ob nun Kunst oder nicht. Vielleicht bleiben die aseptischen White Cubes hier Fremde, wo jeder noch ein bisschen Erde vom Wühlen im eigenen Lebensentwurf unter den Nägeln hat. Vielleicht befremden die Aufwertungsinstitutionen der Kunst die Leute hier stärker und schaffen Abstand, wo eigentlich keiner ist. Wo Selbstbewusstsein in der unendlichen Liebe zur Improvisation, zum steten Erfinden und Arbeiten am eigenen Lebensumfeld fußt, entsteht ein Verständnis von Macher zu Macher am besten im direkten Körperkontakt.

So hat sich die Nachbarschaft von Künstlern und Ort als wunderbares Verhältnis

16

B1IA40
DIE SCHÖNHEIT
12.06.2010-08.08.2010
RHEIN RUHR ZENTRUM
DEUTSCHLAND

geprägt von Neugier, Interesse und Respekt entwickelt, das zu subtilen Verquickungen zwischen beiden führte. Die Anwohner waren von Anfang an Partner auf Augenhöhe. Entgegen einer Musealisierung des öffentlichen Raums fügten die Künstler ihre Projekte bei B1|A40 symbiotisch wie differenzierend mit ihrem Kontext zusammen. Ein Großteil der Programme entstand darüber hinaus direkt in der Ausstellungsphase aus der „Daily Practice", aus dem steten Miteinander von Kunst, Künstlern und Menschen vor Ort. Dass die Treffen dabei nicht nur von trockenen Diskursen geprägt waren, hat das Projekt zu einem genussreich-faszinierenden, manchmal magischen Ereignis jenseits der eigenen Vorstellungskraft gemacht. Ob im Odorama der Driftshow mit Lavendelnebel, ob kulinarisch an den Seen von Herrn Braun, ob subkulturell zwischen den Boliden der Tuningszene oder versüßt mit dem Honig von Finger platzierte sich die Ausstellung konkret zwischen Diskurs und ästhetischer Multidimensionalität. Nach der Überschreitung des Wendepunkts zwischen Theorie und Praxis, beim Eintritt in den realen Raum Ruhr entwickelten sich die Verhältnisse wie von selbst und autoproduktiv entlang der Bedingungen des Raumes. Genau das macht Kunst und Ruhr und Stadt zu perfekten Partnern, Komplizen und Sympathisanten auf Augenhöhe, wenn sie sich vor Ort im Stadtraum treffen.

Der größte Respekt und Dank gilt deshalb den Leuten vor Ort, beidenen wir immer willkommen waren. Ihr Tun und Handeln zeugt von erstaunlichem Selbstbewusstsein, das in den eigenen Taten ein sympathisch zurückhaltendes, unscheinbares wie solides Fundament hat. Dass den Leuten an der Ruhr die Souveränität, der Humor und eine gehörige Portion Selbstironie diese Offenheit gegenüber dem Fremden verleiht, hier, wo alles immer neu, vermischt und selbstgemacht ist, macht die Region zu menem Favoriten.

B1|A40 geht weiter. Nicht nur in den zahlreichen Projekten, in denen es schon jetztgleich besagtem Begleitgrün unter dem Pflaster seine Wurzeln verzweigt. Es wird wie der Raum autoproduktiv weiterentwickelt, ob von den Künstlern in neuen Engagements, den Anwohnern in neuen Partnerschaften oder allen zusammen in neuen Allianzen, die den Stadtraum A40 aktuell verändern. Es wird in den internationalen Diskurs der Stadtentwicklung getragen, in die Diskussionen um Kunst und öffentliche Räume und mit dem Seat Arosa – der „Schönheit der großen Straße" – selbst auf die Essener Motorshow. Das Projekt hat den Stadtraum verändert, aktiv, virulent und in einer hartnäckigen Selbstbehauptung, die dem Subtext dieses Stadtraums entspringt.

1| Die Peripherien,die in den letzten Jahren zur Genüge thematisiert wurden und immer noch im Kontakt zum Zentrum und im Austausch mit ihm stehen, während die genannten Räume nahezu abgeschnitten und ausgeblendet manchmal mitten im Zentrum liegen.

www.erneks.c
CZ

I AM HERE WHERE YOU ARE NOT|MARKUS AMBACH The Ruhr area is defined by the signs and structures of various historical developments that have inscribed themselves into the region in juxtapositions, superimpositions and interrelations. The multifaceted patchwork of influences, ranging from industrialization and the emergence of the coal and steel industries to contemporary structural change, must be complemented by a new strand: today the Ruhr area can discover itself as an updated form of the vernacular landscape that has the capability to generate long-term, decentralized perspectives out of and for itself.

If the region will realize that its potentials are rooted, beyond the well-defined central districts, in the subtly modulated and decentralized territory of urban networks and in-between spaces, in the delicate variations of visibilities and obscurities, in the contrastive concatenation of highly-condensed urban sequences interspersed with tracts of urban agriculture and uncultivated natural spaces extending right into the city centers, then the region can transform itself into a globalocal paradigm of a new urban landscape. If it learns to conceive of itself as a multifaceted modulation of utterly heterogeneous atmospheres ranging from center to periphery, natural space to industrial landscape, culture to subculture, embracing divergent issues, typologies and lifestyles, as a terrain-oriented "urban subject" that generates itself in the co-operation of multiple partners, then the region will be able to envision an integral future for itself.

The B1|A40 project has demonstrated that this is a viable alternative in particular with regard to landscapes disrupted by incisive interventions and monumental historical events. Here, after all, the latent demolitions are generating an urban space that displays all the characteristic predispositions for such a reversal in its heterogeneous structures and disrupted sequences: the scars and creases materializing in the fields of tension between traffic and residential areas, between speed and a sense of place, between the global and the local, between immediacy and history.

B1|A40 has demonstrated how the grand road could, in a unique and abrupt inversion, be transfigured from a problematical traffic zone into the boulevard of the Ruhr metropolis where one million people congregated so as to publicly refute the frequently oppressive cliché of the area as a coalmining dump and to show the world that the region reinvented itself long ago. This reversal is not only an exemplary model for the whole region, but it is also a distinct, immediate, and direct possibility.

On the day of the public outing on the A40, the decentralized and vernacular capacity of the region, rooted in the daily practices of its residents, has provided itself with an official image. It incorporates the potential for such a reversal in the manner of the mycelium hidden in the ground, which will blossom only if certain specific conditions are fulfilled. To that end, a change of perspective is needed, which can accept and foster a dynamic culture of actual practice in a constructive yet critical discussion with the prevalent systems of values. On the basis of already existing contrastive approaches, discontinuities, and multiplicities, it can cultivate a maximum of diversity paving the way to a dynamic, decentralized urban landscape.

It is important to understand that here where monuments have so often been destroyed, the future must necessarily lie in the manifold activities of the individual protagonists. The structures are available; the people are willing. Even if the coalmining heritage and its political implications are important to many, they are definitely a thing of the past. Where people are not only rehearsing the future in their leftover plots and backyards but are in fact already actively shaping it, it is bound to the interrelation of the qualities and techniques of an updated conception of the vernacular with relevant political and social perspectives.

THE EMANCIPATION OF LOCATIONS To this end it seems desirable for the authorities to pay more attention and to offer more scope of influence to those who are leading a quite productive life in the endless leftover spaces of the region, yet remain virtually invisible because they are only inadequately represented by the various networks and community classifications. In her contribution, Susanne Hauser has convincingly demonstrated that the network metaphor is increasingly inappropriate and that its strained symbolism will always exclude a residue of elements that exist *outside of* any networks, systems and structures.

The decelerated remainder beyond both centers *and* peripheries,[1] unconnected to the high-speed corridors, data highways, and internet portals, no longer strives to keep pace. It allies itself to a sense of place that has for decades been denounced as a traditionalist and elitist concept

by the proponents of networks and structures. It achieves the emancipation of the individual location as a place of unadulterated practice which, negating the conventional values of a native soil, reinterprets itself as a sensual zone of interaction, accessible to both global and local elements, parallel to the virtuality of the various networks and systems. It organizes itself in the practices of that which has been called vernacular and might prove to be ultra-poststructuralist – in the continuous practical use of things rather than in an accumulation of values and their coagulation into monuments.

Places are thus no longer regarded as economic reservoirs of values centered on production, but rather as a spatial basis for active interaction. They are seen as sites of an unalloyed, autonomous usage in a continuous transformation of values rather than as territories determined by the delineation of possession. Society should finally realize that it is not only the visible signs, works, and buildings of a culture that should be acknowledged as historical, relevant, and future-directed but also and above all its practices and activities that are realized exclusively in their continuous exercise – irrespective of the products they generate. The economy of objectification cannot obtain in a landscape that is subjugated to the necessity of permanent transformation. Accordingly, society must acknowledge the significance and continuity of both its practices and the landscapes they create, and imbue them with what Brinckerhoff Jackson calls a sense of future history.

WHO CARES? OR I AM HERE WHERE YOU ARE NOT Otherwise that which is already emerging here and there will certainly gain momentum. The gap between the sphere of politics and the citizens is widening at an alarming rate. It would be inappropriate to term this pronounced pervasive indifference mere disenchantment with politics; rather it marks a distinct and conscious alienation. Whether one looks at the Ruhr area, where the populace is casually subverting center-based hierarchies every day,

or at the protests against "Stuttgart 21": the *active* indifference to official politics marks a turning-point in our political attitude. In terms of the vernacular landscape this indifference is no mere negligence, but rather a viable strategy. It expresses an intentional unrelatedness to those who are restricting the remaining options, and at the same time marks an orientation towards the evolution of personal strategies, activities and politics. The protagonists of this new spatial and political landscape simply mind their own business.

Thus it is high time to acknowledge that at least two different modes of politics have emerged parallel to one another. A sub-system has developed, which has created its own factual world in the reality of specific places, heedless of the potential virtuality of markets, values, politics and administration. It indicates a change in values, a fission and distribution of interests according to virtual and real spaces, representation and essence, abstract and practical values, which already today is generating a poly-political sphere that is bound to become progressively more specific.

ART IN CONTEXT The B1|A40 project has set new standards for the interaction of art and context. Not only the artists but also the 28,000 visitors and the numerous residents who have followed the tracks of B1|A40 have realized what a vital and autonomously regulated zone has developed along the grand road. They have seen with what boundless resourcefulness the local residents have come to an arrangement with the adverse conditions, in many cases in the face of a palpable absence of decisive supportive action. They could see for themselves that such conditions will not necessarily engender helplessness, but rather inspire autonomous action and a reliance on self-administration, which subtly challenges the legitimation of political power.

The visitors have seen the enormous potential of the spaces which are regenerating themselves, in the form of "wasteland," beyond that which is openly visible – emblematically agile social biotopes which offer new perspectives on the complex and vibrant urban landscape of the future. They have perceived that autoproductive spaces beyond hierarchical urban structures are characterized by an exciting heterogeneity that is sorely missed in the over-regulated centres of the metropolises. They could learn that such places are inhabited by a multiplicity of sociocultural groups, and that they provide the opportunity for the articulation and discussion of alternative lifestyles, challenging the observer to an effort at emulation.

A MANDATE B1|A40 has given these spaces a voice. Its insights obviously imply a recommendation for ourselves and the spheres of planning and urban development to understand the strategies of these spaces, now made intelligible, as an incitement to take action, to carefully foster these urban laboratories and to regard them as potential backbones of new urban spaces in the processes of urban generation. The necessity to understand heterogeneity as an active agent of a vibrant urbanity, which sets great store by self-reliance and initiative for action, is a prominent aspect of its subtext. To support variegated neighborhoods, to make use of contrasts in a sensitive manner, to have confidence in the local citizens – this too is a part of the agenda.

Instead of perpetuating an economy of continuous demolition and rebuilding, the advice of the individual context should be carefully attended to. The patriarchal concept of historical revision through elimination seems antiquated and domineering; it fails to capture the essence of both the specific location and history at large. The future will organize itself in the discourse of the decades, in the juxtaposition of multiply fragmented perspectives inscribed into the landscape. To decipher the vocabulary of the places and to see what is there, to learn to accept the kaleidoscopic perspectivity – to learn from the landscaped park spreading over urban wasteland, to follow the informal strategies of local residents, or to decode to the subtext of the garden idyll. It is all here already, and it will take only some few steps to make it visible, useable, productive. Those who never venture outside are sidelining themselves. To learn to see is a continually reiterated elementary mandate for everyone involved, which finally has to be taken seriously and must leave the discussion forums behind in order to become the basis of the real work in situ.

Artists and residents should be considered an integral part of the team of excellence for the new Ruhr metropolis. As specialists they are taking an active role anyway, whether as responsible co-operators or autonomous protagonists, whether as partners who are regarded as equals or as critical activists. We should not carelessly pass up their offers.

TAKING A STROLL Any unbiased observer was made aware of how inaccurate one's own perspective on the ostensibly all-too-familiar can be. The insight that allotment gardeners form multinational communities, that car tuners are possessed of a sophisticated sense of humor, that fishmongers are capable of designing a world of their own, and that villages may shelter a particular type of rebel only marks the tips of the icebergs in the deeps of our own carelessness in our interaction with the city. To find out more about the city, to take an occasional stroll in the spatium beyond their own mindscapes and to explore that which is foreign to them with an open mind should be part of the daily practice of everyone who assumes a responsible role in the city.

SOCIAL SKILLS In this way, we could discover that the homogeneization of urban zones is in many instances a superfluous effort that merely expedites the ordering of urban spaces and of their inhabitants according to social and economic milieux. The organization of city and citizens alike in the socially sterile sub-spaces of the "gated communities" whose inhabitants are hardly ever confronted with different living conditions will inevitably result in a societal deprivation which must be undesirable for everyone concerned.

Left to their own devices, however, people will generate complex structures of self-administration. Under the conditions of a reduced political and economical supervision, places can emerge where – owing to the diurnal necessity to resolve existing conflicts – social skills are experiencing an impressive comeback. In talks with the local residents, the visitors could see for themselves that autonomous and self-reliant action is an achievement that must be sustained and actively promulgated. Direct action is concomitant to a self-empowerment generating self-confidence and an autonomy in which the latent suspension of legal order will not necessarily result in pervasive chaos, but rather in an independent reappropriation of urban space as a charming and innovative conglomerate of civic life and everyday anarchism.

THE IMPOVERISHED CITY If we obliterate these spaces it will not be to their detriment – because such spaces are perennially emerging wherever the city has not yet evolved a center, on the leftover lots created by inaccurate planning, in the pleasant twilight between perfection and beautiful

Team Spirit

DARK SIDE

failure. If their customary meeting-place is transformed yet again, the tuners will simply move on and resurface somewhere else, temporarily, suddenly, dauntlessly. Such spaces and situations are like the virulent roadside greenery which, despite all attempts at taming it, will keep on pushing up between the lanes in those places where the beach still holds out against the paving.

If something is to be mourned, it is our cities that will invariably be impoverished as a result. In the place of the heterogeneous complexity of a divergent urban landscape, urban bodies beset by a predictabe uniformity and staleness will emerge if we keep obliterating such spaces. The urban jungles of the cities will be transmuted into lethargic, stereotyped deserts. Subcultural fluctuation will be replaced by the erection of yet another supermarket that will blight the place with cut-rate prices. Maybe the fragile balance of the Kaiserberg biotope, that complex landscape oscillating between autobahn and park, will soon be upset by a truck stop-cum-casino if it is deposited in the wrong place. While the indomitable protagonists of the vernacular landscape are moving on, our cities are progressively deserted. During the winter, the tuners are already congregating in Mülheim, where the parking deck of the RRZ provides a suitable meeting place free of charge. Maybe they will from now on also meet there in summer. It is up to us to decide which city we would actually feel at home in ...

Perhaps we should realize that the acceptance of autonomous action conforms to the specific requirements of the zone along the autobahn and that it could provide exemplary models also applicable to other urban spaces. Perhaps we should recognize the potentials hidden in those social resources, which are relegated to the private sphere, to the invisible and the marginal. The liberation of spaces at the fringes of legislation could be seen as a chance that makes possible the development of social skills and generates a sense of individual responsibility – for one's personal sphere, the city, and the others. The advice for us is to create spaces that can emancipate themselves – freely, by themselves, autoproductively. And to protect those spaces where these skills have already been developed instead of rashly sacrificing them to economic interests, because they are reservoirs of the unexpected, of that which is unthinkable yet actually possible – spaces beyond calculation, which withstand the intervention of intentional planning yet are generating the future of the city in the gaps between the individual locations.

ATTENTION The fact that the insights gained during the B1|A40 project could establish themselves in such a comprehensive manner in the urban arena and within the contexts of the Capital of Culture concept, the art world, and the sphere of urban development, and that they were able to generate an impact that surpassed all expectations, is due not only to the project's systematic integration into the context of the city, but in particular also to the people inhabiting this area. Together with them, it has provided the general and local public, specialists, and passers-by alike with a new perspective on the urban space along the A40, which should be taken into account by future planning concepts. There is certainly ample room for discussions about the ways in which the results and insights of the art project could be integrated into future urban planning projects. In close co-operation with the local residents, the artistic interventions have already generated a fresh and critical approach to the interaction with a specific location and its social, political, and spatial configuration. They have initiated an emphatically welcomed process of change, marked by a heightened attention and willingness for interaction, which will henceforth influence the developments in the urban space along the A40.

A BRIEF DIGRESSION ON LOVE Both the artists and the local residents involved in the B1|A40 project have demonstrated their communication skills. Looking back on the project, the frequently cited problems of communication between art and city seem phantasmagoric indeed. Especially in the Ruhr area, the encounter of the two spheres has appeared as something absolutely natural. The ubiquitous, direct, and honest, interested and dedicated tolerance and participation of the citizens reflects their boundless openness and their readiness to approach that which is new and unfamiliar, not only with respect to art. Maybe the sterile white cubes will never be accepted here where all hands show some traces of dirt from working in the garden of one's own life. Maybe the conventional art institutions and their enhancement strategies are seen here as something alien, creating gaps that would otherwise remain closed. Where self-confidence is based on a pervasive love of improvisation and the perpetual reinvention of one's own environment, any understanding between the spheres can only be reached in direct physical contact and co-operation.

Thus the interaction between art and locus has spawned an excellent relationship characterized by mutual curiosity, interest, and respect, which has led to subtle interrelations between both spheres. Right from the start, the residents and their projects were equivalent partners of the arts projects. Miles away from any musealization of public space, the B1|A40 projects interacted with their context in a both symbiotic and differentiating manner. Moreover a large proportion of the programs only developed during the actual staging of the exhibition, arising out of daily practice and the continual co-operation of the artists and the local citizens.

That the project proved an enjoyably fascinating, sometimes downright magical event beyond the bounds of the individual protagonists' imagination was not least due to the fact that the meetings were not dominated by arid discourses. Whether one takes the odorama of the drift show with its lavender haze, the culinary specialities bred in the ponds of Mr Braun, the subculture of the tuning crowd and its racers, or the sweet honey produced by Finger – the exhibition has manifestly succeeded in situating itself in a tangible manner between the sphere of discourse and an aesthetical multidimensionality. After the boundary between theory and practice had been crossed and the projects actually touched ground, the conditions developed of their own volition according to the actual spatial situation. It is this very fact that makes the arts, the Ruhr, and the city such perfect partners, accomplices, and sympathizers among equals once they agree to meet in situ, in urban space.

Accordingly, I would above all like to express my deep respect for, and gratitude to, the people at the respective sites who have always welcomed us; all of them have shown an enormous dedication to and support for the project. Their local activities bear witness to an astonishing self-confidence for which the individual actions provide a pleasantly modest and unobtrusive yet solid foundation. This open-minded attitude of the citizens of the Ruhr area towards that which is unfamiliar, here where everything is always changing, intermingled and home-made, an attitude fueled by their aplomb, humor and a hefty dose of self-deprecation, makes this a favourite region of mine.

B1|A40 will go on, not only in the numerous projects that are already pushing their roots into the soil like those weeds spreading under the asphalt surfaces. Like the locations themselves, it will be evolved in an autoproductive manner, whether by the artists in new projects, the residents in new partnerships or by all of them in new alliances which will transform the urban zone around the A40. It will fuel the international discourse of urban development and the discussions about art and public space, and will even provide a contribution to the Essen Motor Show in the form of the Seat Arosa, the "Beauty of the Grand Road." Its success has comprehensively changed this urban zone in an active and virulent manner and in a persistent self-assertion originating in the subtext of this area.

1| The peripheries, widely discussed in the past years, are still maintaining contact and an exchange of sorts with the center whereas the spaces described here are virtually cut off and relegated to obscurity although they are in some instances situated right in the city center.

Delikatessen

DANKE RUHR

DANK | MARKUS AMBACH Das Projekt „B1|A40“ ist eine Produktion, die ohne die Hilfe zahlreicher Menschen und Organisationen nicht möglich gewesen wäre. Mein persönlicher Dank gilt all denen, die sich über nunmehr fünf Jahre für das Projekt eingesetzt und engagiert haben und hier nicht alle genannt werden können, ohne ein neues Buch zu schreiben.

Mein Dank gilt als erstes den Künstlerinnen und Künstlern, die als Produzenten der Arbeiten diejenigen sind, die uns mit ihren engagiert, riskant und wagemutig vorgestellten Ideen, real gewordenen Utopien, Thesen und Werken in die Zukunft einer anderen Stadt schicken.

Mein weiterer Dank gilt ganz im Besonderen Katja Aßmann, die in multipler Funktion, von sich aus und für die Kulturhauptstadt Europas RUHR.2010 mit unglaublichem Engagement über Jahre für das Projekt gekämpft hat. Ohne ihre Vermittlungsleistung zwischen den mannigfachen Polen und Interessen sowie die stete Motivation aller Beteiligten in schwierigen Stunden hätte das Projekt seinen erfolgreichen Weg zur Realisierung nicht gefunden.

Ähnliches gilt für die Urgesteine des Projekts, die die Anfangsphase einläuteten und das Projekt auch später mit Rat und Tat begleiteten. Dies ist ganz im Besonderen Frauke Burgdorff, die sich weiterhin mit beispielhaftem Engagement und besonders großem Interesse um das Projekt bemüht. Aber auch der Mitinitiator der ersten Gespräche, Herr Martin zur Nedden, damals Stadtbaurat in Bochum und heute in Leipzig, sei hier dankend erwähnt.

Mindestens auf Augenhöhe folgen die neben mir selbst verbliebenen zwei Urgesteine der ersten Stunde, Herrn Jens Hendrix und Frau Dorothée Dahl vom Planungsamt Bochum, ohne die das Projekt ebenfalls nicht möglich gewesen wäre. Ihrem zähen Einsatz und dauerhaftem Engagement in Genese, Entwicklung und Durchführung schulde ich Dank, höchste Anerkennung und großen Respekt.

Des Weiteren gilt mein Dank den Institutionen und Verbänden, die das Projekt unterstützt haben. Mit der Kulturhauptstadt Europas RUHR.2010, vertreten durch Prof. Dr. Oliver Scheytt, Dr. h.c. Fritz Pleitgen und Programmdirektor Prof. Karl-Heinz Petzinka, stand dem Projekt eine perfekte Plattform zur Verfügung und mit Katja Aßmann, Christine Domgörgen und Anna Fuy ein versiertes Kompetenzteam beiseite.

Als Förderer möchte ich ganz im Besonderen der Kunststiftung.NRW vertreten durch Generalsekretärin Frau Regina Wyrwoll und die Leiterin des Fachbereichs Bildende Kunst, Frau Dr. Barbara Könches, danken, die mit ihrem engagierten Einsatz die Realisierung des Projektes mit ermöglicht haben.

Mit den Kommunen Bochum, Mülheim, Essen und Dortmund sowie Duisburg als Assoziierte, gemeinsam vertreten durch die Stadt Bochum, waren alle Anlieger der A40 ganz nach ihren Kräften an der Realisierung beteiligt. Für die Federführung dieser Allianz und den besonderen Einsatz für die Stadt Bochum als Projektträger danke ich besonders Herrn Dr. Ernst Kratzsch, Stadtbaurat der Stadt Bochum.

Für die Ermöglichung dieser Publikation gilt mein besonderer Dank der StadtBauKultur NRW vertreten durch Dir. Dr. Ulrike Rose und Katja Aßmann.

Dem Holländischen Generalkonsulat vertreten durch Inez Boogaarts und Astrid Becker gilt mein Dank für Rat, Tat und Unterstützung der holländischen Beiträge, die wesentlich zur inhaltlichen Dichte des Projektes beigetragen haben.

Natürlich darf Straßen.NRW hier nicht fehlen, die durch den dauerhaften Einsatz von Herrn Michael Gebert und Herrn Winfried Pudenz die Grenzen des Machbaren temporär weit überschritten und damit Wege in die Zukunft weisen. Hier muss auch Herrn Michael Heinze, unter anderem stellvertretender Direktor von Straßen.NRW, größter Dank gelten, der als Vordenker dieser Ideen das Projekt von Anfang an unterstützt hat. Ein besonderer Dank gilt Herrn Henrik Sander und seinem Büro orange.edge, der viel Konstruktives zum Projekt beigetragen hat und letztendlich für die Realisierungen aus dem Gestalthandbuch B1|A40 verantwortlich zeichnete.

Mein Dank gilt natürlich auch all den lokalen und internationalen Förderern, so unseren Unterstützern Coroplast (Wuppertal), D&W (Bochum), der Gemeinde Rotterdam, dem Generalkonsulat der Niederlande (Düsseldorf), Holz Fey (Dortmund), Ministerie van OCW (Den Haag), der NL-Ruhr, dem Rhein-Ruhr Zentrum (Mülheim), Stichting GastGastgeber (Rotterdam) als auch unseren Kooperationspartnern Delikatfisch Braun (Duisburg), DRIFTWORLD (Koblenz), Eggers GmbH (Bochum), Epiphanias-Gemeinde (Bochum), Eulenspiegel (Essener Filmkunsttheater), Gartenverein Dückerweg e.V. (Bochum), HMKV Hartware Medienkunstverein (Dortmund), Internationale Kurzfilmtage (Oberhausen), Kleingartenverein Centrum Morgensonne e.V. (Bochum), Polo (Bochum), Regionaler Masterplan A40|B1 und Gestalthandbuch B1|A40, Siedlergemeinschaft Duisburg e.V. 1947 (Duisburg) sowie den Stadtwerken Bochum, Dortmund und Essen.

Mein letzter, aber größter Dank gilt jedoch der Region Ruhr und ihren Bewohnern. Ich konnte nie und nirgends so viele aufgeschlossene und bedachte, interessierte und begeisterungsfähige, herzliche und kompetente, wagemutige und verlässliche, kreative und praktische, souveräne und unprätentiöse, angenehme und humorvolle Menschen auf einem Haufen kennenlernen wie hier. Ob die Gärtner um Rob und Regina, Danuta und Richard, Werner und Antonio, ob Wolfgang Stahl und Axel Krischbach mit ihrem ganzen Dorf Werthacker, ob Herr Braun und seine Seen, das Hyundai Performance Team um Micha, Kerstin und Sascha, die Tuner Patrick, Asti, Jenny, Sandra, André und Co., ob Kerstin Bloch für D&W und mehr noch von sich aus, Frau Eggers von der Tanke oder Herr Kraft im RRZ, ob Angie Lexx oder Michael Limberg von Polo, Jörg Schramm und Jochen Reich von DRIFTWORLD oder oder oder, sie alle waren die große, verlässliche Basis des Projektes und haben es zu einem reinen Vergnügen gemacht. Sie schaffen in all ihren Aktivitäten das, was für mich persönlich die Schönheit der großen Straße ausmacht.

53

B1|A40
DIE SCHÖNHEIT

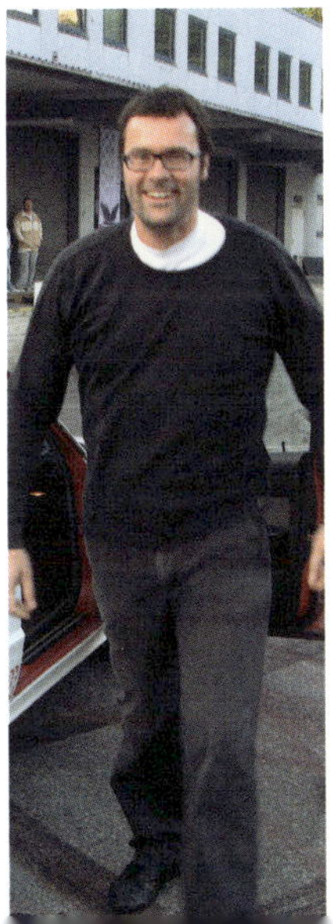

BRÖKER

ABBILDUNGSVERZEICHNIS
FOTONACHWEIS. QUELLENNACHWEIS

QUELLENNACHWEIS & AUTOREN
BIBLIOGRAPHY & AUTHORS

AẞMANN, KATJA:
„Kunst und Urbanität“ ist ein Katalogbeitrag zu B1|A40.
Katja Aßmann ist Projekt- und Programmleiterin Architektur/Bildende Kunst der RUHR.2010 und Projektleiterin der StadtBauKultur NRW.

BURGDORFF, FRAUKE:
„Schön hier?“ ist ein Katalogbeitrag zu B1|A40.
Frauke Burgdorff ist Vorstand der Montag Stiftung Urbane Räume gAG. Die Raumplanerin beschäftigt sich mit Zukunftsforschung und war bei der Kulturpolitischen Gesellschaft, der EuRegionale 2008 und dem Europäischen Haus der Stadtkultur tätig. Sie hat diverse Studien verfasst, an Stadtplanungswettbewerben teilgenommen sowie Veranstaltungen konzipiert bzw. moderiert. Sie ist Mitinitiatorin des Projektes B1|A40.

DODERER, YVONNE:
„Wir fahr'n, fahr'n, fahr'n“ ist ein Katalogbeitrag zu B1|A40.
DrIn. Yvonne P. Doderer, freie ArchitektIn/StadtforscherIn, betreibt das „Büro für transdisziplinäre Forschung und Kulturproduktion“ in Stuttgart und ist ProfessorIn für GendermediaDesign an der FH Düsseldorf. Zahlreiche Ausstellungsbeteiligungen, Workshops und Vorträge im internationalen Kunstbetrieb sowie Publikationen.

HAUSER, SUSANNE:
„Ästhetik der Agglomeration“. In: *der architekt* 1/2010, Andere Landschaften – Beiträge zu einer Ästhetik der Stadtlandschaft.
Susanne Hauser ist Professorin für Kunst- und Kulturwissenschaft am Institut für Geschichte und Theorie der Gestaltung der Universität der Künste Berlin. Die Kulturwissenschaftlerin hat mehrere Bücher zu den Themen Ästhetik der urbanisierten Landschaft, Identität und Ort sowie Materialgeschichte publiziert.

INGERSOLL, RICHARD:
„Jump-Cut Urbanism: Cinema, the Automobile, and the New Code of Urban Perception“. In: Richard Ingersoll: *Sprawltown – Looking for the City on Its Edges*. New York 2006, S. 72–97. Richard Ingersoll unterrichtet Architekturgeschichte und Stadtplanung an der Syracuse University in Florenz und an der Facolta' di Architettura in Ferrara.

JACKSON, JOHN BRINCKERHOFF:
„Landschaften. Ein Resümee“ (1984).
In: Franzen, Brigitte; Krebs, Stefanie: *Landschaftstheorie*. Köln 2005, S. 29–44.

JACKSON, JOHN BRINCKERHOFF:
„Concluding with Landscapes“. In: Jackson, John Brinckerhoff, *Discovering the vernacular Landscape*. New Haven/London 1948. S. 145–154.
John Brinckerhoff Jackson (†1996) war Autor, Publizist, Dozent und Zeichner in den Bereichen Landschaftsgestaltung und Stadtplanung. Er hat den Begriff der „vernakulären Landschaft“ aufgebracht und erfolgreich etabliert.

LAND, ULRICH: „Stop and Go und Guck mal“ ist ein Essay, der im Rahmen seines Radiofeatures „Asphaltgeflüster – A40 live“ im Juni 2010 und für den Katalog B1|A40 entstand.
Ulrich Land ist freier Autor von Romanen, Lyrik, Prosa, Essays, Hörspielen und Radiofeatures. Herausgeber von Anthologien und mehrfach von Literaturzeitschriften. Dozent für „creative writing“ an der Uni Witten/Herdecke. Träger mehrerer Auszeichnungen.

LINK, JÜRGEN: *Bangemachen gilt nicht auf der Suche nach der Roten Ruhr-Armee. Eine Vorerinnerung.* Oberhausen 2008, S. 11–17. Jürgen Link ist Professor für Literaturgeschichte und Diskurstheorie mit erfolgreichen einschlägigen Publikationen. Er ist Begründer und Mitherausgeber der Zeitschrift *kultuRRevolution. Zeitschrift für angewandte diskurstheorie.*

PETZINKA, KARL-HEINZ: „Kunst und Urbanität“ ist ein Katalogbeitrag zu B1|A40.
Karl-Heinz Petzinka ist künstlerischer Direktor im Bereich Architektur/Bildende Kunst der RUHR.2010, Vorstandsvorsitzender der THS Wohnen und Professor an der Kunstakademie Düsseldorf, Meisterklasse Baukunst.

FOTONACHWEIS PICTURE CREDITS

MARKUS AMBACH, Düsseldorf:
Umschlagfoto, S. 6, 8, 10, 15, 19–21, 23, 25–27, 30, 31, 33, 35–37, 39, 41, 42, 44–59, 61-63, 65, 67–73, 75, 77, 79, 82–91, 94–98, 100, 101, 103–107, 109–113, 115–122, 126–128, 133, 135, 138, 139, 147–151, 153, 154, 156, 157, 159–161, 163, 166–169, 171–173, 177, 179, 181, 183–192, 202–205, 209, 212, 214–218, 220, 223, 225–235, 240, 242–249, 251–255, 261–265, 270–279, 281–289, 292–304, 306, 308–313, 315–317, 319–321, 323–325, 327.
FALK DAVID, Duisburg: S. 80, 81.
JEANNE VAN HEESWIJK, Rotterdam: S. 79.
KATJA ILLNER, Essen: S. 125, 256–262, 278.
JOEP VAN LIESHOUT, Rotterdam: S. 240, 241.
SOFIA MELLO, Düsseldorf: S. 131, 133.
THOMAS PFLAUM, Castrop-Rauxel: S. 92, 93.
RUHR.2010/MANFRED VOLLMER: S.145, 229, 236–239, 246, 252, 327.
SCHEUVENS+WACHTEN, Dortmund: S. 162.
JÖRG SCHRAMM: S. 334.
BORIS SIEVERTS, diverse Fotografen: S. 198–201.
STRASSEN.NRW: S. 17, 164, 165.
MICHAEL ZINGANEL | MICHAEL HIESLMAIR, Wien: S. 291, 294, 295.

ABBILDUNGSNACHWEIS PICTURE CREDITS

Umschlagfoto Cover
Zoo, 2010 © Markus Ambach, Düsseldorf

ATELIER VAN LIESHOUT
Motel Bochum, diverse Materialien, 2010,
Dückerweg Bochum
S. 25, 238–249, 252–254, 263, 277, 279.

ARPAD DOBRIBAN
Anweisungen aus der Vergangenheit, 2010,
Rhein-Ruhr Zentrum Mülheim
S. 122, 125–127

FINGER
Honig von der Pumpstation, 2010,
Kreuz Kaiserberg Duisburg und Rhein-Ruhr Zentrum Mülheim
S. 20–21, 70–71, 86–93, 103–105, 147, 154.

JEANNE VAN HEESWIJK
Der Widerstand des kleinen Glücks, 2010,
Siedlung Werthacker Duisburg
S. 19, 79–81, 131

RITA MCBRIDE
Delicate Arch, 2010,
Kreuz Kaiserberg Duisburg
S. 19, 65, 67–71, 149, 154.

CHRISTIAN ODZUCK
Magistrale RRZ - Hegémon Fragil, 2010,
Rhein-Ruhr Zentrum Mülheim
S. 98, 100, 101.

ORANGE.EDGE
Gestalthandbuch A40 | B1
S. 164–167.

MARTIN PFEIFLE
Box 112%, diverse Materialien, 2010,
Tankstelle Vietingstraße Bochum
S. 25, 220, 298–303.

PETER PILLER
Seitenwechsel, Fotoinstallationen, 2010,
diverse Orte entlang des Dückerweg und der Vietingstraße Bochum
S. 25, 202, 203, 281–285, 320, 321.

THOMAS RENTMEISTER
Ohne Titel, 2004, 2008, 2010,
Rhein-Ruhr Zentrum Mülheim
ohne Titel, 2010 Polyester (rosa) 62 x 230 x 123 cm
ohne Titel, 2008 Polyester (weiß) 28 x 200 x 102 cm Auflage 3
ohne Titel, 2004 Polyester (braun) 57 x 97 x 94 cm
S. 26, 27, 109–112.

CHRISTOPH SCHÄFER
Auslaufendes Rot, 2010, Wasserturm Steeler Straße Essen
Rote.Ruhr, 2010, Westfalendamm Dortmund
S. 23, 133, 171, 181, 183–191, 323.

BORIS SIEVERTS
A40 – Eine Reise, 2010,
Entlang der A40 von Duisburg bis Dortmund
S. 196–201.

ANDREAS WEGNER
Le Grand Magasin, 2010, Rhein-Ruhr Zentrum Mülheim
Paketdienst Esso 36, 2010, Rhein-Ruhr Zentrum Mülheim
S. 19, 94, 95, 113, 115–121, 128, 319.

MICHAEL ZINGANEL | MICHAEL HIESLMAIR
Driveway Transit Exit, 2010, Tankstelle Vietingstraße und
Kleingartenverein Am Dückerweg e.V. Bochum
S. 25, 153, 154, 234, 235, 286–289, 291–295, 304, 316, 317.

IMPRESSUM

IMPRESSUM IMPRINT
Diese Publikation erscheint anlässlich der Ausstellung
This catalogue is published in conjunction with the exhibition
B1 | A40 DIE SCHÖNHEIT DER GROSSEN STRASSE
Ein Projekt im Stadtraum der A40 von Duisburg bis Dortmund
B1 | A40 THE BEAUTY OF THE GRAND ROAD
A project within the urban space of the motorway A40 between Duisburg and Dortmund
12. Juni bis 08. August 2010 June 12–August 8, 2010

KATALOG CATALOG
Herausgeber Editor
MAP Markus Ambach Projekte, StadtBauKultur NRW

Redaktion Editorial staff
Sandra Kuhlmann, MAP Markus Ambach Projekte

Grafische Gestaltung Graphic Design
Melanie Sauermann, MAP Markus Ambach Projekte

Übersetzung Translation
Englisch – Deutsch | english – german
Christoph von Wilde: S. 264–267.
Deutsch – Englisch | german – englisch
Christoph von Wilde: S. 9, 12–14, 24–29, 41, 44, 46–52, 54, 55, 60–61, 70–71, 78–82, 88–90, 96–97, 99–100, 108, 124–126, 131–132, 142–144, 148, 155–157, 158, 162, 166–167, 174–175, 180–181, 194–195, 199–201, 210–213, 222–224, 231, 232, 235, 238, 245–248, 254–258, 262, 276, 280–283, 288–289, 294–295, 297, 302–303, 316–323, 328–333, 335.
Katherine Lewald: S. 7, 41, 74–75, 118-120, 196, 216–217.
Niederländisch – Deutsch / dutch – german
Klaus Roth S. 76–78.

Lektorat Proofreading
Julia Richter (dt.); Anna Roos, Rachel Hill, Inez Templeton (engl.)

Druck und Bindung Printing and binding
GCC Grafisches Centrum Cuno, Calbe

Erschienen im published by
jovis Verlag GmbH
Kurfürstenstraße 15/16
D-10785 Berlin
www.jovis.de

Bibliografische Informationen der Deutschen Nationalbibliothek
Die Deutsche Nationalbibliothek verzeichnet diese Publikation in der Deutschen Nationalbibliographie; detaillierte bibliografische Daten sind abrufbar über http://dnb.d-nb.de

ISBN 978-3-86859-077-7

Das Buch entstand in Zusammenarbeit mit The catalog is produced in cooperation with
StadtBauKultur NRW

AUSSTELLUNG EXHIBITION
B1 | A40 DIE SCHÖNHEIT DER GROSSEN STRASSE
Ein Projekt im Stadtraum der Autobahn A 40 von Duisburg bis Dortmund
B1 | A40 THE BEAUTY OF THE GRAND ROAD
A project within the urban space of the motorway A40 between Duisburg and Dortmund
12. Juni bis 08. August 2010 June 12–August 8, 2010
www.b1a40.de

MAP Markus Ambach Projekte
im Auftrag der Stadt Bochum (Veranstalter)
in Kooperation mit der Kulturhauptstadt Europas RUHR.2010
MAP Markus Ambach Projekte (curator/organizer) by comission of the town of Bochum and the Cultural Capital of Europe RUHR.2010

FACHBEIRAT ADVISING BOARD
Frauke Burgdorff, Montag Stiftung Urbane Räume, Bonn
Achim Dahlheimer, Referatsleiter MBV NRW
Dr. Brigitte Franzen, Direktorin Ludwig Forum, Aachen
Michael Gebert, Straßen.NRW
Michael Heinze, Referatsleiter MBV NRW
Dr. Ernst Kratzsch, Stadtbaurat Stadt Bochum
Doris Krystof, Kuratorin Kunstsammlung NRW, Düsseldorf
Prof. Karl-Heinz Petzinka, Künstlerischer Direktor RUHR.2010
Ulrike Rose, Leiterin StadtBauKultur NRW
Jörg Stüdemann, Kulturdezernent der Stadt Dortmund
Susanne Titz, Direktorin Museum Abteiberg, Mönchengladbach

PROJEKTAUFBAU | PARTNER PROJECT STRUCTURE | PARTNERS

Kurator | Projektautor Curator | Project Author
Markus Ambach

Organisation | Projektleitung Organization | Project Management
MAP Markus Ambach Projekte
Bachstr. 139 –141
40217 Düsseldorf
Tel: 0211-1592 7623
ambach@markusambachprojekte.de

Wissenschaftliche Mitarbeit Curatorial Assistance
Sandra Kuhlmann

Aufbauleitung | Technik Installation | Engineering
Axel Brandt und Team and team

Veranstalter | Projektträger Organizer | Project Administration
Stadt Bochum (stellvertretend für die Anliegerstädte Duisburg, Mülheim, Essen, Bochum und Dortmund)
Stadtplanungs- und Bauordnungsamt
Dr. Ernst Kratzsch
Projektbetreuung: Jens Hendrix, Dorothée Dahl

Projektpartner Project Partner
Kulturhauptstadt Europas RUHR.2010
Prof. Karl-Heinz Petzinka
Künstlerischer Direktor „Stadt der Möglichkeiten"
Katja Aßmann
Projekt- und Programmleitung „Stadt der Möglichkeiten"

FÖRDERER SUPPORTERS

Projektpartner Project Partner
Kunststiftung NRW
Landesinitiative StadtBauKultur NRW
Straßen.NRW

Weitere Unterstützer Further Supporters
Coroplast, Wuppertal
D&W, Bochum
Driftworld, Koblenz
Gemeinde Rotterdam
Generalkonsulat der Niederlande
Holz Fey, Dortmund
Ministerie van OCW, Den Haag
NL-Ruhr
Rhein-Ruhr Zentrum, Mülheim
Stichting GastGastgeber, Rotterdam

Kooperationspartner Cooperation Partners
Delikatfisch Braun, Duisburg
Eggers GmbH, Bochum
Epiphanias-Gemeinde, Bochum
Eulenspiegel, Essener Filmkunsttheater
Gartenverein Dückerweg e.V., Bochum
HMKV Hartware Medienkunstverein, Dortmund
Internationale Kurzfilmtage, Oberhausen
Kleingartenverein Centrum Morgensonne e.V.
Polo, Bochum
Regionaler Masterplan A40 | B1 und Gestalthandbuch B1 | A40
Siedlergemeinschaft Duisburg e.V. 1947, Duisburg
Stadtwerke Dortmund
Stadtwerke Essen

Projektpartner

Gesellschafter & Öffentliche Förderer

Hauptsponsoren

Weitere Unterstützer

VITA

ATELIER VAN LIESHOUT
1995 gegründet von founded by Joep van Lieshout (*1963, Ravenstein, NL) Mit Sitz in based in Rotterdam (NL)
Ausstellungen (Auswahl) Exhibitions (selection)
2010 „Infernopolis", Onderzeebotenloods/Museum Boijmans, Rotterdam (NL)
2009 „Cradle to Cradle", Winzavod, Moskau, Moscow (RUS)
2008 „Die Stadt der Sklaven", Museum Folkwang, Essen (D)
2005 „Der Disciplinator", MAK, Wien Vienna (A)
2002 25th Biennale of São Paulo (BR)

ARPAD DOBRIBAN
*1957, Komlo (H) lebt lives in Düsseldorf Dusseldorf (D)
Studium an den Kunstakademien attended the art academies in München Munich, Berlin, Düsseldorf Dusseldorf (D)
Ausstellungen (Auswahl) Exhibitions (selection)
2010 „Eating the Universe", Kunsthalle Düsseldorf Dusseldorf (D)
2009 „Zwischenraum", Galerie K4 Saarbrücken (D)
2007 „Wenn Handlungen Form werden", NMN Nuremberg (D)
2007 „Slade", Woburn Studios, London (GB)
2002 „Immer Essen", Neuer Kunstverein Aschaffenburg (D)

FINGER (FLORIAN HAAS | ANDREAS WOLF)
1998 gegründet founded by Florian Haas *1961 Freiburg im Breisgau (D); Andreas Wolf *1969 Mainz (D)
Mit Sitz in based in Frankfurt a.M. (D)
Ausstellungen (Auswahl) Exhibitions (selection)
2008 „Die Stadtimkerei", MMK, Frankfurt a.M. (D)
2006 „Evolutionäre Zellen", Hagen/Frankfurt a.M. (D)
2006 „Demokratie üben", Westfälischer Kunstverein, Münster Muenster (D)
2002 „Museutopia", Karl Ernst Osthaus-Museum, Hagen (D)
2002 Manifesta 4, Frankfurt a.M. (D)

JEANNE VAN HEESWIJK
*1965, Schindel (NL) lebt und arbeitet lives and works in Rotterdam (NL)
Ausstellungen (Auswahl) Exhibitions (selection)
2009 „The Market of Tomorrow", 't Gemaal, Knowledge Centre, Rotterdam (NL)
2008 „It Runs in the Neighbourhood", Stavanger Cultural Capital 2008, Stavanger (N)
2006 „Amnesia of a Landscape", Pijnacker-Nootdorp (NL)
2005 „Face your World", Stedelijk Museum, Amsterdam (NL)
2003 „Draw a line", Biennale di Venezia, Venedig Venice (I)
1996 „NEsTWORKS", Manifesta 1, Rotterdam (NL)

RITA MCBRIDE
* 1960, De Moines IA (USA)
lebt und arbeitet lives and works in Düsseldorf Dusseldorf (D), Professorin für Bildhauerei an der Professor of sculpture at Kunstakademie Düsseldorf Dusseldorf (D)
Ausstellungen (Auswahl) Exhibitions (selection)
2010 „Way Out East", CLAGES, Köln Cologne (D), Konrad Fischer Galerie, Berlin (D)
2010 „Rita McBride", Kunstmuseum Winterthur (CH)
2009 „Public Garden – Public Generation", NAK, Aachen (D)
2004 „Mae West and the Middle Managers", Mai 36 Galerie, Zürich Zurich (CH)
2002 „Naked Came the Stranger", Kunstmuseum Liechtenstein, Vaduz (FL)

CHRISTIAN ODZUCK
*1978, Halle/Saale (D)
lebt und arbeitet lives and works in Düsseldorf Dusseldorf (D)
Studium an der attended Kunstakademie Düsseldorf Dusseldorf (D)
Ausstellungen (Auswahl) Exhibitions (selection)
2010 „Parade of Progress", Neuer Kunstverein Wuppertal (D)
2010 „Pictorale molto male", Sugaryphotographs, Antwerpen Antwerp (BE)
2010 Bergische Kunstausstellung, Kunstmuseum Baden, Solingen (D)
2009 „K20 Proposal Rita McBride und Christian Odzuck", Kunstsammlung NRW, Düsseldorf Dusseldorf (D)
2008 Utopie des Raums, Museum für moderne Kunst, Bischkek (KS)

ORANGE.EDGE (DR. STEFANIE BREMER | HENDRIK SANDER)
Als Büro für Stadtplanung und Stadtforschung orange.edge beschäftigen sich Dr. Stefanie Bremer (*1969) und Hendrik Sander (*1970) schon seit geraumer Zeit intensiv mit dem Thema Autobahn. Das Planerteam aus Essen ist in Zusammenarbeit mit dem Büro davids, terfrüchte + partner und im Auftrag der Anrainerstädte der A40 verantwortlich für das Gestalthandbuch A40|B1 im Rahmen des Mobilitätsbandes. As office for town planning and research Dr. Stefanie Bremer and Hendrik Sander deal with the topic of the motorway since several years. The Team from Essen is responsible for the "Gestalthandbuch A40|B1" together with the office of davids, teerfrüchte + partner, by order of the neighboring cities of the A40 motorway.

MARTIN PFEIFLE
*1975, Stuttgart (D) lebt und arbeitet lives and works in Düsseldorf Dusseldorf (D)
Studium an der attended Kunstakademie Düsseldorf Dusseldorf (D),
2009/10 Vertretungsprofessur an der visiting professor at Kunstakademie Karlsruhe (D)
Ausstellungen (Auswahl) Exhibitions (selection)
2010 „ichoderdu", Gereon Krebber – Martin Pfeifle, Reichsabtei Aachen-Kornelimünster, Aachen (D)
2010 „Alloro", Villa Romana Preisträger 2009/10, Haus am Waldsee, Berlin (D)
2010 „Sempre un inizi", CAMeC La Spezia, Italien Italy (I)
2010 „St. Konrad", Kunststiftung Baden-Württemberg, Stuttgart (D)
2009 „Isidor" Museum Goch (D)

PETER PILLER
*1968 Fritzlar (D)C lebt und arbeitet lives and works in Hamburg (D)
Studium an der attended HfBK Hamburg (D), seit 2005 diverse Professuren since 2005 several professorships in Hamburg und and Leipzig.
Ausstellungen (Auswahl) Exhibitions (selection)
2010 „Pittoresk – Neue Perspektiven auf das Landschaftsbild", MARTa Herford (D)
2009 „To Be Determined", Andrew Kreps Gallery New York (USA)
2009 „Peripheriewanderung Bonn", Kunstmuseum Bonn (D)
2008 „Swiss Landscapes", projecteSD/Silvia Dauder, Barcelona (E)
2007 „In Löcher blicken", Salzburger Kunstverein (A) und and Ludwig Forum für Internationale Kunst, Aachen (D)

THOMAS RENTMEISTER
*1964, Reken/Westfalen (D) lebt lives in Berlin
Studium an der attended Kunstakademie Düsseldorf Dusseldorf (D)
Ausstellungen (Auswahl) Exhibitions (selection)
2007 „Mehr", Haus am Waldsee, Berlin (D)
2006 „Die Löcher der Dinge", Museum am Ostwall, Dortmund (D)
2005 „Minimal Pop", Museum Boijmans van Beuningen, Rotterdam(NL)
2004 „Zwischenlandung", Kunsthalle Nürnberg (D)
2002 Nationalgalerie im Hamburger Bahnhof, Berlin (D)
2001 „braun", Kölnischer Kunstverein, Köln Cologne (D)

CHRISTOPH SCHÄFER
* 1964, Essen (D) lebt und arbeitet lives and works in Hamburg (D)
Beschäftigt sich seit den frühen 90er Jahren mit städtischem Alltag und der Produktion von Räumen kollektiver Leidenschaften. Als Teil von künstlerischen und aktivistischen Gruppen interessieren ihn der Austausch mit unterschiedlichen Subjektivitäten und die gemeinsame Neudefinition öffentlicher Räume. Since the early nineteen-nineties the artist has been focusing on urban everyday life and the production of spaces of collective enthusiasms. As a member of arts and activist groups, he is interested in the interaction with different subjectivities and the collective redefinition of public spaces.
Ausstellungen (Auswahl) Exhibitions (selection)
2011 „Topographie der Gemeinheit", für Raumsichten-Kunstwegen, Nordhorn (D)
2010 „Die Stadt ist unsere Fabrik", Spector Books, Leipzig (D)
2002 „Park Fiction" Documenta11, Kassel (D)
2000 „Revolution Non Stop" – Metropolis-Kino Hamburg (D),Kunsthaus Wien Vienna (A), Max Müller Bhawan, Bangalore (IND)

BORIS SIEVERTS
*1969 (D) lebt und arbeitet lives and works in Köln Cologne (D)
Studium an der attended Kunstakademie Düsseldorf Dusseldorf (D)
Ausstellungen (Auswahl) Exhibitions (selection)
2008 „Via Sacra – Eine Entdeckungsreise durch das intime Köln", im Rahmen von in the context of plan, Köln Cologne (D)
2007 „Boris Sieverts – Büro für Städtereisen", Kölnischer Kunstverein, Köln Cologne (D)
2006 „Shrinking Cities", Galerie für Zeitgenössische Kunst, Leipzig (D)
2003 „Bitumen Palace – Ein Parkdeckrestaurant", Köln Cologne (D)
2000 „War die Zukunft früher besser? – Visionen für das Ruhrgebiet", Rheinisches Industriemuseum Oberhausen (D)

ANDREAS WEGNER
* 1958, Bremervörde (D) lebt und arbeitet lives and works in Berlin (D)
Studium an der attended HfK Bremen lebt und arbeitet
Ausstellungen (Auswahl) Exhibitions (selection)
2010 „Eating the Universe", Kunsthalle Düsseldorf Dusseldorf (D), Galerie im Taxispalais und Kunstmuseum Stuttgart (D)
2010 „Das Wesen im Ding", Frankfurter Kunstverein, Frankfurt a.M. (D)
2009 „Concert", Kunstraum München, München Munich (D)
2003 „Bankett", ZKM, Karlsruhe (D) und and Conde Duque, Madrid (E)
2000/01 „einräumen | Künstler arbeiten im Museum", Hamburger Kunsthalle, Hamburg (D)

MICHAEL ZINGANEL | MICHAEL HIESLMAIR
MZ und MH leben als Kulturwissenschafter, Architekturtheoretiker, Künstler und Kuratoren in Wien (A). Gemeinsame Workshops, Konferenzen, Ausstellungen und Ausstellungsbeiträge über transnationale Mobilität, Massentourismus und Migration. As cultural scientists, theoreticians of architecture and curators, the artists live in Vienna (A). Joint workshops, conferences, exhibitions on the topics of transnational mobility, mass tourism and migration.
Ausstellungen (Auswahl) Exhibitions (selection)
2010 „Rotor", steirischer herbst Graz (A)
2009 „Open Cities 4", IABR, Nai Rotterdam (NL)
2009 „Crossing Munich", München LMU und Rathausgalerie München Munich (D)
2007 „Exit St. Pankraz", Fluchtwege und Sackgassen, Festival der Regionen (I)
2005 „Shrinking Cities II", GfZK Leipzig (D)

was quer geht.

MAP

MAP MARKUS AMBACH PROJEKTE begreift sich als unabhängige, künstlergenerierte Projektplattform mit weit gefächertem Interessensfeld bei zwei Schwerpunkten: Einerseits interessiert es sich für die Diskurse, Produktionen und Debatten im Umfeld von Kunst und öffentlichen Stadträumen, die sich in Projekten im öffentlichen Raum, aber auch in Kooperationen mit Museen, Kunsthallen, Kunstvereinen, Städten und Stadtentwicklungsträgern manifestieren. Andererseits liegt eine spezifische Fokussierung auf der Arbeit über Repräsentationen von Natur im städtischen Kontext.

Projektentwicklungen in öffentlichem Grün wie Gärten, Parks und zoologischen Anlagen, aber auch thematische Ausstellungen und Ausstellungsbeteiligungen stehen hier im Zentrum.

Stadträumliche Fragen verknüpfen bei MAP theoretische Ansätze mit faktischen Arbeitsweisen, um künstlerische Manifestationen politisch wirksam in den öffentlichen Stadtraum einzuschreiben. Die Projekte generieren sich kontextbezogen an spezifischen Orten im direkten Dialog von Künstlern, Theoretikern, Architekten, Planern, Wissenschaftlern, den Protagonisten vor Ort und anderen Teilen der Gesellschaft.

Makus Ambach ist Künstler, Initiator, Projektautor und Organisator von Ausstellungen und Projekten wie stadtraum.org, wg|3zi|k|b, wildlife, Parcours Interdit, Public Garden Public Generation, Das uneingelöste Versprechen, local to local und The Chain.

www.markusambachprojekte.de

MAP MARKUS AMBACH PROJEKTE considers itself to be an independent artist-generated platform for projects that cover an extensive range of interests. Its main emphasis is twofold: on the one hand it is interested in the discourses, productions, and debates in the sphere of art and public urban space, which manifest themselves in projects in public space but also in collaborations with museums, art galleries, societies for the promotion of the fine arts, cities, and institutions that deal with urban development.

On the other hand, it specifically focuses on projects that deal with the various representations of nature in an urban context, including the development of projects in green public spaces such as gardens, parks, and zoological gardens but also topical exhibitions and group exhibitions.

MAP fosters concepts related to urban space, which blend theoretical approaches and factual working methods to inscribe artistic manifestations into public urban space in a direct and politically effective manner. Its projects are generated contextually at specific sites in direct dialogue between artists, theoreticians, architects, planners, scientists, local protagonists, and other sectors of society.

Markus Ambach has initiated, authored, and organized exhibitions and projects such as stadtraum.org, wg|3zi|k|b, wildlife, Parcours Interdit, Public Garden Public Generation, Das uneingelöste Versprechen, local to local, and The Chain.

www.markusambachprojekte.de